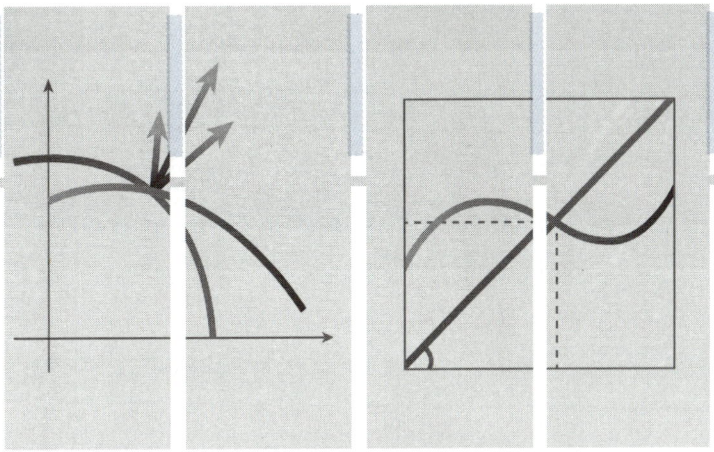

제 2 판

경제수학

김완진

弘 文 社

제2판 저자서문

초판을 발간한 지 1년도 채 지나지 않아서 2판을 내게 된 것은 생각보다 많은 오타가 발견되었기 때문이기도 하지만 내용 면에서도 보완이 필요하다고 판단되었기 때문이다. 2판에서는 오타를 수정하고, 설명이 매끄럽지 못하거나 부족한 부분을 보충하여 혼자 책을 읽고 공부하는 데 부족함이 없도록 상당한 노력을 기울였음을 강조하고자 한다.

이 책은 경제수학의 기초적인 내용을 다룰 뿐 아니라 대학원 수준의 경제학연구에 필요한 내용까지 포함하고 있다. 2판에서는 2장 5절에 사전편찬식 선호와 효용함수의 관계를 추가하였고, 최근에 거시경제학에서 많이 활용되는 동적계획법을 12장에서 소개하였다. 이번에 추가된 두 항목을 포함하여 상당한 부분이 고급의 독자를 위한 것으로서 초급의 독자는 다음에 나열하는 부분은 먼저 생략하고 읽어도 무방하다. 그리고 경제학을 공부하면서 필요할 때 필요한 내용을 추가로 공부하는 방법이 바람직하다고 생각한다.

특별히 고급의 독자를 위한 내용은 다음과 같다.

2.5 무한집합의 농도
7.3 선형경제모형
8.4 볼록집합 (볼록집합의 정의는 초급독자도 숙지해야 한다)
12.7 부등식제약 최적화

12.8 동적계획법

13.5 선형연립미분방정식

13.6 동학체계의 안정성

2판을 준비하는 과정에서 많은 도움을 준 동료교수와 학생들에게 감사의 뜻을 표한다. 특별히 초판의 내용을 자세히 정독하고 많은 구체적인 도움말을 준 국회입법조사처의 김봉주 박사에게 깊이 감사드리고, 또한 연습문제 해답을 준비하는 데 크게 수고한 서울대학교 경제학부 석사과정의 유민우군에게도 감사의 뜻을 표한다.

2019년 7월

저자 김완진

저자서문

이 책은 학부수준에서 경제학을 공부하는 데 필요한 기본적인 수학을 다루고 있다. 선형대수학, 미적분학, 최적화이론, 그리고 미분방정식의 기초적인 내용을 간결하지만 가능한 한 논리적으로 완결되고 엄밀하게 소개하려고 노력하였다. 이 책의 초점은 경제학보다는 수학에 있다는 점에서 수리경제학(Mathematical Economics)이 아니라 경제수학(Mathematics for Economists)이라고 제목을 붙인 것이다. 다양한 수학의 개념을 소개하는 것에 중점을 두면서도 관련된 경제학적인 직관을 함께 살펴봄으로써 경제학과 수학의 유기적인 관계를 강조하고자 하였다.

필자는 학부시절 경제학을 처음 접하면서부터 수학적인 방법에 매료되어 지금까지 미시경제이론과 게임이론 등의 수리경제학 분야를 전공해 왔다. 많은 경제학 전공 학생들이 수학을 좋아하기도 하지만 그렇지 못한 학생도 많이 있어서 학부학생들에게 어떻게 수학을 가르칠 것인가에 관해 많은 고민을 해온 결과 얻은 결론은 다음과 같다.

경제학 연구에서 수학은 매우 중요하다. 그러나 경제학은 경제학적인 통찰과 직관이 우선되어야지 수학적인 테크닉에 매몰되어서는 안 된다고 생각한다. 수학은 경제학의 여러 명제를 엄밀하게 진술하고 그 의미를 분석하는 데 보조적으로 사용되는 것으로서 가장 중요한 용도는 언어로서의 기능이다. "수학은 언어다(Mathematics is a language)"라는 과학계에서 회자되는 유명한 모토가 있듯이, 수학은 모든 정밀과학에서 보편적으로 사용되는 언어라고 할 수 있다. 따라서 이 보편언어인 수학을 익숙하게 사용할 수 있도록 익히는 것이 꼭 필요한 것이다.

경제수학은 수학적인 재능보다는 오히려 언어를 익히는 데 필요한 능력을 갖추고 있으면 쉽게 공부할 수 있다고 필자는 생각한다. 경제학자는 수학적 통찰력과 재능보다는 수학자가 찾아낸 중요한 수학적인 성과를 경제분석에 잘 활용할 수 있는 능력을 더 필요로 하는 것이다. 경제학에서 수학은 점점 더 중요해지고 있다. 노벨 경제학상 수상자들의 경력을 보면 학부에서 수학, 물리학, 통계학을 전공했던 학자의 비중이 매우 높다는 데서도 수학의 중요성을 알 수 있다. 그렇지만 앞에서 언급한 바와 같이, 수학적 재능이 경제학적인 직관과 문제의식을 대체할 수는 없는 것이다. 수학적 분석에 관해서는 수학자의 힘을 빌릴 수 있지만 경제학적인 통찰은 온전히 경제학자의 몫이기 때문이다.

이 책은 필자가 수십 년 간 강의해온 경제수학강의의 결과물이다. 현재와 같은 완성된 책이 나오기까지에는 그동안 강의에 출석한 수많은 서울대 경제학부의 명석한 학생들에게 가장 큰 도움을 받았고 이 자리를 빌어 학생들에게 감사를 표한다. 그리고 원고를 읽고 큰 도움을 주신 서울대 경제학부의 주병기 교수께 깊이 감사드리고, 또한 강의조교로 많은 도움을 준 경제학부 대학원생들에게도 감사한다. 특별히 최근에 조교를 거쳐 간 조가람군과 교정과 연습문제 답안작성에 도움을 준 유민우군에게 감사하지 않을 수 없다.

2018년 8월

서울대 경제학부 연구실에서

저자 김완진

차 례

I. 들어가기

CHAPTER 01 경제학과 수학

CHAPTER 02 수학의 기초개념

Ⅱ. 선형대수

CHAPTER 03 벡터와 벡터공간

CHAPTER 04 선형종속과 선형독립

CHAPTER 05 행 렬

CHAPTER 06 행 렬 식

CHAPTER 07 고유치와 고유벡터

Ⅲ. 미 분 법

CHAPTER 08 기초위상수학

CHAPTER 09 일변수함수의 미분

CHAPTER 10 다변수함수의 미분

IV. 최적화이론

CHAPTER 11 무제약 최적화

CHAPTER 12 등식제약 최적화와 기타 문제

V. 미분방정식

CHAPTER 13 미분방정식

I

들어가기

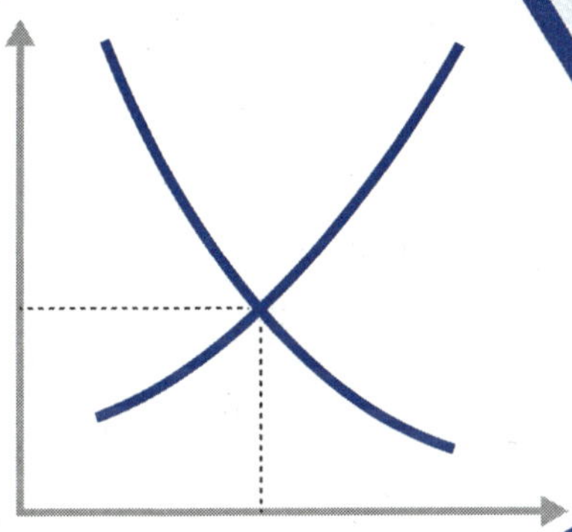

CHAPTER 01

경제학과 수학

경제학은 가격, 수요량, 공급량, 국민소득, 통화량과 같은 수량 간의 관계를 연구하는 학문이므로 분석도구로서 수학을 필요로 한다. 수학이 경제분석에서 본격적으로 사용되기 시작한 것은 1870년대 한계혁명에 의한 신고전학파 경제학의 성립 이후라고 할 수 있다. 아담 스미스와 동시대의 고전학파 경제학은 도덕철학을 기초로 하여 경제정책에 관한 정치적 논쟁이 주류를 이루고 있었으므로 수학은 별로 사용되지 않았다. 그러나 신고전학파 경제학에 뿌리를 두고 있는 현대의 주류경제학은 엄밀한 경제이론과 분석을 바탕으로 하고 있으므로 수학의 사용이 보편화되었다.

경제주체들은 희소한 자원의 제약 하에서 효용이나 이윤과 같은 자신의 이익을 극대화하기 위해 합리적 선택 행동을 하는데 이러한 합리적 선택의 본질은 함수의 최대값을 찾는 수학적인 문제라고 할 수 있다. 합리적 행동의 기초를 이루는 한계원리도 결국 미분법의 응용이라는 사실을 초기 신고전학파 경제학자들은 잘 알고 있었다. 한계혁명을 주도한 경제학자들, 예컨대, Leon Walras, Stanley Jevons, Alfred Marshall 등은 대부분 수학적 훈련을 받은 사람들이었다. 1950년대에는 특별히 일반균형이론과 게임이론과 같이 첨단의 수학을 이용한 수리경제학이 발전하였으며 이제 수학은 경제학연구의 핵심적인 도구가 되었다고 할 수 있다.

최근 경제위기를 겪으면서 경제학이 현실을 잘 설명하지 못한다는 비판이 대두되고 있는데, 그 원인의 하나로 경제학의 과도한 수학화를 제기하는 학자들도 있다. 수학적 엄밀성과 논리적 정합성을 추구하는 나머지 경제이론이 현실과 유리된 가정에 기초하여 현실적합성을 잃게 되었다고 지적한다. 그러나 경제이론이 현실을 잘 설명하지 못하는 것은 변화하는 경제현실에 대한 새로운 통찰력이 부족하기 때문이지 수학의 사용에서 원인을 찾을 수는 없다. 새로운 경제현상이 나타날 때 새로운 경제학이 탄생한 것은 경제학의 역사에서 쉽게 찾아 볼 수 있다. 예를 들면 1929년 대공황이 발생했을 때 기존의 이론은 공황을 설명할 수도 없고 적절한 정책을 제시할 수도 없었다. 이때 케인즈의 유효수요이론은 완전히 새로운 관점으로 문제를 분석함으로써 거시경제학이라는 새로운 분야를 열게 되었던 것이다.

수학은 물론 그러한 경제학적 통찰을 제시할 수는 없다. 그러나 경제현실에 관한 새로운 통찰을 논리적 일관성과 엄밀성을 갖추게 하고 그 함의를 이끌어내는데 수학은 결정적으로 중요한 역할을 한다. 사실 물리학을 비롯한 모든 정밀과학은 수학의 도움 없이는 지금과 같은 눈부신 발전이 불가능한 것이었다고 할 수 있다.

수학의 가장 큰 용도는 모든 경제학적인 진술과 명제를 수학적 개념과 기호를 통해서 논리적으로 정확하게 표현하는 데 있다. 그래서 수학은 과학에서 언어의 역할을 한다. 수학은 매우 창의적인 학문분야로서 특별한 수학적 재능을 요구하는 것이 사실이다. 그러나 이 책에서는 그러한 학문적 언어로서의 사용되는 수학을 다룰 것이므로 특별한 수학적 재능이 꼭 필요하지 않다.

이제 우리는 경제학연구에 필요한 수학의 기초적인 개념을 습득하고 수학이 경제학에 활용되는 방법을 공부할 것이다. 이 장에서는 경제학의 가장 기초적인 이론인 수요공급이론과 기업의 이윤극대화문제를 통해서 필요한 수학이 무엇인지 먼저 확인해 보기로 한다.

1.1 경제모형(economic model)

경제학은 소비자와 생산자와 같은 개별 경제주체들의 선택 행동이 시장에서 만나서 조정이 이루어지고 그 결과 자원배분이 결정되는 과정을 연구하는 학문이다. 따라서 경제학 연구에서 핵심적인 개념은 최적화(optimization)와 균형(equilibrium)이라 할 수 있다. 개별 경제주체는 자신의 목표를 달성하는데 가장 합리적인 방법을 선택할 것이므로 최적화 행동을 한다. 소비자의 경우 주어진 소득으로 재화를 구매하는데 재화의 가격을 고려하여 자신의 효용을 최대화하는 소비행위를 할 것이다. 기업은 생산기술을 최대한 활용하여 이윤이 최대화되도록 생산량과 가격을 조절할 것이다. 이러한 소비자와 기업의 행동은 수요함수와 공급함수로 나타나는데 시장에서는 그 상호작용에 의해 가격이 변동함으로써 경제주체들의 행동이 조정되는데 그 조정이 이루어진 상태를 균형이라 한다. 경쟁적인 시장에서는 수요량과 공급량이 일치하는 상태에서 균형이 결정되고 그 때의 가격이 균형가격이 된다.

어떤 특정한 경제문제를 설명하기 위해서 먼저 경제학자가 하는 일은 그 문제를 설명하는 데 적합한 경제모형(economic model)을 설정하는 것이다. 그리고 그 경제모형의 균형을 찾은 다음 균형상태에서 어떤 결과가 나타나는지를 분석하는데 이것을 균형분석(equilibrium analysis) 혹은 정학(statics)이라고 부른다. 그리고 정책의 시행이나 다른 조건이 변화할 때 나타나는 새로운 균형을 최초의 균형과 비교하여 분석하는 것을 비교정학(comparative statics)이라 한다. 또한 그 변화의 과정이 시간적으로 어떻게 나타나는가를 분석하는 방법을 동학(dynamics)이라고 할 수 있다.

다음 절에서 살펴볼 바와 같이 경제모형은 일반적으로 방정식의 체계로 구성되고, 균형분석은 그 연립방정식의 해를 찾는 수학적인 문제가 된다. 경제모형은 경제주체들의 행동을 설명하는 행위방정식과 균형조건을 나타내는 균형조건식 등으로 구성된다. 각 방정식은 경제변수들 간의 함수관계를 표시하는데, 변수들은 모형 내에서 그 값이 결정되는 내생변수와 외부요인에 의해 결정된 외생변수로 나누어진다. 또한 방정식에는 특정한 상수 혹은 파라미터가 포함되는 경우가 많다. 파라미터는 조건에 따라 변하는 상수를 말한다. 이상의 용어를 정리하면 다음과 같다.

변수와 상수

내생변수(endogeneous variable)와 외생변수(exogeneous variable)

상수(constant)와 파라미터(parameter)

방정식(equation)의 종류

정의식(definitional equation) 혹은 항등식(identity equation)

행위방정식(behavioral equation)

균형조건식(equilibrium condition)

이 장에서는 두 개의 대표적인 경제모형, 즉 수요공급모형과 기업의 이윤극대화모형을 살펴보고 어떠한 수학이 관련되는지 알아보기로 한다.

1.2 수요공급모형

경제이론 중에서 가장 기본적인 수요공급이론을 살펴보기로 하자. 수요공급이론은 특정 재화 혹은 서비스의 가격은 수요와 공급의 상호작용에 의해 결정된다는 이론이다.

먼저 수요 측면을 살펴보자. 소비자의 특정 재화에 대한 수요량은 그 재화의 가격 p와 소비자의 소득 M에 영향을 받는다. 일반적으로 가격이 상승하면 수요량은 감소하고 소득이 증가하면 소비량은 증가하게 된다. 이러한 관계를 수식을 이용하여 수요함수로 표시하면, 수요량 Q_D는 그 재화의 가격 p와 소비자의 소득 M의 함수 $Q_D = D(p,M)$가 된다.

공급의 경우에는 공급자는 재화의 가격이 상승하면 더 많이 공급하고, 그 재화의 생산요소의 가격이 상승하면 비용이 증가하므로 공급량을 줄이는 경향이 있다. 생산자의 공급량을 Q_S, 생산요소가격을 r로 표시하면 공급자의 행동은 공급함수 $Q_S = S(p,r)$로 나타낼 수 있다.

이제 시장에서는 소비자와 공급자가 만나 서로 경쟁하는 과정에서 가격이 결정되는데, 가격이 너무 높으면 공급량이 수요량을 초과하여 다 팔지 못한 공급자가 발생하게 된다. 그러면 그 공급자는 가격을 낮추어서라도 판매하고자 할 것이기 때문에 시장가격은 하락하게 된다. 만약 가격이 너무 낮으면 수요량이 공급량을 초과하여 수요자 간의 경쟁이 유발되어 가격은 상승하게 된다. 이러한 조정과정을 거쳐서 수요량과 공급량이 일치하는 가격에 도달할 때 비로소 소비자와 생산자 모두 그 가격에서 원하는 수요량과 공급량을 다 거래할 수 있게 되므로 가격은 변화를 멈추고 균형을 이루게 된다. 이러한 가격을 균형가격이라 한다. 이와 같이 시장이 균형을 이루기 위한 조건은 수요량과 공급량이 일치하는 것이고, 수식으로 쓰면 $Q_D = Q_S$인 것이다.

이상을 요약하면 균형가격과 수요량, 공급량을 결정하는 조건은 다음과 같은 세 개의 방정식으로 구성된다.

수요함수 $Q_D = D(p, M)$
공급함수 $Q_S = S(p, r)$
균형조건식 $Q_D = Q_S$

이 세 방정식을 연립해서 풀면 균형가격 p^0, 균형수요량 Q_D^0, 균형공급량 Q_S^0이 결정된다. 이 세 변수는 방정식에 의해 결정되는 변수로서 내생변수가 된다. 반면 소비자의 소득 M와 생산요소가격 r은 이 모형에서 외생적으로 주어진 값으로 외생변수 혹은 파라미터이다.

이와 같이 경제모형은 방정식들로 이루어지므로 경제모형을 분석하는 첫걸음은 그 방정식의 해를 구하는 것이다. 방정식의 해를 구하는 문제에서 대수학이 발전하였다.

수요공급모형은 보통 그래프로 분석할 수 있다. 수요함수에서 소득 M이 주어져 있을 때 수요량 Q_D와 가격 p의 관계를 수요곡선으로 표시한다. 그리고 공급함수의 경우 생산요소가격 r이 주어져 있다고 가정하면, 공급량 Q_S와 가격 p의 관계를 나타내는 공급곡선을 그래프로 그릴 수 있다.

이것을 [그림 1-1]과 같이 표시하면 균형가격은 두 곡선이 만나는 점에서 결정된다.

그림 1-1

→ 수요공급모형

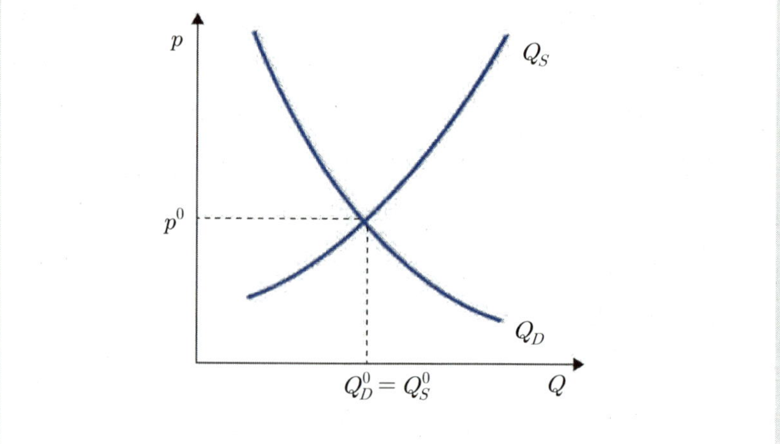

이와 같이 모형을 설정하고 그 모형의 균형을 찾아서 경제현상을 설명하는 분석방법이 정학(statics)이다. 그리고 이 모형을 실제 문제에 적용할 때 가장 먼저 하는 분석은 외생변수의 변화가 균형에 미치는 영향을 분석하는 것이다. 예를 들어 수요공급모형을 이용하면 소비자의 소득이 변할 때 균형가격이 어떻게 변할지를 예측할 수 있다. 외생변수가 변화하기 전과 변화 후의 균형을 비교함으로써 그러한 예측이 가능하게 되는데 이러한 분석방법이 비교정학(comparative statics)이다. 또한 외생변수가 변화할 때 균형값이 시간에 따라 연속적으로 변화하는 동태적인 변화과정을 분석할 필요가 있는데 이러한 분석이 동학(dynamics)분석이다.

이제 수요공급모형의 구체적인 예를 살펴보기로 하자.

예 1-1 수요함수와 공급함수가 모두 일차식 혹은 선형인 수요공급모형을 살펴보자.[1]

1 일차와 선형은 모두 linear의 번역이다. 일차식이란 변수들의 상수곱과 그 합으로만 이루어진 식을 말하는데 그 그래프가 직선 혹은 평면이기 때문에 선형이라고 해도 좋다. 정확한 설명은 3장 벡터와 벡터공간을 참조할 것.

$$Q_D = M - ap \quad (a > 0)$$
$$Q_S = cp - dr \quad (c,\ d > 0)$$
$$Q_D = Q_S$$

이 모형은 3개의 변수와 3개의 식으로 이루어진 연립방정식으로서 그 해를 구하면 균형가격은 $p^0 = \dfrac{M + dr}{a + c}$ 으로 결정된다. 일반적으로 방정식을 풀기 위한 수학의 분야를 대수학이라 하는데 그 중에서도 선형연립방정식의 해를 구하는 방법을 연구하는 분야가 선형대수학이다. 그래서 우리는 먼저 Ⅱ편에서 선형대수학의 기초를 공부할 것이다. 비선형인 연립방정식의 경우에도 선형근사식을 구해 분석할 수 있으므로 선형대수학은 유용하게 사용된다.

비교정학분석은 M, r과 같은 외생변수의 변화가 균형값 p^0에 미치는 영향을 연구하는 것이다. 그를 위해서는 먼저 p^0를 M, r의 함수 $p^0 = \dfrac{M + dr}{a + c}$로 표시하고, 그 함수가 M 혹은 r에 대해 증가함수인지 감소함수인지를 판단해야 한다. 여기에 미분법이 유용하게 사용된다. 즉, p^0를 M에 관해 미분하면 $a, c > 0$이므로 그 도함수

$$\frac{dp^0}{dM} = \frac{1}{a + c} > 0$$

가 양의 부호를 가짐을 알 수 있다. 이것은 p^0가 M의 증가함수임을 의미한다. 즉, 소득이 증가하면 균형가격이 증가한다고 예측할 수 있는 것이다.

또한, 도함수

$$\frac{dp^0}{dr} = \frac{d}{a + c} > 0$$

로부터 p^0가 r의 증가함수이고, 생산요소가격이 상승하면 균형가격은 증가한다고 예상할 수 있게 된다. 이와 같이 비교정학분석을 위해서는 미분법이 필요하게 된다. 이 책의 Ⅲ편에서는 미분법의 기초를 살펴볼 것이다.

동학은 균형가격이 시간에 따라 어떻게 변화하는지를 설명하는 것이다. 예를 들어 소득이 증가하여 수요곡선이 우측으로 이동하면 현재 가격 하에서 수요량이 공급량을 초과하게 되어 불균형이 발생하고 가격은 상승하기 시작한다. 이러한 시간적 변화를 설명하기 위해서는 미분방정식을 필요로 한다. 마지막 Ⅴ편에서 미분방정식을 소개할 것이다.

1.3 기업의 이윤극대화

방정식으로 구성되는 경제모형과는 다른 유형의 경제모형이 있다. 소비자나 기업과 같은 경제주체들은 한정된 자원을 이용하여 효용이나 이윤과 같은 목표를 최대화하고자 합리적인 혹은 경제적인 선택을 하게 되는데 이러한 행동을 분석하는 모형을 최적화모형이라 한다.

하나의 예로서 기업의 이윤극대화를 살펴보기로 하자. 기업은 생산요소를 구매하여 생산활동을 수행하고 그 결과 얻어진 생산물을 시장에 판매하여 이윤을 얻는다. 기업의 실제 목표는 매우 다양하다. 매출액을 극대화하려는 기업도 있고, 사회적 책임을 우선적으로 생각하는 사회적 기업도 존재한다. 그러나 시장경제에서 기업은 기본적으로 자신의 이윤을 최대화하려고 노력할 때 시장이 그러한 행동을 조정함으로써, 궁극적으로 경제 전체의 자원을 효율적으로 사용하게 된다는 것이 경제학의 중요한 결론이다.[2]

이윤극대화하는 기업의 행동을 좀 더 자세히 살펴보기로 하자. 이윤 π는 총수입(TR)에서 총비용(TC)을 뺀 것인데, 총수입은 생산량 Q에 가격 p를 곱한 것이므로, 비용을 생산량 Q의 함수 $C(Q)$라 하면, 이윤은 다음과 같이 표시할 수 있다.

$$\pi = pQ - C(Q)$$

2 물론 시장이 언제나 자원을 효율적으로 배분하지는 못한다. 즉, 시장은 실패할 수 있다. 시장의 실패와 시장의 실패에 대처하는 정책을 연구하는 것도 경제학의 중요한 연구주제가 된다.

여기서 시장이 완전경쟁이라는 가정을 하기로 한다. 완전경쟁시장이란 소비자와 공급자의 수가 많아서 아무도 가격에 영향력을 행사할 수 없기 때문에 모두가 가격이 주어진 것으로 행동하는 시장을 말한다. 완전경쟁 하에 있는 경쟁적 기업은 가격 p를 상수로 간주하고 이윤이 극대화되도록 생산량 Q를 선택하는 행동을 한다.

따라서 경쟁적 기업의 이윤극대화 문제는 다음과 같이 정식화된다.

$$\text{Maximize} \ \ \pi(Q) = TR - TC = pQ - C(Q)$$

일반적으로 함수의 극대점을 찾기 위해서는 미분법을 이용하면 된다. 이와 같이 최적화모형을 분석하기 위해서 Ⅳ편에서는 최적화이론을 살펴보기로 한다.[3]

위 극대화 문제에서, Q^0가 이윤함수 $\pi(Q)$의 극대점이기 위한 필요조건은 일계도함수가 0인 것이고, 이계충분조건은 이계도함수가 음수인 것이다. 전자를 일계조건(First Order Condition, FOC) 혹은 보다 구체적으로 일계필요조건(First Order Necessary Condition, FONC)이라 하고, 후자를 이계조건(Second Order Condition, SOC) 혹은 이계충분조건(Second Order Sufficient Condition, SOSC)이라 부른다.

이윤극대화 문제의 일계필요조건은

$$\frac{d\pi}{dQ} = MR - MC = p - C'(Q) = 0$$

이 된다.

경제학 용어로 총수입(Total Revenue, TR)의 도함수는 한계수입(Marginal Revenue, MR), 총비용(TC)의 도함수 $C'(Q)$는 한계비용(Marginal Cost, MC)이다. 위 문제에서는 한계수입 MR은 가격 p와 일치한다. 경제학적 용어로

3 이하의 내용을 이해하기 위해서는 고등학교 수준의 미분법으로 충분하다. 그러나 충분한 미분법 지식이 없는 학생은 Ⅲ편 미분법을 공부한 후에 이하의 부분을 다시 공부해도 좋다.

말하면 이윤극대화의 일계필요조건은 한계비용(MC)과 한계수입(MR)이 일치하는 것이고 따라서 가격과 한계비용이 일치하는 것이다.[4]

$$MR = MC \quad \text{혹은} \quad p = MC$$

그런데 일계조건만으로는 충분하지 않다. 일계조건을 충족하는 경우는 극대점뿐 아니라 극소점도 있기 때문이다. 다음과 같은 이계조건이 충족될 때 비로소 극대점이 된다.

$$\frac{d^2\pi}{dQ^2} = -\frac{dMC}{dQ} = -C''(Q) < 0$$

이러한 이계조건 혹은 이계충분조건은 다시 쓰면,

$$\frac{dMC}{dQ} = C'' > 0$$

이것은 비용함수의 도함수인 한계비용함수가 증가함수인 것을 의미한다. 즉, 한계비용함수가 증가함수인 범위 내에서, 한계비용과 한계수입이 일치하도록 생산하면 이윤이 극대가 된다는 것이다.

[그림 1−2]에서 확인할 수 있는 바와 같이 가격과 한계비용이 일치하는 두 생산량 중에서 한계비용곡선이 상승하는 점 Q^0에서 이윤극대화가 이루어짐을 알 수 있다.

이상에서 살펴본 바와 같이 경제모형을 연구하기 위해 필요한 수학분야는 선형대수학, 미분법, 최적화이론, 그리고 미분방정식이며, 이 책은 이러한 분야에 관해 경제학 공부에 꼭 필요한 기본적인 내용을 소개하는 것을 목적으로 한다.

4 한계수입이나 한계비용과 같은 한계개념의 정확한 정의는 9장 일변수함수의 미분법에서 설명할 것이다.

그림 1-2

→ 이윤극대화의 조건

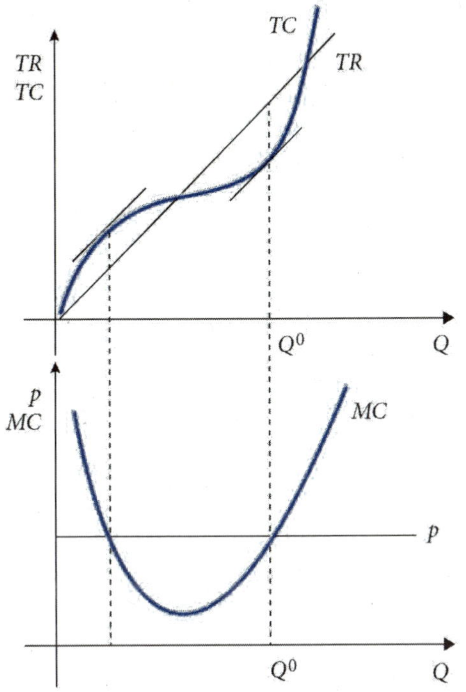

CHAPTER 02

수학의 기초개념

이 장에서는 집합, 실수, 함수, 명제와 같은 수학의 기초개념을 소개한다. 이러한 내용은 이미 고등학교 과정에서 배운 것이 대부분이므로 여기서는 중요한 용어와 기호를 익숙하게 사용할 수 있도록 연습할 필요가 있다.

2.1 집 합

집합(set)이란 명확히 정의된 대상의 모임을 말한다. 예를 들어, 자연수의 집합 $\{1, 2, 3, \cdots\}$, 0과 1 사이의 실수의 집합 $\{x | 0 < x < 1\}$ 등이 집합이다. 집합을 표시하는 방법은 $\{1, 2, 3, \cdots\}$과 같은 나열형과 $\{x | 0 < x < 1\}$과 같은 서술형 두 가지가 있다.

x가 집합 A에 속할 때, x를 A의 원소(element)라고 말하고, $x \in A$로 쓴다. A의 원소가 아닌 y는 $y \notin A$로 표시한다.

두 집합 A, B에 관해서 A의 원소인 모든 x가 B의 원소가 될 때 A가 B에 포함된다고 말하고 $A \subset B$로 표시한다. 즉, $x \in A$인 모든 x에 대해 $x \in B$일 때 $A \subset B$라고 한다.

예 2-1 모든 집합 A에 대해 $A \subset A$가 된다.

$A \subset B$이고 동시에 $B \subset A$일 때 두 집합 A, B가 **같다**고 말하고 $A = B$로 표시한다.

어떤 원소도 포함하지 않는 집합을 **공집합**(empty set), 특정 대상들을 모두 포함하는 집합을 **전체집합**(universal set)이라고 하고 각각, $\varnothing$, U으로 표시한다.

예 2-2 임의의 집합 A와 전체집합 U에 대해서 $\varnothing \subset A$, $\varnothing \subset U$, $A \subset U$이다. 공집합은 어떤 원소도 포함하지 않기 때문에 위와 같은 포함관계가 자동으로 성립하게 된다.

집합의 연산

두 집합에 작용하여 새로운 집합을 만들어내는 것을 **연산**(operation)이라 한다. 집합의 연산에는 다음과 같은 종류가 있다.

그림 2-1

→ 집합의 연산

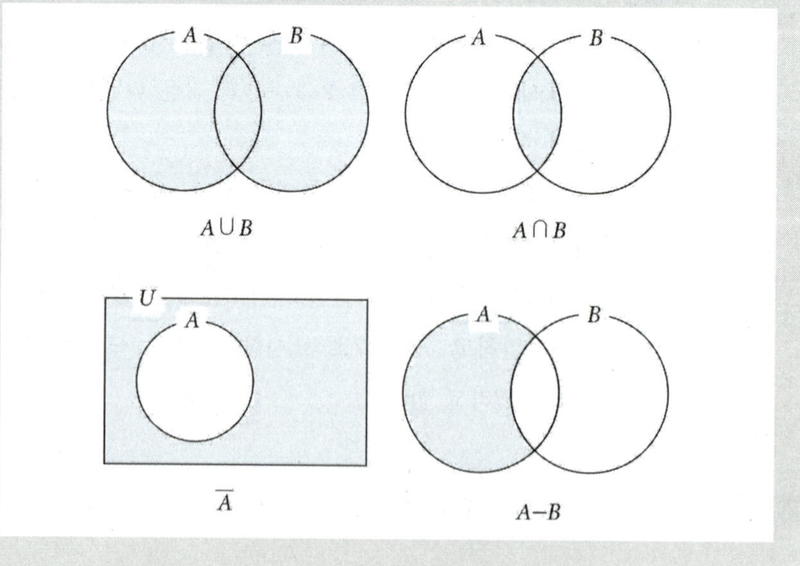

합집합(union) $A \cup B \equiv \{x \mid x \in A$ 또는 $x \in B\}$

교집합(intersection) $A \cap B \equiv \{x \mid x \in A$ 및 $x \in B\}$

여집합(complement) $\overline{A} \equiv \{x \in U \mid x \notin A\}$

차집합(difference) $A - B \equiv \{x \mid x \in A$ 및 $x \notin B\}$

집합 간의 관계와 연산을 [그림 2-1]과 같이 도표로 나타낼 수 있는데 이것을 벤다이어그램(Venn Diagram)이라 한다.

집합 A의 모든 부분집합들의 집합을 A의 멱집합(power set)이라 하고 2^A로 표시한다.

연습 2-1 전체집합이 $U = \{1,2,3,4,5,6\}$일 때 집합 $A = \{1,2,3\}$와 $B = \{2,3,4,5\}$에 대해서 $A \cup B$, $A \cap B$, $\overline{A}$, $A - B$를 구하라.

정리 2-1 (집합연산의 성질)

집합 A, B, C에 관한 연산은 다음 성질들을 만족한다.

(1) $A \cup (B \cup C) = (A \cup B) \cup C$ (결합법칙)

(2) $A \cap (B \cap C) = (A \cap B) \cap C$ (결합법칙)

(3) $A \cup (B \cap C) = (A \cup B) \cap (A \cup C)$ (분배법칙)

(4) $A \cap (B \cup C) = (A \cap B) \cup (A \cap C)$ (분배법칙)

(5) $\overline{A \cup B} = \overline{A} \cap \overline{B}$

증 명 (1)만 증명하고 나머지는 연습문제로 남겨둔다.[1]

$x \in A \cup (B \cup C)$

$\Leftrightarrow x \in A$ 또는 $x \in B \cup C$

$\Leftrightarrow x \in A$ 또는 $x \in B$ 또는 $x \in C$

$\Leftrightarrow x \in A \cup B$ 또는 $x \in C$

$\Leftrightarrow x \in (A \cup B) \cup C$

예 2-3 집합 $A = \{1,2,3\}$의 부분집합들의 집합인 멱집합 2^A는 $2^A = \{\varnothing, \{1\}, \{2\}, \{3\}, \{1,2\}, \{1,3\}, \{2,3\}, \{1,2,3\}\}$이 된다. 집합 A의 원소의 개

1 증명에서 ⇔는 앞뒤의 명제가 동치임을 의미한다. 명제에 관해서는 다음 2.4절에서 설명할 것이다.

수가 3이므로 멱집합 2^A의 원소의 개수는 $2^3=8$이다.

두 집합 A, B의 데카르트곱(Cartesian product)은 $A\times B \equiv \{(x,y) \mid x\in A \text{ 및 } y\in B\}$으로 정의한다. 데카르트곱은 일반적으로 n개의 집합 $A_1,\cdots,A_n$에도 적용할 수 있다. 즉,

$$\underbrace{A_1\times\cdots\times A_n}_{n}=\{(x_1,\cdots,x_n)\mid x_1\in A_1,\cdots,x_n\in A_n\}$$

예 2-4 $A=\{1,2\}$, $B=\{1,2,3\}$일 때, $A\times B=\{(1,1),(1,2),(1,3),(2,1),(2,2),(2,3)\}$이 된다. 이 집합을 [그림 2-2]와 같이 도표로 표시할 수 있다.

2.2 실 수

일상생활에서 가장 먼저 만나게 되는 수학의 기초개념은 수(number)이

그림 2-2

→ 집합의 데카르트곱 $A\times B$

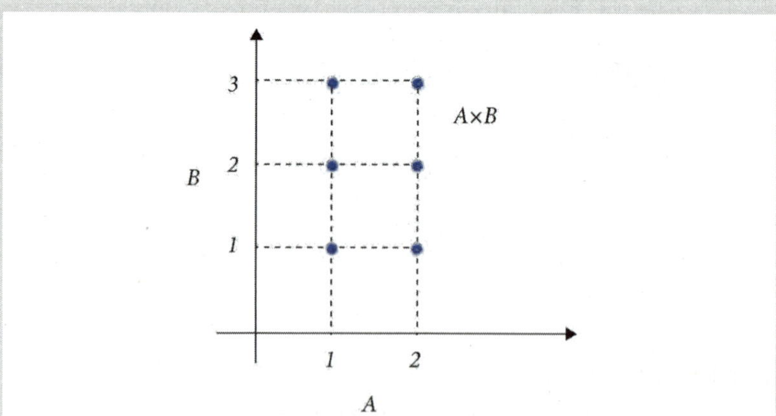

다. 그 중에서도 1, 2, 3과 같은 자연수는 너무나 친근해서 추상적으로 정의하지 않아도 우리는 모두 잘 안다고 생각한다. 그러나 엄밀하게 정의하기는 매우 어렵다. 수학기초론은 자연수를 정의하기 위한 공리체계를 확립하는 데서부터 시작되었다.

자연수(natural numbers)의 집합 $\{1,2,3,\cdots\}$은 N으로 표시한다. 정수(integer)는 자연수뿐만 아니라 0과 -1, -2, -3, ...과 같은 음수를 가리킨다. $a \neq 0$인 정수에 대해, 두 정수의 비율 $\frac{b}{a}$를 유리수(rational number)라 한다. 즉, 유리수는 방정식 $ax = b$의 해가 되는 수라고 할 수 있다. 정수의 집합과 유리수의 집합은 각각 Z와 Q로 표시한다. 집합 N, Z, Q는 다음과 같은 포함관계에 있다. $N \subset Z \subset Q$

실수(real number)를 정의하는 여러 방법이 있지만 우리는 실수를 3.2315⋯ 와 같이 무한소수로 정의하도록 하자. 유리수는 $2 = 2.0\cdots$, $\frac{1}{3} = 0.333\cdots$, $\frac{1}{7} = 0.142857142857\cdots$과 같이 순환하는 무한소수이다. 실수 중에는 $\sqrt{2} = 1.414\cdots$ 혹은 $\pi = 3.141\cdots$와 같이 순환하지 않는 무한소수들이 있다. 이러한 수를 무리수(irrational number)라고 한다. 무리수는 두 종류로 나눌 수 있는데 대수적인 수(algebraic number)와 조월수(transcendental number)가 그것이다. 대수적인 수란 정수계수를 갖는 n차 다항방정식 $x^n + a_{n-1}x^{n-1} + \cdots a_1x + a_0 = 0$의 해가 되는 수로 정의한다. 유리수는 방정식 $ax = b$의 해가 되는 수이므로 모두 대수적인 수이다. 무리수 중에서 대수적인 수가 아닌 모든 수를 초월수라 한다. 원주율 π와 자연상수 e가 잘 알려진 초월수이다. 실수의 집합은 R로 표시한다.

수의 집합 간의 관계를 요약하면, $N \subset Z \subset Q \subset R$이 된다. 그리고 실

그림 2-3

→ 수직선

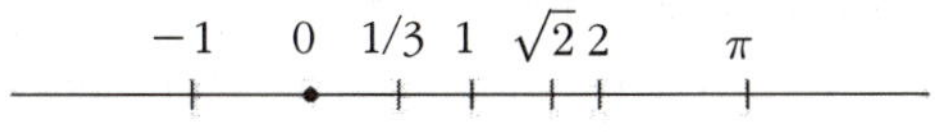

수집합은 유리수집합과 무리수집합의 합집합이고, 무리수집합은 대수적인 무리수의 집합과 초월수집합의 합집합이다.

실수는 [그림 2-3]과 같이 수직선(數直線)으로 나타낼 수 있으므로 실수의 집합은 연속성이라는 특징이 있는 반면, 자연수집합, 정수집합, 유리수집합은 연속적이지 않다.

실수의 성질

실수의 성질을 요약해 보자. 첫째로 실수는 $+-\times\div$의 연산이 가능하다. 즉, 실수에 이런 4칙연산을 적용하면 그 결과 실수를 얻는다. 이때 실수집합 R은 4칙연산에 대해 닫혀 있다고 말한다. 유리수집합 Q도 4칙연산에 대해 닫혀 있으나, 자연수집합 N과 정수집합 Z은 4칙연산에 대해 닫혀 있지 않다. 실수집합의 이러한 구조를 대수적 구조(algebraic structure)라 부른다.

둘째로, 모든 실수는 크기대로 순서를 지울 수 있다. 즉, 모든 실수 x, y에 대해, $x \geq y$이거나 $y \geq x$이거나 혹은 둘 다 성립한다. 이러한 순서의 성질을 완비성(completeness)이라 한다. 또한 $x \geq y$, $y \geq z$이면 $x \geq z$이다. 이것을 이행성(transitivity)이라고 한다. 이같이 실수는 완비성과 이행성을 만족하는 순서 $\geq$가 정의되어 있어서 이것을 실수의 순서구조라고 말한다. 그리고 $x \geq y$, $y \geq x$가 동시에 성립할 때 $x = y$이고 그런 실수는 하나밖에 없다.

셋째로, 실수의 집합은 수직선을 완전히 채우기 때문에 연속적인 성질을 갖는다. 실수의 연속성은 함수의 연속성과 미분을 가능하게 하는 기초적인 성질이 된다. 연속성의 자세한 정의는 이 책의 범위를 넘기 때문에 이 정도의 소개로 그치기로 한다. 자세한 내용은 해석학개론 책을 참고하기 바란다.

벡터와 유클리드공간

n개의 실수집합 R의 데카르트곱 $R\times\cdots\times R \equiv R^n$을 n차원 유클리드공간(n-dimensional Euclidean space)이라 부르기로 한다. 그리고 R^n의 한 원소 $(x_1,\cdots,x_n)$을 n차원 벡터(vector)라 부른다. 즉, 벡터는 n개 실수의 순서쌍(ordered n-tuple) $x=(x_1,\cdots,x_n)$이다. 벡터와 유클리드공간에 대한 정의

그림 2-4

→ 2차원 유클리드 공간 R^2

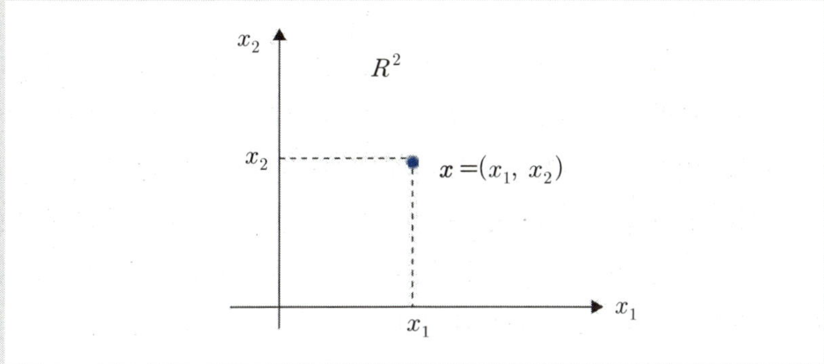

는 3장 벡터와 벡터공간에서 다시 자세히 다룰 것이다.

$$R^n \equiv \underbrace{R\times\ \cdots\ \times R}_{n} \equiv \{x = (x_1,\cdots,x_n) \mid x_i \in R,\ i = 1,\cdots,n\}$$

2.3 함 수

함수(function) $f: X \to Y$는 집합 X의 원소 x에 집합 Y의 원소 y를 반드시 하나 대응시키는 관계로 정의한다. 여기서 집합 X를 정의역(domain), Y를 공변역(codomain)이라 하고, x는 독립변수, y는 종속변수라 부른다. 그리고 $y = f(x)$로 표시하거나 $f: x \mapsto y$로 쓴다.

함수 $f: X \to Y$는 다음 두 가지 성질을 만족해야 한다. 첫째, 집합 X의 모든 원소 x에는 반드시 대응되는 Y의 원소 y가 있어야 하고, 둘째, 그러한 y는 유일해야 한다. 그렇지만 Y의 모든 원소가 f의 함수값이 될 필요는 없다. 그리고 두 독립변수 x, z가 $f(x) = f(z)$와 같이 같은 함수값을 가질 수도 있다. f의 함수값이 되는 Y의 부분집합 $\{y \in Y \mid y = f(x),\ x \in X\}$을 함수 f의 치역(range)이라 하는데, 일반적으로 치역과 공변역이 같을 필요는 없다.

예 2-5 다음과 같은 x, y의 관계식을 살펴보자.

(1) $y = x^3$ (2) $x = y^2$ (3) $x^2 + y^2 = 1$ (4) $y = x^2$

이 중에서 함수 $f: x \mapsto y$가 될 수 있는 것은 (1)과 (4)뿐이다. 함수 (1)은 공변역과 치역이 모두 같이 실수집합 R이지만, 함수 (4)는 공변역은 R인 반면 치역은 양수집합이다. 관계식 (2)는 음수인 x에 대해서는 함수값이 존재하지 않을 뿐 아니라, 양수 x에는 두 개의 값 $\pm\sqrt{x}$이 대응되므로 함수가 될 수 없다. 관계식 (3)은 $x < -1$과 $x > 1$에 대해서는 함수값이 존재하지 않고 $-1 < x < 1$에 대해서는 $\pm\sqrt{1-x^2}$ 두 개의 값이 대응된다.

모든 독립변수가 서로 다른 함수값을 가지는 함수를 단사함수(injection)라 한다. 즉, 단사함수는, $f(x) = f(z)$이면 언제나 $x = z$인 것이다. 그리고 공변역과 치역이 같은 함수를 전사함수(surjection)라 한다. 단사이면서 동시에 전사인 함수를 전단사함수(bijection) 혹은 1–1대응(1–1 correspondence)이라 한다.

전사함수 $f: X \to Y$는 임의의 $y \in Y$에 대해, $y = f(x)$인 $x \in X$가 존재하는 함수이다. 이것을 다음의 논리기호로 표시할 수 있다.

$$\forall y \in Y, \ \exists x \in X \ \text{s.t.} \ f(x) = y$$

여기서 $\forall$는 for any, $\exists$는 there exist, s.t.는 such that을 의미하는 논리기호이다. 앞으로 필요할 때는 이와 같이 논리기호를 사용하여 수식과 명제를 간결하게 표현하기로 한다.

예 2-6 $y = 2x$는 전단사함수이고 $y = x^2$은 전사도 단사도 아니다.

연습 2-2 다음 함수들의 정의역과 치역을 쓰라. 그리고 단사, 전사 혹은 전단사인지 판단하라.

(1) $y = 2x - 1$ (2) $y = \dfrac{1}{x-1}$ (3) $y = (x+1)^2 - 1$ (4) $y = \sqrt{1-x^2}$

연습 2-3 전사이지만 단사는 아닌 함수와, 단사이지만 전사는 아닌 함수의 예를 각각 하나씩 쓰라.

함수 $f: X \to Y$가 전단사함수 혹은 1−1대응일 때 그리고 그때만 f의 역함수(inverse function)가 정의될 수 있고, 그때 역함수 $f^{-1}: Y \to X$는 임의의 y에 대해 $y = f(x)$인 x를 대응시키는 함수이다. 즉, $x = f^{-1}(y)$.

예를 들어 $y = 2x + 1$은 전단사함수이므로 역함수가 존재하고, 역함수는 $x = \dfrac{1}{2}y - \dfrac{1}{2}$이다.

전단사함수가 아니면 역함수는 정의될 수 없지만, 유사한 기호를 써서 임의의 부분집합 $B \subset Y$에 대해 집합 $f^{-1}(B)$를

$$f^{-1}(B) \equiv \{x \in X \mid f(x) \in B\}$$

로 정의할 수 있다. 이 집합을 함수 f에 의한 B의 역상(inverse image)이라 부른다. 함수 f에 의한 집합 A의 상(image) $f(A)$는 $f(A) = \{y \in Y \mid y = f(x), x \in A\}$이다.

예를 들어 $f(x) = x^2$에 의한 집합 $B = \{y \mid 0 \le y \le 1\}$의[2] 역상은 $f^{-1}(B) = \{x \mid -1 \le x \le 1\}$이다.

두 함수 $f: X \to Y$과 $g: Y \to Z$에 대해 합성함수 $g \circ f$는 $(g \circ f)(x) \equiv g(f(x))$로 정의한다.

예를 들어 $z = (x+2)^2$는 $z = y^2$과 $y = x + 2$의 합성함수이다.

일변수함수와 다변수함수

다음과 같은 함수들은 독립변수가 하나인 일변수함수들이다.

일차함수 $y = ax + b$

2 집합 B는 실수의 닫힌 구간으로 $[0,1]$로 표시하기도 한다.

다항함수 $y = a_n x^n + \cdots + a_1 x + a_0$

지수(exponential)함수 $y = a^x$, $a \neq 1$, $a > 0$

로그(log)함수 $y = \log_a x$, $a \neq 1$, $a > 0$

반면에 함수 $y = x_1^2 + 2x_2^2 - 1$은 두 변수 x_1, x_2의 함수이다. 경제학에서는 이러한 다변수함수가 일반적이다. 어떤 재화의 소비량 Q는 그 재화의 가격 p, 다른 관련 재화의 가격 q, 소비자의 소득 M 등의 함수로써 $Q = D(p, q, M)$로 표시할 수 있다.

가격과 수요량과의 일반적인 함수관계를 다변수함수로 표시하여 보자.

n개의 재화량 $x_1, \cdots, x_n$이 각각 가격 $p_1, \cdots, p_n$의 함수로서 다음과 같이 표시될 수 있다.

$$x_1 = D^1(p_1, \cdots, p_n)$$
$$\cdots$$
$$x_n = D^n(p_1, \cdots, p_n)$$

앞에서 소개한 벡터표시를 이용하면 다음과 같이 보다 간결하게 표시가능하다. 수요함수 $D : R^n \to R^n$는 독립변수벡터 $\mathbf{p} = (p_1, \cdots, p_n)$에 대해 종속변수벡터 $\mathbf{x} = (x_1, \cdots, x_n)$를 대응시키는 함수로서 $\mathbf{x} = D(\mathbf{p})$로 표시된다.

일반적으로 R^n에서 R^m으로 가는 다변수함수 $f : R^n \to R^m$ 혹은 $\mathbf{y} = f(\mathbf{x})$는 다음과 같이 풀어서 쓸 수 있다.

$$y_1 = f^1(x_1, \cdots, x_n)$$
$$\cdots$$
$$y_m = f^m(x_1, \cdots, x_n)$$

예 2-7 다음은 (x_1, x_2)에 (y_1, y_2)를 대응시키는 다변수함수이다.

$y_1 = x_1 x_2 - x_1^2 + 1$

$y_2 = x_1 + 2x_2$

그림 2-5

→ 함수와 등고선

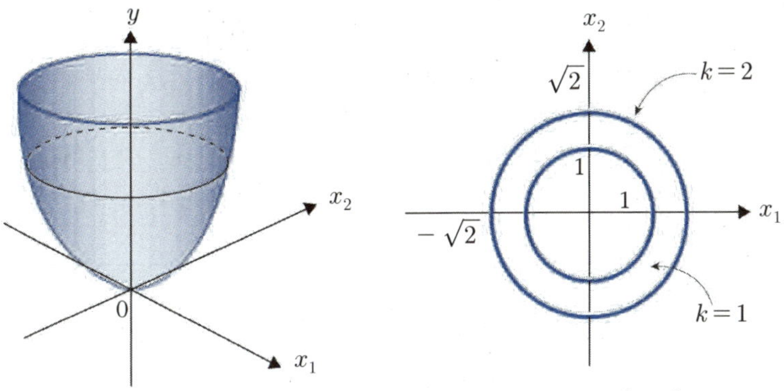

(a) 함수 $y=x_1^2+x_2^2$의 그래프　　(b) 등고선 $x_1^2+x_2^2=k$

등고선(level curve)

실수값 다변수함수 $f: R^n \rightarrow R$에 대해서 함수값이 k인 등고선은 다음 집합으로 정의한다.

$$\{(x_1,\cdots,x_n)\in R^n \mid f(x_1,\cdots,x_n)=k\}$$

예를 들어 $y=x_1^2+x_2^2$의 등고선은 $x_1^2+x_2^2=k$인 벡터 (x_1,x_2)들의 집합이다([그림 2-5] 참조).

함수의 등고선은 지도의 등고선과 같은 개념이다. 지도의 등고선은 고도가 같은 점들을 잇는 궤적인데 이것은 고도를 나타내는 함수의 등고선이 된다. 등고선은 k값에 따라 달라지므로 무수히 많이 존재한다.

또한 등고선보다 함수값이 크거나 같은 점들의 집합 $\{(x_1,\cdots,x_n)\in R^n \mid f(x_1,\cdots,x_n)\geq k\}$은 상방윤곽집합(upper contour set)이라 부른다.

경제학에서는 효용함수와 생산함수의 등고선을 각각 무차별곡선과 등량곡선이라 부른다. 효용함수 $u=U(x,y)$에서 효용값이 u^0인 두 재화벡터

그림 2-6

→ 무차별곡선과 등량곡선

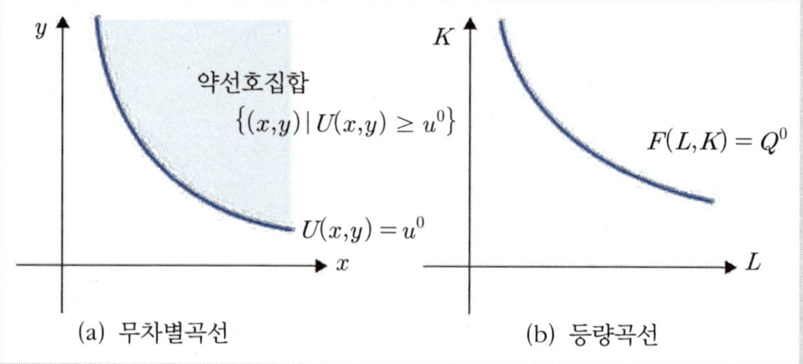

(x,y)의 집합 $\{(x,y) \mid U(x,y) = u^0\}$을 무차별곡선(indifference curve)이라 한다. 그리고 효용값이 u^0 이상인 소비벡터들의 집합인 상방윤곽집합을 약선호집합(weakly preferred set)이라고도 부른다. 생산함수 $Q = F(L,K)$에 대해서는 생산량 Q^0를 생산하는 생산요소 (L,K)의 집합 $\{(L,K) \mid F(L,K) = Q^0\}$를 등량곡선(isoquants)이라 부른다.

연습 2-4 효용함수 $u = xy$일 때 효용값이 u^0인 무차별곡선의 식을 쓰고 x, y 평면에 그 그래프를 그려보라.

2.4 명 제

"모든 자연수는 실수이다", "공집합은 임의의 집합의 부분집합이 된다", 와 같이 그 진위를 판단할 수 있는 진술을 명제라 부른다. "x는 자연수이다"를 A, "x는 실수이다"를 B로 표시하면, 명제 "모든 자연수는 실수이다"는 다음과 같은 기호로 표시할 수 있다.

$$A \Rightarrow B$$

$A \Rightarrow B$에서 B는 A의 필요조건(necessary condition), A는 B의 충분조건(sufficient condition)이라 한다.

명제 $A \Rightarrow B$에 대해서, $B \Rightarrow A$를 역명제(converse)라 한다. $A \Rightarrow B$가 참이라고 해서 그 역명제도 참이 되는 것은 아니다. 예를 들어, 모든 자연수는 실수이지만, 모든 실수가 자연수는 아니다. 자연수의 집합은 실수집합의 부분집합인 것과 같이, 집합의 포함관계로 표시하면 집합 A는 집합 B의 부분집합이 된다. 즉, $A \subset B$.

명제 A와 명제 B가 서로 필요충분조건이 될 때 $A \Leftrightarrow B$로 표시한다.

A의 부정을 $\neg A$라고 표시하자. 명제 $A \Rightarrow B$에 대해, $\neg A \Rightarrow \neg B$는 이(裏)명제(inverse), $\neg B \Rightarrow \neg A$를 대우명제(contrapositive)라 한다. 명제가 참이면 그 대우명제도 언제나 참이다. 어떤 명제를 증명하기 위해서 대우명제를 증명하기도 한다. 이러한 증명법을 귀류법이라 한다.

2.5 무한집합의 농도

집합의 크기를 비교하기 위해서는 집합의 원소의 개수를 세면 된다. 원소의 수가 유한하면 개수를 세는 데 문제가 없지만 자연수의 집합과 같은 무한집합의 경우에는 다른 방법이 필요하다. 집합의 개수를 센다는 것은 자연수의 부분집합과 1－1대응을 찾는 것이다. 예를 들어 집합 $\{a,b,c\}$는 자연수의 부분집합 $\{1,2,3\}$과 1－1대응이 있으므로, 개수가 3이라고 하는 것이다. 이러한 방법을 무한집합에도 적용하여 무한집합의 농도(cardinality)를 다음과 같이 정의한다.

두 무한집합 A와 B 사이에 적어도 하나의 1－1대응(전단사함수)이 존재할 때 A와 B는 농도가 같다고 정의한다.

자연수집합 N과 농도가 같은 무한집합을, 셀 수 있는 집합, 혹은 가산집합(countable set)이라 하고, 자연수집합 N과 농도가 다른 무한집합을 셀 수 없는 집합, 혹은 비가산집합(uncountable set)이라 한다.

짝수집합 $E=\{2,4,\cdots\}$의 농도는 어떨까? E는 자연수집합의 부분집합이고 정확히 그 절반이 되므로 자연수집합보다 작다고 말할 수 있을 것인가? 그렇지 않다. 우리의 정의에 따르면 짝수집합 E와 자연수집합 N은 농도가 같다. 왜냐하면 자연수 x에 대해 짝수 y를 대응시키는 함수 $y=2x$와 같은 $1-1$대응이 존재하기 때문이다. 그래서 짝수의 집합은 가산이다. 우리의 직관과 모순되는 이런 결과는 무한집합에서는 피할 수 없는 사실이다.

유리수집합 Q의 농도도 자연수집합과 같다. 유리수는 0을 포함하고, 임의의 자연수 a,b에 대해 $\pm\frac{b}{a}$로 표시되는 수이다. $a+b$가 작은 것부터 순서대로 $0,1,-1,\frac{1}{2},-\frac{1}{2},2,-2,\cdots$와 같이 빠짐없이 나열할 수 있고, 이것은 자연수 $1,2,3,\cdots$과 $1-1$대응이 된다. 따라서 Q는 가산집합이다.

예 2-8 집합 A,B가 가산집합이면, $A\cup B$도 가산집합임을 보이자. A,B가 가산이므로 $A=\{a_1,a_2,\cdots\}$, $B=\{b_1,b_2,\cdots\}$으로 원소들을 나열할 수 있다. 그러면 $a_1,b_1,a_2,b_2,\cdots$와 같이 나열할 수 있고 그중에서 중복된 것을 제외하고 다시 번호를 붙여서 $c_1,c_2,\cdots$으로 나열하면 이 집합이 $A\cup B=\{c_1,c_2,\cdots\}$가 되고 따라서 $A\cup B$는 자연수와 $1-1$대응이 존재하고 가산집합이 된다.

연습 2-5 정수 집합 Z와 그 데카르트곱 $Z\times Z$는 모두 가산집합임을 보이라.

그러면 모든 무한집합은 가산집합일까? 그렇지 않다. 실수집합은 가산집합이 아니다. 수학자 Cantor는 이 명제를 다음과 같이 유명한 대각선법(diagonal method)으로 증명하였다.

정리 2-2 (Cantor 정리)

실수집합 R은 비가산집합이다.

증 명 귀류법을 이용하여 증명해 보자. R이 가산집합이라 가정하자. 그러면 모순임을 보이면 된다. 가산이므로 모든 실수를 다음과 같이 빠짐없이 나열할 수 있다.

$$\begin{array}{l} 1\leftrightarrow\ \ 0.2123\cdots \\ 2\leftrightarrow 12.8012\cdots \\ 3\leftrightarrow\ \ 5.4672\cdots \\ \vdots \qquad\qquad \ddots \end{array}$$

그러면 실수 0.321⋯은 이 리스트에서 빠져 있음을 알 수 있다. 이 수는 첫 번째 수와는 소수점 이하 첫 자릿수인 2와 다르고, 두 번째 수와는 소수점 이하 둘째 자리수인 0과 다르고, ⋯같은 식으로 나열된 어떤 수와도 적어도 한 자릿수에서 다르도록 만들어진 수이기 때문이다. 이것은 빠짐없이 나열되었다는 가정에 모순된다. 따라서 실수집합은 자연수집합과 1−1대응이 될 수 없고 비가산집합이 된다.

집합의 농도와 관련하여 수많은 어려운 문제들이 존재하고 그 문제들을 해결하는 과정에서 집합론이 발전하였다. 특히 다음과 같은 연속체가설은 최근까지도 풀리지 않은 난문 중의 하나였다.

연속체가설(Continuum Hypothesis) 가산집합의 농도보다 크고 실수집합의 농도보다 작은 집합은 존재하지 않는다.

유리수집합은 수직선을 채우지 못하지만, 실수집합은 수직선상을 빽빽하게 채워서 연속성을 갖는 집합이다. 가산인 유리수집합보다 크고, 실수집합보다 농도가 작은 그런 집합은 존재하지 않는다는 것이 연속체가설의 내용이다. 1960년대에 이 가설은 증명이 불가능한 명제임이 밝혀졌다.

실수는 무한소수로 표시할 수 있으므로, 자연수의 무한수열과 1−1대응한다고 볼 수 있다. 그래서 실수집합의 농도는 자연수의 부분집합의 집합인 멱집합의 농도와 같다. 그런데 실수집합의 멱집합은 실수집합보다 더 큰 농도를 갖는다. 이와 같이 집합의 멱집합은 농도가 커지므로 농도는 가산집합의 농도를 시작으로 실수집합의 농도, 실수집합의 멱집합의 농도, 실수집합의 멱

그림 2-7

→ 사전편찬식 선호의 약선호집합

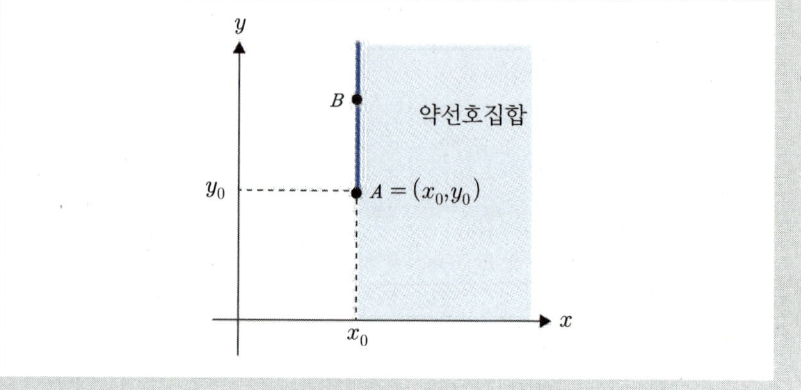

집합의 멱집합의 농도, …와 같이 무한히 커지게 된다. 가산집합의 농도를 히브리어 첫글자 ℵ를 사용하여 $\aleph_0$(aleph zero, 알레프제로로 읽음)로 표시하고, 실수의 농도를 $\aleph_1$으로 해서 순차적으로 $\aleph_0, \aleph_1, \aleph_2, \cdots$와 같이 표시한다.

사전편찬식 선호와 효용함수

어떤 소비자가 두 종류의 재화 x, y를 소비하는데, 이 소비자는 두 소비점 (x_1, y_1)과 (x_2, y_2)을 비교할 때 $x_1 > x_2$이면 무조건 소비점 (x_1, y_1)을 (x_2, y_2)보다 좋다고 평가하고, $x_1 = x_2$일 때는 y_1과 y_2 중에서 큰 것을 더 선호한다고 하자. 이와 같은 선호순서는 사전의 단어배열순서와 같기 때문에 사전편찬식 선호(lexicographic preference)라고 부른다. 선호관계를 기호 $\succ$를 사용하여 표기하면 사전편찬식 선호관계는 다음과 같이 정의할 수 있다.

$$(x_1, y_1) \succ (x_2, y_2) \quad \Leftrightarrow \quad x_1 > x_2 \text{ 혹은, } \quad x_1 = x_2 \text{이고 } y_1 > y_2$$

일반적으로 소비자는 효용함수 $U(x, y)$를 갖고 있어서 효용이 큰 소비점을 더 선호한다고 가정한다면, 다음과 같은 조건을 만족하는 효용함수

$U(x,y)$가 존재해야 한다.

$$(x_1,y_1) > (x_2,y_2) \Leftrightarrow U(x_1,y_1) > U(x_2,y_2)$$

그런데 사전편찬식 선호는 특이하게도 그러한 효용함수로 설명할 수 없다는 것을 이 절에서 공부한 실수집합의 농도개념을 이용하여 증명할 수 있다.

먼저 사전편찬식 선호의 무차별곡선은 한 점이 된다. 왜냐하면 특정한 소비점 (x_0,y_0)와 무차별한 소비점은 그 자신밖에 없기 때문이다. 그리고 약선호집합은 [그림 2−7]에서 보는 바와 같이 그 소비점보다 위에 있는 소비점과 그 오른쪽에 있는 모든 소비점을 포함한다.

이제 사전편찬식 선호를 나타내는 효용함수는 존재하지 않는다는 것을 증명하기 위해, 먼저 그런 효용함수가 존재한다고 가정하고 그 결과 모순이 도출됨을 보이자.[3] 사전편찬식 선호이므로 [그림 2−7]에서 보는 바와 같이 가로축의 특정한 값 x_0를 지나는 수직선(垂直線)의 점들의 효용값은 위로 갈수록 커진다. 즉, 소비점 B의 효용은 A의 효용보다 크다. 또한 x의 오른쪽에 있는 점들의 효용은 A,B 모두 보다 커야 한다. 이 사실을 종합하면 수직선상의 점들의 효용을 나타내기 위해서는 각 수직선마다 실수의 일정구간 $(a,b) \equiv \{k \mid a < k < b\}$이 할당되어야 하고 그 구간들은 서로 겹치지 않아야 한다. 그리고 수직선은 양의 실수개 만큼 존재하므로 이러한 구간들의 집합은 실수와 농도가 같아야 한다. 그런데 각 구간에는 반드시 유리수가 포함되어 있으므로[4] 구간 하나에서 유리수 하나씩을 빼내서 구간과 그 유리수를 대응시키면 이것은 $1-1$ 대응이 된다. 왜냐하면 각 구간에서 어떤 유리수를 택하더라도 그 유리수들은 같지 않기 때문이다. 따라서 구간들의 집합은 가산집합이다. 그런데 실수의 집합은 비가산이므로 모순이 된다. 따라서 사전편찬식 선호를 설명하는 효용함수는 존재할 수 없다.

3 이 정리는 Debreu(1959) p.72에서 자세히 다루어지고 있다.

4 이것은 유리수가 실수에 조밀하게 분포되어 있다는 것을 의미하는데, 그 증명은 이 책의 범위를 넘기 때문에 생략한다. Rudin(1953)이나 어떤 해석학개론이든지 참고하면 된다.

연습문제

문제 2-1 집합의 연산에 관한 [정리 2-1]을 증명하라.

문제 2-2 임의의 집합 A, B, C에 대해 다음 명제를 증명하라.

(1) $A-(B\cap C)=(A-B)\cup(A-C)$

(2) $A\cap B=A-(A-B)$

(3) $B\subset \overline{A}$의 필요충분조건은 $A\cap B=\phi$이다.

(4) $(A\cup B)\times C=(A\times C)\cup(B\times C)$

문제 2-3 임의의 함수 $f: X\to Y,\ g: Y\to Z$에 대해 다음 명제를 증명하라.

(1) f, g가 전사이면 $g\circ f$도 전사이다.

(2) f, g가 단사이면 $g\circ f$도 단사이다.

문제 2-4 다음 명제를 증명하라.

(1) 유한집합 X에 대해 $f: X\to X$인 함수가 존재한다고 할 때, f가 전사인 것의 필요충분조건은 f가 단사인 것이다.

(2) B가 n개의 원소를 가진 집합이라 할 때, B에서 B로 가는 서로 다른 단사함수의 개수는 $n!$개다.

문제 2-5 함수 $y=f(x)=x^4$에 대해 $f^{-1}(\{y \mid 4<y\le 16\})$를 구하라.

문제 2-6 함수 $f: X\to X$와 집합 A, B에 대해 다음을 증명하라.

(1) $A\subset B \Rightarrow f^{-1}(A)\subset f^{-1}(B)$

(2) $f(A \cup B) = f(A) \cup f(B)$

(3) $f(A \cap B) \subset f(A) \cap f(B)$

문제 2-7 함수 $f: X \rightarrow Y$에 대해 다음을 증명하라.

(1) $A \subset Y$일 경우 $f(f^{-1}(A)) \subset A$

(2) $A \subset X$일 경우 $f^{-1}(f(A)) \supset A$

(3) (1)과 (2)의 포함관계에서 반드시 등호가 성립할 필요가 없음을 예를 들어 설명하라.

문제 2-8 두 조건 p, q의 진리집합을 각각 $P = \{x \mid x \geq a\}$, $Q = \{x \mid -1 < x \leq 2$ 또는 $x \geq 4\}$라고 하자. p가 q이기 위한 필요조건일 때, 실수 a의 최대값을 구하라.

문제 2-9 집합의 농도에 관한 다음 물음에 답하라.

(1) 집합 $(0,1) \equiv \{x \in R \mid 0 < x < 1\}$과 실수 전체의 집합 R 사이에 1-1대응이 존재함을 보여서 두 집합의 농도가 같음을 증명하라.

(2) 실수집합 R의 부분집합 A가 가산집합이라고 하자. 집합 $R-A$와 실수집합 R은 농도가 같음을 증명하라.

(3) 무리수 전체의 집합과 실수 전체의 집합이 농도가 같음을 증명하라.

문제 2-10 정수를 계수로 하는 다항식 전체의 집합이 가산집합임을 보이고, 이 집합에 속하는 다항식들의 실근 전체의 집합이 가산임을 보여라.

문제 2-11 효용함수 $U(x,y) = x^{1/3}y^{2/3}$ $(x, y \geq 0)$에 대해서 효용값이 1인 무차별곡선의 식을 쓰고, 그 무차별곡선의 그래프와 효용함수의 그래프를 각각 그려라.

문제 2-12 다음 함수의 등고선을 그려라.

(1) $f(x, y) = xy + x$

(2) $f(x, y) = y^2 + x$

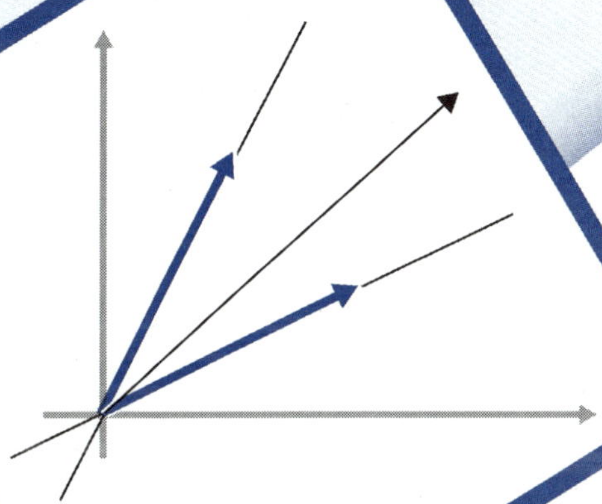

Ⅱ 선형대수

CHAPTER 03

벡터와 벡터공간

3.1 벡터의 개념

이제부터 선형대수의 기초개념인 벡터와 벡터공간에 관해 살펴보기로 하자. 2장에서 정의한 바와 같이 벡터는 실수의 순서쌍이다. 즉, n개의 실수를 순서대로 나열한 순서쌍 $(x_1,\cdots,x_n)$ 혹은 $\begin{pmatrix} x_1 \\ \vdots \\ x_n \end{pmatrix}$을 n차원 벡터($n-$dimensional vector)라 부른다. 예를 들어 (1,2), (1,0) 등은 2차원 벡터이고, (−1,0,2)는 3차원 벡터이다. 그리고 $(x_1,\cdots,x_n)$을 행벡터(row vector), $\begin{pmatrix} x_1 \\ \vdots \\ x_n \end{pmatrix}$는 열벡터(column vector)라 부른다.

행벡터와 열벡터는 표기방법만 다를 뿐 실질적인 차이는 없지만 편의상 구분하기로 한다. 벡터 $(x_1,\cdots,x_n)$를 볼드체를 써서 $\boldsymbol{x}$로 표시하기도 한다. 앞으로 $\boldsymbol{x},\boldsymbol{y},\boldsymbol{z}$ 등의 볼드체 변수는 벡터를 의미한다.

벡터 $\boldsymbol{x}=(x_1,\cdots,x_n)$의 x_i를 벡터 $\boldsymbol{x}$의 i성분($i-$th component)이라 한다.

두 벡터 $\boldsymbol{x}=(x_1,\cdots,x_n)$, $\boldsymbol{y}=(y_1,\cdots,y_n)$에 대해, 모든 i에 대해 $x_i=y_i$이면, 즉 모든 성분이 같은 두 벡터 $\boldsymbol{x},\boldsymbol{y}$는 같다고 말하고 $\boldsymbol{x}=\boldsymbol{y}$로 표기한다.

경제학에서 벡터는 데이터를 요약하거나 소비행위 등을 표시하는 데 유용하다. 예를 들어 우리나라의 연도별 1인당 GDP 데이터가 있다고 하자. 1948년의 1인당 GDP를 x_1, 2017년 것을 x_{70}라 하면 그동안의 1인당 GDP

데이터를 70차원 벡터 $x=(x_1,\cdots,x_{70})$로 표시할 수 있다.

예 3-1 어느 소비자가 사과, 배, 감을 각각 10, 5, 2개 소비한다고 할 때, 이 소비자의 소비행위를 소비벡터 (10,5,2)로 표시할 수 있다. 또한 기업의 생산활동을 벡터로 표시할 수 있는데, 예를 들어 노동 3단위와 기계 2단위를 투입해서 생산물 1단위를 얻은 생산활동은 생산벡터 $(-3,-2,1)$로 표시하면 된다. 여기서 $+$값은 산출물, $-$값은 투입물을 의미한다.

연습 3-1 a, b, c에 관한 연립방정식 $a+2b-c=4, a+c=1, b+2c=2$을 벡터의 같음을 이용하여 간결히 표기해 보라.

벡터 중에서 성분이 모두 0인 벡터를 영벡터라 하고 $0=(0,\cdots,0)$으로 표시한다. 또한 어느 한 성분만이 1이고 나머지는 모두 0인 벡터는 단위벡터(unit vector)라 부르고 다음과 같이 표시한다.

$$e_i=(0,\cdots,0,\overset{i}{\breve{1}},0,\cdots,0),\ \ i=1,\cdots,n$$

벡터의 기하학적 의미

벡터가 기하학적으로 어떤 의미를 갖는지 살펴보기로 하자. 벡터는 기하학적으로 평면이나 공간상의 점(point)으로 생각해도 좋고, 또는 시작점과 끝점이 있는 화살표로 상상해도 좋다.

(1) 점(point)으로서의 벡터

[그림 3-1]과 같이 실수를 수(數)직선상의 한 점에 대응시킬 수 있는 것처럼, 2차원 벡터는 평면상의 한 점, 3차원 벡터는 공간상의 한 점에 대응시킬 수 있다. 이때 벡터의 각 성분은 그 점의 좌표(coordination)를 나타낸다.

(2) 유향선분(有向線分) 혹은 이동량(displacement)으로서의 벡터

[그림 3-2]에서와 같이 벡터 (1,2)는 점 A로 이해해도 좋지만 또한 원

그림 3-1

→ 벡터의 기하학적 의미

(a) 실수와 수직선

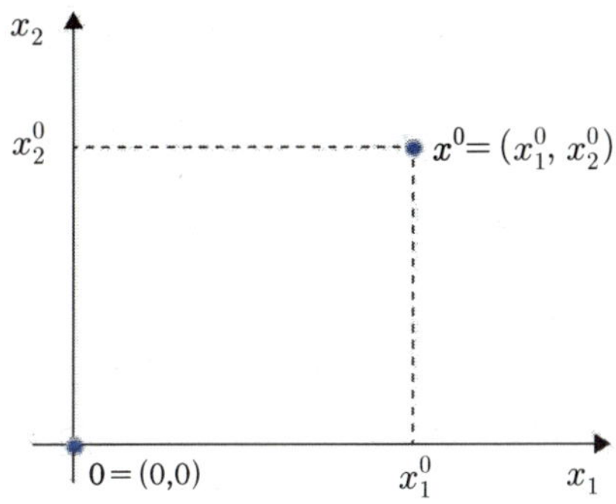

(b) 2차원 벡터와 평면

점 O에서 점 A까지의 화살표 $\overrightarrow{OA}$로 이해해도 좋다. 화살표로 이해할 때 좋은 점은 이 화살표를 시작점을 변화시켜서 평행이동시킨 $\overrightarrow{BC}$도 같은 벡터 (1,2)를 의미한다는 것이다. 이 화살표는 유향선분, 즉 방향과 크기가 있는 선분이라 하거나 이동량(displacement)이라 하기도 한다.

예를 들어, 소비벡터 (1,2)를 생각해 보자. 이 소비벡터는 첫 번째 재화 1단위와 두 번째 재화 2단위를 소비하는 소비행위를 의미한다. 그런데 같은 소비벡터 (1,2)는 임의의 기존 소비행위에 첫 번째 재화 1단위와 두 번째 재화 2단위를 추가하는 추가 소비행위를 의미한다고 해도 좋다. 즉, 소비벡터 (1,2)는 소비행위를 표시하기도 하고, 기존소비에 추가적인 소비행위를 의미하기도 하는 것이다. 전자는 벡터를 점으로 이해하는 것이고 후자는 화살표로 이해하는 것과 같다.

예 3-2 평면상의 점 (1,2)에 있는 물체에 수평방향으로 $2g/cm^2$의 크기로 작용하는 힘을 나타내는 벡터는 (2,0)로서, 시작점이 (1,2)이고 끝점이 (3,2)인

그림 3-2

→ 유향선분으로 서의 벡터

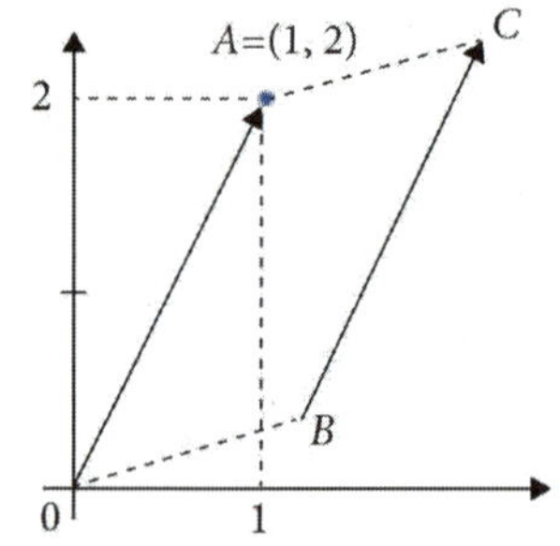

유향선분으로도 나타낼 수 있다([그림 3-3]).

연습 3-2 벡터 (2,−1)를 평면상에 점으로 표시하고, 또한 점(0,1)을 시작점으로 하는 유향선분 혹은 이동량으로도 표시해 보라.

그림 3-3

→ 물체에 작용하는 힘

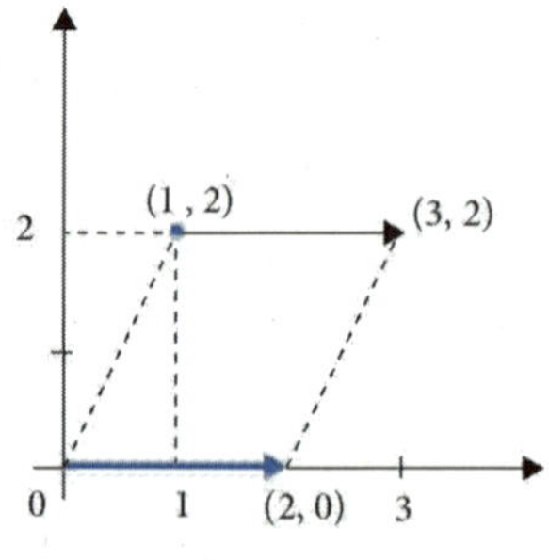

거리와 길이

두 점 혹은 벡터 $x=(x_1,x_2)$, $y=(y_1,y_2)$ 간의 유클리드거리(Euclidean distance)는 다음과 같이 정의된다.

$$\| x-y \| \equiv \sqrt{(x_1-y_1)^2+(x_2-y_2)^2}$$

일반적으로 두 n차원 벡터 $x=(x_1,\cdots,x_n)$, $y=(y_1,\cdots,y_n)$ 사이의 유클리드거리도 같은 방법으로 아래와 같이 정의한다.

$$\| x-y \| \equiv \sqrt{\sum_{i=1}^{n}(x_i-y_i)^2}$$

2차원과 3차원의 경우에는 직관적으로 거리는 피타고라스 정리에 의해 증명될 수 있는 것이지만, 4차원 이상에서는 그런 증명이 불가능하다. 달리 말하면 이 거리공식을 거리의 정의로 받아들이면 된다.

벡터 $x=(x_1,\cdots,x_n)$의 유클리드길이(Euclidean norm) $\| x \|$는 원점 0으로부터 벡터 x까지의 거리로 정의한다.

$$\| x \| \equiv \sqrt{\sum_{i=1}^{n}(x_i-0)^2}=\sqrt{\sum_{i=1}^{n}x_i^2}$$

위와 같이 유클리드거리와 유클리드길이가 정의된 집합 R^n을 n차원 유클리드공간(Euclidean space)이라 부른다. 3차원까지는 직관적으로 이해할 수 있는 공간이지만, 4차원 이상은 추상적인 의미의 공간이고 그저 벡터들의 집합으로 이해하면 된다.

일반적으로 두 벡터 x,y 간의 거리 $d(x,y)$는 다음과 같은 네 가지의 성질을 갖는 값이라고 정의할 수 있다.

i) $d(x,y) \geq 0$,

ii) $d(x,y)=0 \Leftrightarrow x=y$,

iii) $d(x,y) = d(y,x)$,

iv) (삼각부등식) 임의의 세 벡터 x,y,z에 대해서, $d(x,y)+d(y,z) \geq d(x,z)$

유클리드 거리 $\|x-y\|$는 거리의 성질 i)−iv)를 모두 만족한다. 유클리드거리가 아닌 다른 거리의 정의도 가능하다. 다만 그런 거리 정의는 피타고라스 정리를 만족하지 않게 된다.

예 3-3 두 점 간의 거리를 $d(x,y)=\sum_{i=1}^{n}|x_i-y_i|$로 정의할 때 거리의 성질을 모두 만족한다. 절대값의 성질상 조건 i), ii), iii)의 성질을 만족하는 것은 자명하다. 조건 iv)는 다음과 같이 증명된다.

$$\begin{aligned} d(x,y)+d(y,z) &= \sum_{i=1}^{n}|x_i-y_i|+\sum_{i=1}^{n}|y_i-z_i| \\ &= \sum_{i=1}^{n}(|x_i-y_i|+|y_i-z_i|) \\ &\geq \sum_{i=1}^{n}|x_i-z_i| \\ &= d(x,z) \end{aligned}$$

연습 3-3 유클리드공간의 두 벡터 $x=(2,-1,0,2)$, $y=(1,0,0,-1)$에 대해 $\|x\|$와 $\|x-y\|$를 계산하라.

벡터의 부등호

실수는 크기를 비교할 수 있다. 즉, 임의의 두 실수 x,y에 대해서 $x>y$ 혹은 $y>x$ 혹은 $x=y$ 중 하나가 성립한다. 그러나 벡터는 부분적으로만 순서를 정할 수 있다. 그래서 임의의 두 n차원 벡터 x,y에 대해 다음과 같은 부등호를 사용하기로 한다.

$$\begin{aligned} &x \geq y \Leftrightarrow \forall i,\ x_i \geq y_i \\ &x > y \Leftrightarrow \forall i, x_i \geq y_i \text{ and } x \neq y \\ &x \gg y \Leftrightarrow \forall i,\ x_i > y_i \end{aligned}$$

그림 3-4

→ R_+^2와 R_-^2

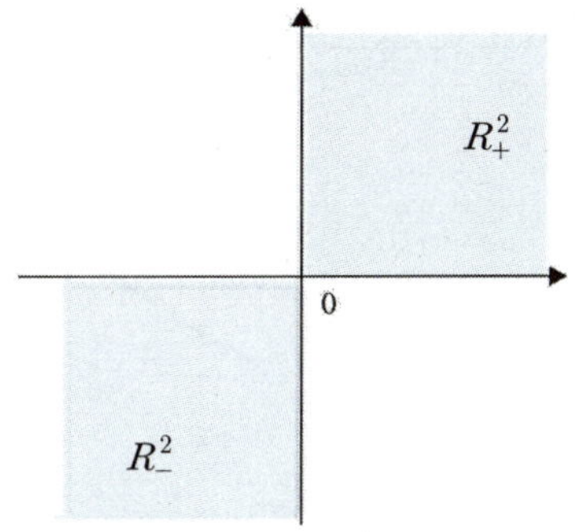

즉, 벡터 x의 모든 성분이 y의 대응되는 성분보다 클 때, x가 y보다 크다고 말하는데, 구체적으로 세 가지의 다른 경우에 위와 같이 다른 부등호 기호를 쓴다.

또한 모든 성분이 0보다 크거나 같은 n차원 벡터의 집합, 모든 성분이 0보다 작거나 같은 벡터의 집합, 그리고 모두 양수인 성분을 갖는 벡터의 집합을 각각, R_+^n, R_-^n, R_{++}^n으로 표시한다.

$$R_+^n \equiv \{x \in R^n \mid x \geq 0\}$$
$$R_-^n \equiv \{x \in R^n \mid x \leq 0\}$$
$$R_{++}^n \equiv \{x \in R^n \mid x \gg 0\}$$

3.2 벡터의 합과 스칼라곱

차원이 같은 두 벡터 $x = (x_1, \cdots, x_n)$, $y = (y_1, \cdots, y_n)$와 임의의 실수 α에 대해서, $x + y = (x_1 + y_1, \cdots, x_n + y_n)$를 두 벡터의 합(addition)이라 하고, $\alpha x = (\alpha x_1, \cdots, \alpha x_n)$을 스칼라곱(scalar product)이라 한다.

그림 3-5

→ 벡터의 합, 스칼라곱, 차

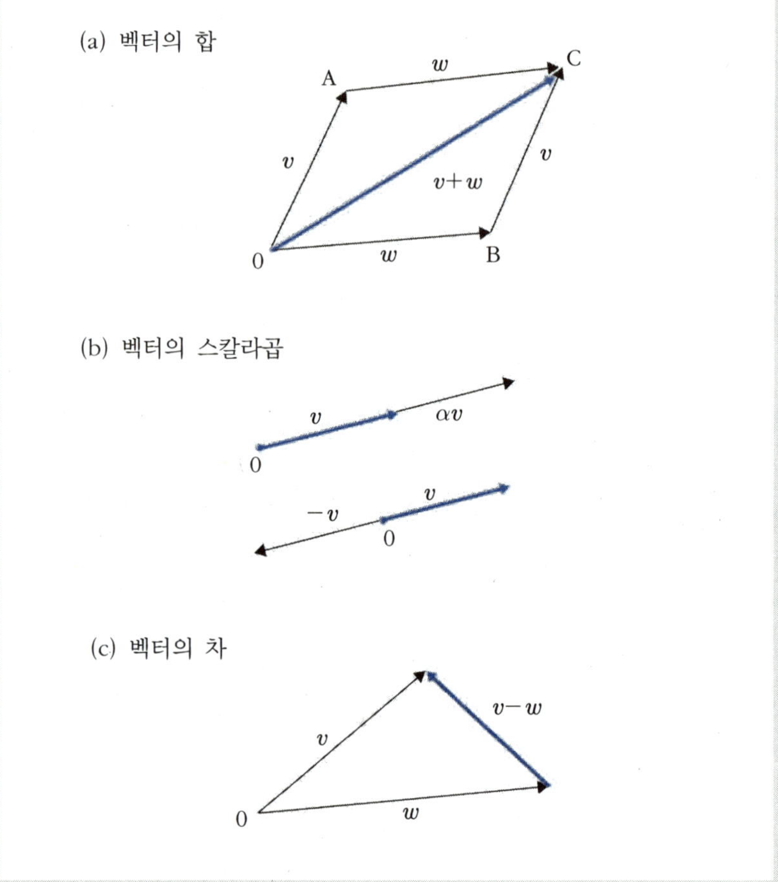

두 벡터의 차는 $x-y=(x_1-y_1,\cdots,x_n-y_n)$으로 정의한다.

벡터의 합, 스칼라곱, 차는 [그림 3-5]와 같이 기하학적으로 나타낼 수 있다.

연습 3-4 $x=(1,3,0,-1)$, $y=(0,2,1,0)$일 때, $x+2y$, $4x$, $x-y$를 계산하라.

응 용 벡터의 개념을 이용하면 기하학적인 문제를 쉽게 해결할 수 있다. 예를 들

그림 3-6

→ 벡터 개념의 기하학적 응용

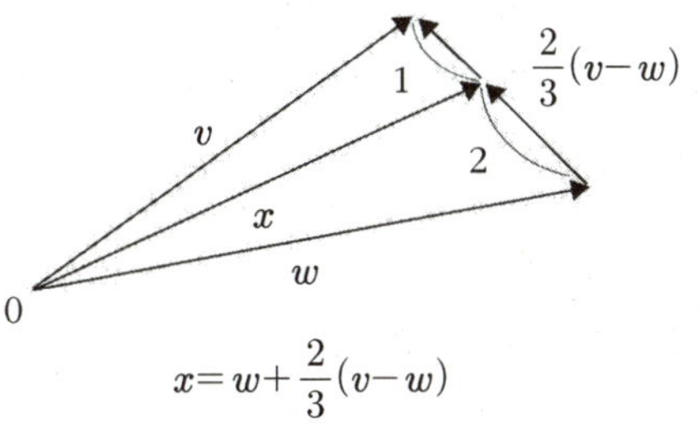

면 3차원 공간의 두 점 $v=(1,0,-3)$, $w=(2,1,0)$를 잇는 선분 상에서 v,w에의 거리가 1:2의 비율이 되는 점의 벡터 x를 구하는 문제를 생각해 보자. 수식으로 이 문제를 푸는 것은 쉽지 않다. 그러나 벡터의 개념을 이용하면 간단히 해결된다. [그림 3-6]에서 보는 바와 같이 찾고자 하는 벡터는 유향선분으로서의 벡터 w에, 유향선분 $\frac{2}{3}(v-w)$를 합한 벡터 $w+\frac{2}{3}(v-w)=\frac{2}{3}v+\frac{1}{3}w$가 된다. 이것을 계산하면 $x=\frac{2}{3}v+\frac{1}{3}w=(\frac{4}{3},\frac{1}{3},-2)$이 구하는 점의 좌표가 된다.

연습 3-5 임의의 실수 α에 대해서 두 벡터 $x=(1,2)$, $y=(-3,5)$와 $\alpha x+(1-\alpha)y$가 어떤 관계에 있는지 그림으로 나타내 보라.

정리 3-1 (벡터연산의 성질)

벡터의 합과 스칼라곱은 실수의 연산과 유사한 다음과 같은 성질을 갖는다.

(1) x, y가 n차원 벡터이고 α가 임의의 실수일 때, $x+y$와 αx도 n차원 벡터이다.

(2) (교환법칙) $x+y=y+x$

(3) (결합법칙) $(x+y)+z=x+(y+z)$

(4) $x+0=0+x=x$

(5) $x + (-x) = 0$

(6) (분배법칙) $\alpha(x + y) = \alpha x + \alpha y$

(7) (분배법칙) $(\alpha + \beta)x = \alpha x + \beta x$

(8) (결합법칙) $\alpha(\beta x) = (\alpha\beta)x$

(9) $1x = x$

연습 3-6 [정리 3-1]을 증명하라.

3.3 벡터공간과 부분공간

벡터공간(vector space) 이제 일반적으로 어떤 원소 x들의 집합 V를 생각해 보자(앞에서 정의한 벡터의 집합이 아니라도 무방하다). 이 집합에 어떤 방식으로든지 합과 스칼라곱이 정의되어 있고, 원소 0이 있고, 임의의 벡터 x에 대해 $-x$가 존재할 뿐 아니라, [정리 3-1]에 요약된 성질 (1)-(9)를 모두 만족할 때 집합 V를 벡터공간(vector space)이라 부르고 이 벡터공간의 원소를 벡터라 부르도록 하자.

이 벡터와 벡터공간의 정의는 매우 추상적이다. 우리는 앞에서 벡터를 실수의 순서쌍으로 정의한 바 있다. 이 절에서는 벡터를 단지 실수의 순서쌍뿐 아니라 보다 일반적으로 확장해서 정의하였다. 이렇게 넓게 정의하면 응용범위가 매우 넓어진다는 장점이 있다. 이 책에서는 그러한 수준의 추상적인 분석은 필요 없으므로 벡터를 실수의 순서쌍으로 국한하기로 한다.

실수의 순서쌍인 벡터들의 집합 R^n은 [정리 3-1]에 의해 벡터공간이 된다.

추상적인 벡터의 정의를 사용하면 다음 예에서 보는 바와 같이 함수의 집합도 벡터공간으로 생각할 수 있다. 이때 개별 함수들은 벡터가 된다.

예 3-4 함수 $f: R \to R$들의 집합 V에 대해, 함수의 합 $f + g$과 스칼라곱 αf를

다음과 같이 정의하자.

$$(f+g)(x) \equiv f(x)+g(x),\ (\alpha f)(x) \equiv \alpha f(x).$$

또한 함수 0을 모든 x에 대해 항상 0을 대응시키는 함수라 하고, $(-f)(x)=-f(x)$로 함수 $-f$를 정의하면 함수들의 집합 V는 벡터공간이다. 함수들로 이루어진 벡터공간을 함수공간이라 부른다.

연습 3-7 위의 [예 3-3]에서 정의한 함수공간 V가 [정리 3-1]의 모든 성질을 만족하여 벡터공간이 됨을 보이라.

부분공간(subspace) 벡터공간 V의 부분집합 W가 다음의 두 성질을 만족할 때, 즉 벡터의 합과 스칼라곱에 대해 닫혀 있을 때 W를 V의 부분공간이라 부른다.

(1) $x, y \in W$이면, $x+y \in W$,

(2) $x \in W$이면, 임의의 실수 α에 대해 $\alpha x \in W$.

부분공간은 벡터공간의 성질을 모두 만족하므로 그 자체 하나의 벡터공간이 된다.

부분공간 W는 반드시 영벡터 0을 포함한다. W에 속한 임의의 벡터 x에 대해서 $0x=0$도 W에 속해야 하기 때문이다.

영벡터만을 원소로 하는 집합 $\{0\}$은 부분공간이 된다. 왜냐하면, 임의의 실수 α에 대해서 $0+0=0$, $\alpha 0=0$이 성립하기 때문이다.

예 3-5 $V=\{(x,y) \mid y=2x\}$는 R^2의 부분공간이다. $v_1=(x_1,y_1), v_2=(x_2,y_2)$가 V에 속하는 임의의 벡터라 하자. 그러면 $y_1=2x_1, y_2=2x_2$가 성립하므로, $y_1+y_2=2(x_1+x_2)$이고, 임의의 α에 대해 $\alpha y_1=2(\alpha x_1)$이다. 따라서 $v_1+v_2 \in V$, $\alpha v_1 \in V$이 된다.

예 3-6 $V=\{(x,y) \mid y=2x+1\}$은 0을 포함하지 않으므로 부분공간이 될 수 없다.

그림 3-7

→ 부분공간의 예

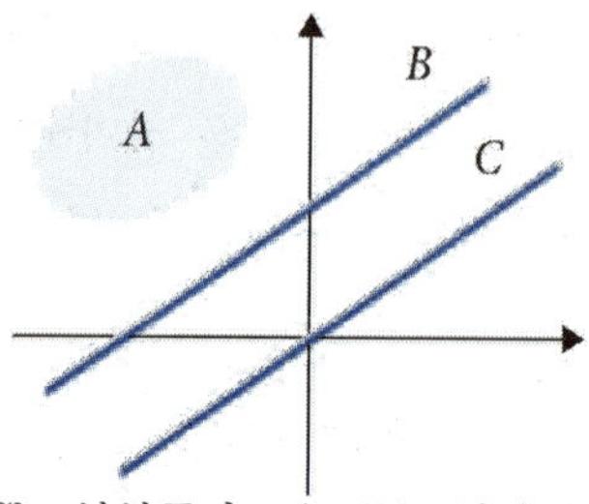

(a) C는 부분공간, A, B는 부분공간이 아님

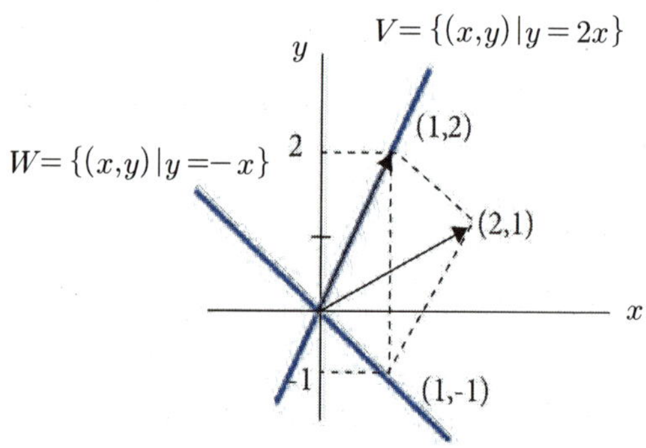

(b) $V\cup W$이 부분공간이 아닌 예

연습 3-8 $V=\{(x,y)\,|\,x+y=0\}$이 R^2의 부분공간임을 증명하라.

예 3-7 실수계수를 갖는 모든 n차 다항함수 $f(x)=a_0x^n+a_1x^{n-1}+\cdots+a_{n-1}x+a_n$들의 집합은 함수공간의 부분집합이고, 다항함수의 합 $f(x)+g(x)$과 스칼라곱 $\alpha f(x)$도 다항함수이므로 n차 다항함수들의 집합은 함수공간의 부분공간이 된다.

V와 W가 부분공간이면 $V\cap W$도 부분공간이 된다. $x,y\in V\cap W$이라 하자. 이것은 $x,y\in V$이고 동시에 $x,y\in W$임을 의미한다. V와 W가 모두

부분공간이므로 $x+y\in V$이고 동시에 $x+y\in W$가 된다. 따라서 $x+y\in V\cap W$. 마찬가지로 실수 α에 대해 $\alpha x\in V$이고 동시에 $\alpha x\in W$이므로 $\alpha x\in V\cap W$. 정의에 의해 $V\cap W$는 부분공간이 된다.

$V\cup W$는 반드시 부분공간이 되는 것은 아니다. 예를 들어 $V=\{(x,y)\mid y=2x\}$와 $W=\{(x,y)\mid y=-x\}$는 각각 부분공간이다. $V\cap W=\{0\}$도 부분공간이다. 그러나 $V\cup W$는 부분공간이 아니다. 예를 들면 (1,2)와 $(1,-1)$은 $V\cup W$에 속하지만 $(1,2)+(1,-1)=(2,1)$은 $V\cup W$에 속하지 않기 때문이다([그림 3-7(b)]).

3.4 벡터의 내적

두 벡터의 내적(inner product)을 다음과 같이 정의한다.

$$x\cdot y\equiv x_1y_1+\cdots+x_ny_n$$

예 3-8 $x=(2,-1,3,0)$와 $y=(1,0,-2,-1)$의 내적
$x\cdot y=(2)(1)+(-1)(0)+(3)(-2)+(0)(-1)=-4$가 된다.

정리 3-2 (내적의 성질)

n차원 벡터 x, y, z 와 실수 α에 대해 다음이 성립한다.

(1) (교환법칙) $x\cdot y=y\cdot x$

(2) (결합법칙) $x\cdot(\alpha y)=(\alpha x)\cdot y=\alpha(x\cdot y)$

(3) (분배법칙) $(x+y)\cdot z=(x\cdot z)+(y\cdot z)$

증 명 (2)의 앞부분만을 증명하기로 하고 나머지는 연습문제로 한다.
$x\cdot(\alpha y)=x_1(\alpha y_1)+\cdots+x_n(\alpha y_n)=\alpha(x_1y_1+\cdots x_ny_n)=\alpha(x\cdot y)$

그림 3-8

→ 두 벡터의 교각 θ

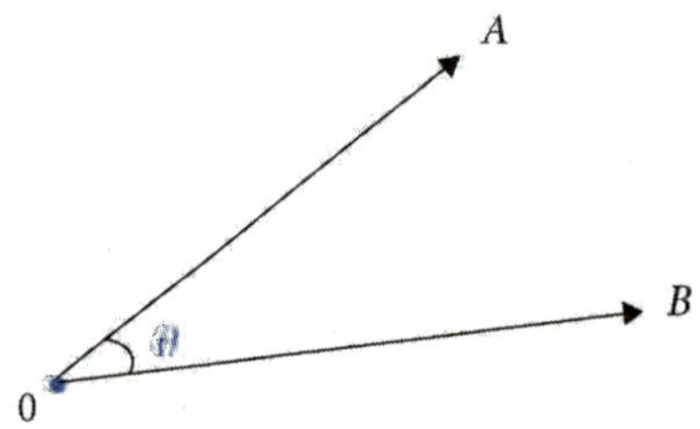

[정리 3-2]의 성질들을 이용하면 내적에 관한 식을 실수의 식과 같이 계산할 수 있다. 예를 들면, $(x+y)\cdot(2x-y)=2x\cdot x+x\cdot y-y\cdot y$과 같은 계산이 가능하다.

연습 3-9 $x=(2,-1,3)$, $y=(4,0,-3)$, $z=(1,1,0)$일 때, $(x-y+2z)\cdot(3x-z)$를 계산하라.

유클리드길이와 유클리드거리를 내적을 이용하여 표시하면

$$\| x \| = \sqrt{x_1^2+\cdots+x_n^2} = \sqrt{x\cdot x}$$

$$\| x-y \| = \sqrt{\sum_{i=1}^{n}(x_i-y_i)^2} = \sqrt{(x-y)\cdot(x-y)}$$

두 벡터의 교각(angle)

벡터를 유향선분으로 이해할 때 두 벡터가 이루는 교각에 대해 말할 수 있다. 예를 들면, 평면상에의 두 벡터 (1,2)와 (2,1)이 이루는 교각은 [그림 3-8]에서 보는 바와 같이 두 유향선분 $\overrightarrow{OA}$와 $\overrightarrow{OB}$가 이루는 각 θ를 말한다.

그림 3-9

→ 코사인 법칙

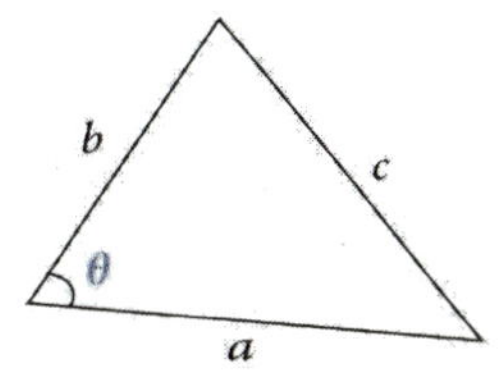

$c^2 = a^2 + b^2 - 2ab\cos\theta$

정리 3-3

3차원 유클리드공간 R^3의 0이 아닌 두 벡터 x, y가 이루는 교각을 θ라 하면 $x \cdot y = \| x \| \| y \| \cos\theta$가 성립한다.

증 명 $\|x - y\|^2 = (x - y) \cdot (x - y)$

$$= x \cdot x + y \cdot y - x \cdot y - y \cdot x$$

$$= x \cdot x + y \cdot y - 2x \cdot y$$

$$= \| x \|^2 + \| y \|^2 - 2x \cdot y$$

그런데 삼각형의 세 변의 길이와 두 변 사이의 각 θ에 관해 다음이 성립하므로(코사인법칙),

$\| x - y \|^2 = \| x \|^2 + \| y \|^2 - 2\| x \| \| y \| \cos\theta$.

교각과 내적

[정리 3-3]에 의하면 두 벡터의 교각 θ와 내적은 다음과 같은 관계에 있음을 알 수 있다.

$$\theta = 90^\circ \Leftrightarrow x \cdot y = 0$$
$$\theta < 90^\circ \Leftrightarrow x \cdot y > 0$$
$$\theta > 90^\circ \Leftrightarrow x \cdot y < 0$$

그림 3-10

→ 교각과 내적

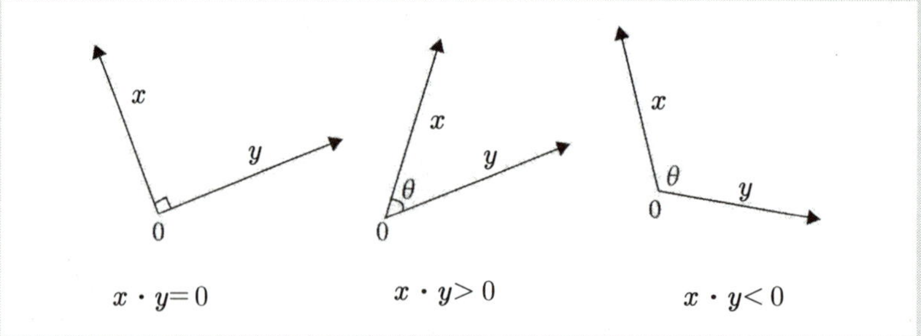

즉, 두 벡터가 서로 수직이면 내적은 0이고, 예각이면 양수, 둔각이면 음수가 된다.

4차원 이상의 유클리드공간 R^n에서는 두 벡터가 이루는 각 θ를 식 $\cos\theta = \dfrac{x \cdot y}{\| x \| \ \| y \|}$로 정의하기로 한다. 그러면 모든 차원의 유클리드공간에서 $x \cdot y = \| x \| \| y \| \cos\theta$가 성립하게 된다.

모든 차원의 벡터 x, y에 대해서 $x \cdot y = 0$일 때, x와 y는 직교한다, 혹은 서로 수직(orthogonal)이라고 말한다.

예 3-9 (1) n차원 유클리드공간의 단위벡터들은 서로 직교한다. 즉, 모든 $i \neq j$에 대해서 $e_i \cdot e_j = 0$가 된다. 예를 들어 4차원 유클리드공간의 단위벡터 $e_1 = (1,0,0,0)$, $e_3 = (0,0,1,0)$에 대해서 $e_1 \cdot e_3 = 1 \times 0 + 0 \times 0 + 0 \times 1 + 0 \times 0 = 0$이다.

(2) 두 벡터 $x = (1,0)$와 $y = (2, 2\sqrt{3})$가 이루는 각을 θ라 할 때

$$\cos\theta = \frac{x \cdot y}{\| x \| \ \| y \|} = \frac{1 \times 2 + 0 \times 2\sqrt{3}}{\sqrt{1 \times 1 + 0 \times 0}\sqrt{2 \times 2 + 2\sqrt{3} \times 2\sqrt{3}}} = \frac{1}{2}$$

이므로 $\theta = 60^\circ$ 이다.

연습 3-10 (1) 두 벡터 (1,2)와 (3,1)이 이루는 교각의 코사인값을 계산하라.

(2) 두 벡터 (2,−1)과 (1,2)가 이루는 교각을 계산하라.

정리 3-4 (Schwarz부등식)

$|x \cdot y| \leq \| x \| \, \| y \|$.

증 명 임의의 실수 t에 대해서

$$(tx-y) \cdot (tx-y) = \sum_{i=1}^{n}(tx_i - y_i)^2 \geq 0$$

이 성립한다. 좌변을 정돈하면 t에 관한 2차부등식

$$(x \cdot x)t^2 - 2(x \cdot y)t + (y \cdot y) = \| x \|^2 t^2 - 2(x \cdot y)t + \| y \|^2 \geq 0$$

을 얻는다. 임의의 t에 대해 이 부등식이 성립하기 위해서는 판별식이 0보다 작거나 같아야 하므로 다음 부등식이 얻어진다.

$$(x \cdot y)^2 - \| x \|^2 \| y \|^2 \leq 0$$

이 부등식이 Schwarz부등식을 의미한다는 것은 쉽게 알 수 있다.

참 고 Schwarz부등식을 풀어서 다시 쓰면 다음과 같이 된다.

$$(x_1y_1 + \cdots + x_ny_n)^2 \leq (x_1^2 + \cdots + x_n^2)(y_1^2 + \cdots + y_n^2)$$

Schwarz부등식을 이용하면 삼각부등식이 성립함을 쉽게 보일 수 있다

정리 3-5

유클리드거리 $\| x-y \|$ 는 삼각부등식을 만족한다. 즉, 임의의 벡터 x, y, z에 대해서 $\| x-z \| \leq \| x-y \| + \| y-z \|$ 이 성립한다.

증 명

$$\begin{aligned}
\| x-z \|^2 &= \| x-y+y-z \|^2 \\
&= ((x-y)+(y-z)) \cdot ((x-y)+(y-z)) \\
&= (x-y) \cdot (x-y) + (y-z) \cdot (y-z) + 2(x-y) \cdot (y-z) \\
&= \| x-y \|^2 + \| y-z \|^2 + 2(x-y) \cdot (y-z)
\end{aligned}$$

Schwarz부등식을 적용하면,

$$\begin{aligned}
\| x-z \|^2 &\leq \| x-y \|^2 + \| y-z \|^2 + 2 \| x-y \| \, \| y-z \| \\
&= (\| x-y \| + \| y-z \|)^2
\end{aligned}$$

이 식에서 바로 삼각부등식을 얻을 수 있다.

그림 3-11

→ 초평면

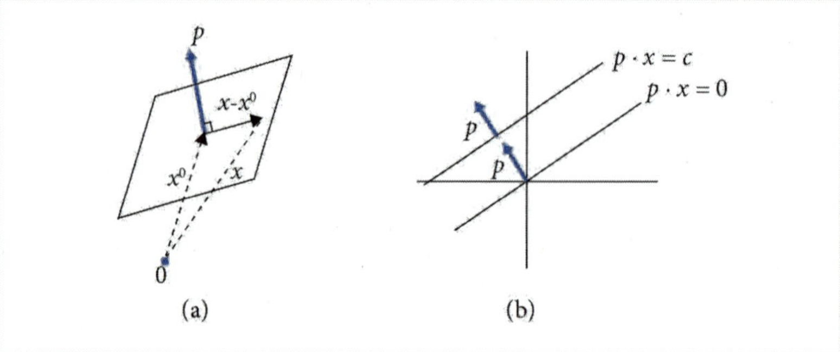

초 평 면

내적의 개념을 이용하면 기하학 문제를 쉽게 풀 수 있다. 예를 들어 3차원 공간에서 점 $x^0 = (x_1^0, x_2^0, x_3^0)$를 지나면서 벡터 $p = (p_1, p_2, p_3)$에 수직인 평면의 방정식을 구해보자. 이 평면상의 점 $x = (x_1, x_2, x_3)$는 [그림 3-11]에서 보는 바와 같이 다음 내적 조건을 만족한다.

$$p \cdot (x - x^0) = 0 \text{ 혹은 } p \cdot x = p \cdot x^0$$

이 식을 풀어 쓰면

$$p_1 x_1 + p_2 x_2 + p_3 x_3 = p_1 x_1^0 + p_2 x_2^0 + p_3 x_3^0$$

예 3-10 3차원공간에서 점 $(1, -1, 2)$를 지나고 벡터 $(2,3,1)$에 수직인 평면의 방정식은 $2x_1 + 3x_2 + x_3 = 1$이다.

3차원 공간에서 평면의 개념을 일반적인 n차원 공간으로 확장한 것이 초평면이다.

초평면(hyperplane) n차원 유클리드공간 R^n에서 0이 아닌 벡터 p와 실수 c에 대해, $p \cdot x = c$를 만족하는 벡터 x들의 집합을 n차원 공간의 초평면이라 부른다. 초평면의 식을 풀어서 쓰면 $p_1x_1 + \cdots + p_nx_n = c$.

예 3-11 5차원 유클리드공간에서 벡터 $v = (2, -1, 0, 5, 3)$에 수직이고 $w = (1, 0, -1, 2, 1)$을 지나는 초평면의 방정식은 $v \cdot (x - w) = 0$, 혹은 $v \cdot x = v \cdot w$가 된다. 이것을 풀어 쓰면, 초평면의 식은 $2x_1 - x_2 + 5x_4 + 3x_5 = 15$이다.

초평면 $p \cdot x = c$는 $c = 0$이면 원점을 지나고 R^n의 부분공간이 되지만 일반적으로 $c \neq 0$이면 초평면은 부분공간이 될 수 없다.

반공간(halfspace) n차원 유클리드공간 R^n은 초평면 $p \cdot x = c$에 의해 두 부분 $\{x \mid p \cdot x \geq c\}$와 $\{x \mid p \cdot x \leq c\}$으로 나누어진다. 이 두 부분을 각각 R^n의 반공간이라 부른다.

연습문제

문제 3-1 $x=(1,2,0,4)$, $y=(-1,0,2,0)$와 같이 주어져 있을 때, 다음을 계산하라.

(1) $2x+y$

(2) $x-y$

(3) $\| x \|$ 및 $\| y \|$

(4) $\| x-y \|$

(5) $(2x+3y)\cdot(y-x)$

문제 3-2 n차원 벡터 $x=(x_1,\cdots,x_n)$와 $y=(y_1,\cdots,y_n)$ 간에 함수 $d(x,y)$가 다음과 같이 정의되어 있을 때, d가 거리함수의 성질을 만족시키는지를 검토해 보라. (맞으면 증명하고, 아니면 거리함수의 어떠한 정의에 위반되는지를 들 것)

(1) $d(x,y)=\left|\sum_{i=1}^{n}(x_i-y_i)\right|$

(2) $d(x,y)=\sum_{i=1}^{n}|x_i-y_i|$

(3) $d(x,y)=\begin{cases}0, & x=y\\ 1, & x\neq y\end{cases}$

문제 3-3 벡터공간에 관한 [정리 3-1]을 증명하라.

문제 3-4 벡터의 내적에 관한 [정리 3-2]를 증명하라.

문제 3-5 다음을 구하여라.

(1) $(0,1)$, $(1,0)$, $(2,3)$으로 이루어지는 삼각형의 점 (0,1)의 코사인 값을 구하여라.

(2) 점 $A=(0,0)$, $B=(1,1)$, $C=(x,y)$라 하자. 삼각형 ABC가 $A=60°$, $B=90°$ 및 $C=30°$를 만족하도록 x와 y값을 정하여라.

문제 3-6 4차원벡터 $x=(1,0,2,-1)$, $y=(0,1,2,3)$, $z=(-1,0,1,0)$에 대해 다음을 계산하라.

(1) $x \cdot y$

(2) $\| z \|$

(3) $x \cdot (2y-3z)$

(4) 벡터 x, y가 이루는 각 θ의 $\cos\theta$

문제 3-7 다음의 직선이나 평면의 방정식을 구하여라.

(1) $(0,1,1)$과 $(1,0,0)$을 잇는 직선

(2) $(1,2,0)$과 $(2,3,1)$을 잇는 직선에 수직이고 $(0,0,1)$을 지나는 평면

(3) $x=(1,0,1)$, $y=(-1,2,3)$, $z=(2,6,1)$을 지나는 평면

문제 3-8 3차원 공간에서 두 점 (1,2,3)과 (−1,0,2) 으로부터의 거리가 같은 점들을 나타내는 식을 쓰라(힌트: 내적의 개념을 이용할 것).

문제 3-9 R^n상의 한 점 q와 초평면 $p \cdot x = c$의 거리는 q와 초평면 상의 가장 가까운 점의 거리로 정의된다. 이 경우 q와 초평면 $p \cdot x = c$의 거리는 $\dfrac{| p \cdot q - c |}{\| p \|}$임을 증명하라.

문제 3-10 임의의 벡터 $p \in R^n$에 대해 초평면 $\{x \in R^n | p \cdot x = c\}$은 $c=0$이면 R^n의 부분공간이 되고, $c \neq 0$이면 R^n의 부분공간이 아님을 증명하라.

문제 3-11 $p=(2,1,1)$로 주어져 있다. 초평면 $p \cdot x = c$ 밖의 한 점 $(5,a,b)$에서 그 초평면으로 내린 수선의 발이 $(1,0,-2)$로 주어졌을 때, a와 b를 구하여라.

CHAPTER 04

선형종속과 선형독립

4.1 생성집합

선형결합 벡터공간 V의 k개의 벡터 $v_1,\cdots,v_k$와 실수 $\alpha_1,\cdots,\alpha_k$에 대해 $\alpha_1 v_1+\cdots+\alpha_k v_k$를 $v_1,\cdots,v_k$의 선형결합(linear combination)이라 부르고, $v_1,\cdots,v_k$의 모든 가능한 선형결합의 집합을 $[v_1,\cdots,v_k]$이라 표시한다. 즉,

$$[v_1,\cdots,v_k] \equiv \left\{x \in R^n \mid x = \alpha_1 v_1 + \cdots + \alpha_k v_k,\ \alpha_i \text{는 임의의 실수}\right\}$$

$[v_1,\cdots,v_k]$은 V의 부분공간이 됨은 다음과 같이 쉽게 증명할 수 있다. 집합 $[v_1,\cdots,v_k]$ 안에 있는 임의의 벡터 x,y는 $x=\alpha_1 v_1+\cdots+\alpha_k v_k$, $y=\beta_1 v_1+\cdots+\beta_k v_k$으로 표시할 수 있다. 그러면

$$x+y=(\alpha_1+\beta_1)v_1+\cdots+(\alpha_k+\beta_k)v_k,$$

따라서 $x+y$도 집합 $[v_1,\cdots,v_k]$의 원소이므로 $x+y \in [v_1,\cdots,v_k]$.
또한 임의의 실수 δ에 대해서

$$\delta x=(\delta\alpha_1)v_1+\cdots+(\delta\alpha_k)v_k$$

그림 4-1

→ 생성집합

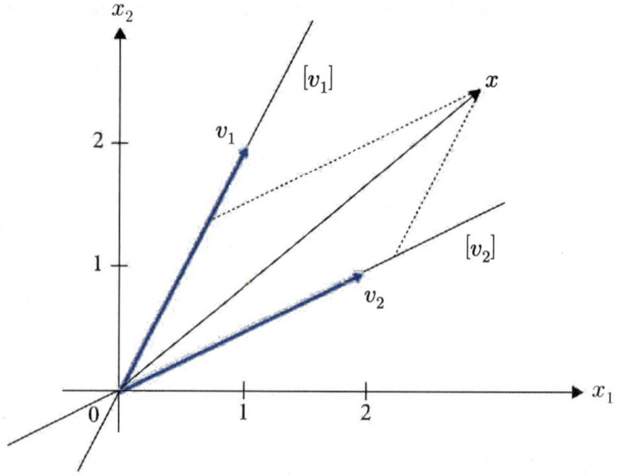

즉, $\delta x \in [v_1, \cdots, v_k]$가 성립한다. 따라서 부분공간의 정의에 의해서 $[v_1, \cdots, v_k]$는 V의 부분공간으로서 그 자신 하나의 벡터공간이 된다.

생성집합 $v_1, \cdots, v_k$을 부분공간 $[v_1, \cdots, v_k]$의 생성집합(spanning set)이라 하고, $[v_1, \cdots, v_k]$을 $v_1, \cdots, v_k$에 의해 생성된(spanned by) 벡터공간이라 한다.

예 4-1 R^2의 두 벡터 $v_1 = \begin{pmatrix}1\\2\end{pmatrix}, v_2 = \begin{pmatrix}2\\1\end{pmatrix}$를 생각해 보자. $[v_1]$은 αv_1인 모든 벡터들의 집합이므로 평면에서 점 $(0,0)$과 $(1,2)$를 지나는 직선으로 표시된다. 이제 $[v_1, v_2] = R^2$임을 보이자. R^2의 임의의 점 $x = \begin{pmatrix}x_1\\x_2\end{pmatrix}$에 대해 $\alpha_1 v_1 + \alpha_2 v_2 = x$가 성립하도록 하는 계수 α_1, α_2를 찾기 위해서 이 식을 다시 쓰면,

$$\alpha_1 \begin{pmatrix}1\\2\end{pmatrix} + \alpha_2 \begin{pmatrix}2\\1\end{pmatrix} = \begin{pmatrix}x_1\\x_2\end{pmatrix}$$

혹은

$$\alpha_1 + 2\alpha_2 = x_1$$

$$2\alpha_1 + \alpha_2 = x_2$$

이 방정식은 유일한 해 $\alpha_1 = \dfrac{-x_1 + 2x_2}{3}$, $\alpha_2 = \dfrac{2x_1 - x_2}{3}$을 갖는다. 따라서 R^2의 임의의 벡터 x가 v_1, v_2의 선형결합으로 표시가능하므로 $[v_1, v_2] = R^2$이다([그림 4-1]).

연습 4-1 (1) R^n의 단위벡터의 집합 $\{e_1, \cdots, e_n\}$은 R^n의 생성집합임을 보이라.
(2) 부분공간 $V = \{x \in R^2 \mid 3x_1 - x_2 = 0\}$의 생성집합을 하나 구하라.

일반적으로 벡터공간의 생성집합은 무수히 많이 있다. 예를 들어, 2차원 유클리드공간 R^2에 대해서, 집합 {(1,2), (2,1)}, {(1,0), (0,1)}, {(1,2), (2,1), (1,0)} 등은 R^2의 생성집합이지만, {(1,2)}, {(1,2), (2,4)}, {(1,0), (2,0), (3,0)} 등의 집합은 R^2의 생성집합이 될 수 없다.

4.2 선형종속과 선형독립

선형종속과 선형독립 벡터공간 V의 k개의 벡터 $v_1, \cdots, v_k$에 대해, 이 벡터들의 선형결합에 관한 식 $\alpha_1 v_1 + \cdots \alpha_k v_k = 0$을 만족하는 계수 $\alpha_1, \cdots, \alpha_k$들 중에서 적어도 하나는 0이 아닌 것이 존재할 때 $v_1, \cdots, v_k$는 선형종속(linearly dependent)이라 부른다. 선형종속이 아닌 경우에 $v_1, \cdots, v_k$는 선형독립(linearly independent)이라 한다.

예 4-2 (1) $e_1 = \begin{pmatrix} 1 \\ 0 \end{pmatrix}$, $e_2 = \begin{pmatrix} 0 \\ 1 \end{pmatrix}$는 선형독립이다. $\alpha_1 \begin{pmatrix} 1 \\ 0 \end{pmatrix} + \alpha_2 \begin{pmatrix} 0 \\ 1 \end{pmatrix} = \begin{pmatrix} 0 \\ 0 \end{pmatrix}$이 성립하는 계수 α_1, α_2를 계산하기 위해 이 식을 다시 쓰면 다음의 연립방정식

그림 4-2

→ 선형종속과 선형독립

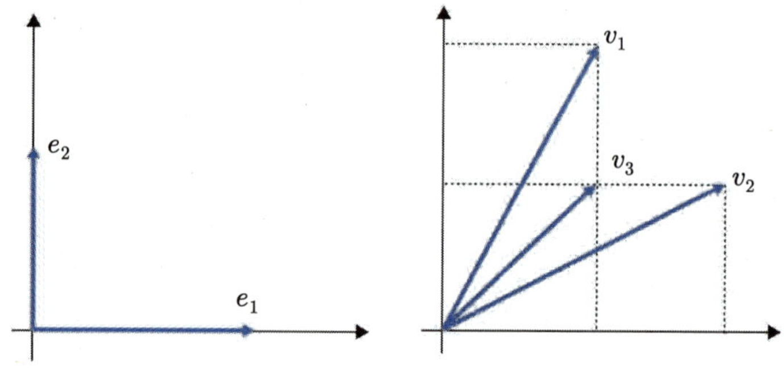

(a) e_1, e_2는 선형독립　　(b) v_1, v_2, v_3는 선형종속

을 얻는다.

$$\alpha_1 \times 1 + \alpha_2 \times 0 = 0$$

$$\alpha_1 \times 0 + \alpha_2 \times 1 = 0,$$

이 연립방정식의 유일한 해는 $\alpha_1 = 0, \alpha_2 = 0$이므로 e_1, e_2는 선형독립이다.

(2) $v_1 = (1,2)$, $v_2 = (2,1)$, $v_3 = (1,1)$는 선형종속이다. 식$\alpha_1 v_1 + \alpha_2 v_2 + \alpha_2 v_3 = 0$을 풀어 쓰면 다음의 연립방정식과 같다.

$$\alpha_1 + 2\alpha_2 + \alpha_3 = 0$$

$$2\alpha_1 + \alpha_2 + \alpha_3 = 0$$

이 연립방정식은 수많은 해를 갖는데 그 중 하나는 $\alpha_1 = 1$, $\alpha_2 = 1$, $\alpha_3 = -3$이다. 따라서 0이 아닌 계수가 존재하므로, v_1, v_2, v_3는 선형종속이다. 그러나 v_1, v_2, v_3 중 어느 것이든지 두 벡터는 선형독립이다.

[그림 4-2]로부터 2차원 평면상의 벡터에 관한 다음과 같은 사실들을

확인할 수 있다.

(1) 선형독립인 임의의 두 개의 벡터는 2차원 평면의 생성집합이 된다.

(2) 2차원 평면에서 세 개 이상의 벡터는 모두 선형종속이다

(3) 벡터들이 선형종속이면 그 중 어떤 하나의 벡터는 다른 벡터들의 선형결합으로 표시가능하다.

(4) 하나의 벡터만으로는 2차원 평면을 생성하는 것이 불가능하다.

연습 4-2 다음을 증명하라.

(1) k개의 벡터 $v_1,\cdots,v_k$ 중 하나가 영벡터면 $v_1,\cdots,v_k$은 선형종속이다.

(2) $v_1=(1,0,0)$, $v_2=(1,1,1)$, $v_3=(0,1,1)$은 선형종속이다.

(3) $v_1=(1,2)$, $v_2=(2,1)$은 선형독립이다.

(4) R^n의 단위벡터의 집합 $\{e_1,\cdots,e_n\}$은 선형독립이다.

연습 4-3 벡터공간 V의 0이 아닌 k개의 벡터 $v_1,\cdots,v_k$가 서로 수직이면, 즉 모든 $1 \le i,j \le k$인 $i \ne j$에 대해서 $v_i \cdot v_j=0$ 이면, $v_1,\cdots,v_k$는 선형독립이 됨을 증명하라.

다음의 정리는 선형종속과 선형독립의 직관적인 의미를 잘 보여준다.

정리 4-1 벡터공간 V의 k개의 벡터 $v_1,\cdots,v_k$가 선형종속이기 위한 필요충분조건은 $v_1,\cdots,v_k$ 중의 어떤 하나의 벡터 v_i가 나머지 벡터들의 선형결합으로 표시될 수 있다는 것이다.

증 명 **필요조건** $v_1,\cdots,v_k$가 선형종속이라 하자. 그러면 적어도 하나는 0이 아닌 $\alpha_1,\cdots,\alpha_k$가 있어서, $\alpha_1 v_1+\cdots+\alpha_k v_k=0$가 된다. 편의상 $\alpha_i \ne 0$라 가정하자. 이 식을 α_i로 나누고 v_i에 관해 정리하면

$$v_i=-\frac{\alpha_1}{\alpha_i}v_1-\cdots-\frac{\alpha_{i-1}}{\alpha_i}v_{i-1}-\frac{\alpha_{i+1}}{\alpha_i}v_{i+1}-\cdots-\frac{\alpha_k}{\alpha_i}v_k$$

를 얻는다. 따라서 한 벡터가 나머지 벡터들의 선형결합으로 표시된다.

충분조건 $v_1,\cdots,v_k$ 중 하나인 v_i가 나머지 벡터들의 선형결합으로 다음과 같이 표시된다고 하자.

$$v_i = \beta_1 v_1 + \cdots + \beta_{i-1}v_{i-1} + \beta_{i+1}v_{i+1} + \cdots + \beta_k v_k.$$

이 식의 양변에서 v_i를 빼면

$$\beta_1 v_1 + \cdots + \beta_{i-1}v_{i-1} - v_i + \beta_{i+1}v_{i+1} + \cdots + \beta_k v_k = 0$$

가 된다. 이 식에서 v_i의 계수가 -1이므로 $v_1,\cdots,v_k$는 선형종속이다.

[정리 4-1]에 의하면 선형종속과 선형독립을 다음과 같이 정의해도 무방하다. 즉, $v_1,\cdots,v_k$이 선형종속이라는 것은 그 중의 한 벡터를 나머지 벡터들의 선형결합으로 표시가능한 것이고, 선형독립이라는 것은 어느 하나도 다른 나머지 벡터들의 선형결합으로 표시할 수 없다는 것이다. 선형종속과 선형독립을 이렇게 정의하면 직관적으로 이해하기 쉽기 때문에 이렇게 정의하기도 한다.

예 4-3 $v_1 = (1,2)$, $v_2 = (2,4)$는 선형종속이다. 왜냐하면 $v_2 = 2v_1$으로서 v_2가 v_1의 선형결합으로 표시될 수 있기 때문이다.

정리 4-2

$v_1,\cdots,v_k$가 선형독립이면, $\varnothing$이 아닌 임의의 부분집합도 선형독립이다.

증 명 귀류법으로 증명하기 위해 어떤 부분집합 $v_1,\cdots,v_l$ $(l<k)$이 선형종속이라 가정하자.[1] 그러면 적어도 하나는 0이 아닌 계수 $\alpha_1,\cdots,\alpha_l$이 존재해서

$$\alpha_1 v_1 + \cdots + \alpha_l v_l = 0$$

이 된다. 양변에 $0v_{l+1} + \cdots + 0v_k = 0$를 더하면

$$\alpha_1 v_1 + \cdots + \alpha_l v_l + 0v_{l+1} + \cdots + 0v_k = 0 + 0 = 0$$

이고 $\alpha_1,\cdots,\alpha_l$ 중에 적어도 하나는 0이 아니므로 $v_1,\cdots,v_k$는 선형종속이 되는데, 이것은 $v_1,\cdots,v_k$이 선형독립이라는 최초의 가정에 모순된다. 따라서 어떤 부분집합 $v_1,\cdots,v_l$ $(l<k)$도 선형종속이 될 수 없다.

---

1 필요하면 벡터의 순서를 바꾸고 재배열해서 관심의 대상인 벡터들이 모두 앞에 오도록 하는 것이 언제나 가능하다. 앞으로 이런 경우에는 특별한 언급 없이 순서를 재배열한 것으로 가정할 것이다.

[정리 4-2]의 대우명제도 참이므로, 선형종속인 벡터들을 포함하는 어떤 벡터의 집합도 선형종속이 된다. 예를 들어 $v_1=(1,2)$, $v_2=(2,4)$는 선형종속이므로, v_1, v_2를 포함하는 어떤 집합 $v_1,v_2,\cdots,v_k$도 선형종속이 된다. 예컨대 (1,2), (2,4), (1,0)은 선형종속이다.

4.3 벡터공간의 기저와 차원

기저(basis) 벡터공간 V의 생성집합이 선형독립인 벡터들로 구성되어 있을 때 이 생성집합을 V의 기저라 부른다. 어느 한 벡터공간의 생성집합이 무수히 많은 것처럼, 기저도 무수히 많이 존재한다.

기저는 벡터공간의 토대를 이루는 유한개의 벡터들이며, 기저의 개념을 이용하여 벡터공간의 구조와 성질을 조사할 수 있다. 기저에 관한 다음의 일련의 정리들을 통해 벡터공간의 구조를 분석해 보기로 하자.

예 4-4 (1) 단위벡터의 집합 $\{e_1,\cdots,e_n\}$은 R^n의 생성집합이고 선형독립이므로 기저이다.

(2) $\{(1,0),(0,1),(1,1)\}$은 R^2의 생성집합이지만 선형종속이므로 기저가 아니다.

연습 4-4 3차원 유클리드공간의 두 단위벡터 $e_1=\begin{pmatrix}1\\0\\0\end{pmatrix}$, $e_2=\begin{pmatrix}0\\1\\0\end{pmatrix}$는 부분공간 $\{x\in R^3 \mid x_3=0\}$의 기저임을 보이라.

정규직교기저(orthonormal basis) $v_1,\cdots,v_k$가 벡터공간 V의 기저라 하자. 모든 i에 대해, $\|v_i\|=1$이고 모든 $1\le i,j\le k$인 $i\ne j$에 대해 $v_i\cdot v_j=0$일 때, 이 기저를 정규직교기저라 부른다.

예 4-5 e_1과 e_2, $(\frac{1}{\sqrt{2}},\frac{1}{\sqrt{2}})$과 $(-\frac{1}{\sqrt{2}},\frac{1}{\sqrt{2}})$ 등은 모두 R^2의 정규직교기저이다.

정리 4-3

$v_1,\cdots,v_k$가 벡터공간 V의 기저가 되기 위한 필요충분조건은 임의의 벡터 $x\in V$의 $v_1,\cdots,v_k$의 선형결합에 의한 표현은 유일하다는 것이다. 즉, $x=\alpha_1 v_1+\cdots+\alpha_k v_k$이고 동시에 $x=\beta_1 v_1+\cdots+\beta_k v_k$이면 $\alpha_1=\beta_1,\cdots,\alpha_k=\beta_k$이다.

증 명 **필요조건** 어떤 벡터 $x\in V$에 대해 $x=\alpha_1 v_1+\cdots+\alpha_k v_k$이고 $x=\beta_1 v_1+\cdots+\beta_k v_k$이라 하자. 그러면 $\alpha_1 v_1+\cdots+\alpha_k v_k=\beta_1 v_1+\cdots+\beta_k v_k$이므로

$$(\alpha_1-\beta_1)v_1+\cdots+(\alpha_k-\beta_k)v_k=0.$$

그런데 $v_1,\ldots,v_k$는 기저로서 선형독립이므로 위 식의 계수는 모두 0이 되어야 한다. 따라서 $\alpha_1=\beta_1,\cdots,\alpha_k=\beta_k$.

충분조건 임의의 $x\in V$는 $v_1,\cdots,v_k$의 선형결합으로 표시되므로 $v_1,\cdots,v_k$는 V의 생성집합이다. 이제 $v_1,\cdots,v_k$이 선형독립임을 보이기 위해 $\alpha_1 v_1+\cdots+\alpha_k v_k=0$라고 하자. 어떤 벡터 $x=\beta_1 v_1+\cdots+\beta_k v_k$에 대해서,

$$\begin{aligned}x&=\beta_1 v_1+\cdots+\beta_k v_k+0\\&=\beta_1 v_1+\cdots+\beta_k v_k+\alpha_1 v_1+\cdots+\alpha_k v_k\\&=(\alpha_1+\beta_1)v_1+\cdots+(\alpha_k+\beta_k)v_k\end{aligned}$$

그런데 x의 $v_1,\cdots,v_k$의 선형결합에 의한 표현은 유일하므로 $\alpha_1+\beta_1=\beta_1,\cdots,\alpha_k+\beta_k=\beta_k$. 따라서 $\alpha_1=0,\cdots,\alpha_k=0$이고 이것은 $v_1,\cdots,v_k$가 선형독립임을 의미한다.

예 4-6 R^2의 임의의 벡터 $x=(x_1,x_2)$를 $v_1=(1,-1),v_2=(2,1)$의 선형결합으로 표시해 보자. 선형결합 $x=\alpha_1 v_1+\alpha_2 v_2$의 계수 α_1,α_2는 다음 연립방정식의 해이다.

$$\begin{aligned}x_1&=\alpha_1+2\alpha_2\\x_2&=-\alpha_1+\alpha_2\end{aligned}$$

이 방정식의 해는 $\alpha_1 = \dfrac{x_1 - 2x_2}{3}$, $\alpha_2 = \dfrac{x_1 + x_2}{3}$로서 유일하므로 v_1, v_2는 R^2의 기저이다.

정리 4-4 (기저를 찾는 방법)

$v_1, \cdots, v_k$가 벡터공간 V의 생성집합이라 하자.
$v_1, \cdots, v_k$의 선형독립인 부분집합 중에서 최대의 개수를 갖는 부분집합을 $v_1, \cdots, v_m$ $(m \le k)$이라 하자. 그러면 $v_1, \cdots, v_m$은 V의 기저가 된다.

증 명 $v_1, \cdots, v_m$이 선형독립인 최대의 부분집합이므로 임의의 $v_i\,(i > m)$에 대해 $v_1, \cdots, v_m, v_i$는 선형종속이 된다. 따라서 적어도 하나는 0이 아닌 $\alpha_1, \cdots, \alpha_m, \alpha_i$가 있어서 $\alpha_1 v_1 + \cdots + \alpha_m v_m + \alpha_i v_i = 0$이다. 그런데 $\alpha_i = 0$이 될 수는 없다. 만약 $\alpha_i = 0$이면 $\alpha_1, \cdots, \alpha_m$ 중에 하나가 반드시 0이 아닌 것이 있음을 의미하게 되고 이것은 $v_1, \cdots, v_m$이 선형종속임을 의미하게 되므로, $\alpha_i \ne 0$이다. 그러면 위의 식을 α_i로 나누고 v_i에 관해 정리하면 v_i는 $v_1, \cdots, v_m$의 선형결합으로 표시가능하게 된다. 즉,

$$v_i = \left(-\frac{\alpha_1}{\alpha_i}\right)v_1 + \cdots + \left(-\frac{\alpha_m}{\alpha_i}\right)v_m.$$

이제 $v_1, \cdots, v_k$이 V의 생성집합이므로 임의의 $x \in V$는 $v_1, \cdots, v_k$의 선형결합으로 표시되는데, $v_i\,(i > m)$들이 $v_1, \cdots, v_m$의 선형결합으로 표시되므로 결국 $x \in V$도 $v_1, \cdots, v_m$의 선형결합으로 표시된다. 따라서 $v_1, \cdots, v_m$은 V의 생성집합이고 선형독립이므로 V의 기저이다.

예 4-7 $v_1 = (1,2)$, $v_2 = (2,1)$, $v_3 = (1,0)$는 R^2의 생성집합이지만 선형종속이므로 R^2의 기저가 될 수 없다. 그러나 v_1, v_2는 선형독립인 최대의 부분집합이므로 R^2의 기저가 된다. 마찬가지로 v_2, v_3와 v_1, v_3도 각각 R^2의 기저이다.

그림 4-3

→ 기저의 변환

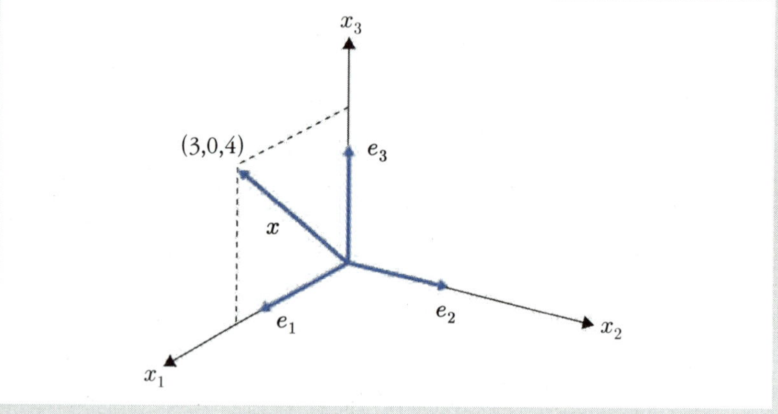

정리 4-5 (기저의 변환)

벡터공간 V의 기저 $v_1,\cdots,v_k$와 0이 아닌 벡터 $x\in V$가 주어져 있다고 하자. x를 $v_1,\cdots,v_k$의 선형결합으로 표시하면 $x=\alpha_1v_1+\cdots+\alpha_kv_k$이고 적어도 하나의 α_i는 0이 아니다. 그러면 0이 아닌 계수를 갖는 v_i를 빼고 대신에 x를 포함한 집합$\{v_1,\cdots,v_{i-1},x,v_{i+1},\cdots,v_k\}$은 V의 기저가 된다.

증 명 먼저 $\{v_1,\cdots,v_{i-1},x,v_{i+1},\cdots,v_k\}$가 V의 생성집합임을 보이자. $\{v_1,\cdots,v_k\}$는 V의 기저이므로 임의의 벡터 $y\in V$는 $\{v_1,\cdots,v_k\}$의 선형결합 $y=\beta_1v_1+\cdots+\beta_kv_k$으로 표시된다. 그런데 $x=\alpha_1v_1+\cdots+\alpha_kv_k$이고 $\alpha_i\neq 0$이므로, 양변을 α_i로 나누고 v_i로 정돈하면

$$v_i=(-\frac{\alpha_1}{\alpha_i})v_1+\cdots+(-\frac{\alpha_{i-1}}{\alpha_i})v_{i-1}+\frac{1}{\alpha_i}x+(-\frac{\alpha_{i+1}}{\alpha_i})v_{i+1}+\cdots+(-\frac{\alpha_k}{\alpha_i})v_k$$

이다. 따라서

$$y=\beta_1 v_1+\cdots+\beta_i v_i+\cdots+\beta_k v_k$$
$$=\beta_1 v_1+\cdots+\beta_{i-1}v_{i-1}+\beta_{i+1}v_{i+1}+\cdots+\beta_k v_k$$
$$+\beta_i\{(-\frac{\alpha_1}{\alpha_i})v_1+\cdots+(-\frac{\alpha_{i-1}}{\alpha_i})v_{i-1}+\frac{1}{\alpha_i}x+$$
$$(-\frac{\alpha_{i+1}}{\alpha_i})v_{i+1}+\cdots+(-\frac{\alpha_k}{\alpha_i})v_k\}$$
$$=(\beta_1-\beta_i\frac{\alpha_1}{\alpha_i})v_1+\cdots+\frac{\beta_i}{\alpha_i}x+\cdots+(\beta_k-\beta_i\frac{\alpha_k}{\alpha_i})v_k$$

그러므로 $\{v_1,\cdots,v_{i-1},x,v_{i+1},\cdots,v_k\}$는 V의 생성집합이다.
다음에 $\{v_1,\cdots,v_{i-1},x,v_{i+1},\cdots,v_k\}$가 선형독립임을 보이자.
$\gamma_1 v_1+\cdots+\gamma_i x+\cdots+\gamma_k v_k=0$라 하자.
$x=\alpha_1 v_1+\cdots+\alpha_k v_k$를 대체해 넣으면

$$0=\gamma_1 v_1+\cdots+\gamma_i(\alpha_1 v_1+\cdots+\alpha_k v_k)+\cdots+\gamma_k v_k$$
$$=(\gamma_1+\gamma_i\alpha_1)v_1+\cdots+\gamma_i\alpha_i v_i+\cdots+(\gamma_k+\gamma_i\alpha_k)v_k$$

그런데 $\{v_1,\cdots,v_k\}$는 선형독립이므로,
$\gamma_1+\gamma_i\alpha_1=0,\ldots,\gamma_i\alpha_i=0,\ldots,\gamma_k+\gamma_i\alpha_k=0.$
$\alpha_i\neq 0$이므로 $\gamma_1=\cdots=\gamma_k=0.$
따라서 $\{v_1,\cdots,v_{i-1},x,v_{i+1},\cdots,v_k\}$는 선형독립이다.

예 4-8 R^3의 단위벡터 $\{e_1,e_2,e_3\}$는 R^3의 기저이다. 벡터 $x=(3,0,4)$는 e_1,e_2,e_3의 선형결합 $x=3e_1+0e_2+4e_3$로 표시되므로, 집합 $\{x,e_2,e_3\}$, $\{e_1,e_2,x\}$는 각각 기저가 되지만 $\{e_1,x,e_3\}$는 기저가 될 수 없다([그림 4-3] 참조).

예 4-9 실수를 계수로 갖는 최대 k차 다항함수 $a_0x^k+a_1x^{k-1}+\cdots+a_{k-1}x+a_k$들의 집합은 벡터공간이 되고 그 하나의 기저는 $\{1,x,x^2,\cdots,x^k\}$이다.

연습 4-5 $v_1=(1,0,0), v_2=(-1,1,1), v_3=(0,0,1)$는 R^3의 기저임을 보이고, $x=(-1,-1,0)$를 포함하는 기저를 하나 찾으라.

다음의 정리에 의해 벡터공간의 차원을 정의할 수 있으며, 차원에 관한 직관적인 의미가 명확히 드러나게 된다.

정리 4-6 (벡터공간의 차원)

벡터공간 V의 모든 기저는 모두 같은 수의 벡터를 갖는다. V의 한 기저에 속한 벡터의 수를 벡터공간 V의 **차원**(dimension)이라 부르고 $\dim V$로 표시한다.

증 명 V의 두 기저 $\{v_1,\cdots,v_m\}$, $\{w_1,\cdots,w_n\}$가 서로 다른 수의 벡터를 갖는다고 가정하고 이것이 모순된 결과를 가져옴을 보이자. $n>m$이라고 가정하자. [정리 4-5]에 의해 w_i 중 하나를 v_1으로 대체해도 여전히 기저가 된다. 편의상 w_1이 대체된다고 하자. 그러면 $\{v_1,w_2,\cdots,w_n\}$이 기저이다. 이제 이 기저에서 한 벡터를 v_2로 대체하자. $v_2=\alpha_1v_1+\alpha_2w_2+\cdots+\alpha_nw_n$으로 표시할 때 v_1의 계수 α_1만 0이 아니고 나머지가 모두 0일 수는 없다. 만약 그렇다면 v_2가 v_1의 선형결합으로 표시되는 셈이 되고 [정리 4-3]과 [정리 4-4]에 의하면 $\{v_1,\cdots,v_m\}$이 선형종속이 되는데, 이것은 기저라는 사실에 모순되므로 $w_2,\cdots,w_n$의 계수 중에 하나는 0 아닌 것이 있다. 편의상 그것이 w_2라 하면 $\{v_1,v_2,w_3,\cdots,w_n\}$이 기저가 된다. 같은 방법을 계속 적용해서 새로운 기저 $\{v_1,\cdots,v_m,w_{m+1},\cdots,w_n\}$을 얻을 수 있다. 그런데 이것은 $\{v_1,\cdots,v_m\}$이 기저라는 사실과 모순된다. 왜냐하면 $\{v_1,\cdots,v_m\}$이 원래 기저이므로 w_{m+1}이 $v_1,\cdots,v_m$의 선형결합으로 표시될 수 있고 [정리 4-3]과 [정리 4-4]에 의하면 $\{v_1,\cdots,v_m,w_{m+1},\cdots,w_n\}$은 선형종속이 되어야 하고 따라서 기저가 될 수 없기 때문이다. 그러므로 $n>m$일 수 없다. 마찬가지 이유로 해서 $m>n$일 수도 없으므로 $m=n$이다.

n차원 벡터 $(x_1,\cdots,x_n)$들의 집합 R^n은 단위벡터들 $e_1,\cdots,e_n$을 기저로 하는 벡터공간이므로 위의 정의에 의해 n차원 벡터공간이 된다.

n차원 벡터공간 R^n의 부분공간들의 차원은 n보다 클 수 없다. 예를 들어 3차원 벡터공간 R^3의 경우 [그림 4-4]에서 보는 바와 같이 원점을 지나는 평면은 2차원 부분공간, 원점을 지나는 직선은 1차원 부분공간이다. 영벡터 0으로만 구성된 부분집합 $\{0\}$은 0차원 부분공간이다.

그림 4-4

→ 부분공간의 차원

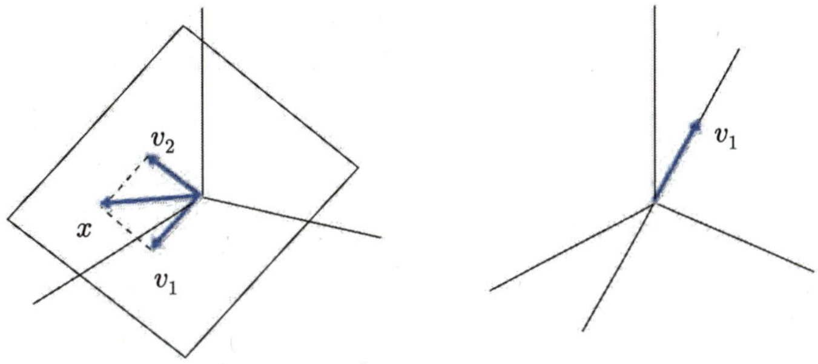

(b) 2차원 부분공간 (a) 1차원 부분공간

R^n에서 원점을 지나고 벡터 $p \neq 0$에 수직인 초평면 $V = \{x \in R^n \mid p \cdot x = 0\}$은 $n-1$차원 부분공간이 된다. $p_n \neq 0$이라 할 때 다음 $n-1$개의 벡터가 V의 기저가 되기 때문이다.

$$v_1 = (1,0,\cdots,0,-\frac{p_1}{p_n}),\cdots,v_{n-1} = (0,\cdots,0,1,-\frac{p_{n-1}}{p_n})$$

연습 4-6 위의 벡터 $v_1,\cdots,v_{n-1}$이 초평면 $V = \{x \in R^n \mid p \cdot x = 0\}$의 기저가 됨을 보이라.

예 4-10 벡터공간 V의 생성집합이 $v_1,\cdots,v_n$이라 하고, 이 생성집합의 선형독립인 벡터의 최대수가 m이라고 하자. 그러면 벡터공간 V의 차원은 m이다. [정리 4-4]에 의하면 V의 기저가 m개의 벡터를 가지게 되기 때문이다.

연습 4-7 다음 벡터공간의 차원을 구하라.

(1) $\{x \in R^3 \mid x_2 = x_3 = 0\}$

(2) R^3에서 성분의 합이 0인 벡터들의 집합

정리 4-7

k차원 벡터공간 V는 다음과 같은 성질을 갖는다.

(1) k개의 벡터가 선형독립이면 V의 기저가 된다.

(2) k개의 벡터가 V의 생성집합이면 V의 기저도 된다.

(3) $k+1$개 이상의 벡터는 언제나 선형종속이다.

증 명 (1) V의 기저를 하나 택해서 [정리 4-5]에서와 같은 방법으로 주어진 k개의 벡터를 하나씩 대체해 나가면 최종적으로 k개의 주어진 벡터가 V의 기저가 된다.

(2) V의 생성집합 $v_1,\cdots,v_k$가 선형종속이라 가정해 보자. $v_1,\cdots,v_k$ 중에서 선형독립인 벡터의 최대수가 $m(<k)$이라 하자. 그러면 그 m개의 벡터는 [정리 4-4]에 의하면 V의 기저가 되는데, 이것은 V가 k차원이라는 사실에 모순된다. 따라서 $v_1,\cdots,v_k$는 선형독립이고 V의 기저이다.

(3) $v_1,\cdots,v_m(m \geq k+1)$이 선형독립이라 가정해 보자. 그 부분집합 $v_1,\cdots,v_k$는 [정리 4-2]에 따라 마찬가지로 선형독립이다. k개의 선형독립인 벡터는 기저임을 (1)에서 증명하였으므로 벡터$v_{k+1},\cdots,v_m$들이 $v_1,\cdots,v_k$의 선형결합으로 표시될 수 있고 따라서 $v_1,\cdots,v_m$이 선형종속이 되는데 이것은 처음의 가정에 모순된다. 따라서 $v_1,\cdots,v_m$은 선형독립이 될 수 없고 선형종속이다.

연습 4-8 k차원 벡터공간 V에 대해 다음을 증명하라.

(1) m개의 벡터가 V의 생성집합이면 $m \geq k$이고 그 중 선형독립인 벡터의 최대수는 k이다.

(2) 임의의 $m(<k)$개의 선형독립인 벡터에 대해서, 적당한 $k-m$개의 벡터를 추가해서 V의 기저가 되게 할 수 있다.

연습 4-9 다음 사실들을 증명하라.

(1) V가 W의 부분공간이면 $\dim V \leq \dim W$

(2) V가 W의 부분공간이고 $\dim V = \dim W$이면 $V = W$

4.4 선형연립방정식

벡터의 선형종속과 선형독립의 개념은 선형연립방정식의 해를 구하고 그 성질을 연구하는 데 매우 중요하다.

n개의 변수와 m개의 방정식으로 구성된 선형연립방정식의 일반적인 형태는 다음과 같다.

$$a_{11}x_1 + \cdots + a_{1n}x_n = b_1$$

$$a_{21}x_1 + \cdots + a_{2n}x_n = b_2$$

$$\cdots$$

$$a_{m1}x_1 + \cdots + a_{mn}x_n = b_m$$

변수 $x_1, \cdots, x_n$에 관해서 합과 스칼라곱만으로 방정식이 구성되어 있을 때 선형이라 한다. x_1^2과 같이 변수의 곱과 같은 항이 들어 있으면 선형이 될 수 없다. 선형연립방정식은 일반적으로 해가 존재하지 않을 수도 있고 또한 한 개 이상의 무수한 해가 존재할 수도 있다.

$b_1 = 0, \cdots, b_m = 0$일 때 동차(homogeneous) 선형연립방정식이라 한다. 동차선형연립방정식은 반드시 해를 적어도 하나 갖는다. $x_1 = 0, \cdots, x_n = 0$ 는 언제나 해가 되기 때문이다. 그러나 이 경우에도 해가 유일할 수도 있고 무수히 많을 수도 있다.

선형연립방정식의 벡터 표현

선형연립방정식을 벡터를 이용하여 매우 간략하게 표시할 수 있는데 다음과 같은 두 방법이 있다.

[1] $x_1A_1 + \cdots + x_nA_n = b$, 여기서 $A_j = \begin{pmatrix} a_{1j} \\ \vdots \\ a_{mj} \end{pmatrix}$, $b = \begin{pmatrix} b_1 \\ \vdots \\ b_m \end{pmatrix}$

이렇게 표시하면, 선형연립방정식의 해 $(x_1, \ldots, x_n)$은 열벡터 $b = \begin{pmatrix} b_1 \\ \vdots \\ b_m \end{pmatrix}$를

n개의 열벡터 $A_j = \begin{pmatrix} a_{1j} \\ \vdots \\ a_{mj} \end{pmatrix}, j = 1, \cdots, n$들의 선형결합으로 표시할 때의 계수가 된다. 즉, b가 $A_1, \cdots, A_n$의 선형결합으로 표시될 수 있으면 해가 존재하게 된다. 그리고 그 표시방법이 유일하면 해가 유일하게 존재하는 것이다.

정리 4-8

선형연립방정식 $x_1A_1 + \cdots + x_nA_n = b$이 해를 갖기 위한 필요충분조건은 벡터 b가 $A_1, \cdots, A_n$에 의해 생성된 벡터공간의 한 원소가 되는 것이다. 즉, $b \in [A_1, \cdots, A_n]$. 특별히 해가 유일하게 존재하기 위한 필요충분조건은 $b \in [A_1, \cdots, A_n]$이고 $A_1, \cdots, A_n$이 선형독립인 것이다.

증 명 해를 갖기 위한 필요충분조건은 생성집합의 용어를 이용하여 다시 쓴 것일 뿐이다. 유일한 해를 갖는다는 것은 벡터 b가 $A_1, \cdots, A_n$의 선형결합으로 유일하게 표현된다는 것이므로 [정리 4-3]의 결과에 따라 $b \in [A_1, \cdots, A_n]$이고 $A_1, \cdots, A_n$이 선형독립이라는 것과 동치이다.

이 정리로부터 다음과 같은 따름정리가 쉽게 결과된다.

정리 4-9 (따름정리)

$m = n$일 때 선형연립방정식 $x_1A_1 + \cdots + x_nA_n = b$가 유일한 해를 갖게 될 필요충분조건은 n개의 $m = n$차원 벡터 $A_1, \cdots, A_n$이 선형독립인 것이다.

연습 4-10 $A_1, \ldots, A_n$이 선형독립이고 $m = n$일 때 다음을 증명하라.

(1) 모든 b에 대해 $x_1A_1 + \cdots + x_nA_n = b$가 해를 가지면, 그 해는 유일하다.

(2) 어떤 b_0에 대해 $x_1A_1 + \cdots + x_nA_n = b_0$가 유일한 해를 가지면, 임의의 선형연립방정식 $x_1A_1 + \cdots + x_nA_n = b$가 유일한 해를 갖는다.

[2] $A^i \cdot x = b_i, \quad i = 1, \cdots, m$, 여기서 $x = (x_1, \cdots, x_n)$, $A^i = (a_{i1}, \cdots, a_{in})$

이것이 선형연립방정식의 또 다른 표시방법인데 그 의미는 다음과 같다. 선형연립방정식의 각 방정식은 n차원 공간의 초평면의 식이다. 선형연립방정

그림 4-5

→ 3변수 3방정식의 경우

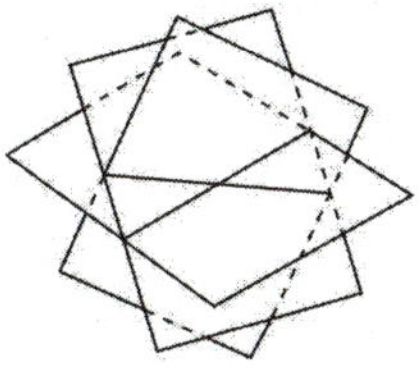

(a) 3평면이 한 점에서 만난다.
(해가 유일)

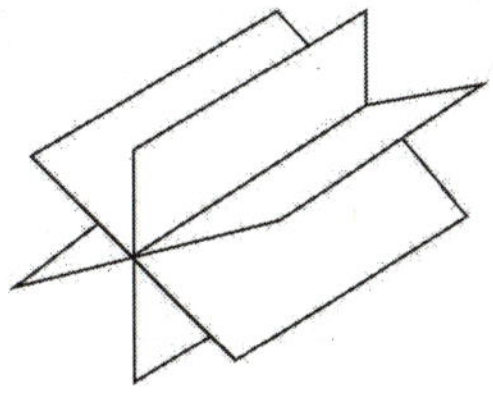

(b) 3평면이 직선으로 만난다.
(해가 많음)

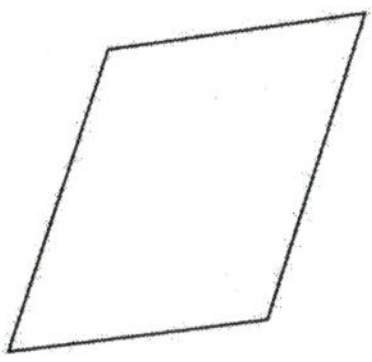

(c) 3평면이 일치한다.
(해가 많음)

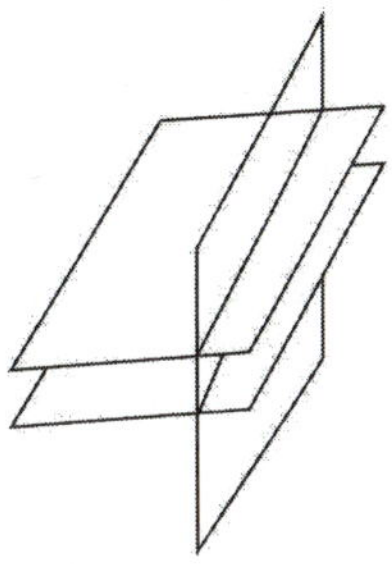

(d) 두 평면이 평행이고 한 평면이 만난다.
(해 없음)

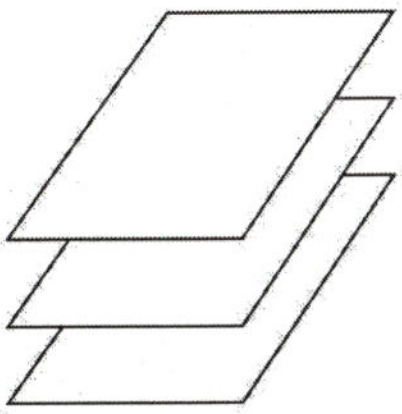

(e) 3평면이 평행이다.
(해 없음)

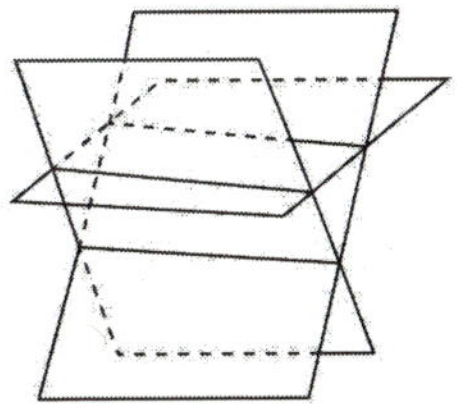

(f) 3평면이 임의로 만나는 경우
(해 없음)

식의 해 x는 m개의 초평면의 교집합에 있는 점들이다.

$n=m=3$인 선형연립방정식의 해는 [그림 4-5]와 같이 여섯 가지 경우로 구분될 수 있다.

(a) 방정식의 세 행벡터 A^1, A^2, A^3가 선형독립인 경우, 세 초평면이 한

점에서 만나고 그 점이 방정식의 유일한 해가 된다.

(b) 행백터 A^1, A^2, A^3 중 최대 2개가 선형독립이고, 세 초평면이 한 직선에서 만나는 경우, 그 직선상의 점들이 해가 된다.

(c) 행벡터가 모두 일직선상에 있고 평행한 세 평면이 모두 일치하는 경우, 평면상의 모든 점이 해이다.

(d) (f) 앞에서 본 (b)와 같이 행백터 중 최대 2개가 선형독립이지만 세 초평면이 공통점을 갖지 않아 해가 없게 된다.

(e) 앞의 (c)와 같이 행벡터가 모두 일직선상에 있지만 평행한 세 평면이 공통점을 갖지 않아 해가 없다.

연습 4-11 2변수 2방정식의 경우를 그림으로 나타내어 보라.

동차연립방정식 $A^i \cdot x = 0,\ i = 1, \cdots, m$은 반드시 해를 갖는다. 각 초평면 $A^i \cdot x = 0$이 모두 원점을 지나는 부분공간이고, 해집합은 그 초평면들의 교집합이므로, $x = 0$는 항상 해가 된다. 또한 해의 집합은 부분공간이 된다. $m = n = 3$인 동차연립방정식의 해를 찾아보면 [그림 4-5]의 (a)와 같이 해가 유일하거나, (b)와 같이 해집합이 직선이거나, (c)와 같이 해집합이 평면인 세 경우가 있다.

4.5 경제학에의 응용

소비자 선택문제를 생각해 보자. 소비자는 주어진 소득과 재화의 가격 하에서 효용이 최대가 되는 소비행위를 할 것이다. 효용극대화에 대한 자세한 분석은 12장에서 하기로 하고 여기서는 소비자의 예산집합에 대해 알아보기로 한다.

먼저 소비자가 선택할 수 있는 상품의 묶음은 벡터로 나타낼 수 있다. 즉, n종류의 재화를 각각 $x_1, \cdots, x_n$만큼 소비한다고 하면 소비자의 소비행위는 소비벡터 $x = (x_1, \cdots, x_n)$로 표시된다. 이 소비벡터들은 n차원 유클리드공간 R^n을 이룬다. 이것을 상품공간이라 부른다. 그리고 각 재화의 가격은 가격벡터

그림 4-6

→ 상품공간과 가격벡터

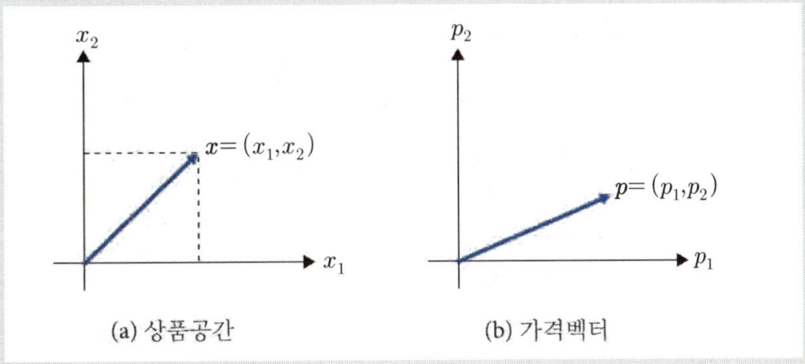

$p=(p_1,\cdots,p_n)$로 표시가능하다. 물론 가격은 음수가 될 수 없으므로 $p \geq 0$.

> 상품묶음(commodity bundle) 혹은 소비벡터: $x=(x_1,\cdots,x_n)$
> 상품공간(commodity space) 상품벡터의 집합 R^n
> 가격벡터 $p=(p_1,\cdots,p_n)$, $p \geq 0$

소비자가 주어진 가격과 소득으로 구매가능한 소비벡터의 집합을 예산집합이라 부른다.

예산집합(budget set) $\{x \in R^n_+ \mid p \cdot x \leq M\}$

가격 p 하에서 구입비용이 정확히 M인 두 소비벡터 x, x^0는 방정식 $p \cdot x = p \cdot x^0 = M$ 혹은 $p \cdot (x - x^0) = 0$를 만족한다. 이것은 두 벡터 p와 $x - x^0$가 서로 수직임을 뜻한다. [그림 4-7]에서 보듯이, 구입비용이 M인 소비벡터 x들의 집합은 x^0를 지나고 가격벡터 p에 수직인 초평면을 이룬다. $n=2$일 때 이 초평면을 예산선(budget line)이라 한다. 예산집합은 이 초평면 아래 있는 소비벡터 x들의 집합으로 $p \cdot x \leq p \cdot x^0$ 혹은 $p \cdot (x - x^0) \leq 0$를 만족하므로 벡터 p와 $x - x^0$가 이루는 각이 둔각이 된다.

그림 4-7

➜ 예산선과 예산집합

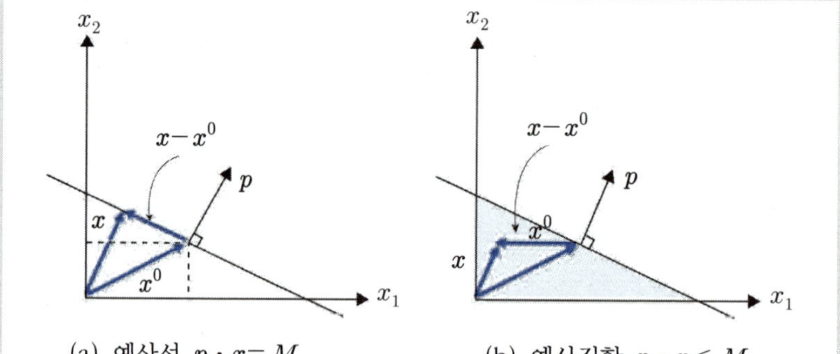

(a) 예산선 $p \cdot x = M$ (b) 예산집합 $p \cdot x \leq M$

예 4-11 가격벡터가 $p=(1,2)$이고 소득이 10일 때 예산집합을 찾아보자. 소비벡터 $x=(x_1,x_2)$를 구매하는 데 드는 비용은 $p \cdot x = x_1+2x_2$이므로 예산선의 식은 $p \cdot x = x_1+2x_2=10$ 혹은 다시 정리하면 $x_2=-\frac{1}{2}x_1+5$이 되고 기울기가 $-\frac{1}{2}$이고 절편이 5인 직선이 된다. 예산집합은 $\{(x_1,x_2) \in R_+^2 \mid x_1+2x_2 \leq 10\}$인 소비벡터 (x_1,x_2)들의 집합으로 이 예산선과 그 아래에 있는 소비벡터들의 집합이다. 이 예산집합을 또 다른 방법으로 이해하면 다음과 같다. 소비벡터 $x^0=(4,3)$의 구입비용이 10이므로 예산집합은 점 x^0에서 가격벡터 (1,2)에 수직인 직선 아래 있는 점들이다.

연습 4-12 위의 예에서 상품 x_1의 가격이 2로 상승하면 예산집합이 어떻게 변하는지 보이라. 또한 가격벡터는 변하지 않고 소득이 12로 증가할 때의 예산집합의 변화를 설명하라.

이제 생산활동을 벡터를 이용하여 설명해 보자. 예를 들어 벡터 (2, 0−1, −2)는 x_3, x_4를 각각 1단위와 2단위씩 투입하여 x_1 2단위를 생산해 내는 생산활동을 나타낸다고 하자. 이러한 벡터를 생산벡터라 부른다.

그림 4-8

→ 생산집합 Y

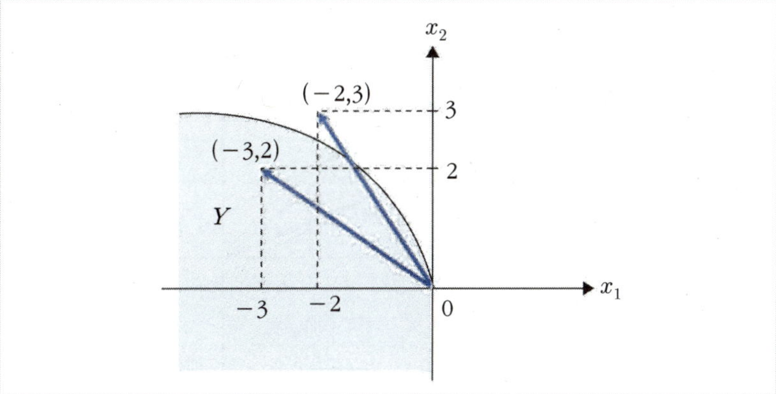

생산집합(production set)

생산집합 Y는 기업이 생산가능한 생산벡터의 집합으로서 상품공간 R^n의 부분집합이 되고 다음과 같은 성질을 갖는다고 가정할 수 있다.

($Y1$) 아무것도 하지 않는 공정인 0은 항상 가능하다. 즉, $0 \in Y$.

($Y2$) 같은 투입으로 적은 생산물을 생산하거나, 더 많은 투입으로 같은 양을 생산하는 것은 항상 가능하다. 즉, $y \in Y$이고 $y' \leq y$이면 $y' \in Y$.

($Y3$) 투입만 있고 아무것도 생산하지 않는 공정은 항상 가능하다. 즉, $y \leq 0$이면 $y \in Y$, 혹은 다시 쓰면 $R^n_- \subset Y$.

연습 4-13 ($Y1$), ($Y2$)는 ($Y3$)을 의미함을 보이라.

[그림 4-8]에 표시된 생산집합은 ($Y1$), ($Y2$), ($Y3$)를 모두 만족하는 생산집합의 예이다. 이 생산집합을 갖는 기업은 x_1을 투입해서 x_2을 생산한다. 생산집합 안에 있는 $(-3,2)$는 생산가능하지만, 생산집합 밖에 있는

그림 4-9

→ **등이윤선**
$p \cdot (y - y^0) = 0$

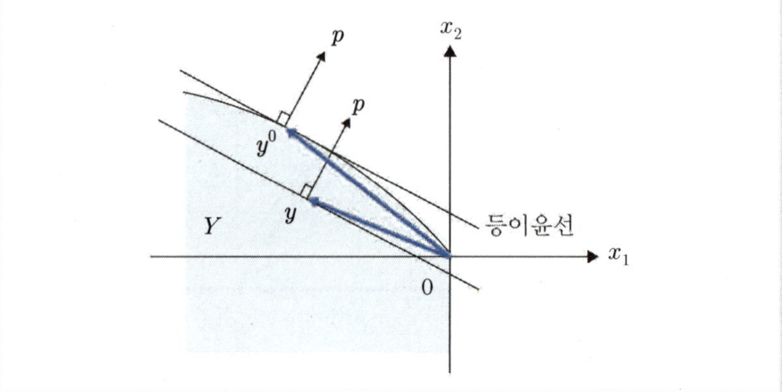

$(-2,3)$은 생산가능하지 않다.

가격벡터 $p = (p_1, \cdots, p_n)$ 하에서 생산벡터 $y = (y_1, \cdots, y_n)$를 생산할 때 발생하는 이윤 π는

$$\pi = p_1 y_1 + \cdots + p_n y_n = p \cdot y$$

와 같이 벡터의 내적으로 표시할 수 있다.

예 4-12 가격벡터가 (4,2,1,1)일 때 생산벡터 $(2, -1, 0, -3)$를 가동했을 때의 이윤은 두 벡터의 내적으로서 $4 \times 2 - 2 \times 1 + 1 \times 0 - 1 \times 3 = 3$이 된다.

등이윤선(iso-profit line) 가격벡터가 p일 때 생산벡터 y^0와 같은 이윤을 내는 생산벡터 y는 $p \cdot y = p \cdot y^0$, 혹은 $p \cdot (y - y^0) = 0$을 만족한다. 등이윤선은 가격벡터 p에 수직인 초평면이다.

연습 4-14 등이윤선의 절편이 높을수록 더 큰 이윤을 내는 등이윤선임을 보이라.

[그림 4−9]에서 y^0가 y보다 절편이 큰 등이윤선을 지나므로 y^0의 이윤이 y의 이윤보다 크다. 생산집합 Y에서 y^0보다 높은 등이윤선을 지나는 생산벡터는 없으므로 y^0가 이윤극대화 생산벡터이다. y^0에서는 생산집합의 경계선과 등이윤선이 서로 접하고 있음을 알 수 있다. 이것은 다음 11장에서 살펴볼 이윤극대화의 일계조건과 관련이 있다.

연습문제

문제 4-1 다음의 벡터들이 선형종속인지 선형독립인지 판별하라.

(1) $(1,2)$, $(2,3)$

(2) $(1,-1,2)$, $(1,-2,1)$, $(1,1,4)$

(3) $(1,0,0)$, $(1,2,1)$, $(1,0,1)$

문제 4-2 벡터공간 R^3에서 $x_1 = x_2$인 벡터들의 집합은 부분공간이 됨을 보이고 그 부분공간의 기저를 하나 찾으라.

문제 4-3 다음의 벡터들이 R^3의 기저가 되는지 판정하라.

(1) $(3,0,2)$, $(7,0,9)$, $(4,1,2)$

(2) $(1,1,0)$, $(3,0,1)$, $(5,2,1)$

(3) $(1,5,7)$, $(4,0,6)$, $(1,0,0)$

문제 4-4 기저에 관한 다음 질문에 답하라.

(1) $(1,0,0)$, $(1,0,2)$, $(0,1,0)$은 R^3의 기저임을 보이라.

(2) $(1,1,1)$을 포함하는 R^3의 기저를 하나 찾으라.

(3) $(\frac{1}{\sqrt{3}}, \frac{1}{\sqrt{3}}, \frac{1}{\sqrt{3}})$을 포함하는 R^3의 정규직교기저를 하나 찾으라.

문제 4-5 u, v, w는 벡터공간 V의 기저이면, $u+v+w, v+w, w$도 V의 기저가 됨을 보이라.

문제 4-6 3차원 유클리드공간의 두 부분공간

$W_1 = [(1,0,2),(1,2,2)]$, $W_2 = [(1,1,0),(0,1,1)]$에 대해 $W_1 \cap W_2$를 구하고 그 기저를 하나 계산하라.

문제 4-7 V와 W가 각각 R^3의 2차원 부분공간이면 $V \cap W$는 0이 아닌 원소를 가짐을 증명하라.

문제 4-8 다음 연립방정식의 해집합이 부분공간임을 보이고, 정규직교기저를 하나 찾으라.

$$x_1 - 2x_2 + x_3 = 0$$
$$2x_1 - 5x_2 + x_3 = 0$$

문제 4-9 모든 실수 a,b,c에 대해 2차함수 $f(x) = ax^2 + bx + c$들의 집합을 V라 하자.

(1) 이 집합 V에 합과 스칼라곱을 적절히 정의할 때 집합 V가 벡터공간이 됨을 보이라.

(2) 두 함수 $f(x) = x^2, g(x) = 2x + 1$가 선형독립임을 증명하라.

(3) 이 벡터공간의 기저를 하나 찾고 그 차원을 계산하라.

문제 4-10 다음 명제가 옳은지(T), 틀린지(F) 판단하고, 옳으면 간단한 증명을 쓰고, 틀리면 반례를 들어 설명하라.

(1) v_1, v_2, v_3가 선형독립이면, $v_1 + v_2 + v_3, v_2 + v_3, v_3$도 선형독립이다.

(2) R^2의 부분집합 $V = \{(x_1, x_2) | x_1 - 3x_2 = 0\}$은 부분공간이다.

(3) 임의의 벡터공간의 생성집합은 무수히 많고, 그 생성집합이 포함하는 벡터의 개수는 모두 똑같다.

(4) 두 벡터공간 V, W가 각각 n, m차원일 때, 두 집합의 데카르트곱 $V \times W$은 $n + m$차원 벡터공간이 된다.

문제 4-11 두 부분공간 V, W에 대해 $V + W \equiv \{v + w \mid v \in V, w \in W\}$라 정의하면 $V + W$도 벡터공간이 되고, 그 차원은 $\dim(V + W) = \dim V + \dim W - \dim(V \cap W)$이 됨을 보이라. (힌트: $V \cap W$의 기저 $\{u_1, \cdots, u_k\}$를 확장하여 만든 V의 기저 $\{u_1, \cdots, u_k, v_1, \cdots, v_n\}$와 W의 기저 $\{u_1, \cdots, u_k, w_1, \cdots, w_m\}$를 이용할 것)

문제 4-12 가격벡터가 $p=(1,2,3)$으로 주어져 있고, 어떤 소비자의 소득이 100이다.

(1) 이 소비자의 예산집합을 R^3 상에 그려보라.

(2) 이 소비자의 예산집합이 R^3의 부분공간인지 판별하고, 그 이유를 설명하라.

(3) 소득은 변하지 않고, 가격벡터가 $p=(1,1,3)$으로 변한 경우 예산집합이 어떻게 변하는지 보이라.

(4) 가격은 변하지 않고, 소득이 200으로 증가했을 때 예산집합이 어떻게 변하는지 보이라.

문제 4-13 n차원 가격벡터 p 하에서 소비벡터 x를 구매하는 데 드는 비용이 소비벡터 y를 구매하는 데 드는 비용보다 크다고 하자. 그러면 벡터 p와 벡터 $x-y$가 이루는 각이 예각인지 둔각인지 아니면 직각인지 판정하라.

문제 4-14 어떤 기업의 생산집합이란 그 기업이 기술적으로 생산가능한 벡터들의 집합을 말한다. 어느 기업의 생산집합이 $Y=\{(x_1,x_2)\in R^2 \mid x_2 \le \sqrt{-x_1}\}$이라 하자.

(1) 생산집합 Y를 2차원 평면에 그리고, 생산벡터 $y=(-2,5),(-3,-1),(1,-2)$가 각각 생산가능한지 판단하고 그 의미를 설명하라.

(2) 가격벡터가 $p=(3,1)$일 때 위의 생산벡터가 얻는 이윤을 벡터의 내적을 이용하여 계산하라. 또한 이 벡터와 이윤이 같은 등이윤선의 식을 쓰고 그림으로 나타내 보라.

CHAPTER

05 행 렬

5.1 행렬의 개념

행렬(matrix) 가로로 m개, 세로로 n개인 $m \times n$개의 실수를 직사각형 형태로 배열한 것을 $m \times n$**행렬**이라 부르고 다음과 같이 표시한다.

$$A = \begin{pmatrix} a_{11} & \cdots & a_{1n} \\ \vdots & \vdots & \vdots \\ a_{m1} & \cdots & a_{mn} \end{pmatrix} = (a_{ij})$$

행과 열의 수를 명시하기 위해 $A_{m \times n}$으로 쓰기도 한다. 행렬 A의 i행, j열에 있는 실수 a_{ij}를 A의 ij**성분**이라 부른다.$(i = 1, \cdots, m,\ j = 1, \cdots, n)$

$A^i \equiv (a_{i1}, \cdots, a_{in})$을 A의 i**행벡터**라 하고 $A_j \equiv \begin{pmatrix} a_{1j} \\ \vdots \\ a_{mj} \end{pmatrix}$를 A의 j**열벡터**라 할 때 $A = \begin{pmatrix} A^1 \\ \vdots \\ A^m \end{pmatrix} = (A_1, \cdots, A_n)$으로 표기하기도 한다.

행렬은 다양한 형태의 데이터를 정리하고 처리하는 데 매우 유용한 수학적 개념이다.

예 5-1 소비자 갑은 사과, 배, 감을 각각 2, 0, 8개를 소비하고, 소비자 을은 각각 5, 3, 3개를 소비한다고 하자. 이러한 소비 데이터를 다음과 같이 정리할 수 있다.

	사과	배	감
갑	2	0	8
을	5	3	3

그러면 이 데이터를 2×3행렬 $A=\begin{pmatrix} 2 & 0 & 8 \\ 5 & 3 & 3 \end{pmatrix}$로 간단하게 표시할 수 있다.

예 5-2 다음 선형연립방정식을 살펴보자.

$$a_{11}x_1 + \cdots + a_{1n}x_n = b_1$$
$$\cdots$$
$$a_{m1}x_1 + \cdots + a_{mn}x_n = b_m$$

이 방정식의 계수들을 다음과 같이 행렬로 표시하면 연립방정식을 분석하는데 매우 편리하다.

$$A=\begin{pmatrix} a_{11} & \cdots & a_{1n} \\ \vdots & & \vdots \\ a_{m1} & \cdots & a_{mn} \end{pmatrix}$$

예 5-3 **투입계수행렬**(input coefficient matrix)

n종류의 재화를 서로 중간재로 투입해서 그 재화들을 생산하는 경제를 생각해 보자. j재화 1단위를 생산하는 데 i재화가 a_{ij}만큼 중간재로 필요하다고 하면 $a_{ij}(i=1,\cdots,n,\ j=1,\cdots,n)$는 $n\times n$행렬을 이룬다.

$$A=\begin{pmatrix} a_{11} & \cdots & a_{1n} \\ \vdots & & \vdots \\ a_{n1} & \cdots & a_{nn} \end{pmatrix}$$

이 행렬을 투입계수행렬이라 부른다. 이러한 투입계수행렬은 각 재화의 생산이 어떻게 서로 연관되어 있는지 잘 보여 주는 데이터이다. 실제로 세계 각국의 중앙은행은 정기적으로 이러한 데이터를 집계하여 산업연관표 혹은 투입산출표라는 이름으로 통계를 작성하고 이 표를 이용하여 산업연관분석을 행하기도 한다. 투입계수행렬에 대해서는 다음 7.3절에서 자세히 알아보기로 한다.

다양한 형태의 특별한 행렬을 정리해 보면 다음과 같다.

n차 정방행렬(square matrix) 행과 열의 수가 똑같이 n인 행렬로 A_n으로 표기한다.

영행렬(null matrix) $O_{m\times n}=\begin{pmatrix}0 \cdots 0\\ \cdots \\ 0 \cdots 0\end{pmatrix}$

단위행렬(identity matrix) $I_n=\begin{pmatrix}1 & 0 & \cdots & 0\\ 0 & 1 & \cdots & 0\\ \vdots & \ddots & \ddots & \vdots\\ 0 & \cdots & 0 & 1\end{pmatrix}$

대각행렬(diagonal matrix) 대각선 이외의 모든 성분이 0인 행렬, 즉 $\forall\, i \neq j,\ a_{ij}=0$

대칭행렬(symmetric matrix) $a_{ij}=a_{ji}$인 행렬

상방삼각행렬(upper triangular matrix) $i > j \Rightarrow a_{ij}=0$

하방삼각행렬(lower triangular matrix) $i < j \Rightarrow a_{ij}=0$

삼각행렬(triangular matrix) 상방삼각행렬 혹은 하방삼각행렬

예 5-4 몇 개의 특별한 행렬의 예는 다음과 같다.

대각행렬 $\begin{pmatrix}2 & 0 & 0\\ 0 & -1 & 0\\ 0 & 0 & 3\end{pmatrix}$

상방삼각행렬 $\begin{pmatrix}2 & 3 & 1\\ 0 & -1 & 4\\ 0 & 0 & 3\end{pmatrix}$

하방삼각행렬 $\begin{pmatrix}2 & 0 & 0\\ 1 & -1 & 0\\ 2 & 0 & 3\end{pmatrix}$

대칭행렬 $\begin{pmatrix}1 & 2 & 3\\ 2 & 5 & 0\\ 3 & 0 & 4\end{pmatrix}$

5.2 행렬의 연산

행렬의 합과 스칼라곱

두 행렬이 대응되는 성분이 모두 같을 때 같은 행렬이라 한다.

행렬의 상등 $A = B \Leftrightarrow \forall i, j,\ a_{ij} = b_{ij}$

예 5-5 $\begin{pmatrix} a & b \\ c & d \end{pmatrix} = \begin{pmatrix} e & f \\ g & h \end{pmatrix} \Leftrightarrow a = e, b = f, c = g, d = h$

두 행렬의 합 $A + B$과 스칼라곱 αA은 다음과 같이 정의한다.

$$A + B \equiv (a_{ij} + b_{ij}) \equiv \begin{pmatrix} a_{11} + b_{11} & \cdots & a_{1n} + b_{1n} \\ \vdots & & \vdots \\ a_{m1} + b_{m1} & \cdots & a_{mn} + b_{mn} \end{pmatrix}$$

$$\alpha A \equiv (\alpha a_{ij}) = \begin{pmatrix} \alpha a_{11} & \cdots & \alpha a_{1n} \\ \vdots & & \vdots \\ \alpha a_{m1} & \cdots & \alpha a_{mn} \end{pmatrix}$$

두 행렬의 차 $A - B$와 $-A$는 다음과 같이 정의한다.

$$A - B \equiv A + (-1)B$$
$$-A \equiv (-1)A$$

예 5-6

$$\begin{pmatrix} 2 & -1 & 0 \\ 3 & 2 & 5 \\ 8 & -5 & 2 \end{pmatrix} + \begin{pmatrix} 0 & 2 & 0 \\ -3 & 6 & 1 \\ 1 & 0 & 1 \end{pmatrix} = \begin{pmatrix} 2 & 1 & 0 \\ 0 & 8 & 6 \\ 9 & -5 & 3 \end{pmatrix}$$

$$3\begin{pmatrix} 1 & 0 \\ 2 & 1 \\ 0 & 4 \end{pmatrix} = \begin{pmatrix} 3 & 0 \\ 6 & 3 \\ 0 & 12 \end{pmatrix}$$

$$\begin{pmatrix} 2 & -1 & 0 \\ 3 & 2 & 5 \\ 8 & -5 & 2 \end{pmatrix} - \begin{pmatrix} 0 & 2 & 0 \\ -3 & 6 & 1 \\ 1 & 0 & 1 \end{pmatrix} = \begin{pmatrix} 2 & -3 & 0 \\ 6 & -4 & 4 \\ 7 & -5 & 1 \end{pmatrix}$$

정리 5-1 (행렬연산의 성질)

$m \times n$행렬 A, B, C 및 영행렬 O과 임의의 실수 α, β에 대해서 다음이 성립한다.

(1) $A+B$와 αA는 모두 $m \times n$행렬이다.

(2) (교환법칙) $A+B=B+A$

(3) (결합법칙) $(A+B)+C=A+(B+C)$

(4) $A+O=O+A=A$

(5) $A+(-A)=O$

(6) (분배법칙) $\alpha(A+B)=\alpha A+\alpha B$

(7) (분배법칙) $(\alpha+\beta)A=\alpha A+\beta A$

(8) (결합법칙) $\alpha(\beta A)=(\alpha\beta)A$

(9) $1A=A$

[정리 5-1]의 증명은 앞의 벡터의 성질에 관한 정리와 같이 연습으로 남겨둔다. $m \times n$행렬을 하나의 mn차원 벡터루 간주하면 이 정리에 의해 $m \times n$행렬들의 집합은 mn차원 벡터공간이 됨을 알 수 있다.

행렬의 곱

$m \times n$행렬 $A=(a_{ij})$와 $n \times r$행렬 $B=(b_{ij})$에 대해, **곱** AB는 $m \times r$ 행렬로서, AB의 ij성분 c_{ij}는 $c_{ij}=\sum_{k=1}^{n} a_{ik}b_{kj}=a_{i1}b_{1j}+\cdots+a_{in}b_{nj}$로 정의한다. 다시 말하면 행렬 AB의 ij 성분 c_{ij}는 A의 i행을 이루는 벡터 $A^i=(a_{i1},\cdots,a_{in})$와 B의 j열을 이루는 벡터 $B_j=\begin{pmatrix} b_{1j} \\ \vdots \\ b_{nj} \end{pmatrix}$의 내적과 같다. 행렬의 곱은 벡터의 곱인 내적의 개념을 확장한 것이라고 할 수 있다.

$$AB=\begin{pmatrix} a_{11} & \cdots & a_{1n} \\ & \cdots & \\ \boxed{a_{i1} \cdots a_{in}} \\ & \cdots & \\ a_{m1} & \cdots & a_{mn} \end{pmatrix}\begin{pmatrix} b_{11} & \cdots & \boxed{b_{1j}} & \cdots & b_{1r} \\ \vdots & & \vdots & & \vdots \\ b_{n1} & \cdots & b_{nj} & \cdots & b_{nr} \end{pmatrix}$$

$$=\begin{pmatrix} & \vdots & \\ \cdots & \sum_{k=1}^{n} a_{ik}b_{kj} & \cdots \\ & \vdots & \end{pmatrix}$$

예 5-7 $AB=\begin{pmatrix} 1 & 2 \\ 0 & -1 \end{pmatrix}\begin{pmatrix} 3 & -1 & 0 \\ 1 & 4 & 1 \end{pmatrix}=\begin{pmatrix} 5 & 7 & 2 \\ -1 & -4 & -1 \end{pmatrix}$

예 5-8 $1\times n$행렬 $A=(a_1,\cdots,a_n)$과 $n\times 1$행렬 $B=\begin{pmatrix} b_1 \\ \vdots \\ b_n \end{pmatrix}$를 생각해 보자. 벡터의 관점에서 보면 A는 n차원 행벡터, B는 n차원 열벡터가 된다.

(1) A의 열과 B의 행의 수가 같은 n이므로 두 행렬의 곱 AB가 정의될 수 있고 AB는 1×1행렬 혹은 실수로서 다음과 같이 계산된다.

$$AB=(a_1,\cdots,a_n)\begin{pmatrix} b_1 \\ \vdots \\ b_n \end{pmatrix}=a_1b_1+\cdots+a_nb_n$$

(2) B의 열과 A의 행의 수도 같은 1이므로 BA가 정의될 수 있고 n차 정방행렬이 된다.

$$BA=\begin{pmatrix} b_1 \\ \vdots \\ b_n \end{pmatrix}(a_1,\cdots,a_n)=\begin{pmatrix} b_1a_1 & \cdots & b_1a_n \\ \vdots & & \vdots \\ b_na_1 & \cdots & b_na_n \end{pmatrix}$$

[예 5-8]에서 보는 바와 같이 일반적으로 $AB\neq BA$이다. 달리 말하면, 행렬의 곱에서는 교환법칙이 성립하지 않는다. 그래서 행렬 A의 앞에 행렬 B를 곱할 때는 **앞곱한다**고 하고, 뒤에 B를 곱할 때는 **뒤곱한다**고 명시적으로 구분한다. 또한 AB가 정의된다고 하더라도 BA는 정의가 불가능

할 수도 있다.

연습 5-1 $A=\begin{pmatrix}1&0\\-1&2\end{pmatrix}, B=\begin{pmatrix}0&1\\2&3\end{pmatrix}$에 대해서 AB와 BA를 계산하고 $AB\neq BA$임을 확인하라.

연습 5-2 $AB=AC$일 때 일반적으로 $B\neq C$이다. 예를 들어 확인해보라.

정리 5-2 (행렬의 곱의 성질)

행렬의 곱은 다음과 같은 성질을 만족한다.

(1) $A(BC)=(AB)C$

(2) $A(B+C)=AB+AC$

(3) $(A+B)C=AC+BC$

(4) $(aA)B=A(aB)=a(AB)$

(5) 적당한 차원의 단위행렬 I에 대해서 $AI=IA=A$

증 명 (1) A,B,C가 각각 $m\times n, n\times r, r\times s$ 행렬이라 하고, a_{ij}, b_{ij}, c_{ij}를 각 행렬의 ij성분이라 하자. 그러면, $A(BC)$의 ij성분을 쓰면,

$$\sum_{k=1}^{n}a_{ik}\left(\sum_{t=1}^{r}b_{kt}c_{tj}\right)=\sum_{k=1}^{n}\sum_{t=1}^{r}a_{ik}b_{kt}c_{tj}=\sum_{t=1}^{r}\sum_{k=1}^{n}a_{ik}b_{kt}c_{tj}=\sum_{t=1}^{r}\left(\sum_{k=1}^{n}a_{ik}b_{kt}\right)c_{tj}$$

이 식의 마지막 항은 $(AB)C$의 ij성분이다.

(2) − (5)의 증명은 연습으로 남겨둔다.

행렬의 곱의 성질을 이용하면 다음과 같은 전개가 가능하다. 이것은 실수에 관한 식의 전개와 매우 유사하지만 한 가지 차이점은 $AB\neq BA$인 것이다.

$$\begin{aligned}(A+B)(A-B)&=(A+B)(A+(-1)B)\\&=(A+B)A+(A+B)((-1)B)\\&=AA+BA+A((-1)B)+B((-1)B)\\&=AA+BA+(-1)AB+(-1)BB\\&=AA+BA-AB-BB\end{aligned}$$

$AA \equiv A^2$로 표기할 수 있으므로, $(A+B)(A-B) = A^2 + BA - AB - B^2$이 된다. 또한 n개의 행렬 A의 곱은 $A \cdots A \equiv A^n$으로 표기할 수 있다.

연습 5-3 [정리 5-2]을 이용하여 n차 정방행렬 A에 대해서 $A^2 - 3A + 2I = (A-I)(A-2I)$임을 증명하라.

연습 5-4 n차 정방행렬 A에 대해서 $A^2 = AA = O$일 때 반드시 $A = O$이 되는 것은 아님을 예를 들어 보이라.

선형연립방정식의 행렬 표현

변수가 n, 식이 m개인 다음과 같은 선형연립방정식을 생각해 보자.

$$\begin{gathered} a_{11}x_1 + \cdots + a_{1n}x_n = b_1 \\ \cdots \\ a_{m1}x_1 + \cdots + a_{mn}x_n = b_m \end{gathered}$$

이 선형연립방정식의 계수 a_{ij}들로 이루어진 $m \times n$행렬을 A, 변수 x_i들로 구성된 $n \times 1$행렬 혹은 n차원 열벡터를 x, 그리고 계수 b_i들로 구성된 $m \times 1$행렬 혹은 m차원 열벡터를 b라 하자. 그러면

$$A = \begin{pmatrix} a_{11} & \cdots & a_{1n} \\ \vdots & & \vdots \\ a_{m1} & \cdots & a_{mn} \end{pmatrix}, x = \begin{pmatrix} x_1 \\ \vdots \\ x_n \end{pmatrix}, \ b = \begin{pmatrix} b_1 \\ \vdots \\ b_m \end{pmatrix}$$

이고, 행렬의 곱의 정의를 이용하면 선형연립방정식은

$$Ax = b$$

으로 간결하게 표시된다. 이 표기법은 일변수의 선형방정식 $ax = b$와 형식상 같게 되어 그 계산방법에 있어서도 유사할 것임을 예상할 수 있다. 이와 같이

행렬과 벡터의 개념을 이용하면 표기가 단순화될 뿐 아니라 문제의 본질이 잘 드러나게 되는 장점이 있다.

예 5-9
$$3x_1 + x_2 - x_3 = 2$$
$$x_1 + 2x_2 = 5$$
$$x_2 + 6x_3 = 0$$

이 연립방정식을 행렬로 표시하면 다음과 같다

$$\begin{pmatrix} 3 & 1 & -1 \\ 1 & 2 & 0 \\ 0 & 1 & 6 \end{pmatrix}\begin{pmatrix} x_1 \\ x_2 \\ x_3 \end{pmatrix} = \begin{pmatrix} 2 \\ 5 \\ 0 \end{pmatrix}$$

전치행렬

전치행렬 행렬 A의 행과 열을 서로 뒤바꾸어 놓으면 새로운 행렬을 얻게 되는데, 이를 행렬 A의 전치행렬(轉置行列 transpose)이라 하고 A'으로 표시한다. 즉 $A=(a_{ij})$일 때, $A'=(a_{ji})$가 된다. A'의 ij성분은 a_{ji}인 것이다. 행렬 A에서 A'을 구하는 것을 행렬 A를 전치한다고 말한다. A가 $m \times n$행렬이면 A'은 $n \times m$행렬이 된다.

예 5-10 (1) $B = \begin{pmatrix} 1 & 3 & 2 \\ 1 & 0 & 4 \end{pmatrix}$일 때, $B' = \begin{pmatrix} 1 & 1 \\ 3 & 0 \\ 2 & 4 \end{pmatrix}$이다.

(2) $A = \begin{pmatrix} 2 & -1 & 5 \\ 2 & 1 & 0 \\ 4 & 5 & 6 \\ 0 & 1 & 1 \end{pmatrix}$일 때, $A' = \begin{pmatrix} 2 & 2 & 4 & 0 \\ -1 & 1 & 5 & 1 \\ 5 & 0 & 6 & 1 \end{pmatrix}$이다.

정리 5-3 (전치행렬의 성질)

전치행렬에 관해 다음의 성질들이 성립한다.

(1) $(A+B)' = A' + B'$

(2) $(\alpha A)' = \alpha A'$

(3) $(A')' = A$

(4) $(AB)' = B'A'$

증 명 (4)만을 증명하고 나머지는 연습문제로 한다. 행렬 A,B의 ij성분을 각각 a_{ij},b_{ij}라 하면 A',B'의 ij성분 a_{ij}',b_{ij}'은 각각 $a_{ij}'=a_{ji},b_{ij}'=b_{ji}$이 된다. $(AB)'$의 ij성분 c_{ij}는 AB의 ji성분이므로

$$c_{ij}=\sum_{k=1}^{n}a_{jk}b_{ki}=\sum_{k=1}^{n}b_{ik}'a_{kj}'$$

즉, $(AB)'$의 ij성분 c_{ij}는 $B'A'$의 ij성분과 같다. 따라서 $(AB)'=B'A'$이다.

연습 5-5 n차 정방행렬 A에 대해 $A'A=O$이면 $A=O$임을 증명하라.

연습 5-6 [정리 5-3] (4)의 확장으로서 n개의 행렬 $A_1,A_2,\cdots,A_n$에 대해 $(A_1A_2\cdots A_n)'=A_n'\cdots A_2'A_1'$이 성립함을 수학적 귀납법을 이용하여 증명하라.[1]

두 벡터의 내적을 행렬의 곱을 이용하여 표시할 수 있다. 즉 두 열벡터 $\boldsymbol{x},\boldsymbol{y}$의 내적 $\boldsymbol{x}\cdot\boldsymbol{y}$는 두 벡터를 행렬로 간주해서 벡터 $\boldsymbol{x}$를 전치하여 행벡터로 변환하고 행렬의 곱을 적용하여 얻을 수 있다. 즉,

$$\boldsymbol{x}\cdot\boldsymbol{y}\equiv\boldsymbol{x}'\boldsymbol{y}$$

대칭행렬 A는 $A=A'$를 만족하는 행렬이라고 할 수 있다. $A=-A'$를 만족하는 행렬 A는 교대행렬(skew-symmetric matrix)이라 부른다. 교대행렬의 대각성분 a_{ii}들은 모두 0이 된다는 것은 쉽게 알 수 있다.

예 5-11 다음 행렬들은 모두 교대행렬이다.

$$\begin{pmatrix}0&-5\\5&0\end{pmatrix},\ \begin{pmatrix}0&2&1\\-2&0&-3\\-1&3&0\end{pmatrix}$$

대각행렬과 단위행렬은 모두 대칭행렬이다. 또한 정방 영행렬은 대칭행렬이면서 동시에 교대행렬이다.

---

1 n에 대해 수학적 귀납법에 의한 증명이란, (i) $n=1$일 때 증명하고, (ii) $n=k$일 때 성립한다고 가정하면 $n=k+1$일 때도 성립함을 증명하는 방법을 말한다.

연습 5-7 임의의 정방행렬 A에 대해 $\frac{A+A'}{2}$는 대칭행렬, $\frac{A-A'}{2}$는 교대행렬임을 증명하라.

행렬의 대각합(trace)

정방행렬 $A=(a_{ij})$에 대해 대각합(trace) trA는

$$trA \equiv \sum_{i=1}^{n} a_{ii} = a_{11} + a_{22} + \cdots + a_{nn}$$

로 정의한다.

예 5-12 행렬 $A=\begin{pmatrix} 1 & 2 \\ 3 & 4 \end{pmatrix}$에 대해서 $trA = 1+4=5$이다.

연습 5-8 행렬 A의 대각합은 다음 성질을 만족함을 보이라.

(1) $tr(A+B) = trA + trB$

(2) $tr(cA) = c(trA)$

(3) $trA' = trA$

(4) $tr(AB) = tr(BA)$

5.3 역 행 렬

역행렬 n차 정방행렬 A에 대해 $AX = XA = I$를 만족하는 n차 정방행렬 X가 존재할 때 X를 A의 역행렬(inverse matrix)이라 부르고 A^{-1}로 표시한다. 역행렬은 항상 존재하는 것은 아니다. 역행렬을 갖는 행렬을 가역(可逆 invertible, non-singular)이라 하고, 그렇지 않은 행렬을 비가역(non-invertible, singular)이라 한다.

예 5-13 행렬 $A=\begin{pmatrix}1&2\\2&5\end{pmatrix}$의 역행렬을 구해보자. $A^{-1}=\begin{pmatrix}a&b\\c&d\end{pmatrix}$라 하면,

$$AA^{-1}=\begin{pmatrix}1&2\\2&5\end{pmatrix}\begin{pmatrix}a&b\\c&d\end{pmatrix}=\begin{pmatrix}a+2c&b+2d\\2a+5c&2b+5d\end{pmatrix}=\begin{pmatrix}1&0\\0&1\end{pmatrix}$$

다시 쓰면,

$$\begin{aligned}a+2c&=1\\b+2d&=0\\2a+5c&=0\\2b+5d&=1\end{aligned}$$

이 연립방정식의 유일한 해는 $a=5, b=-2, c=-2, d=1$이므로 역행렬은 $A^{-1}=\begin{pmatrix}5&-2\\-2&1\end{pmatrix}$이다.

예 5-14 행렬 $B=\begin{pmatrix}1&2\\1&2\end{pmatrix}$의 역행렬 $B^{-1}=\begin{pmatrix}a&b\\c&d\end{pmatrix}$라 하면,
$BB^{-1}=\begin{pmatrix}1&2\\1&2\end{pmatrix}\begin{pmatrix}a&b\\c&d\end{pmatrix}=\begin{pmatrix}a+2c&b+2d\\a+2c&b+2d\end{pmatrix}=\begin{pmatrix}1&0\\0&1\end{pmatrix}$이라 하자.
그러면,

$$\begin{aligned}a+2c&=1\\a+2c&=0\\b+2d&=0\\b+2d&=1\end{aligned}$$

이 연립방정식의 해는 존재하지 않으므로 B의 역행렬은 존재하지 않는다.

연습 5-9 (1) n차 단위행렬 I의 역행렬은 I임을 보이라.

(2) 영행렬 $\begin{pmatrix}0&0\\0&0\end{pmatrix}$은 비가역임을 보이라.

(3) 대각행렬 $\begin{pmatrix}2&0&0\\0&-1&0\\0&0&3\end{pmatrix}$의 역행렬을 계산하라.

역행렬의 개념을 이용하면 선형연립방정식의 해를 보다 간결하게 표현할 수 있게 된다. 선형연립방정식 $Ax=b$에 대해 A가 n차 정방행렬이고, A^{-1}이 존재할 때 이 방정식의 해는

$$x = Ix = (A^{-1}A)x = A^{-1}(Ax) = A^{-1}b$$

정리 5-4 (역행렬의 유일성)

n차 정방행렬 A에 대해 $AX = YA = I$ 이면, $X = Y$ 이다. 그리고 A의 역행렬 A^{-1}은 유일하게 존재한다.

증 명 $AX = YA = I$이라 하자. 그러면 $X = IX = YAX = YI = Y$. X와 Y가 A의 역행렬이라 하자. 그러면 $AX = YA = I$ 이고 앞의 논리에 의해 $X = Y$. 따라서 역행렬 A^{-1}은 유일하다.

정리 5-5 (역행렬의 성질)

역행렬 A^{-1}은 다음과 같은 성질을 갖는다.

(1) $(A^{-1})^{-1} = A$

(2) $(AB)^{-1} = B^{-1}A^{-1}$

(3) $(A')^{-1} = (A^{-1})'$

증 명 (1) $AA^{-1} = A^{-1}A = I$ 이므로 $A = (A^{-1})^{-1}$.

(2) [정리 5-2] 행렬의 곱에 관한 성질을 이용하면,
$(AB)(B^{-1}A^{-1}) = A(BB^{-1})A^{-1} = AIA^{-1} = AA^{-1} = I$, 또한
$(B^{-1}A^{-1})(AB) = B^{-1}(A^{-1}A)B = B^{-1}IB = B^{-1}B = I$이므로
$(AB)^{-1} = B^{-1}A^{-1}$.

(3) 전치행렬의 성질에 의해,
$A'(A^{-1})' = (A^{-1}A)' = I' = I$. $(A^{-1})'A' = (AA^{-1})' = I' = I$.

$A^{-1}A^{-1}\cdots A^{-1} \equiv A^{-k}$로 표기한다. A의 역행렬 A^{-1}이 존재할 때, $(A^{k})^{-1} = A^{-k}$가 된다. 왜냐하면 $A^{k}A^{-k} = (A\cdots A)(A^{-1}\cdots A^{-1}) = I$ 이기 때문이다.

직교행렬

n차 정방행렬 A를 이루고 있는 열벡터 $A_1 = \begin{pmatrix} a_{11} \\ a_{21} \\ \vdots \\ a_{n1} \end{pmatrix}, \cdots, A_n = \begin{pmatrix} a_{1n} \\ a_{2n} \\ \vdots \\ a_{nn} \end{pmatrix}$들이

모든 $i \neq j$에 대해서, $A_i'A_i = 1$, $A_i'A_j = 0$을 만족할 때, 즉 $A_1, A_2, \cdots, A_n$ 이 R^n의 정규직교기저일 때, 행렬 A를 직교행렬(orthogonal matrix)이라 한다.

정리 5-6 n차 정방행렬 A가 직교행렬이기 위한 필요충분조건은 $A'A = I$인 것이다. 즉, 직교행렬은 가역이고 그 역행렬은 $A^{-1} = A'$이 된다.

증 명 $A'A$의 ij성분은 A'의 i행벡터와 A의 j열벡터 A_j의 내적과 같다. 그런데 A'의 i행벡터는 A의 i열벡터 A_i를 전치한 것이므로 $A'A$의 ij성분은 $A_i'A_j$와 같고, 직교행렬의 정의에 의해 $i = j$이면 $A_i'A_i = 1$, $i \neq j$이면 $A_i'A_j = 0$이 된다. 이것은 $A'A = I$임을 의미한다.

예 5-15 행렬 $A = \begin{pmatrix} \frac{1}{\sqrt{2}} & -\frac{1}{\sqrt{2}} \\ \frac{1}{\sqrt{2}} & \frac{1}{\sqrt{2}} \end{pmatrix}$가 직교행렬인지 확인하고 역행렬을 구해보자.

$$A'A = \begin{pmatrix} \frac{1}{\sqrt{2}} & \frac{1}{\sqrt{2}} \\ -\frac{1}{\sqrt{2}} & \frac{1}{\sqrt{2}} \end{pmatrix}\begin{pmatrix} \frac{1}{\sqrt{2}} & -\frac{1}{\sqrt{2}} \\ \frac{1}{\sqrt{2}} & \frac{1}{\sqrt{2}} \end{pmatrix} = \begin{pmatrix} 1 & 0 \\ 0 & 1 \end{pmatrix} = I$$

이므로 A는 직교행렬이고, $A^{-1} = A' = \begin{pmatrix} \frac{1}{\sqrt{2}} & \frac{1}{\sqrt{2}} \\ -\frac{1}{\sqrt{2}} & \frac{1}{\sqrt{2}} \end{pmatrix}$이다.

연습 5-10 $A = \begin{pmatrix} 0 & 1 \\ 1 & 0 \end{pmatrix}$가 직교행렬인지 확인하고 역행렬을 구하라.

연습 5-11 임의의 θ에 대해서, 행렬 $A = \begin{pmatrix} \cos\theta & -\sin\theta \\ \sin\theta & \cos\theta \end{pmatrix}$는 직교행렬임을 보이라.

5.4 행렬과 선형함수[2]

함수 $f : R^n \to R^m$이 다음 두 성질을 가질 때 선형함수(linear function)라 한다.

2 선형대수학에서는 전통적으로 선형변환(linear transformation) 혹은 선형사상(linear mapping)으로 부르는데 여기서는 편의상 선형함수로 부르기로 한다.

그림 5-1

→ 선형함수의 그래프

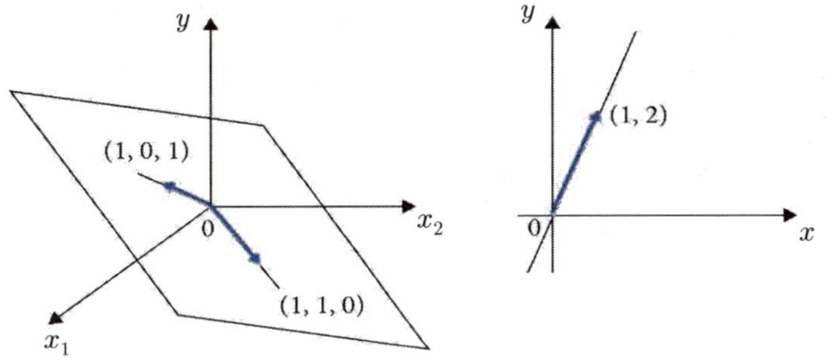

(a) $y = x_1 - x_2$ (b) $y = 2x$

i) 모든 $x, y \in R^n$에 대해, $f(x+y) = f(x) + f(y)$

ii) 모든 $x \in R^n$와 임의의 실수 $\alpha \in R$에 대해, $f(\alpha x) = \alpha f(x)$

예 5-16 $y = f(\boldsymbol{x}) = x_1 - x_2$는 R^2에서 R로 가는 선형함수로서 그 그래프는 3차원 공간에서 원점을 지나는 평면이다. $\boldsymbol{x} = \begin{pmatrix} x_1 \\ x_2 \end{pmatrix}$, $\boldsymbol{z} = \begin{pmatrix} z_1 \\ z_2 \end{pmatrix}$에 대해서,
$f(\boldsymbol{x} + \boldsymbol{z}) = (x_1 + z_1) - (x_2 + z_2) = (x_1 - x_2) + (z_1 - z_2) = f(\boldsymbol{x}) + f(\boldsymbol{z})$
$f(\alpha \boldsymbol{x}) = \alpha x_1 - \alpha x_2 = \alpha(x_1 - x_2) = \alpha f(\boldsymbol{x})$이므로 $f(\boldsymbol{x}) = x_1 - x_2$는 선형함수이다.

선형함수의 특징 중 하나는 0벡터를 반드시 0벡터로 대응시키는 것이다. 왜냐하면 선형함수의 성질에 의해 $f(0) = f(0+0) = f(0) + f(0)$이므로 항상 $f(0) = 0$가 된다. 이 성질에 의해 선형함수의 그래프는 반드시 원점을 지난다.

연습 5-12 $y = 2x$는 선형함수이지만 $y = 2x + 1$은 선형함수가 아님을 보이라.

선형함수의 행렬 표현

$m \times n$행렬 A에 대해 $y = Ax$라 하자. 그러면 이 식은 n차원 벡터 $x = \begin{pmatrix} x_1 \\ \vdots \\ x_n \end{pmatrix}$에 m차원 벡터 $y = \begin{pmatrix} y_1 \\ \vdots \\ y_m \end{pmatrix}$를 대응시키는 함수가 된다. 행렬연산의 성질을 이용하면 임의의 두 벡터 $x_1, x_2 \in R^n$과 실수 $\alpha \in R$에 대해서,

$$A(x_1 + x_2) = Ax_1 + Ax_2$$
$$A(\alpha x) = \alpha(Ax)$$

이므로 $y = Ax$는 선형함수이다.

이제 임의의 선형함수 $f : R^n \to R^m$은 $y = Ax$와 같이 행렬로 표현됨을 보이자. R^n의 단위기저 $e_1, \cdots, e_n$의 함수값이 각각 $f(e_1) = A_1, \cdots, f(e_n) = A_n$이라 하자. 여기서 A_i는 모두 R^m의 벡터이다. 그러면 임의의 $x = (x_1, \cdots, x_n) \in R^n$의 함수값은 선형함수의 성질에 의해

$$\begin{aligned} f(x) &= f(x_1 e_1 + \cdots x_n e_n) \\ &= x_1 f(e_1) + \cdots + x_n f(e_n) \\ &= x_1 A_1 + \cdots x_n A_n \\ &= Ax \end{aligned}$$

여기서 행렬 A는 $A_1, \cdots A_n$을 열벡터로 하는 행렬이다. 따라서 모든 선형함수는 언제나 $y = Ax$의 형태로 표시할 수 있다.

선형함수 $y = Ax$를 풀어 쓰면,

$$\begin{aligned} y_1 &= a_{11} x_1 + \cdots + a_{1n} x_n \\ y_2 &= a_{21} x_1 + \cdots + a_{2n} x_n \\ &\cdots \\ y_m &= a_{m1} x_1 + \cdots + a_{mn} x_n \end{aligned}$$

이 된다. 이것이 선형함수의 일반형이다.

그림 5-2

→ 행렬 $\begin{pmatrix} \cos\theta & -\sin\theta \\ \sin\theta & \cos\theta \end{pmatrix}$ 의 기하학적 의미

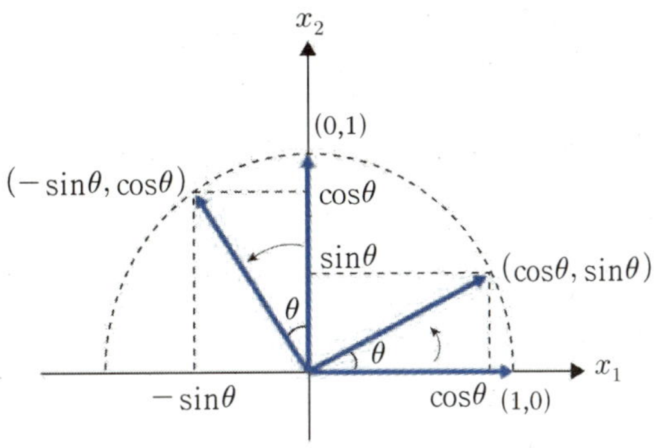

예 5-17 (1) 함수 $y = x_1 - x_2$는 $y = (1, -1)\begin{pmatrix} x_1 \\ x_2 \end{pmatrix}$로서 1×2행렬 $(1, -1)$에 의해 얻어지는 선형함수이다.

(2) 선형함수 $y_1 = x_1 - x_2$, $y_2 = 2x_1 + x_2$ 를 행렬 형태로 쓰면,

$\begin{pmatrix} y_1 \\ y_2 \end{pmatrix} = \begin{pmatrix} 1 & -1 \\ 2 & 1 \end{pmatrix}\begin{pmatrix} x_1 \\ x_2 \end{pmatrix}$이 된다.

예 5-18 선형함수$f : R^3 \to R^2$가 R^3의 단위벡터 e_1, e_2, e_3를 각각 $\begin{pmatrix} 1 \\ 2 \end{pmatrix}, \begin{pmatrix} -1 \\ 0 \end{pmatrix}, \begin{pmatrix} 0 \\ 1 \end{pmatrix}$로 옮긴다고 하면 $f(x) = \begin{pmatrix} 1 & -1 & 0 \\ 2 & 0 & 1 \end{pmatrix}\begin{pmatrix} x_1 \\ x_2 \\ x_3 \end{pmatrix}$로 쓸 수 있으므로 선형함수 f를 표현하는 행렬은 $\begin{pmatrix} 1 & -1 & 0 \\ 2 & 0 & 1 \end{pmatrix}$이다.

예 5-19 평면상에서 2차원 벡터를 시계반대방향으로 θ만큼 회전한 벡터로 옮기는 선형함수를 구해보자. [그림 5-2]에서 보는 바와 같이 이 선형함수는 $e_1 = \begin{pmatrix} 1 \\ 0 \end{pmatrix}$를 $\begin{pmatrix} \cos\theta \\ \sin\theta \end{pmatrix}$로 옮기고, $e_2 = \begin{pmatrix} 0 \\ 1 \end{pmatrix}$를 $\begin{pmatrix} -\sin\theta \\ \cos\theta \end{pmatrix}$로 옮기는 함수이므로 행렬 $\begin{pmatrix} \cos\theta & -\sin\theta \\ \sin\theta & \cos\theta \end{pmatrix}$로 표현할 수 있다.

예 5-20 벡터 $\begin{pmatrix} a \\ b \\ c \end{pmatrix}$를 벡터 $\begin{pmatrix} a \\ c \\ b \end{pmatrix}$로 옮기는 함수를 구해보자.

$\begin{pmatrix} a \\ c \\ b \end{pmatrix} = \begin{pmatrix} 1 & 0 & 0 \\ 0 & 0 & 1 \\ 0 & 1 & 0 \end{pmatrix}\begin{pmatrix} a \\ b \\ c \end{pmatrix}$이므로 이 함수는 행렬 $\begin{pmatrix} 1 & 0 & 0 \\ 0 & 0 & 1 \\ 0 & 1 & 0 \end{pmatrix}$으로 표현되는 선형함수이다.

$m \times n$행렬 A와 m차원 벡터 $d \neq 0$가 있어서, $f(x) = Ax + d$의 형태를 갖는 함수 $f : R^n \to R^m$는 선형함수가 될 수 없다. 그러나 이러한 함수의 그래프가 선형함수와 같이 직선이나 평면의 모양을 갖는 등 유사한 성질을 갖게 된다. 이러한 형태의 함수를 아파인함수(affine function)라고 부른다.

예 5-21 $y = 2x$는 선형함수이고 $y = 2x + 1$은 아파인함수이다.

항등함수 $id : R^n \to R^n$은 단위벡터 $e_1, \cdots, e_n$을 각각 $e_1, \cdots, e_n$으로 보내는 선형함수이므로 $e_1, \cdots, e_n$을 열벡터로 하는 n차 단위행렬 I_n로 표시된다.

역함수의 행렬 n차 정방행렬 A에 의한 선형함수 $y = Ax$의 역함수가 존재할 경우, 그 역함수를 $x = By$라 하자. 역함수의 정의에 의하면, 임의의 x에 대해서

$$x = B(Ax) = (BA)x$$

가 성립해야 하므로 $BA = I$가 된다. 따라서 $B = A^{-1}$이다. 다시 말하면, 선형함수 $y = Ax$의 역함수는 $x = A^{-1}y$가 된다.

5.5 선형대수의 기본정리

행렬의 열공간과 행공간

$m \times n$행렬 A의 열벡터 $A_1, \cdots, A_n$들에 의해 생성된 R^m의 부분공간을 A의 열공간(列空間 column space)이라 부르고, A의 행벡터 $A^1, \cdots, A^m$ 들에

그림 5-3

→ 행렬 $A=\begin{pmatrix}1&1\\2&2\end{pmatrix}$의 열공간과 행공간

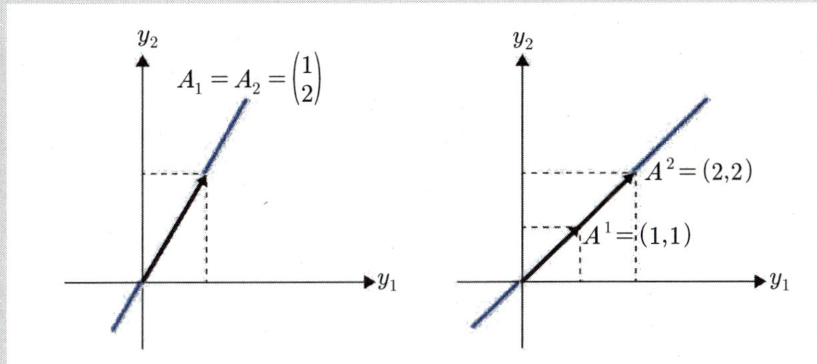

(a) A의 열공간 (b) A의 행공간

의해 생성된 R^n의 부분공간은 A의 행공간(行空間 row space)이라 부른다. A의 열공간을 Col(A), 행공간을 Row(A)로 쓴다. (각각의 차원은 dimCol(A), dimRow(A)로 표기한다.)

행렬 A의 열공간은 선형함수 $\boldsymbol{y}=A\boldsymbol{x}$의 치역 $\{\boldsymbol{y}\in R^m \mid \boldsymbol{y}=A\boldsymbol{x}, \boldsymbol{x}\in R^n\}$과 같다. 왜냐하면, $\boldsymbol{y}=A\boldsymbol{x}=x_1A_1+\cdots+x_nA_n$로 쓸 수 있으므로 치역은 열벡터 $A_1,\cdots,A_n$의 선형결합들의 집합이고 따라서 $A_1,\cdots,A_n$에 의해 생성된 부분공간이 된다. 마찬가지로 A의 행공간은 선형함수 $\boldsymbol{y}=A'\boldsymbol{x}$의 치역과 같음을 쉽게 알 수 있다. 달리 말하면 A의 행공간은 A'의 열공간과 같다.

따라서 행렬 A의 열공간의 차원은 A의 선형독립인 열벡터의 최대수와 같고 행공간의 차원은 선형독립인 행벡터의 최대수와 같다. 이것을 달리 표현하면, 열공간의 차원은 선형함수 $\boldsymbol{y}=A\boldsymbol{x}$의 치역의 차원과도 같다.

예 5-22 행렬 $A=\begin{pmatrix}1&1\\2&2\end{pmatrix}$의 열공간은 열벡터 $\begin{pmatrix}1\\2\end{pmatrix},\begin{pmatrix}1\\2\end{pmatrix}$들의 선형결합들의 집합이므로 $\begin{pmatrix}y_1\\y_2\end{pmatrix}=\alpha\begin{pmatrix}1\\2\end{pmatrix}$을 만족하는 벡터 $\begin{pmatrix}y_1\\y_2\end{pmatrix}$들의 집합이다. 이것은 y_1y_2평면상에서 $y_2=2y_1$인 직선으로 표시된다. 행벡터 $(1,1),(2,2)$들의 선형결합은

$(y_1, y_2) = \alpha(1,1)$ 혹은 $y_1 = y_2$인 벡터 (y_1, y_2)들이다. 따라서 A의 행공간은 y_1y_2평면상에서 $y_2 = y_1$인 직선이 된다.

예 5-23 $A = \begin{pmatrix} 1 & 0 & 0 \\ 0 & 2 & 1 \\ 1 & 2 & 1 \end{pmatrix}$의 행공간과 열공간은 모두 2차원이다. A의 열벡터 $\begin{pmatrix} 1 \\ 0 \\ 1 \end{pmatrix}, \begin{pmatrix} 0 \\ 2 \\ 2 \end{pmatrix}, \begin{pmatrix} 0 \\ 1 \\ 1 \end{pmatrix}$ 들 중 선형독립인 벡터의 최대수는 2이고, 행벡터 (1,0,0), (0,2,1), (1,2,1) 들 중 선형독립인 벡터의 최대수도 2이기 때문이다.

연습 5-13 $m \times n$행렬 A의 행공간의 차원은 m보다 작거나 같고, n보다도 작거나 같다. 달리 표현하면, dimRow$(A) \leq$ Min$\{m, n\}$이다.[3] 이것을 증명하라.

선형함수의 성질과 관련된 행렬의 성질은 서로 밀접한 관계에 있다. 다음의 정리는 그러한 관계를 보여준다.

정리 5-7

$m \times n$행렬 A에 대해서 선형함수 $f(x) = Ax$가 전사함수이기 위한 필요충분조건은 A의 열공간의 차원이 m인 것이다.

증 명 $f(x) = Ax$가 전사함수

$\Leftrightarrow$ Col$(A) = R^m$

$\Leftrightarrow$ dimCol$(A) = m$

연습 5-14 $m \times n$행렬 A에 대해서 $m > n$이면 선형함수 $f(x) = Ax$는 전사함수가 될 수 없음을 보이라.

행렬의 영공간

$m \times n$행렬 A에 대해 $Ax = 0$의 해집합은 R^n의 부분공간이 되는데 이것을 A의 영공간(null space)이라 부르고 Null(A)로 표시한다. 영공간은 선형함수 $y = Ax$의 상이 0인 벡터 x들의 집합이라고 이해해도 된다. 영공간의 차원은 dimNull(A)로 표기한다.

---

3 Min$\{m, n\}$은 m과 n 중에서 작은 수와 같은 값을 갖는 함수이다.

$Ax=0$의 해집합이 부분공간임은 이미 4.4절에서 논의한 바 있지만, 여기서는 행렬의 성질을 이용하여 다시 증명해 보기로 하자. 두 벡터 x_1, x_2가 $Ax_1=0$, $Ax_2=0$을 만족한다고 하자. 그러면 행렬의 성질에 의해

$$A(x_1+x_2)=Ax_1+Ax_2=0+0=0$$

이고 임의의 실수 α에 대해,

$$A(\alpha x_1)=\alpha(Ax_1)=\alpha 0=0$$

이다. 따라서 x_1+x_2, αx_1도 해이므로 해집합은 부분공간이 된다.

예 5-24 행렬 $A=\begin{pmatrix}1&1\\2&2\end{pmatrix}$의 영공간은 $\mathrm{Null}(A)=\{(x_1,x_2)\mid x_1+x_2=0\}$이며, 이는 R^2에서 $x_2=-x_1$인 직선이 된다.

선형함수가 단사라는 성질과, 그 선형함수와 관련된 행렬의 영공간의 차원과는 다음과 같은 관계를 갖는다

정리 5-8

$m\times n$행렬 A에 대해서 선형함수 $f(x)=Ax$가 단사함수이기 위한 필요충분조건은 다음 조건 중 하나가 성립하는 것이다.

(1) A의 열공간의 차원이 n이다.

(2) A의 영공간의 차원이 0이다.

증 명 (1) $f(x)=Ax$가 단사함수

$\Leftrightarrow$ 임의의 x_1, x_2에 대해서, $Ax_1=Ax_2$이면, $x_1=x_2$

$\Leftrightarrow$ 벡터 y를 행렬 A의 열벡터들의 선형결합으로 표현하는 방법이 유일하다.

$\Leftrightarrow$ A의 열벡터들이 선형독립이다.

$\Leftrightarrow$ A의 열공간의 차원이 n이다.

(2) $f(x)=Ax$가 단사함수

$\Leftrightarrow$ 임의의 x_1, x_2에 대해서, $Ax_1=Ax_2$이면, $x_1=x_2$

$\Leftrightarrow$ $A(x_1-x_2)=0$이면, $x_1-x_2=0$

$\Leftrightarrow$ A의 영공간은 $\{0\}$

$\Leftrightarrow$ A의 영공간의 차원은 0이다.

선형대수의 기본정리

[정리 5−8]은 영공간의 차원과 열공간의 차원의 합이 n임을 의미하는데, 이 정리를 일반화하면 다음과 같이 선형대수의 기본정리를 얻는다.

정리 5-9 (선형대수의 기본정리)

$m \times n$행렬 A에 대해서,

(1) 열공간의 차원과 영공간의 차원의 합은 항상 n이다.

$\dim\mathrm{Col}(A) + \dim\mathrm{Null}(A) = n$

(2) 열공간의 차원과 행공간의 차원은 항상 같다.

$\dim\mathrm{Col}(A) = \dim\mathrm{Row}(A)$

증 명 (1) A의 열공간의 차원이 p이고 $w_1,\cdots,w_p$가 기저라 하자. 그러면, $w_1 = Av_1,\cdots,w_p = Av_p$인 $v_1,\cdots,v_p$가 존재한다. 그리고 영공간은 차원이 r이고, 그 기저가 $v_{p+1},\cdots,v_{p+r}$이라 하자. 이때 $v_1,\cdots,v_p, v_{p+1},\cdots,v_{p+r}$이 R^n의 기저가 됨을 보이면 $p+r=n$이 되므로 증명은 끝난다.

R^n의 임의의 벡터 x를 생각해 보자. Ax는 열공간의 벡터이므로 기저 $w_1,\cdots,w_p$의 선형결합으로 유일하게 표현된다. 즉,

$$Ax = \alpha_1 w_1 + \cdots + \alpha_p w_p.$$

그런데 $w_1 = Av_1,\cdots,w_p = Av_p$이므로

$$\begin{aligned} Ax &= \alpha_1 Av_1 + \cdots + \alpha_p Av_p \\ &= A(\alpha_1 v_1 + \cdots + \alpha_p v_p) \end{aligned}$$

이고, 이것을 다시 쓰면

$$A(x - \alpha_1 v_1 - \cdots - \alpha_p v_p) = 0.$$

따라서 $x - \alpha_1 v_1 - \cdots - \alpha_p v_p$는 영공간의 한 벡터이므로 $v_{p+1},\cdots,v_{p+r}$의 선형결합으로 유일하게 표현된다. 즉,

$$x - \alpha_1 v_1 - \cdots - \alpha_p v_p = \alpha_{p+1} v_{p+1} + \cdots + \alpha_{p+r} v_{p+r},$$

혹은

$$x = \alpha_1 v_1 + \cdots \alpha_p v_p + \alpha_{p+1} v_{p+1} + \cdots + \alpha_{p+r} v_{p+r}.$$

이 식은 x가 $v_1,\cdots,v_p,v_{p+1},\cdots,v_{p+r}$의 유일한 선형결합으로 표시됨을 의미하므로 [정리 4−3]에 의해 $v_1,\cdots,v_p,v_{p+1},\cdots,v_{p+r}$은 R^n의 기저가 된다.

(2) 먼저 행공간의 차원과 영공간의 차원의 합이 n임을 증명하자. 그

러면 (1)에 의해 행공간의 차원과 열공간의 차원은 같게 된다. A의 행공간의 차원을 q라 하고 $v_1,\cdots,v_q$가 행공간의 정규직교기저라 하자. 그리고 A의 영공간의 차원을 r이라하고 $v_{q+1},\cdots,v_{q+r}$을 영공간의 정규직교기저라 하자. $v_i\,(i=1,\cdots,q)$들도 행공간의 벡터이므로 A의 행벡터 $A^1,\cdots,A^m$의 선형결합으로 표시된다. 그런데 A^i와 영공간의 임의의 벡터는 서로 직교하므로, $i=1,\cdots,q, j=1,\cdots,r$에 대해서, $v_i\cdot v_{q+j}=0$이 됨을 알 수 있다. 따라서 $v_1,\cdots,v_q,v_{q+1},\cdots,v_{q+r}$는 선형독립이다.

임의의 벡터 $x\in R^n$에 대해서,

$$A(x-(x\cdot v_1)v_1-\cdots-(x\cdot v_q)v_q)$$

를 계산해 보자. 이 벡터의 i성분은 A의 i번째 행벡터 A^i와 $x-(x\cdot v_1)v_1-\cdots-(x\cdot v_q)v_q x-(x\cdot v_1)v_1-\cdots-(x\cdot v_q)v_q$의 내적과 같다. 그런데 $v_1,\cdots,v_q$가 행공간의 기저이므로 행벡터 A^i를 전치한 벡터 $A^{i\prime}$는 $v_1,\cdots,v_q$의 선형결합으로 표현된다. 즉, $A^{i\prime}=\beta_1 v_1+\cdots+\beta_q v_q$.

따라서

$$\begin{aligned}A^{i\prime}&\cdot(x-(x\cdot v_1)v_1-\cdots-(x\cdot v_q)v_q)\\&=(\beta_1 v_1+\cdots+\beta_q v_q)\cdot(x-(x\cdot v_1)v_1-\cdots-(x\cdot v_q)v_q)\\&=\beta_1(v_1\cdot x-(x\cdot v_1)v_1\cdot v_1-\cdots-(x\cdot v_q)v_1\cdot v_q)+\\&\qquad\cdots\\&\quad\ \beta_q(v_q\cdot x-(x\cdot v_1)v_q\cdot v_1-\cdots-(x\cdot v_q)v_q\cdot v_q)\end{aligned}$$

$v_1,\cdots,v_q$가 정규직교기저이므로 $v_i\cdot v_i=1$이고 $i\neq j$이면 $v_i\cdot v_j=0$이다. 이 사실에 의해 위 식의 값은 0이 된다. 그러면,

$$A(x-(x\cdot v_1)v_1-\cdots-(x\cdot v_q)v_q)=0$$

가 되는데 이것은 벡터$x-(x\cdot v_1)v_1-\cdots-(x\cdot v_q)v_q$가 A의 영공간에 속함을 의미한다. 영공간의 벡터는 $v_{q+1},\cdots,v_{q+r}$의 선형결합으로 표시될 수 있으므로,

$$x-(x\cdot v_1)v_1-\cdots-(x\cdot v_q)v_q=\gamma_1 v_{q+1}+\cdots+\gamma_r v_{q+r},$$

혹은,

$$x=(x\cdot v_1)v_1+\cdots+(x\cdot v_q)v_q+\gamma_1 v_{q+1}+\cdots+\gamma_r v_{q+r}$$

으로 임의의 $x\in R^n$가 $v_1,\cdots,v_q,v_{q+1},\cdots,v_{q+r}$의 선형결합으로 표시될 수 있음을 의미한다. 그런데 $v_1,\cdots,v_q,v_{q+1},\cdots,v_{q+r}$는 선형독립이므로 R^n의 기저가 된다. 따라서 $q+r=n$이다. (1)에서 $p+r=n$임을 이미 증명하였으므로 $p=q$.

4 이 정리의 증명은 약간 복잡하므로 읽지 않고 지나가도 무방하다.

[정리 5−9]는 선형대수의 기본정리라고 불리울 만큼, 행렬과 그에 따른 선형함수의 성질에 관한 가장 중요한 정리이다.

예 5-25 선형함수 $y = 2x_1 - x_2 + x_3$를 표현하는 행렬 (2, −1, 1)의 열공간은 R^1 전체로서 1차원이고, 영공간은 $\{(x_1, x_2, x_3) \mid 2x_1 - x_2 + x_3 = 0\}$이므로 2차원이다. 그 합은 3이 된다. 또한 행렬 (2, −1, 1)의 행공간의 차원은 역시 1이다.

연습 5-15 선형함수 $y_1 = x_1 + x_2, y_2 = x_1 - x_2$의 열공간과 영공간을 구하고 그 차원을 계산하라.

연습 5-16 $m \times n$행렬 A에 관한 선형함수 $f(x) = Ax$가 전단사함수이면 $m = n$임을 증명하라.

행렬의 위수

선형대수의 기본정리 (2)에 의하면 행렬 A의 선형독립인 열벡터의 최대수와 선형독립인 행벡터의 최대수는 항상 같다. 이 최대수를 행렬 A의 위수(位數 rank)라 하고 $r(A)$로 표시한다. 즉, 행렬의 위수는 열공간과 행공간의 차원과 같다. 따라서 선형대수의 기본정리 (1) $m \times n$행렬 A의 영공간의 차원은 $n - r(A)$가 된다.

$r(A')$은 A'의 행공간의 차원과 같고 그것은 다시 A의 열공간의 차원과 같으므로 $r(A)$와 같다. 즉, $r(A') = r(A)$

예 5-26 (1) $A = \begin{pmatrix} 1 & 0 \\ 0 & 1 \end{pmatrix}$의 두 열벡터 $\begin{pmatrix} 1 \\ 0 \end{pmatrix}, \begin{pmatrix} 0 \\ 1 \end{pmatrix}$이 선형독립이므로 $r(A) = 2$.

(2) $A = \begin{pmatrix} 1 & 0 & 2 \\ 0 & 1 & 1 \\ 3 & 0 & 6 \end{pmatrix}$의 세 열벡터 $\begin{pmatrix} 1 \\ 0 \\ 3 \end{pmatrix}, \begin{pmatrix} 0 \\ 1 \\ 0 \end{pmatrix}, \begin{pmatrix} 2 \\ 1 \\ 6 \end{pmatrix}$은 선형종속이지만, $\begin{pmatrix} 1 \\ 0 \\ 3 \end{pmatrix}, \begin{pmatrix} 0 \\ 1 \\ 0 \end{pmatrix}$은 선형독립이므로 $r(A) = 2$.

(3) $A = \begin{pmatrix} 1 & 2 \\ 3 & 6 \end{pmatrix}$의 두 열벡터 $\begin{pmatrix} 1 \\ 3 \end{pmatrix}, \begin{pmatrix} 2 \\ 6 \end{pmatrix}$이 선형종속이고, 두 벡터 중 적어도 하

나는 영벡터가 아니므로 $r(A)=1$.

이제 위수의 성질들을 살펴보기로 하자. 먼저, $m\times n$행렬 A에 대해서 $r(A)\le \mathrm{Min}\{m,n\}$인 것은 이미 [연습 5−13]에서 살펴본 바와 같다.

정리 5-10

$$r(AB)\le \mathrm{Min}\{r(A),r(B)\}$$

증 명 $r(AB)\le r(A)$이고 동시에 $r(AB)\le r(B)$임을 증명하면 된다. 먼저 $r(AB)\le r(A)$를 증명하자. y가 AB의 열공간의 한 벡터라고 하자. 그러면 적당한 x가 있어서 $y=ABx=A(Bx)$가 된다. $z=Bx$라 놓으면 $y=Az$. 이것은 벡터 y가 A의 열공간의 한 벡터임을 의미한다. 따라서 AB의 열공간은 A의 열공간의 부분공간이다. 그러므로 AB의 열공간의 차원은 A의 열공간의 차원보다 작거나 같고 $r(AB)\le r(A)$가 성립한다. 이제 $r(AB)\le r(B)$를 증명하자. x가 $Bx=0$의 해이면 $ABx=A(Bx)=0$의 해도 된다. 따라서 B의 영공간은 AB의 영공간의 부분공간이다. 그러면 $\mathrm{dimNull}(B)\le \mathrm{dimNull}(AB)$. 선형대수의 기본정리를 적용하면 $r(AB)\le r(B)$를 얻는다.

역행렬의 존재

n차 정방행렬 A와 선형함수 $y=Ax$를 생각해 보자. 행렬 A의 역행렬 A^{-1}은 선형함수 $y=Ax$가 역함수를 표현하는 행렬임을 앞에서 살펴보았다. 즉, 역함수는 $x=A^{-1}y$로 표현된다. 이제 지금까지 소개된 개념들을 모두 이용하여 역행렬이 존재하기 위한 필요충분조건들을 찾아보면 다음의 정리로 요약할 수 있다.

정리 5-11 (가역행렬의 필요충분조건)

n차 정방행렬 A에 대해 다음은 모두 동치이다.

(1) 역행렬 A^{-1}이 존재한다.

(2) A의 n개의 열(행)벡터가 모두 선형독립이다.

(3) $r(A)=n$

(4) A의 열(행)공간의 차원$=n$

(5) A의 영공간의 차원$=0$

(6) 선형함수 $y = Ax$가 전사함수이다.

(7) 임의의 n차원 벡터 b에 대해 $Ax = b$가 해 x를 갖는다.

(8) 선형함수 $y = Ax$가 단사함수이다.

(9) 어떤 n차원 벡터 b에 대해 $Ax = b$가 유일한 해 x를 갖는다.

(10) 선형함수 $y = Ax$가 전단사함수이다.

증 명 (1) ⇒(2) A의 열벡터 $A_1, \cdots, A_n$들의 선형결합을 0으로 놓자. 그러면,

$$x_1 A_1 + \cdots + x_n A_n = Ax = 0.$$

양변에 A^{-1}을 좌곱하면 $A^{-1}Ax = Ix = x = A^{-1}0 = 0$,
혹은 $x_1 = x_2 = \cdots = x_n = 0$이므로 A의 열벡터 $A_1, \cdots, A_n$는 선형독립이다.

(2) ⇒ (1) A의 n차원 열벡터 n개 $A_1, \cdots, A_n$가 선형독립이면 그것은 n차원 유클리드공간의 기저가 된다. 따라서 임의의 n차원 벡터는 $A_1, \cdots, A_n$의 선형결합으로 표시된다. 특히,

$$e_1 = c_{11}A_1 + \cdots + c_{n1}A_n, \cdots, e_n = c_{1n}A_1 + \cdots + c_{nn}A_n$$

으로 표시가능하다. 이것을 행렬 형태로 표시하면,

$$\begin{pmatrix} 1 & 0 & \cdots & 0 \\ 0 & 1 & \cdots & 0 \\ \vdots & \vdots & & \vdots \\ 0 & 0 & \cdots & 1 \end{pmatrix} = A \begin{pmatrix} c_{11} & c_{12} & \cdots & c_{1n} \\ c_{21} & c_{22} & \cdots & c_{2n} \\ \vdots & \vdots & & \vdots \\ c_{n1} & c_{n2} & \cdots & c_{nn} \end{pmatrix} \text{이고, 여기서 } C = \begin{pmatrix} c_{11} & c_{12} & \cdots & c_{1n} \\ c_{21} & c_{22} & \cdots & c_{2n} \\ \vdots & \vdots & & \vdots \\ c_{n1} & c_{n2} & \cdots & c_{nn} \end{pmatrix} \text{라}$$

놓으면,

$I = AC$. 따라서 A의 역행렬 $C = A^{-1}$이 존재한다.

(2) ⇔(3)⇔(4) 위수와 행공간의 정의로부터 자명하다.

(4) ⇔(5) [정리 5－9] 선형대수의 기본정리 (2)로부터 자명하다.

(4) ⇔(6) [정리 5－7]의 내용이다.

(6) ⇔(7) 전사함수의 정의이다.

(5) ⇔(8) [정리 5－8] (2)의 내용이다.

(8) ⇔(9) 단사함수의 정의이다.

(9) ⇔(10) 앞의 증명을 종합하면 된다.

선형연립방정식의 해

선형연립방정식 $Ax = b$의 해의 존재에 관해 4장에서 서술한 [정리 4－8]과 [정리 4－9]를 위수의 개념을 이용하여 다시 써보기로 하자. $m \times n$

행렬 A에 벡터 b를 $n+1$열로 추가해서 얻은 $m\times(n+1)$행렬의 위수를 $r(A,b)$로 표시한다.

정리 5-12 $m\times n$행렬 A에 대해 $Ax=b$가 해를 갖기 위한 필요충분조건은 $r(A)=r(A,b)$이고, 특별히 유일한 해를 갖기 위한 필요충분조건은 $r(A)=r(A,b)$이고 동시에 $r(A)=n$이다.

정리 5-13 n차 정방행렬 A와 n차원 벡터 b에 대해 $Ax=b$가 유일한 해를 갖기 위한 필요충분조건은 $r(A)=n$인 것이다.

---

n차 정방행렬 A와 n차원 벡터 b에 대해 $Ax=b$가 유일한 해를 갖기 위한 필요충분조건은 다음과 같은 다양한 조건 중 하나로 표현할 수 있다.

(1) 역행렬 A^{-1}이 존재한다.

(2) A의 영공간의 차원이 0이다.

(3) $Ax=0$가 유일해 0을 갖는다.

(4) 모든 n차원 벡터 b에 대해 $Ax=b$가 해를 갖는다.

예 5-27 행렬$A=\begin{pmatrix}1&2\\3&6\end{pmatrix}$와 벡터 $b=\begin{pmatrix}3\\9\end{pmatrix}$에 대해 선형연립방정식 $Ax=b$가 해를 갖는지 확인해보자. $r(A)=r(A,b)=1<2$이므로 해가 존재하고 무수히 많은 해를 갖는다.

연습 5-17 다음 연립방정식이 해를 갖는지 확인하라.

$$\begin{aligned} x_1+2x_2+3x_3&=5\\ x_1+x_3&=2\\ x_2+x_3&=3 \end{aligned}$$

그림 5-4

→ 동차선형연립방정식의 해

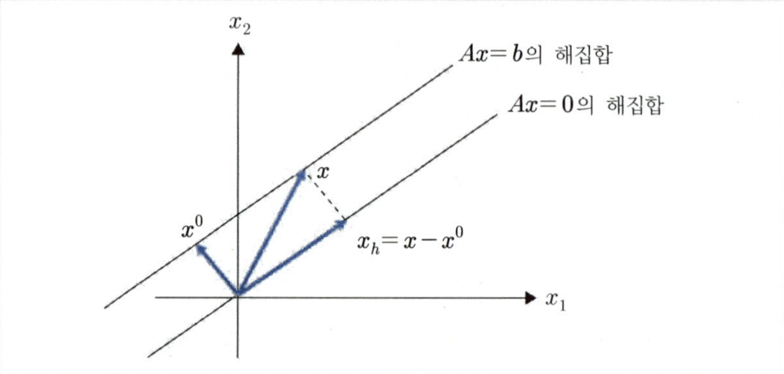

선형연립방정식과 동차식의 해

선형연립방정식 $Ax = b$와 그 동차식 $Ax = 0$의 해는 서로 밀접한 관계를 갖는데 [정리 5-14]로 요약할 수 있다.

정리 5-14

선형연립방정식 $Ax = b$의 임의의 두 해를 x와 x^0라 하면 $x - x^0$는 동차식 $Ax = 0$의 해가 된다. 따라서 동차식의 해를 x_h라 하고 $Ax = b$의 하나의 해가 x^0라 하면 $Ax = b$의 일반해는 $x = x^0 + x_h$로 표시할 수 있게 된다.

증 명 x와 x^0가 $Ax = b$의 해이므로 $Ax = Ax^0$ 혹은 $A(x - x^0) = 0$. 그러므로 $x - x^0$는 동차식 $Ax = 0$의 해가 된다.

[정리 5-14]의 의미는 [그림 5-4]에서 잘 나타나 있다. 동차식 $Ax = 0$의 해집합이 원점을 지나는 직선이라고 하면, $Ax = b$의 해집합은 한 점 x^0를 지나고 $Ax = 0$의 해집합에 평행한 직선이 된다.

연습문제

문제 5-1 $A=\begin{pmatrix} 2 & 5 \\ -3 & 1 \\ 4 & 1 \end{pmatrix}$, $B=\begin{pmatrix} 1 & 0 \\ 3 & 2 \\ 0 & 1 \end{pmatrix}$ $C=\begin{pmatrix} 3 & -1 & 0 \\ 1 & 1 & 2 \\ 5 & 2 & 3 \end{pmatrix}$ 및 $D=(0,4,3)$일 경우 다음을 계산하라.

(1) $(A+2B)'C$ (2) C^{-1} (3) trC (4) DD' (5) $D'D$

문제 5-2 [정리 5-1]을 증명하라.

문제 5-3 행렬의 곱에 관한 [정리 5-2]의 (2)-(5)를 증명하라.

문제 5-4 다음의 연립방정식을 생각해 보자.

$$\begin{aligned} &x_1+2x_2+3x_3+x_4+x_5=1 \\ &x_1+4x_2+x_4+x_5=0 \\ &x_1+2x_2-3x_3+x_5=2 \\ &x_1=3 \end{aligned}$$

(1) 이 연립방정식을 행렬을 이용하여 $Ax=b$로 표시하라.

(2) 이 연립방정식을 벡터를 이용하여

$x_1A_1+x_2A_2+x_3A_3+x_4A_4+x_5A_5=b$ 형태로 표시하라.

문제 5-5 다음 명제가 옳은지(T) 틀린지(F) 판단하라. 옳으면 간단한 증명을 쓰고, 틀리면 이유를 간단히 쓰고 반례(counter-example)를 들어라.

(1) 행렬 A가 대칭행렬이면 A^3도 대칭행렬이다.

(2) $A^2=A$이면, $A=O$ 혹은 $A=I$이다.

(3) n차 정방행렬 A에 대해 $XA=I$인 n차 정방행렬 X가 존재하면, $AX=I$가 된다.

(4) n차 정방행렬 A와 B가 모두 가역이면 $AB=BA$이다.

문제 5-6 모든 n차 정방행렬들의 집합은 [정리 5-1]에서 증명한 바와 같이 벡터공간이 된다. 이 벡터공간의 기저를 하나 구하고, 그 차원을 계산하라.

문제 5-7 다음 선형함수들을 각각 행렬로 표시하라.

(1) $f(x_1,x_2)=(2x_1+x_2,\, 4x_1+2x_2,\, x_2)$

(2) $f(x_1,x_2,x_3)=2x_1+5x_2-x_3$

(3) $f(x_1,x_2,x_3)=(x_1+x_2+3x_3,\, 4x_1-x_2+2x_3)$

(4) $f(1,2)=(1,2,3)$, $f(1,1)=(2,0,1)$

문제 5-8 선형함수 $f:R^3 \to R^2$가 $f(a,b,c)=(a+b, 2a-c)$라 하자.

(1) 이 선형함수를 행렬로 나타내라.

(2) 이 선형함수의 영공간과 행공간을 구하고, 각각의 차원을 계산하라.

문제 5-9 $A=\begin{pmatrix} 1 & 2 & -1 & 0 \\ 0 & 1 & 1 & 3 \\ 1 & 0 & 0 & 1 \end{pmatrix}$에 대해서 A의 영공간 차원과 위수를 계산하고 벡터 $b=\begin{pmatrix} 1 \\ 2 \\ -1 \end{pmatrix}$에 대해서 연립방정식 $Ax=b$의 해가 존재하는지, 존재한다면 유일한지 판정하라.

문제 5-10 행렬 $A=\begin{pmatrix} 2 & 0 & 1 \\ 1 & -1 & 0 \\ 0 & 1 & 1 \end{pmatrix}$에 대해 답하라.

(1) 행렬 A의 열공간, 행공간, 영공간을 쓰고 각각의 차원을 구하라.

(2) 위수 $r(A)$를 구하라.

(3) 열공간의 기저를 하나 구하라.

(4) A^2을 계산하라.

문제 5-11 행렬 $A = \begin{pmatrix} 1 & -1 \\ 2 & 1 \end{pmatrix}$에 대해 다음을 계산하라.

(1) 위수 $r(A)$

(2) 식 $A^2 - 2A + 3I$

(3) A의 영공간과 그 차원

(4) 전치행렬 A'

문제 5-12 (1,0,0)를 (1,2)로, (0,1,0)를 (0,1)로, (0,0,1)를 (−1,1)로 옮기는 선형함수에 대해 답하라.

(1) 이 선형함수를 행렬로 표시하라.

(2) 이 선형함수의 열공간과 영공간을 구하라.

(3) 영공간의 기저를 하나 구하고 영공간의 차원을 계산하라.

문제 5-13 (x_1, x_2, x_3)에 (y_1, y_2)를 대응시키는 다음 함수에 대해 생각해 보자.

$$y_1 = 2x_1 - x_2 + x_3$$
$$y_2 = x_1 - x_3$$

(1) 이 함수를 행렬과 벡터를 이용하여 표시하라.

(2) 이 함수가 선형함수임을 증명하라.

(3) 이 함수의 열공간을 식과 도표로 표시하고, 그 기저를 하나 구하라. 열공간의 차원은?

(4) 이 함수의 영공간을 식과 도표로 표시하고, 그 기저를 하나 구하라. 영공간의 차원은?

(5) 위의 사실로부터 다음 연립방정식의 해의 존재 여부와 유일성에 대해 어떤 결론을 얻을 수 있는가?

$$2x_1 - x_2 + x_3 = 2$$
$$x_1 - x_3 = 10$$

문제 5-14 다음 연립방정식의 해에 관하여 다음 각 경우가 성립하기 위한 a의 값을 계산하라.

$$\begin{aligned} x_1 + 2x_2 - 3x_3 &= 4 \\ 3x_1 - x_2 + 5x_3 &= 2 \\ 4x_1 + x_2 + (a-14)x_3 &= a+2 \end{aligned}$$

(1) 해가 존재하지 않는 경우

(2) 해가 무수히 많이 존재하는 경우

(3) 해가 유일하게 존재하는 경우

문제 5-15 다음 명제가 옳은지(T) 틀린지(F) 판단하라. 옳으면 간단한 증명을 쓰고, 틀리면 이유를 간단히 쓰고 반례(counter-example)를 들어라.

(1) 미지수의 개수와 식의 개수가 같은 선형연립방정식은 항상 해를 갖는다.

(2) 정방행렬 A의 역행렬이 존재하기 위한 필요충분조건은 함수 $y = Ax$가 단사함수인 것이다.

(3) n차원에서 m차원으로 가는 선형함수 $f(v)$에 대해, n개의 서로 다른 벡터 $v_1, \cdots, v_n$의 함수값 $f(v_1), \cdots, f(v_n)$을 알면, 다른 임의의 벡터 v의 함수값을 계산할 수 있다.

(4) $Ax = 0$이 유일한 해를 가지면 임의의 b에 대해 $Ax = b$도 유일한 해를 갖는다.

(5) 변수와 식의 개수가 같은 선형연립방정식 $Ax = 0$이 해를 가지면, 모든 b에 대해, $Ax = b$가 반드시 해를 갖는다.

(6) 선형함수 $f : R^n \to R^n$이 단사이면 항상 전사이다.

(7) 선형함수의 치역은 언제나 부분공간이 된다.

(8) $f : R^n \to R^m$가 선형함수이면 $f(0) = 0$이다.

(9) $Ax = b$가 어떤 b에 대해 유일한 해를 가지면, $Ax = 0$도 유일한 해를 갖는다.

(10) 임의의 벡터 $b \in R^m$에 대해 연립방정식 $Ax = b$(A는 $m \times n$행렬)가 유일한 해를 갖는다면 $m \geq n$이다.

(11) 임의의 벡터 $b \in R^m$에 대해 $Ax = b$가 해를 가지면, 적어도 하나의 벡터 $c \in R^m$에 대해 $Ax = c$가 유일한 해를 갖는다.

CHAPTER 06

행 렬 식

6.1 행렬식의 정의와 성질

정방행렬에 대해 특정한 방법으로 부여된 고유한 실수를 그 행렬의 행렬식(determinant)이라 한다. 정방행렬 A의 행렬식은 $\det(A)$ 혹은 $|A|$로 표시한다. 행렬 A의 열벡터들이 $A_1,\cdots,A_n$일 때, A의 행렬식을 $|A_1,\cdots,A_n|$으로도 표시하고, 행렬의 성분을 나타낼 때는 $\begin{vmatrix} a_{11} & \cdots & a_{1n} \\ \vdots & & \vdots \\ a_{n1} & \cdots & a_{nn} \end{vmatrix}$과 같이 쓴다. 행렬식은 연립방정식의 해를 계산하는 데 유용하게 쓰인다.

일반적인 행렬의 행렬식을 정의하기 전에 먼저 2차 정방행렬의 행렬식을 생각해 보자. 2차 정방행렬 $A = \begin{pmatrix} a & c \\ b & d \end{pmatrix}$의 행렬식은 $|A| = ad - bc$으로 정의된다. 그런데 $|A| = ad - bc$는 기하학적으로 행렬 A의 두 열벡터 $A_1 = \begin{pmatrix} a \\ b \end{pmatrix}$, $A_2 = \begin{pmatrix} c \\ d \end{pmatrix}$가 이루는 평행사변형의 면적과 같음을 쉽게 알 수 있다. [그림 6-1]에서 평행사변형의 면적 S는 다음과 같이 계산된다.

$$
\begin{aligned}
S &= 2\triangle OAB \\
&= 2(\square OCED - \triangle OBD - \triangle OCA - \triangle FAB) \\
&= 2ad - cd - ab - (a-c)(d-b) \\
&= ad - bc
\end{aligned}
$$

그림 6-1

→ 행렬식의 기하학적 의미

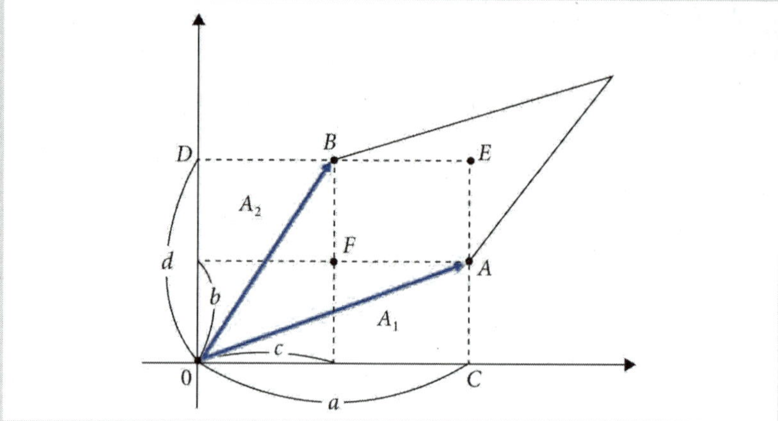

단, 면적의 경우는 두 벡터의 순서와 관계없이 항상 양수이지만 행렬식의 계산에서는 벡터의 순서가 중요하다. 순서가 바뀌면 절대값은 같지만 그 부호가 바뀌게 된다. 두 열의 위치를 바꾼 행렬 $B=\begin{pmatrix} c & a \\ d & b \end{pmatrix}$의 행렬식은 $|B| = bc - ad = -|A|$이다.

평행사변형의 면적은 다음의 네 가지 성질을 갖는다.

(1) 한 변의 길이를 k배하면 면적도 k배가 된다.

(2) 한 변이 두 벡터의 합으로 표현되는 경우, 평행사변형의 면적은 그 두 벡터 각각을 한 변으로 하는 두 평행사변형의 면적을 합한 것과 같다.

(3) 단위벡터 $e_1=\begin{pmatrix} 1 \\ 0 \end{pmatrix}$, $e_2=\begin{pmatrix} 0 \\ 1 \end{pmatrix}$을 두 변으로 하는 평행사변형의 면적은 1이다.

여기에 부호에 관한 다음의 조건을 덧붙이기로 하자.

(4) 두 변의 순서가 바뀌면 면적의 크기는 같으나 부호가 바뀐다.

n차 정방행렬에 대해서도 이러한 기하학적인 해석을 적용하면, 행렬

A의 n개의 열벡터 $A_1,\cdots,A_n$이 이루는 평행다면체의 체적을 A의 행렬식으로 정의할 수 있다. 위의 네 조건을 n차원으로 일반화해서 다음의 정의를 얻는다.

행렬식의 정의

n차 정방행렬 A의 행렬식 $|A|=|A_1,\cdots,A_n|$는 다음의 네 조건을 충족시키는 실수이다.

(i) A의 열벡터 A_j에 실수 α를 곱해서 얻은 새 행렬의 행렬식은 A의 행렬식에 α를 곱한 것과 같다. 즉, 모든 j에 대하여

$$|A_{1,}\cdots,\alpha A_{j,}\cdots,A_n|=\alpha|A_{1,}\cdots,A_{j,}\cdots,A_n|$$

(ii) A의 열벡터가 두 벡터의 합이면, A의 행렬식은 각각의 벡터를 열벡터로 하는 두 행렬의 행렬식의 합과 같다. 즉, 모든 j에 대하여

$$\begin{aligned}|A_1,\cdots,A_j+\overline{A_j},\cdots,A_n|= &|A_1,\cdots,A_j,\cdots,A_n|\\ &+|A_1,\cdots,\overline{A_j},\cdots,A_n|\end{aligned}$$

(iii) 단위행렬 I의 행렬식 $|I|$는 1이다.

(iv) 두 열벡터의 위치를 바꾸면 행렬식의 부호가 바뀐다. 즉, 모든 i,j에 대하여

$$|A_1,\cdots,A_i,\cdots,A_j,\cdots,A_n|=-|A_1,\cdots,A_j,\cdots,A_i,\cdots,A_n|$$

정리 6-1 (행렬식의 성질)

행렬식은 다음과 같은 기본성질을 갖는다.

(1) 행렬의 두 열벡터가 같으면 행렬식의 값은 0이다.

(2) 행렬의 한 열벡터에 다른 열벡터의 스칼라곱을 더해도 행렬식은 불변이다. 즉,

$$|A|=|A_1,\cdots,A_i+\alpha A_j,\cdots,A_n|$$

(3) 행렬의 한 열벡터가 영벡터이면 행렬식의 값은 0이다.

증 명 (1) 행렬 A의 두 열벡터 A_i, A_j가 같으면, 그 두 열벡터의 위치를 서로 바꾸어도 행렬은 변화하지 않으므로 행렬식의 정의 (iv)에 의해 $|A|=-|A|$ 이고 $|A|=0$.

(2) 행렬식의 정의 (i), (ii)와 위의 성질 (1)을 이용하면,

$$\begin{aligned}|A_1,\cdots,A_i+\alpha A_j,\cdots,A_n| &= |A_1,\cdots,A_i,\cdots,A_n|+|A_1,\cdots,\alpha A_j,\cdots,A_j,\cdots,A_n| \\ &= |A|+\alpha|A_1,\cdots,A_j,\cdots,A_j,\cdots,A_n| \\ &= |A|+0 \\ &= |A|\end{aligned}$$

(3) 영벡터는 어떤 벡터에 0을 스칼라곱한 것과 같으므로, 행렬식의 정의 (i)을 적용하면,

$$\begin{aligned}|A| &= |A_1,\cdots,0,\cdots,A_n| \\ &= |A_1,\cdots,0A_{i,}\cdots,A_n| \\ &= 0|A| \\ &= 0\end{aligned}$$

이 된다.

예 6-1 대각행렬 $A=\begin{pmatrix}a_{11} & \cdots & 0 \\ \vdots & & \vdots \\ 0 & \cdots & a_{nn}\end{pmatrix}$의 행렬식은 정의로부터 $|A|=a_{11}a_{22}\cdots a_{nn}|I|=a_{11}a_{22}\cdots a_{nn}$임을 알 수 있다.

연습 6-1 상방삼각행렬 A의 행렬식은 다음과 같음을 보이라.

$$|A|=\begin{vmatrix}a_{11} & a_{12} & \cdots & a_{1n} \\ 0 & a_{22} & \cdots & a_{2n} \\ & \cdots & \cdots & \\ 0 & \cdots & 0 & a_{nn}\end{vmatrix}=a_{11}\cdots a_{nn}$$

행렬식의 계산

먼저 2차 정방행렬 $A=\begin{pmatrix}a_{11} & a_{12} \\ a_{21} & a_{22}\end{pmatrix}$에 행렬식의 정의를 적용하면 $|A|=a_{11}a_{22}-a_{12}a_{21}$가 됨을 다음과 같이 확인할 수 있다.

$$|A| = \begin{vmatrix} a_{11} & a_{12} \\ a_{21} & a_{22} \end{vmatrix}$$

$$= |a_{11}e_1 + a_{21}e_2, a_{12}e_1 + a_{22}e_2|$$

$$= a_{11}|e_1, a_{12}e_1 + a_{22}e_2| + a_{21}|e_2, a_{12}e_1 + a_{22}e_2|$$

$$= a_{11}(a_{12}|e_1, e_1| + a_{22}|e_1, e_2|) + a_{21}(a_{12}|e_2, e_1| + a_{22}|e_2, e_2|)$$

$$= a_{11}a_{12}|e_1, e_1| + a_{11}a_{22}|e_1, e_2| + a_{21}a_{12}|e_2, e_1| + a_{21}a_{22}|e_2, e_2|$$

그런데, $|e_1, e_2| = |I| = 1$, $|e_2, e_1| = -|e_1, e_2| = -1$, $|e_1, e_1| = |e_2, e_2| = 0$ 이므로 $|A| = a_{11}a_{22} - a_{12}a_{21}$가 된다.

이제 일반적인 n차 정방행렬 A의 행렬식을 계산하는 공식을 찾아보기로 하자. n차 정방행렬의 경우는 2차 정방행렬보다 좀 더 복잡할 뿐 계산방법은 똑같다. 즉, 행렬을 이루는 열벡터들을 단위벡터 $e_1, \cdots, e_n$들의 선형결합으로 표시한 다음 행렬식의 정의를 순차적으로 적용하면 유일한 행렬식의 값을 얻게 된다. 그때 최종적으로 남는 항은 $e_1, \cdots, e_n$의 모든 가능한 순열 $n!$개가 된다.

먼저 n개의 자연수 $(1, \ldots, n)$을 재배열한 순열 $p = (p(1), \ldots, p(n))$을 생각해 보자. 예를 들어 $(1,2,3)$에 대해 순열 $p = (2,3,1)$은 $p(1) = 2$, $p(2) = 3$, $p(3) = 1$이 된다. 그리고 가능한 모든 순열은 $(1,2,3)$, $(2,3,1)$, $(3,1,2)$, $(2,1,3)$, $(1,3,2)$, $(3,2,1)$로 총 $3! = 6$개가 된다. 순열 p가 이웃한 수를 짝수번 교환해서 $(1, \ldots, n)$이 되는 경우 짝수순열이라 하고 그 부호를 $\text{sgn}(p) = +1$로, 홀수번 교환해서 $(1, \ldots, n)$으로 돌아오는 경우 홀수순열이라 부르고 $\text{sgn}(p) = -1$으로 정하자.[1] 예를 들어 $\text{sgn}(1,3,2) = -1$이고 $\text{sgn}(2,3,1) = +1$이 된다.

1 어떤 순열에 대해서 이웃한 수를 교환하여 $1, \ldots, n$으로 돌아오게 하는 방법은 많이 있다. 그런데 그 모든 방법이 똑같이 짝수번이거나 홀수번으로 같다. 이 사실은 간단히 증명가능하다. 예를 들어 순열 $(1,3,2)$는 $(3,2)$ 한 번의 교환으로 $(1,2,3)$으로 돌아오거나, $(1,3), (1,2), (3,2), (3,1), (2,1)$ 다섯 번의 교환으로 $(1,2,3)$으로 돌아오게 할 수 있다.

연습 6-2 $\text{sgn}(2,4,1,3)=-1$임을 보이라.

정리 6-2 (행렬식의 계산공식)

임의의 n차 정방행렬 A에 대해 행렬식 $|A|$는 유일하게 결정되며 다음의 공식에 의해 계산된다.

$$|A|=\sum_p \text{sgn}(p)a_{p(1)1}\cdots a_{p(n)n}$$

즉, $n!$개의 모든 순열 p에 대해 $\text{sgn}(p)a_{p(1)1}\cdots a_{p(n)n}$를 계산해서 모두 합하면 행렬식을 얻는다.

증 명 앞에서 살펴본 2차 정방행렬의 행렬식의 경우를 참고하면, n차 정방행렬의 행렬식은

$$|A|=\sum_p a_{p(1)1}\cdots a_{p(n)n}|e_{p(1)},\cdots,e_{p(n)}|$$

으로 쓸 수 있다. 그런데 $|e_{p(1)},\cdots,e_{p(n)}|$는 순열 p가 짝수순열이면 인접한 열벡터를 짝수번 바꾸어서 $|e_1,\cdots,e_n|=|I|=1$이 되므로 $|e_{p(1)},\cdots,e_{p(n)}|=1$. 홀수순열이면 같은 논리로 $|e_{p(1)},\cdots,e_{p(n)}|=-1$. 따라서 $|e_{p(1)},\cdots,e_{p(n)}|=\text{sgn}(p)$가 된다.

예 6-2 3차 정방행렬의 행렬식은 다음과 같이 계산된다. 이것을 기억하기 위한 방법을 사루스(Sarrus)의 법칙이라 한다([그림 6-2] 참조).

$$\begin{vmatrix} a_{11} & a_{12} & a_{13} \\ a_{21} & a_{22} & a_{23} \\ a_{31} & a_{32} & a_{33} \end{vmatrix} = sgn(1,2,3)a_{11}a_{22}a_{33}+sgn(2,3,1)a_{21}a_{32}a_{13}$$

$$+sgn(3,1,2)a_{31}a_{12}a_{23}+sgn(2,1,3)a_{21}a_{12}a_{33}$$

$$+sgn(1,3,2)a_{11}a_{32}a_{23}+sgn(3,2,1)a_{31}a_{22}a_{13}$$

$$=a_{11}a_{22}a_{33}+a_{21}a_{32}a_{13}+a_{31}a_{12}a_{23}-a_{21}a_{12}a_{33}-a_{11}a_{32}a_{23}-a_{31}a_{22}a_{13}$$

연습 6-3 행렬식 $\begin{vmatrix} 3 & 2 & -1 \\ 1 & -2 & 7 \\ 5 & 0 & 3 \end{vmatrix}$을 계산하라.

그림 6-2

→ Sarrus의 법칙

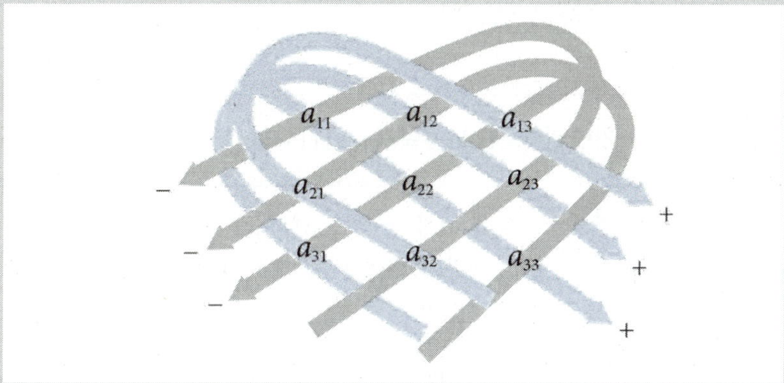

행렬식의 성질

정리 6-3

행렬식 $|A|$는 다음의 성질을 갖는다.

(1) $|A'| = |A|$

(2) $|AB| = |A||B|$

이 정리의 증명도 복잡하므로 생략한다. 이 정리를 이용하면 행렬식의 열에 관한 성질이 행에 관해서도 모두 성립한다. 즉,

(1) 행렬의 두 행이 같으면 그 행렬의 행렬식은 0이다.

(2) 행렬의 한 행에 다른 행의 스칼라곱을 더해도 행렬식은 변하지 않는다.

(3) 한 행이 영벡터이면 행렬식은 0이다.

연습 6-4 다음을 증명하라.

(1) $|A^{-1}| = \dfrac{1}{|A|}$

(2) $|AB| = |BA|$

역행렬의 존재와 행렬식

정리 6-4 n차 정방행렬 A가 가역 $\Leftrightarrow$ $|A| \neq 0$

증 명 ($\Rightarrow$) 행렬 A가 역행렬 A^{-1}을 가지면 $AA^{-1} = I$ 가 된다. [정리 6-3(2)]를 적용하면, $|AA^{-1}| = |A||A^{-1}| = |I| = 1$. 따라서 $|A|$는 0이 될 수 없다.

($\Leftarrow$) 대우명제를 증명하기 위해 A가 역행렬을 갖지 않는다고 가정하자. 그러면 [정리 5-11]에 의해 행렬 A의 열벡터 $A_1, \cdots, A_n$이 선형종속이므로, 어떤 열벡터 A_i가 나머지들의 선형결합 $A_i = \sum_{j \neq i} \alpha_j A_j$로 표시될 수 있다. 행렬식의 정의 (i), (ii)와 [정리 6-1(1)]에 의해,

$$
\begin{aligned}
|A| &= \left| A_1, \cdots, A_{i-1}, \sum_{j \neq i} \alpha_j A_j, A_{i+1}, \cdots, A_j, \cdots, A_n \right| \\
&= \sum_{j \neq i} \alpha_j |A_1, \cdots, A_{i-1}, A_j, A_{i+1}, \cdots, A_j, \cdots, A_n| \\
&= 0
\end{aligned}
$$

이 된다.

참 고 $|A| \neq 0$은 역행렬이 존재하기 위한 필요충분조건일 뿐만 아니라, 다른 여러 사실과 동치관계에 있다. 특별히 $|A| \neq 0$은 n차 정방행렬 A의 위수 $r(A) = n$인 것과 동치인 것을 기억해 두어야 한다.

행렬식은 벡터들의 선형종속성을 판정하는 데 유용하게 사용된다. 다음 예에서 보는 바와 같이 n개의 n차원벡터들이 선형종속인지 판정하기 위해서는 그 벡터들을 열벡터로 하는 n차 정방행렬의 행렬식을 계산하면 된다. 일반적으로 n개의 m차원벡터의 선형종속성을 판정하는 방법은 약간 복잡하지만 마찬가지로 행렬식을 이용하는 것인데, 다음에 행렬의 위수 $r(A)$ 계산법에서 설명하기로 한다.

예 6-3 벡터 $v_1=\begin{pmatrix}1\\3\\2\end{pmatrix}$, $v_2=\begin{pmatrix}0\\-1\\2\end{pmatrix}$, $v_3=\begin{pmatrix}1\\0\\-1\end{pmatrix}$들이 선형독립인지 판정해 보자. 세 벡터가 선형독립이기 위한 필요충분조건은 이 세 벡터를 열벡터로 하는 행렬 $A=\begin{pmatrix}1&0&1\\3&-1&0\\2&2&-1\end{pmatrix}$의 위수가 $r(A)=3$, 혹은 $|A|\neq 0$인 것이다. 그런데 $|A|=9$이므로 v_1, v_2, v_3는 선형독립이다.

6.2 라플라스 전개(Laplace expansion)

여인수 n차 정방행렬 A에서 i행과 j열을 제외한 나머지로 이루어진 $n-1$차 소행렬을 M_{ij}로 표시하고 M_{ij}의 행렬식 $|M_{ij}|$을 ij 소행렬식(minor)이라 부른다. $|M_{ij}|$에 부호 $(-1)^{i+j}$를 붙인 값을 a_{ij}의 여인수(餘因數 co-factor)라 하고 c_{ij}로 표시한다. 즉,

$$c_{ij} \equiv (-1)^{i+j}|M_{ij}|$$

정리 6-5 (행렬식의 라플라스 전개)
임의의 행 i 혹은 열 j에 대해서, $|A|=\sum_{k=1}^{n} a_{ik}c_{ik}=\sum_{k=1}^{n} a_{kj}c_{kj}$가 성립한다. 전자의 식을 행렬식 $|A|$의 i행에 관한 라플라스 전개라 부르고 후자의 식을 j열에 관한 라플라스 전개라 부른다.

증 명 행렬식계산 공식을 이용한 엄밀한 증명은 어려운 것은 아니지만 치환에 관한 복잡한 연산을 필요로 하므로 여기서는 직관적인 설명으로 대신하고자 한다. i행에 관한 라플라스 전개를 생각해 보자. 행렬식은 각 행에서 한 성분씩 택하되 서로 다른 열에서 택해서 얻은 n개의 숫자를 곱한 값에 부호를 붙이면 그러한 항이 모두 $n!$개가 나오는데 그것을 모두 합한 것으로 계산한 값이다. 이 $n!$개의 항을 각각 $a_{i1},\cdots,a_{in}$을 포함하는 항들로 재분류하면, 성분 a_{ij}를 포함하는 항의 개수는, i행을 제외한 $n-1$개의 행에서 j열을 제외한 서로 다른 열로부터 하나씩 뽑는 방법의 가짓수와 같으므로 $(n-1)!$이 된다. 따라서 i행의 성분 a_{ij}를 포함하는 항들로부터 a_{ij}로 묶어내면 나머지들은 i행과 j열을 제외한 소행렬식 $|M_{ij}|$

와 부호만 다른 값을 갖는다. 부호를 조정하면 $c_{ij}=(-1)^{i+j}|M_{ij}|$와 같게 되므로 $|A|=a_{i1}c_{i1}+\cdots+a_{in}c_{in}$이 된다.

예 6-4 행렬식 $\begin{vmatrix} a_{11} & a_{12} & a_{13} \\ a_{21} & a_{22} & a_{23} \\ a_{31} & a_{32} & a_{33} \end{vmatrix}$을 3행에 관해 라플라스 전개해 보자. 먼저 소행렬식들이 $|M_{31}|=\begin{vmatrix} a_{12} & a_{13} \\ a_{22} & a_{23} \end{vmatrix}$, $|M_{32}|=\begin{vmatrix} a_{11} & a_{13} \\ a_{21} & a_{23} \end{vmatrix}$, $|M_{33}|=\begin{vmatrix} a_{11} & a_{12} \\ a_{21} & a_{22} \end{vmatrix}$이므로, 여인수들은

$$c_{31}=(-1)^{3+1}|M_{31}|=+\begin{vmatrix} a_{12} & a_{13} \\ a_{22} & a_{23} \end{vmatrix},$$
$$c_{32}=(-1)^{3+2}|M_{32}|=-\begin{vmatrix} a_{11} & a_{13} \\ a_{21} & a_{23} \end{vmatrix},$$
$$c_{33}=(-1)^{3+3}|M_{33}|=+\begin{vmatrix} a_{11} & a_{12} \\ a_{21} & a_{22} \end{vmatrix}.$$

이다. 따라서 3행에 관한 라플라스 전개는 다음과 같이 된다.

$$\begin{vmatrix} a_{11} & a_{12} & a_{13} \\ a_{21} & a_{22} & a_{23} \\ a_{31} & a_{32} & a_{33} \end{vmatrix}=a_{31}\begin{vmatrix} a_{12} & a_{13} \\ a_{22} & a_{23} \end{vmatrix}-a_{32}\begin{vmatrix} a_{11} & a_{13} \\ a_{21} & a_{23} \end{vmatrix}+a_{33}\begin{vmatrix} a_{11} & a_{12} \\ a_{21} & a_{22} \end{vmatrix}.$$

연습 6-5 $\begin{vmatrix} 2 & 5 & -3 & 0 \\ 0 & -4 & 8 & -3 \\ 1 & 2 & 6 & 1 \\ 2 & 3 & -1 & 0 \end{vmatrix}$을 2열에 관해 라플라스 전개하여 행렬식의 값을 구하라.

라플라스 전개에 관한 다음과 같은 성질은 역행렬을 찾는 데 매우 유용하게 사용된다. 즉 라플라스전개를 할 때 다른 행 혹은 열에 관한 잘못된 전개를 계산하면 그 값은 항상 0이 된다는 사실이 다음 정리에 요약되어 있다.

정리 6-6

(1) $\sum_{i=1}^{n} a_{ik}c_{ij} = \begin{cases} |A|, & k=j \\ 0, & k \neq j \end{cases}$

(2) $\sum_{j=1}^{n} a_{ij}c_{kj} = \begin{cases} |A|, & i=k \\ 0, & i \neq k \end{cases}$

증 명 행렬 A의 j열에 k열을 대체해 넣은 행렬을 B라 하자. B를 j열에 관해 라플라스전개하면 $\sum_{i=1}^{n} a_{ik}c_{ij}$과 같게 되므로 $\sum_{i=1}^{n} a_{ik}c_{ij} = |B|$이다. $k=j$이면, $B=A$이므로 $\sum_{i=1}^{n} a_{ik}c_{ij} = |A|$. $k \neq j$이면, 행렬 B는 k열과 j열이 같으므로 행렬식은 0이 되고 따라서 $\sum_{i=1}^{n} a_{ik}c_{ij} = 0$이다. 같은 방법으로 (2)도 증명된다.

예 6-5 행렬 $A = \begin{pmatrix} 2 & 1 & 3 \\ -1 & 0 & 4 \\ 1 & 3 & 0 \end{pmatrix}$에 대해 A의 2열과, 3열의 여인수를 곱한 값 $a_{12}c_{13} + a_{22}c_{23} + a_{32}c_{33}$를 계산해 보자.

$a_{12} = 1$, $a_{22} = 0$, $a_{23} = 3$, $c_{13} = (-1)^{1+3}\begin{vmatrix} -1 & 0 \\ 1 & 3 \end{vmatrix} = -3$,

$c_{23} = (-1)^{2+3}\begin{vmatrix} 2 & 1 \\ 1 & 3 \end{vmatrix} = -5$, $c_{33} = (-1)^{3+3}\begin{vmatrix} 2 & 1 \\ -1 & 0 \end{vmatrix} = 1$이므로

$a_{12}c_{13} + a_{22}c_{23} + a_{32}c_{33} = 0$이 된다. 3열에 관한 라플라스전개식은

$a_{13}c_{13} + a_{23}c_{23} + a_{33}c_{33} = -29$로서 행렬식과 같다.

A의 부수행렬(adjoint) 행렬 A의 여인수 c_{ji}를 ij성분으로 하는 행렬을 **부수행렬**이라 하고 $\text{adj}\,A$로 표기한다.

$$\text{adj}\,A = \begin{pmatrix} c_{11} & \cdots & c_{n1} \\ \vdots & \cdots & \vdots \\ c_{1n} & \cdots & c_{nn} \end{pmatrix}$$

참 고 부수행렬의 ij성분은 c_{ji}임을 주의해야 한다.

예 6-6 $A = \begin{pmatrix} a_{11} & a_{12} \\ a_{21} & a_{22} \end{pmatrix}$의 부수행렬 $\text{adj}\,A$를 구해보자. 여인수들을 먼저 구해보면,

$c_{11} = (-1)^{1+1}a_{22}$, $c_{12} = (-1)^{1+2}a_{21}$, $c_{21} = (-1)^{2+1}a_{12}$,

$c_{22} = (-1)^{2+2}a_{11}$이므로,

$$\text{adj}\, A = \begin{pmatrix} c_{11} & c_{21} \\ c_{12} & c_{22} \end{pmatrix} = \begin{pmatrix} a_{22} & -a_{12} \\ -a_{21} & a_{11} \end{pmatrix}$$이다.

역행렬의 계산

그러면 부수행렬을 이용하여 역행렬 A^{-1}을 구해보기로 하자. 행렬 A와 A의 부수행렬 adj A의 곱을 계산하면 n차 정방행렬을 얻는데, 그 행렬의 ij성분은 $\sum_{k=1}^{n} a_{ik}c_{jk}$가 된다. [정리 6-6]에 의하면 이 행렬은 대각성분이 $|A|$이고 나머지 성분은 모두 0이다. 즉,

$$\begin{aligned} A\,\text{adj}\, A &= \begin{pmatrix} a_{11} & \cdots & a_{1n} \\ \vdots & & \vdots \\ a_{n1} & \cdots & a_{nn} \end{pmatrix} \begin{pmatrix} c_{11} & \cdots & c_{n1} \\ \vdots & & \vdots \\ c_{1n} & \cdots & c_{nn} \end{pmatrix} \\ &= \left(\sum_{k=1}^{n} a_{ik}c_{jk} \right) = \begin{pmatrix} |A| & \ldots & 0 \\ & \ddots & \\ 0 & \ldots & |A| \end{pmatrix} = |A|I \end{aligned}$$

따라서 $|A| \neq 0$이면, $A\dfrac{1}{|A|}\text{adj}\, A = I$, 즉 $A^{-1} = \dfrac{1}{|A|}\text{adj}\, A$가 된다. 행렬 A가 가역이면 $|A| \neq 0$이므로, 이 사실을 다음의 정리로 요약할 수 있다.

정리 6-7 (역행렬의 계산)

$|A| \neq 0$이면, A의 역행렬은 $A^{-1} = \dfrac{1}{|A|}\text{adj}\, A$으로 계산된다.

연습 6-6 다음 행렬의 부수행렬과 역행렬을 구하라.

(1) $A = \begin{pmatrix} 3 & 0 & 0 \\ 1 & 2 & 1 \\ 2 & 0 & 1 \end{pmatrix}$, (2) $B = \begin{pmatrix} 3 & 2 \\ 0 & 1 \end{pmatrix}$

크래머의 공식(Cramer's rule)

미지수와 식의 수가 모두 n인 선형연립방정식 $Ax=b$가 유일한 해를 갖는다고 하자. 그러면 n차 정방행렬 A는 가역이고 $|A| \neq 0$이다. 그러면 A^{-1}이 존재하므로 방정식의 양변에 A^{-1}을 앞곱하면 유일해 $x^0 = A^{-1}b$를 얻는다. 그런데 [정리 6-7]에서 $A^{-1} = \frac{1}{|A|}\operatorname{adj}A$이므로 $x^0 = \frac{1}{|A|}(\operatorname{adj}A)b$가 된다. 따라서 x^0의 i 성분 x_i^0는 $\operatorname{adj}A$의 i행과 b의 곱을 $|A|$로 나눈 값으로서 $\frac{\sum_{k=1}^{n} b_k c_{ki}}{|A|}$와 같다. 그런데 $\sum_{k=1}^{n} b_k c_{ki}$은 행렬 A의 i열을 벡터 b로 대체해 넣은 행렬의 행렬식과 같으므로 다음의 공식을 얻는다.

정리 6-8 (Cramer의 공식)

n차 정방행렬 A가 $|A| \neq 0$을 만족하면, 선형연립방정식 $Ax=b$의 유일해 x^0는 다음과 같은 식으로 계산될 수 있다. 이 공식을 **크래머의 공식**이라 부른다.

$$x_i^0 = \frac{\begin{vmatrix} a_{11} & \cdots & \overset{i}{\breve{b}_1} & \cdots & a_{1n} \\ \vdots & & \vdots & & \vdots \\ a_{n1} & \cdots & b_n & \cdots & a_{nn} \end{vmatrix}}{\begin{vmatrix} a_{11} & \cdots & a_{1n} \\ \vdots & & \vdots \\ a_{n1} & \cdots & a_{nn} \end{vmatrix}}, \quad i = 1, \cdots, n.$$

여기서 분자는 행렬 A에서 i열을 벡터 b로 대체한 행렬의 행렬식이다.

예 6-7 다음 연립방정식의 해를 Cramer의 공식을 이용하여 구해 보자.

$$\begin{aligned} 7x_1 \ - x_2 \ - x_3 &= 0 \\ 10x_1 - 2x_2 + x_3 &= 8 \\ 6x_1 + 3x_2 - 2x_3 &= 7 \end{aligned}$$

이 연립방정식의 해를 $x^0 = (x_1^0, x_2^0, x_3^0)$라 하면,

$$x_1^0 = \frac{\begin{vmatrix} 0 & -1 & -1 \\ 8 & -2 & 1 \\ 7 & 3 & -2 \end{vmatrix}}{\begin{vmatrix} 7 & -1 & -1 \\ 10 & -2 & 1 \\ 6 & 3 & -2 \end{vmatrix}} = \frac{-61}{-61} = 1, \quad x_2^0 = \frac{\begin{vmatrix} 7 & 0 & -1 \\ 10 & 8 & 1 \\ 6 & 7 & -2 \end{vmatrix}}{\begin{vmatrix} 7 & -1 & -1 \\ 10 & -2 & 1 \\ 6 & 3 & -2 \end{vmatrix}} = \frac{-183}{-61} = 3$$

$$x_3^0 = \frac{\begin{vmatrix} 7 & -1 & 0 \\ 10 & -2 & 8 \\ 6 & 3 & 7 \end{vmatrix}}{\begin{vmatrix} 7 & -1 & -1 \\ 10 & -2 & 1 \\ 6 & 3 & -2 \end{vmatrix}} = \frac{-244}{-61} = 4$$

연습 6-7 다음 연립방정식의 해를 Cramer의 공식을 이용하여 계산하라.

$$3x_1 + x_2 = 2$$
$$x_1 - x_2 = 5$$

위수 $r(A)$의 계산

행렬식은 위수를 계산하는 데도 편리하게 이용될 수 있다.

$m \times n$행렬 A에 대해서, k개의 행과 k개의 열을 남기고 나머지를 모두 제거했을 때 남는 k차 소행렬의 행렬식을 A의 k차 소행렬식이라 부른다. m행에서 k행을 뽑는 경우의 수는 ${}_mC_k$이고 n열에서 k열을 뽑는 경우의 수는 ${}_nC_k$이므로, 일반적으로 $m \times n$행렬 A에 대해서 k차 소행렬식의 개수는 ${}_mC_k \times {}_nC_k$개가 된다.[2]

예를 들어 3×2 행렬 $A = \begin{pmatrix} 1 & 2 \\ 0 & -1 \\ 4 & 1 \end{pmatrix}$의 2차 소행렬은 $\begin{pmatrix} 1 & 2 \\ 0 & -1 \end{pmatrix}, \begin{pmatrix} 1 & 2 \\ 4 & 1 \end{pmatrix}, \begin{pmatrix} 0 & -1 \\ 4 & 1 \end{pmatrix}$으로 모두 3개가 된다.

정리 6-9 (위수의 계산)

$m \times n$행렬 A에 대해 $r(A) = k$이기 위한 필요충분조건은 A의 k차 소행렬식 중 적어도 하나는 0이 아니고, 동시에 모든 $k+1$차 이상의 소행렬식은 0인 것이다.

증 명 **필요조건** $r(A) = k$라 하자. A의 임의의 $r(r > k)$개의 열벡터는 선형종속이므로 아래의 보조정리(1)에 의해 임의의 $r(>k)$차 소행렬식은 모두 0이다. 또한 k개의 열벡터는 선형독립이므로 보조정리(2)에 의해 적어도 하나의 k차 소행렬식이 0이 아니다.

충분조건 임의의 $r(>k)$차 소행렬식이 모두 0이라 하자. 그러면 아래

---

2 조합의 수를 계산하는 공식에 의하면 ${}_mC_k = m!/(m-k)!k!$이 된다.

의 보조정리(2)에 의해 r개의 열벡터는 모두 선형종속이다. 또한 k차 소행렬식 중에 적어도 하나는 0이 아니라 하자. 그러면 보조정리 (1)에 의해 0이 아닌 소행렬식을 갖는 소행렬을 포함하는 k개의 열벡터들은 선형독립이다. 따라서 $r(A)=k$.

이 정리는 n차 정방행렬에 대해서 $r(A)=n$이기 위한 필요충분조건은 $|A|\neq 0$이라는 [정리 6-4]의 결과를 $r(A)=k$인 경우에까지 일반화한 것이라고 볼 수 있다. 이 정리의 증명에 사용된 보조정리는 다음과 같다.

보조정리

$m\times k$ $(m>k)$행렬 A에 대해 다음이 성립한다.

(1) A의 k개의 열벡터들이 선형종속이면 A의 모든 k차 소행렬식은 0이다.

(2) A의 k개의 열벡터들이 선형독립이면 A의 k차 소행렬식 중 적어도 하나는 0이 아니다.

증 명 (1) A의 k개의 열벡터들이 선형종속이면 선형종속의 정의에 의해 선형결합 $x_1A_1+\cdots+x_kA_k=Ax=0$의 해 $x=(x_1,\cdots,x_k)\neq 0$이 존재한다. $Ax=0$는 변수가 k개, 식이 m개인 동차선형연립방정식이다. $x\neq 0$가 이 선형연립방정식의 해라면, m개의 식 중에서 임의로 $m-k$개의 식을 빼버린 방정식 $Bx=0$의 해도 된다. 이것은 B의 열벡터들이 선형종속임을 의미한다. 그런데 B는 k차 정방행렬이므로 [정리 5-11]과 [정리 6-4]에 의해 $|B|=0$. 여기서 B는 A의 임의의 k차 소행렬이므로 정리가 성립한다.

(2) A의 k개의 열벡터들이 선형독립이면 $r(A)=k$이다. 행렬 A의 행벡터들을 $A^1,\cdots,A^m$이라 하자. $r(A)=k$이므로 선형독립인 행벡터의 최대수는 k이다. 편의상 $A^1,\cdots,A^k$가 선형독립이라 하고 $A^1,\cdots,A^k$을 행벡터로 하는 k차 정방행렬을 B라 하자. 그러면 $r(B)=k$이므로 [정리 5-11]과 [정리 6-4]를 적용하면 $|B|\neq 0$가 된다. $|B|\neq 0$인 k차 소행렬식 $|B|$를 하나 찾았으므로 정리가 성립한다.

예 6-8 $A=\begin{pmatrix}1&2&0\\0&1&1\\1&3&1\end{pmatrix}$의 위수를 계산해 보자. $|A|=0$이고, $\begin{vmatrix}1&2\\0&1\end{vmatrix}=1\neq 0$이므로 $r(A)=2$이다.

연습 6-8 다음 행렬들의 위수를 구하라.

$$\begin{pmatrix} 1 & 2 & -3 \\ 2 & 2 & 0 \\ 3 & 5 & 2 \end{pmatrix}, \quad \begin{pmatrix} 3 & 0 & 2 & 5 & 0 \\ 2 & 4 & -2 & 1 & 3 \\ 0 & 8 & 2 & 0 & 6 \\ 5 & 3 & -4 & 3 & -2 \end{pmatrix}, \quad \begin{pmatrix} 1 & -2 & 0 \\ 2 & 4 & 1 \end{pmatrix}$$

6.3 선형연립방정식의 해

지금까지 공부한 선형대수의 내용들은 궁극적으로 선형연립방정식의 해를 구하는 방법을 찾는 과정에서 발전되어 온 것이다. 이제 가장 기초적이고 단순한 해법인 변수소거법 혹은 Gauss-Jordan소거법(elimination method)라고 부르는 방법을 살펴보고 행렬식에 의한 해법과 어떤 연관이 있는지 알아보기로 하자.

변수소거법

다음과 같은 두 개의 방정식과 두 변수로 이루어진 연립방정식을 생각해 보자.

$$\begin{aligned} 2x_1 + x_2 &= 1 \\ x_1 - x_2 &= 2 \end{aligned}$$

이 연립방정식의 해를 구하는 가장 보편적인 방법은 다음과 같은 것이다. 먼저 첫째 식에 1/2을 곱해도 방정식의 해는 변하지 않으므로 다음의 연립방정식도 같은 해를 갖는다.

$$\begin{aligned} x_1 + \frac{1}{2}x_2 &= \frac{1}{2} \\ x_1 - x_2 &= 2 \end{aligned}$$

둘째 식에서 첫째 식을 빼도 해는 변하지 않으므로 다음 식을 얻는다.

$$x_1+\frac{1}{2}x_2=\frac{1}{2}$$
$$-\frac{3}{2}x_2=\frac{3}{2}$$

둘째 식에 $-\frac{2}{3}$를 곱하면,

$$x_1+\frac{1}{2}x_2=\frac{1}{2}$$
$$x_2=-1$$

이 된다. 여기에 둘째 식에 $\frac{1}{2}$을 곱해서 첫째 식에서 빼면,

$$x_1=1$$
$$x_2=-1$$

를 얻는데, 이것이 바로 해가 된다.

이와 같이 방정식에 스칼라곱을 하거나 한 방정식에 다른 방정식을 더하는 조작을 행조작(row operation)이라 한다. 행조작을 해도 방정식은 변함이 없으므로, 행조작을 계속해서 순차적으로 변수를 소거함으로써 해를 얻는 방법을 변수소거법이라 부른다. 그런데 이 해법은 사실 앞에서 역행렬을 구해서 해를 구하는 방법과 완전히 같은 방법임을 다음과 같이 확인할 수 있다. 먼저 주어진 선형연립방정식을 행렬로 표시하면,

$$\begin{pmatrix}2 & 1\\ 1 & -1\end{pmatrix}\begin{pmatrix}x_1\\ x_2\end{pmatrix}=\begin{pmatrix}1\\ 2\end{pmatrix}$$

위에서 행한 네 번의 행조작은 연립방정식에 다음과 같이 네 개의 행렬을 앞곱한 것과 같은 것이다.

$$\begin{pmatrix}1 & -\frac{1}{2}\\0 & 1\end{pmatrix}\begin{pmatrix}1 & 0\\0 & -\frac{2}{3}\end{pmatrix}\begin{pmatrix}1 & 0\\-1 & 1\end{pmatrix}\begin{pmatrix}\frac{1}{2} & 0\\0 & 1\end{pmatrix}\begin{pmatrix}2 & 1\\1 & -1\end{pmatrix}\begin{pmatrix}x_1\\x_2\end{pmatrix}$$
$$=\begin{pmatrix}1 & -\frac{1}{2}\\0 & 1\end{pmatrix}\begin{pmatrix}1 & 0\\0 & -\frac{2}{3}\end{pmatrix}\begin{pmatrix}1 & 0\\-1 & 1\end{pmatrix}\begin{pmatrix}\frac{1}{2} & 0\\0 & 1\end{pmatrix}\begin{pmatrix}1\\2\end{pmatrix}$$

앞곱해진 네 행렬을 모두 곱하면

$$\begin{pmatrix}1 & -\frac{1}{2}\\0 & 1\end{pmatrix}\begin{pmatrix}1 & 0\\0 & -\frac{2}{3}\end{pmatrix}\begin{pmatrix}1 & 0\\-1 & 1\end{pmatrix}\begin{pmatrix}\frac{1}{2} & 0\\0 & 1\end{pmatrix}=\begin{pmatrix}\frac{1}{3} & \frac{1}{3}\\\frac{1}{3} & -\frac{2}{3}\end{pmatrix}$$

이 되는데 이것은 행렬 $\begin{pmatrix}2 & 1\\1 & -1\end{pmatrix}$의 역행렬이 된다. 즉, Gauss-Jordan소거법은 역행렬을 구하는 매우 직관적인 방법에 다름 아니다. 달리 말하면 행렬식에 의한 해법은 변수소거법을 보다 체계적으로 일반화한 해법이라 할 수 있다.

연습 6-9 다음 연립방정식의 해를 변수소거법으로 구하라.

$$x_1 - x_2 + 2x_3 - x_4 = -8$$
$$2x_1 - 2x_2 + 3x_3 - 3x_4 = -20$$
$$x_1 + x_2 + x_3 = -2$$
$$x_1 - x_2 + 4x_3 + 3x_4 = 4$$

일반적인 선형연립방정식의 해

이제 앞에서 배운 내용을 이용하여 일반적인 선형연립방정식 $Ax=b$의 해를 구하는 방법을 체계적으로 정리해 보기로 하자. 먼저 A가 n차 정방행렬이고 $|A| \neq 0$인 경우에는 앞에서 이미 본 바와 같이 Cramer의 공식을 적용하면 해를 얻게 된다.

다음으로 $|A|=0$ 이거나 $m \neq n$인 일반적인 경우의 해를 구해 보기로 하자. 먼저 해가 존재하기 위한 필요충분조건 $r(A)=r(A,b)$이 성립하는지 확인한다([정리 5-12]). 이제

$$r(A)=r(A,b)=k \leq n$$

이라고 하자. 그러면 [정리 6-9]에 의해 A의 k차 소행렬 M이 존재해서 $|M| \neq 0$이다. 행렬 A에서 M과 같은 행에 있는 성분 중에서 M에 뽑히지 않은 나머지 열로 이루어진 부분행렬을 M_0라 하면 M_0는 $k \times (n-k)$행렬이 된다. 그리고 변수벡터 $x=(x_1,\cdots,x_n)$을 M의 열에 해당하는 k차원 변수벡터 x_1와 나머지 변수로 이루어진 $n-k$차원 변수벡터 x_2로 나누자. 즉, $x=\begin{pmatrix} x_1 \\ x_2 \end{pmatrix}$라 하자. 또한 벡터 b에서 M의 행에 해당하는 행들로 이루어진 벡터를 b_0라 부르자. 그러면

$$(M,M_0)x=(M,M_0)\begin{pmatrix} x_1 \\ x_2 \end{pmatrix}=Mx_1+M_0x_2=b_0$$

이 성립한다. $|M| \neq 0$이므로 양변에 M^{-1}을 곱해서

$$x_1=M^{-1}b_0-M^{-1}M_0x_2$$

를 얻을 수 있다. 그러면 임의의 x_2에 대해서

$$x=\begin{pmatrix} M^{-1}b_0-M^{-1}M_0x_2 \\ x_2 \end{pmatrix}$$

는 $Ax=b$의 해가 된다. 변수 x_2를 임의로 택할 때 이 x는 M의 행에 해당되는 식을 모두 만족한다. 또한 M의 행에 속하지 않는 행은 M의 행의 선형결합으로 표시될 수 있으므로 이 x는 그 식들도 모두 만족한다. 따라서 x는 $Ax=b$의 해이다. $r(A)=n$이면 x_2에 해당하는 변수는 없으므로 해는

$x = M^{-1}b_0$로 유일하게 결정된다.

예 6-9 3차 정방행렬 $A = \begin{pmatrix} 1 & 1 & 1 \\ 2 & 2 & 1 \\ 1 & 1 & 2 \end{pmatrix}$와 벡터 $b = \begin{pmatrix} 4 \\ 6 \\ 6 \end{pmatrix}$에 대해서 연립방정식 $Ax = b$의 해를 앞에서 설명한 방법으로 구해 보기로 하자. $r(A) = r(A,b) = 2$이므로 해가 무수히 존재하게 된다. 행렬 A에서 3행과 1열을 뺀 나머지 소행렬 $M = \begin{pmatrix} 1 & 1 \\ 2 & 1 \end{pmatrix}$의 행렬식이 $|M| = -1$로서 0이 아니므로, 이 소행렬을 이용하여 해를 구할 수 있다. 이 문제에서 각각, $M_0 = \begin{pmatrix} 1 \\ 2 \end{pmatrix}$, $b_0 = \begin{pmatrix} 4 \\ 6 \end{pmatrix}$, $x_1 = \begin{pmatrix} x_2 \\ x_3 \end{pmatrix}$, $x_2 = x_1$이 됨을 쉽게 알 수 있다. 따라서

$\begin{pmatrix} x_2 \\ x_3 \end{pmatrix} = M^{-1}b_0 - M^{-1}M_0x_1 = \begin{pmatrix} -1 & 1 \\ 2 & -1 \end{pmatrix}\begin{pmatrix} 4 \\ 6 \end{pmatrix} - \begin{pmatrix} -1 & 1 \\ 2 & -1 \end{pmatrix}\begin{pmatrix} 1 \\ 2 \end{pmatrix}x_1 = \begin{pmatrix} 2 - x_1 \\ 2 \end{pmatrix}$을 얻는다. 즉, 일반해는 x_1은 임의의 실수로 하고, $x_2^0 = 2 - x_1$, $x_3^0 = 2$가 된다. 혹은 Cramer의 공식을 적용해도 된다. 즉

$$x_2 = \frac{\begin{vmatrix} 4 - x_1 & 1 \\ 6 - 2x_1 & 1 \end{vmatrix}}{|M|} = \frac{4 - x_1 - 6 + 2x_1}{-1} = 2 - x_1$$

$$x_3 = \frac{\begin{vmatrix} 1 & 4 - x_1 \\ 2 & 6 - 2x_1 \end{vmatrix}}{|M|} = \frac{6 - 2x_1 - 8 + 2x_1}{-1} = 2$$

연습 6-10 다음 선형연립방정식의 해를 구하라.

$$x_1 + 2x_2 + x_3 + 4x_4 = 0$$

$$2x_1 + 2x_2 + 5x_3 + x_4 = 0$$

$$2x_1 + x_2 + x_3 + x_4 = 0$$

연습문제

문제 6-1 다음 두 행렬식의 값을 행렬식의 정의를 이용하여 구하고, 다시 라플라스 전개를 이용하여 계산해보라.

(1) $\begin{vmatrix} 0 & -1 & 0 & 0 \\ 2 & 0 & 0 & 0 \\ 0 & 0 & 5 & 0 \\ 0 & 1 & 0 & 3 \end{vmatrix}$

(2) $\begin{vmatrix} 1 & 2 & 0 & 5 \\ 0 & 2 & 0 & -1 \\ 3 & 1 & 2 & 0 \\ -1 & 0 & 1 & 2 \end{vmatrix}$

문제 6-2 다음 행렬식을 간단히 하라.

(1) $\begin{vmatrix} 1 & -x & 0 & 0 \\ 0 & 1 & -x & 0 \\ 0 & 0 & 1 & -x \\ a & b & c & d \end{vmatrix}$

(2) $\begin{vmatrix} 1 & 1 & 1 \\ x & y & z \\ x^2 & y^2 & z^2 \end{vmatrix}$

(3) $\begin{vmatrix} 1 & a & b & c+d \\ 1 & b & c & d+a \\ 1 & c & d & a+b \\ 1 & d & a & b+c \end{vmatrix}$

문제 6-3 $\begin{vmatrix} 1 & 1 & \cdots & 1 \\ x_1 & x_2 & \cdots & x_n \\ x_1^2 & x_2^2 & \cdots & x_n^2 \\ & & \cdots & \\ x_1^{n-1} & x_2^{n-1} & \cdots & x_n^{n-1} \end{vmatrix}$을 구하라. 이 행렬식을 Vandermonde 행렬식이라고 한다.

문제 6-4 n차 정방행렬 A와 $c \in R$에 대하여, $|cA| = c^n|A|$임을 보여라.

문제 6-5 모든 i에 대해 $\sum_{j=1}^{n} a_{ij} = 0$인 행렬, 즉 각 행의 성분의 합이 모두 0인 행렬 A의 행렬식을 계산하라.

문제 6-6 다음 행렬이 가역행렬이 되지 않도록 하는 x의 값을 구하여라.

$$\begin{pmatrix} -1-x & 2 & 2 \\ 2 & 2-x & 2 \\ -3 & -6 & -6-x \end{pmatrix}$$

문제 6-7 Cramer의 공식을 이용하여 다음 연립방정식을 풀어보라.

(1) $2x_1 + x_2 - 3x_3 = 5,\ x_1 - 2x_2 + x_3 = 10, 3x_1 + 4x_2 - 2x_3 = 0$

(2) $x_1 - x_2 + 4x_3 = -2,\ -8x_1 + 3x_2 + x_3 = 0, 2x_1 - x_2 + x_3 = 6$

문제 6-8 다음의 선형연립방정식에 관한 질문에 대해 답하라.(여기서 a, b는 상수)

$$\begin{aligned} 2x_1 + x_2 &= 2 \\ x_1 - x_2 + ax_3 &= 0 \\ x_1 + 2x_3 &= b \end{aligned}$$

(1) 이 연립방정식을 행렬과 벡터를 이용하여 다시 쓰라.

(2) 이 연립방정식을 벡터만을 이용하여 다시 쓰라.

(3) 이 연립방정식의 해에 관한 다음 각 경우의 a, b값의 범위를 구하라.

1) 해가 없는 경우 2) 해가 유일한 경우 3) 무수히 많은 해를 갖는 경우

문제 6-9 연립방정식 $ax_1 + x_3 = 1, 3x_1 - x_3 = 2, 5x_1 + x_2 = 5$에 대해 답하라.($a$는 상수)

(1) 이 연립방정식을 행렬과 벡터를 이용하여 $Ax = b$의 형태로 쓰라.

(2) 이 연립방정식이 해를 갖기 위한 필요충분조건을 쓰라.

(3) 이 연립방정식이 유일한 해를 갖기 위한 a의 값을 계산하라.

(4) 이 연립방정식이 유일한 해를 갖는 경우, Cramer의 공식을 이용하여 해 x_1을 구하라.

문제 6-10 거시경제모형은 다음의 두 방정식으로 구성된다.

$$Y = bY + I - ar + G$$
$$mY - hr = M_s - K$$

여기서 방정식 내에서 결정되는 변수는 국민소득 Y, 이자율 r이고, 외생변수는 정부지출 G, 통화량 M_s이며, b, I, a, m, h, K는 모두 양의 상수이다.

(1) 균형국민소득과 이자율을 Cramer의 공식을 이용하여 계산하라.

(2) 정부지출이 1단위 증가하면 국민소득은 얼마나 증가 혹은 감소하는지 판단하라.

문제 6-11 다음 수요공급모형의 균형 가격 P^0가 유일하게 존재할 조건을 구하고, 그 값을 Cramer의 공식을 이용하여 계산하라.

$$Q_D = a + bP + cM$$
$$Q_S = d + eP + fW$$
$$Q_D = Q_S$$

여기서, Q_D는 수요량, Q_S는 공급량, M은 소득, W는 임금, a, b, c, d, e, f는 상수이다.

CHAPTER 07

고유치와 고유벡터

n차 정방행렬 A는 R^n의 벡터 x를 n차원 벡터 $y=Ax$로 옮기는 선형함수로 간주할 수 있음을 우리는 앞에서 배웠다. 선형함수로서의 행렬은 여러 변수들이 변화해가는 과정을 나타내는 데 매우 유용하게 사용될 수 있기 때문에 일반적으로 동학(dynamics)연구에서 매우 중요한 역할을 한다. 고유치와 고유벡터의 개념은 이러한 동학과 관련된 행렬의 성질을 연구하는 데 중심역할을 하고 있으며, 미분방정식, 확률과정분석 등의 수학분야와 경제성장과 산업연관분석 등에도 광범위하게 응용되고 있다.

7.1 고유치와 고유벡터

고유치와 고유벡터의 정의

n차 정방행렬 A에 의한 선형함수 $y=Ax$를 생각해 보자. 이 선형함수가 어떤 0이 아닌 n차원 벡터 x를 방향이 같고 길이가 다른 벡터 λx로 옮긴다고 하자. 이러한 벡터 x를 A의 고유벡터(eigenvector, characteristic vector)라 하고 스칼라 λ를 고유치(eigenvalue, characteristic root)이라 부른다. 즉,

$$Ax=\lambda x,\quad x\neq 0$$

를 만족하는 벡터 x와 스칼라 λ가 각각 고유벡터와 고유치가 된다.

0벡터는 항상 $A0=0$을 만족하지만 별로 중요한 의미를 갖지 못하므로 고유벡터로 간주하지 않는다. $Ax=\lambda x$이면 임의의 실수 $\alpha \neq 0$에 대해 $A(\alpha x)=\lambda(\alpha x)$이므로, x가 고유벡터이면 αx도 고유벡터가 된다. 또한 x_1, x_2가 같은 고유치 λ에 대응하는 고유벡터이면

$$A(x_1+x_2)=Ax_1+Ax_2=\lambda x_1+\lambda x_2=\lambda(x_1+x_2)$$

이기 때문에 x_1+x_2도 고유벡터이다. 따라서 특정 고유치 λ에 대응하는 고유벡터의 집합에 영벡터를 추가하면 부분공간이 된다. 이 공간을 행렬 A의 고유치 λ에 대응하는 고유공간(eigenspace)이라 부른다.

예 7-1 단위행렬 I에 대해서 모든 벡터 x가 $Ix=x$를 만족하므로, 단위행렬 I의 고유치는 1이고 모든 벡터 $x \neq 0$가 고유벡터가 된다. 따라서 고유치 1에 대응되는 고유공간은 n차원공간 R^n이다.

예 7-2 대각행렬 $A=\begin{pmatrix} 2 & 0 & 0 \\ 0 & 1 & 0 \\ 0 & 0 & 3 \end{pmatrix}$와 3차원 단위벡터 $e_1=\begin{pmatrix} 1 \\ 0 \\ 0 \end{pmatrix}, e_2=\begin{pmatrix} 0 \\ 1 \\ 0 \end{pmatrix}, e_3=\begin{pmatrix} 0 \\ 0 \\ 1 \end{pmatrix}$에 대해 $Ae_1=2e_1$, $Ae_2=e_2$, $Ae_3=3e_3$가 성립한다. 따라서 고유치는 2, 1, 3이고 각각의 고유치에 대응되는 고유벡터는 각각 e_1, e_2, e_3이다. 물론 e_1, e_2, e_3의 각각의 스칼라곱도 고유벡터가 됨은 말할 것도 없다.

일반적으로 n차 정방행렬 A의 고유치와 고유벡터를 계산하는 방법을 알아보자. 식(1)을 다시 쓰면,

$$Ax=\lambda Ix,$$

또는

$$(A-\lambda I)x=0$$

이 되고, 고유치 λ와 고유벡터 $\boldsymbol{x}$는 이 방정식의 해가 된다. 그런데 특정한 고유치 λ에 대해서 이 식은 계수행렬이 $A-\lambda I$이고 변수가 $\boldsymbol{x}$인 동차선형방정식이다. 이 동차선형방정식의 0 아닌 해가 고유치 λ에 대응하는 고유벡터가 된다. 이 방정식이 0 아닌 해를 갖기 위한 필요충분조건은 행렬 $A-\lambda I$가 비가역인 것인데, 행렬식에 관한 [정리 6−4]에 의하면 이것은 $|A-\lambda I|=0$과 동치이다. 방정식 $|A-\lambda I|=0$을 풀어서 쓰면, 적당한 계수 $b_0, b_1, \cdots, b_{n-1}$이 있어서

$$\begin{vmatrix} a_{11}-\lambda & a_{12} & \cdots & a_{1n} \\ a_{21} & a_{22}-\lambda & \cdots & a_{2n} \\ \vdots & & & \vdots \\ a_{n1} & a_{n2} & \cdots & a_{nn}-\lambda \end{vmatrix} = (-1)^n \lambda^n + b_{n-1}\lambda^{n-1} + \cdots + b_1\lambda + b_0 = 0$$

이 되는데 이것은 λ에 관한 n차 다항방정식으로서, 행렬 A의 고유방정식(characteristic equation)이라 부른다. 일반적으로 n차 다항방정식은 n개의 근을 갖는데, 중복되는 근을 가질 수 있고, 복소수의 근을 가질 수도 있다. 이상을 요약하면 다음의 정리를 얻게 된다.

정리 7−1 (고유치와 고유벡터의 계산방법)

n차 정방행렬 A의 고유치는 고유방정식 $|A-\lambda I|=0$의 근이다. 또한 λ에 대응하는 고유벡터는 연립방정식 $(A-\lambda I)\boldsymbol{x}=0$의 해 $\boldsymbol{x} \neq 0$이다.

예 7−3 [예 7−2]의 행렬 A의 고유방정식은 $\begin{vmatrix} 2-\lambda & 0 & 0 \\ 0 & 1-\lambda & 0 \\ 0 & 0 & 3-\lambda \end{vmatrix} = (2-\lambda)(1-\lambda)$ $(3-\lambda)=0$이므로, 고유치는 이 방정식의 근 2, 1, 3이 된다. 고유치 2의 고유벡터는 $(A-2I)\boldsymbol{x}=0$를 만족하는 벡터 $\boldsymbol{x} \neq 0$이다. 이 방정식을 다시 쓰면,

$$\begin{pmatrix} 0 & 0 & 0 \\ 0 & -1 & 0 \\ 0 & 0 & 1 \end{pmatrix} \begin{pmatrix} x_1 \\ x_2 \\ x_3 \end{pmatrix} = \begin{pmatrix} 0 \\ 0 \\ 0 \end{pmatrix}$$

이 되므로 이 방정식의 해 $\begin{pmatrix} x_1 \\ 0 \\ 0 \end{pmatrix}$는 모두 고유벡터가 되는데, 그 중의 하나가 $e_1 = \begin{pmatrix} 1 \\ 0 \\ 0 \end{pmatrix}$이다. 같은 방법으로 고유치 1과 3의 고유벡터를 각각 구하면 된다.

예 7-4 행렬 $A = \begin{pmatrix} 0 & 1 \\ 0 & 0 \end{pmatrix}$의 고유치와 고유벡터를 구해보자. 고유치 λ는 고유방정식 $|A - \lambda I| = \left| \begin{pmatrix} 0 & 1 \\ 0 & 0 \end{pmatrix} - \lambda \begin{pmatrix} 1 & 0 \\ 0 & 1 \end{pmatrix} \right| = \begin{vmatrix} -\lambda & 1 \\ 0 & -\lambda \end{vmatrix} = \lambda^2 = 0$의 근으로서, 중근인 $\lambda = 0$가 된다. 고유치 $\lambda = 0$에 대응하는 고유벡터 $x = \begin{pmatrix} x_1 \\ x_2 \end{pmatrix}$는 다음 방정식의 해이다.

$$(A - \lambda I)x = (A - 0I)x = Ax = 0$$

이 방정식을 풀어서 쓰면,

$$\begin{pmatrix} 0 & 1 \\ 0 & 0 \end{pmatrix} \begin{pmatrix} x_1 \\ x_2 \end{pmatrix} = \begin{pmatrix} 0 \\ 0 \end{pmatrix}$$

혹은,

$$\begin{aligned} 0x_1 + 1x_2 &= 0 \\ 0x_1 + 0x_2 &= 0 \end{aligned}$$

으로서 해는 임의의 x_1과 $x_2 = 0$가 된다. 따라서 $e_1 = \begin{pmatrix} 1 \\ 0 \end{pmatrix}$과 그 스칼라곱은 모두 고유벡터가 된다. 그리고 고유치 $\lambda = 0$에 대응하는 고유공간은 $e_1 = \begin{pmatrix} 1 \\ 0 \end{pmatrix}$에 의해 생성된 1차원 부분공간이다

예 7-5 행렬 $A = \begin{pmatrix} 0 & -1 \\ 1 & 0 \end{pmatrix}$의 고유치 λ는 방정식,

$$|A - \lambda I| = \begin{vmatrix} -\lambda & -1 \\ 1 & -\lambda \end{vmatrix} = \lambda^2 + 1 = 0$$

의 근으로서, 복소수 $\lambda = \pm i$가 된다. 고유치 $\lambda_1 = +i$에 대응하는 고유벡터는 방정식

$$(A - \lambda I)x = \begin{pmatrix} -i & -1 \\ 1 & -i \end{pmatrix} \begin{pmatrix} x_1 \\ x_2 \end{pmatrix} = \begin{pmatrix} 0 \\ 0 \end{pmatrix}$$

의 해로서, $x_2=-ix_1$을 만족하는 모든 벡터이다. 그 중의 하나가 $x_1=\begin{pmatrix}1\\-i\end{pmatrix}$이다.

$\lambda_2=-i$에 대응하는 고유벡터는 마찬가지 방법으로 구하면 $x_2=ix_1$을 만족하는 모든 벡터로서, 그 중의 하나는 $x_2=\begin{pmatrix}1\\i\end{pmatrix}$가 된다.

우리는 지금까지 실수를 성분으로 하는 벡터와 그 벡터공간을 다루어 왔으므로 [예 7−5]에서 얻어진 복소수벡터를 다루기 위해서는 벡터와 벡터공간의 정의를 확장하여야 하나 이것은 이 책의 범위를 벗어나는 것이므로 더 이상 다루지 않기로 한다. 그러나 이 예에서 복소수가 나오게 된 것은 이해하기 어렵지 않다. [예 5−19]에서 본 바와 같이 행렬 $\begin{pmatrix}0&-1\\1&0\end{pmatrix}$는 R^2의 벡터를 시계반대방향으로 $90°$ 회전시키는 선형함수이므로 R^2의 어떤 벡터도 고유벡터가 될 수 없다. 따라서 실수를 성분으로 하는 고유벡터는 존재하지 않고 또한 실수값 고유치도 존재하지 않는다. 이 예에서 보는 바와 같이 일반적으로 복소수 고유치는 선형함수의 회전부분을 나타낸다.

예 7−6 대칭행렬 $A=\begin{pmatrix}2&2\sqrt{3}\\2\sqrt{3}&1\end{pmatrix}$의 고유방정식은

$\begin{vmatrix}2-\lambda&2\sqrt{3}\\2\sqrt{3}&1-\lambda\end{vmatrix}=(2-\lambda)(1-\lambda)-12=\lambda^2-3\lambda-10=(\lambda+2)(\lambda-5)=0$

이므로 고유치는 $\lambda_1=-2$, $\lambda_2=5$이다.

$\lambda_1=-2$에 대응되는 고유벡터는 식 $(A+2I)x=0$를 만족하는 벡터 $x\neq 0$가 된다. 이 식을 풀어 쓰면,

$$4x_1+2\sqrt{3}x_2=0,$$
$$2\sqrt{3}x_1+3x_2=0$$

이다. 따라서 고유벡터는 $x=\begin{pmatrix}\alpha\\-\frac{2\sqrt{3}}{3}\alpha\end{pmatrix}$가 된다. 그 중에서 길이가 1인 벡터를 구하면,

$\|x\|=\sqrt{\alpha^2+\frac{4}{3}\alpha^2}=\alpha\sqrt{\frac{7}{3}}=1$이 되는 $\alpha=\sqrt{\frac{3}{7}}$를 대입해서 구할 수 있다. 따라서 $\lambda_1=-2$에 대응되는 길이가 1인 고유벡터는

$$x_1=\begin{pmatrix} \dfrac{\sqrt{3}}{\sqrt{7}} \\ -\dfrac{2}{\sqrt{7}} \end{pmatrix}$$이다.

같은 방법으로, $\lambda_2 = 5$에 대응되는 고유벡터 중 길이가 1인 벡터를 구하면

$$x_2=\begin{pmatrix} \dfrac{2}{\sqrt{7}} \\ \dfrac{\sqrt{3}}{\sqrt{7}} \end{pmatrix}$$이다.

이 예에서는 모든 고유치가 실수이고, 또한 두 고유벡터의 내적을 취하면 $x_1 \cdot x_2 = \dfrac{\sqrt{3}}{\sqrt{7}}\dfrac{2}{\sqrt{7}} + (-1)\dfrac{2}{\sqrt{7}}\dfrac{\sqrt{3}}{\sqrt{7}} = 0$이므로 이 두 벡터는 서로 수직이다. 그리고 서로 수직인 벡터는 선형독립이므로 이 두 벡터는 벡터공간 R^2의 정규직교기저가 된다. 이것은 우연한 사실이 아니고 대칭행렬의 일반적인 특징이 되는데, 대칭행렬의 성질에 대해서는 뒤에서 상세히 다룰 것이다.

연습 7-1 행렬 $A = \begin{pmatrix} 1 & -1 \\ 2 & 4 \end{pmatrix}$의 고유치와 고유벡터를 구하라.

연습 7-2 삼각행렬 $\begin{pmatrix} a_{11} & a_{12} & \cdots & a_{1n} \\ 0 & a_{22} & \cdots & a_{2n} \\ \vdots & \vdots & \ddots & \vdots \\ 0 & 0 & \cdots & a_{nn} \end{pmatrix}$의 고유치는 대각성분 $a_{11}, a_{22}, \cdots, a_{nn}$과 같음을 증명하라.

기본성질

n차 정방행렬 A의 고유치는 행렬식 $|A|$와 다음과 같은 관계를 가진다. A의 고유방정식 $|A-\lambda I| = 0$의 n개의 근을 $\lambda_1, \cdots, \lambda_n$이라 하면,

$$|A-\lambda I| = (\lambda_1 - \lambda)(\lambda_2 - \lambda)\cdots(\lambda_n - \lambda)$$

이 성립한다. 이 식에 $\lambda = 0$를 대입하면,

$$|A| = \lambda_1 \lambda_2 \cdots \lambda_n$$

을 얻는다. 즉 행렬식은 고유치들의 곱과 같다. 행렬 A가 가역이기 위한 필요충분조건은 $|A| \neq 0$이므로, 행렬이 가역인 것과 모든 고유치가 0이 아니라는 것이 동치임을 알 수 있다.

또한, $|A' - \lambda I| = |(A - \lambda I)'| = |A - \lambda I|$ 이므로 두 고유방정식 $|A - \lambda I| = 0$와 $|A' - \lambda I| = 0$의 해는 같고, 따라서 행렬 A와 그 전치행렬 A'의 고유치는 같다.

A^{-1}과 A의 고유치는 어떤 관계에 있는지 살펴보자. A의 고유치 λ와 그에 대응하는 고유벡터 x에 대해서 $Ax = \lambda x$가 성립한다. A가 가역행렬로서 A^{-1}이 존재한다고 하면, 양변에 A^{-1}을 앞곱해서

$$A^{-1}Ax = Ix = x = A^{-1}\lambda x = \lambda A^{-1}x$$

을 얻는다. 가역행렬의 고유치는 0이 아니므로 고유치 λ로 양변을 나누면

$$A^{-1}x = \lambda^{-1}x$$

를 얻는다. 따라서 A의 고유치가 λ이면 A^{-1}의 고유치는 λ^{-1}이고 이 고유치에 대응하는 고유벡터가 같음을 알 수 있다.

연습 7-3 A의 고유치를 λ라 하면 A^2의 고유치는 λ^2, $A^2 - 2A + 3I$의 고유치는 $\lambda^2 - 2\lambda + 3$이 됨을 보이라.

행렬의 대각화

앞의 [예 7-6]의 문제를 다시 생각해 보자. 행렬 $A = \begin{pmatrix} 2 & 2\sqrt{3} \\ 2\sqrt{3} & 1 \end{pmatrix}$에 의한 선형함수 $y = Ax$에 대해서 이제 변수벡터 x, y를 좌표변환하여 새 변수로 표시함으로써 행렬A가 좀 더 간단하게 되도록 표현하여 보자. 행렬 A의 두 고

그림 7-1

→ 대칭행렬의 대각화

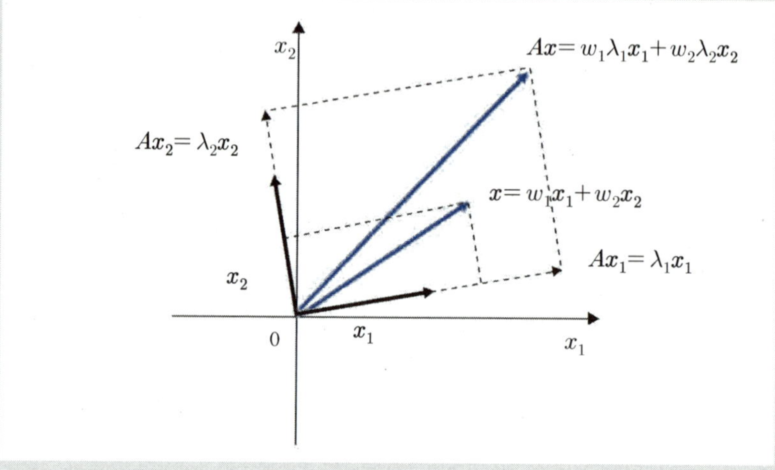

유벡터 $x_1 = \begin{pmatrix} \frac{\sqrt{3}}{\sqrt{7}} \\ -\frac{2}{\sqrt{7}} \end{pmatrix}$, $x_2 = \begin{pmatrix} \frac{2}{\sqrt{7}} \\ \frac{\sqrt{3}}{\sqrt{7}} \end{pmatrix}$는 R^2의 정규직교기저가 된다. 이 기저에 의해 벡터 x, y가 각각

$x = w_1 x_1 + w_2 x_2$, $y = z_1 x_1 + z_2 x_2$로 표시된다고 하자. 이것은 두 벡터 x_1, x_2를 새로운 좌표계로 할 때 x, y의 좌표는 각각 (w_1, w_2), (z_1, z_2)이 됨을 의미한다.

x_1, x_2를 두 열벡터로 하는 직교행렬을 Q라 하면 이 관계식을 $x = Qw$, $y = Qz$로 쓸 수 있다(여기서, $w = \begin{pmatrix} w_1 \\ w_2 \end{pmatrix}$, $z = \begin{pmatrix} z_1 \\ z_2 \end{pmatrix}$).

이제 선형함수 $y = Ax$를 새 변수 w, z에 관한 함수로 변환하면, $Qz = AQw$가 성립하는데, 양변에 Q^{-1}를 앞곱하면 $z = Q^{-1}AQw$를 얻는다. Q가 고유벡터들의 행렬이므로,

$AQ = (Ax_1, Ax_2) = (\lambda_1 x_1, \lambda_2 x_2) = (x_1, x_2)\begin{pmatrix} \lambda_1 & 0 \\ 0 & \lambda_2 \end{pmatrix} = Q\begin{pmatrix} \lambda_1 & 0 \\ 0 & \lambda_2 \end{pmatrix}$이고, 따라

서 $Q^{-1}AQ = Q^{-1}Q\begin{pmatrix}\lambda_1 & 0 \\ 0 & \lambda_2\end{pmatrix} = \begin{pmatrix}\lambda_1 & 0 \\ 0 & \lambda_2\end{pmatrix}$가 된다.

이상의 결과를 요약하면, 선형함수 $y = Ax$는 고유벡터들로 이루어진 좌표계로 변환하여 $z = \begin{pmatrix}\lambda_1 & 0 \\ 0 & \lambda_2\end{pmatrix}w$과 같이 매우 간단한 대각행렬에 의한 함수가 된다. 이것을 행렬의 대각화(diagonalization)라 한다. 모든 행렬이 대각화가능한 것은 아니다. 행렬을 대각화할 수 있으면 여러 응용문제에서 매우 편리하게 적용할 수 있다.

n차 정방행렬 A에 대해, 고유치 $\lambda_1, \cdots, \lambda_n$에 대응하는 고유벡터 $x_1, \cdots, x_n$들을 열벡터로 하는 행렬 Q가 역행렬 Q^{-1}을 갖는다고 하자. 그러면 $AQ = [Ax_1, \cdots, Ax_n] = [\lambda_1 x_1, \cdots, \lambda_n x_n] = Q\begin{pmatrix}\lambda_1 & \cdots & 0 \\ \vdots & \ddots & \vdots \\ 0 & \cdots & \lambda_n\end{pmatrix}$이다. 따라서 $\begin{pmatrix}\lambda_1 & & 0 \\ & \ddots & \\ 0 & & \lambda_n\end{pmatrix} = Q^{-1}AQ$가 된다. $x \equiv Qw$, $y \equiv Qz$로 변수변환하면, 함수 $y = Ax$는 $Qz = AQw$ 혹은 $z = Q^{-1}AQw = \begin{pmatrix}\lambda_1 & \cdots & 0 \\ \vdots & \ddots & \vdots \\ 0 & \cdots & \lambda_n\end{pmatrix}w$가 되고 행렬 A는 대각화가능이다. 이 사실을 다음의 정리로 요약할 수 있다.

정리 7-2 (행렬의 대각화)

n차 정방행렬 A의 고유치 $\lambda_1, \cdots, \lambda_n$와 각각 대응하는 고유벡터 $x_1, \cdots, x_n$에 대해서 고유벡터들의 행렬 Q가 역행렬 Q^{-1}을 갖는다고 하자. 그러면 $\begin{pmatrix}\lambda_1 & & 0 \\ & \ddots & \\ 0 & & \lambda_n\end{pmatrix} = Q^{-1}AQ$로 행렬 A는 대각화가능하다. 함수 $y = Ax$는 변수변환 $x \equiv Qw$, $y \equiv Qz$에 의해 대각행렬에 의한 함수 $z = \begin{pmatrix}\lambda_1 & \cdots & 0 \\ \vdots & \ddots & \vdots \\ 0 & \cdots & \lambda_n\end{pmatrix}w$로 간단히 할 수 있다.

예 7-7 행렬 $A = \begin{pmatrix}1 & -1 \\ 2 & 4\end{pmatrix}$는 대각화가능하다. 고유치는 $\lambda = 2, 3$이고 고유벡터는 $\begin{pmatrix}\frac{1}{\sqrt{2}} \\ -\frac{1}{\sqrt{2}}\end{pmatrix}, \begin{pmatrix}-\frac{1}{\sqrt{5}} \\ \frac{2}{\sqrt{5}}\end{pmatrix}$이고, $Q = \begin{pmatrix}\frac{1}{\sqrt{2}} & -\frac{1}{\sqrt{5}} \\ -\frac{1}{\sqrt{2}} & \frac{2}{\sqrt{5}}\end{pmatrix}$는 $|Q| = \frac{1}{\sqrt{10}} \neq 0$

이므로 역행렬 Q^{-1}이 존재한다. 따라서 $Q^{-1}AQ = \begin{pmatrix} 2 & 0 \\ 0 & 3 \end{pmatrix}$으로 대각화가능하다.

예 7-8 행렬 $A = \begin{pmatrix} 0 & 1 & 0 \\ 0 & 0 & 1 \\ 0 & 0 & 0 \end{pmatrix}$는 대각화가능하지 않다.

고유방정식 $|A - \lambda I| = \begin{vmatrix} -\lambda & 1 & 0 \\ 0 & -\lambda & 1 \\ 0 & 0 & -\lambda \end{vmatrix} = -\lambda^3 = 0$의 근은 3중근으로서 $\lambda = 0$이다. 고유벡터는 $(A - 0I)\boldsymbol{x} = A\boldsymbol{x} = 0$의 해인데 $r(A) = 2$이므로 해공간의 차원은 1이다. 즉, 고유벡터 중 선형독립인 것은 최대 1개뿐으로서 [정리 7-2]에 의해 행렬 A는 대각화가능하지 않다.

대각화가능한 행렬을 찾는 데는 다음 정리가 유용하게 쓰인다.

정리 7-3

n차 정방행렬 A의 $m(\leq n)$개의 고유치 $\lambda_1, \cdots, \lambda_m$이 서로 다른 실수값을 갖는다고 하자. λ_i에 대응되는 고유벡터를 $\boldsymbol{x}_i$라 하면, $\boldsymbol{x}_1, \cdots, \boldsymbol{x}_m$은 선형독립이다.

증 명 수학적 귀납법으로 증명하자. $m = 1$이면 자명하다. $m = k-1$일 때 고유치$\lambda_1, \cdots, \lambda_{k-1}$에 대응하는 고유벡터 $\boldsymbol{x}_1, \cdots, \boldsymbol{x}_{k-1}$들은 선형독립이라 가정하고 $m = k$일 때 고유치 $\lambda_1, \cdots, \lambda_{k-1}, \lambda_k$에 대응되는 고유벡터 $\boldsymbol{x}_1, \cdots, \boldsymbol{x}_{k-1}, \boldsymbol{x}_k$도 선형독립임을 보이자.

$\alpha_1 \boldsymbol{x}_1 + \dots + \alpha_k \boldsymbol{x}_k = 0$이라 하자.

양변에 A를 곱하면 $A\boldsymbol{x}_i = \lambda_i \boldsymbol{x}_i$이므로

$\alpha_1 \lambda_1 \boldsymbol{x}_1 + \cdots + \alpha_k \lambda_k \boldsymbol{x}_k = 0$.

앞의 식에 λ_k을 곱해서 뒤 식을 빼면,

$\alpha_1(\lambda_1 - \lambda_k)\boldsymbol{x}_1 + \cdots + \alpha_k(\lambda_{k-1} - \lambda_k)\boldsymbol{x}_{k-1} = 0$.

귀납법의 가정에 의해 $\boldsymbol{x}_1, \cdots, \boldsymbol{x}_{k-1}$는 선형독립이므로

$\alpha_1(\lambda_1 - \lambda_k) = \cdots = \alpha_{k-1}(\lambda_k - \lambda_k) = 0$

그런데 $\lambda_i \neq \lambda_k$이므로 $\alpha_1 = \cdots = \alpha_{k-1} = 0$. 따라서 $\alpha_k \boldsymbol{x}_k = 0$이므로 $\alpha_k = 0$.

결과적으로 행렬 A가 모두 서로 다른 실수값 고유치를 가지면 고유벡터들이 모두 선형독립이 되고 행렬 A는 대각화가능하게 된다.

[예 7－7]의 경우 행렬 $A=\begin{pmatrix}1 & -1 \\ 2 & 4\end{pmatrix}$의 두 고유치가 2와 3으로 서로 다르므로 대각화가능하다.

대칭행렬의 대각화

n차 대칭행렬 A의 고유치 $\lambda_1,\cdots,\lambda_n$와 그에 대응하는 고유벡터 $x_1,\cdots,x_n$는 매우 특별한 성질을 갖게 된다. 그 성질을 증명없이 요약하면 다음과 같다.

(1) n개의 고유치 $\lambda_1,\cdots,\lambda_n$는 모두 실수이다. 그 중에는 중복되는 실수도 있다.

(2) 서로 다른 고유치 $\lambda_i \neq \lambda_j$에 대응되는 두 고유벡터 x_i, x_j는 직교한다. 즉, $x_i' x_j = 0$이다.

(3) 고유치 λ의 중복도가 k이면, 다시 말해서 λ가 대칭행렬 A의 고유방정식 $|A-\lambda I|=0$의 k 중근이면, λ에 대응되는 고유공간의 차원은 k이다. 이 고유공간이 하나의 정규직교기저를 이루는 k개의 벡터가 λ에 대응하는 고유벡터가 된다.

(4) n개의 고유치 $\lambda_1,\cdots,\lambda_n$에 대응하는 n개의 고유벡터 $x_1,\cdots,x_n$은 n차원 유클리드공간 R^n의 정규직교기저가 된다.

이상의 성질을 이용하면 대칭행렬은 다음과 같이 언제나 대각화가 가능하다.

고유치 $\lambda_1,\cdots,\lambda_n$(중복도가 k인 고유치는 k개 나열한다.)을 대각성분으로 하는 대각행렬을 $D=\begin{pmatrix}\lambda_1 & \cdots & 0 \\ \vdots & \ddots & \vdots \\ 0 & \cdots & \lambda_n\end{pmatrix}$로 표시하고, 고유벡터 $x_1,\cdots,x_n$를 열벡터로 하는 행렬을 Q라 하면, 고유치와 고유벡터의 정의에 의해 $AQ=QD$가 성립한다. 그런데 Q는 직교행렬이 되므로 $Q^{-1}=Q'$의 성질을 갖는다. 따라서

$$Q^{-1}AQ = Q'AQ = D$$

이고 대칭행렬 A는 대각화가능이다. 이것을 다음의 정리로 요약할 수 있다.

정리 7-4 (대칭행렬의 대각화)

대칭행렬 A는 고유벡터들을 열벡터로 하는 직교행렬 Q에 의해 대각화가 가능하다. 즉, $Q^{-1}AQ = Q'AQ = D$.

7.2 이차형식

이차형식의 행렬 표현

$2x_1 - x_2 + 3x_3$과 같이 변수 $x_1, \cdots, x_n$의 1차항들의 합으로 이루어진 식을 선형식(linear form)이라 하고, $2x_1x_2 + x_2x_2 - x_3x_2 + x_1x_3$와 같이 두 변수의 곱 x_ix_j이나 제곱 x_i^2의 항들로 이루어진 식을 이차형식(quadratic form)이라 한다. n개의 변수 $x_1, \cdots, x_n$에 관한 이차형식의 일반형은

$$F = \sum_{i=1}^{n}\sum_{j=1}^{n} a_{ij}x_ix_j = \begin{matrix} a_{11}x_1^2 + & \cdots + a_{1n}x_1x_n \\ + a_{21}x_2x_1 + \cdots + a_{2n}x_2x_n \\ \vdots & \vdots \\ + a_{n1}x_nx_1 + \cdots & + a_{nn}x_n^2 \end{matrix}$$

으로 표시할 수 있다. 이 식을 행렬로 표시하면, 행렬 $A = \begin{pmatrix} a_{11} & \cdots & a_{1n} \\ \vdots & & \vdots \\ a_{n1} & \cdots & a_{nn} \end{pmatrix}$와 벡터 $x = \begin{pmatrix} x_1 \\ \vdots \\ x_n \end{pmatrix}$에 대해서,

$$F = x'Ax$$

예 7-9 아래의 식 중에서 (1), (2), (3)은 이차형식이고 (4), (5)는 이차형식이 아니다. (2)를 행렬로 표시하면, $x = \begin{pmatrix} x \\ y \end{pmatrix}, A = \begin{pmatrix} 0 & \frac{1}{2} \\ \frac{1}{2} & -1 \end{pmatrix}$에 대해 $F = x'Ax$가 된다.

(1) $F = ax_1^2 + bx_1x_2 + cx_2^2$

(2) $F = xy - y^2$

(3) $F = x^2 - y^2$

(4) $F = x^2 - x + 2y - 3xy$

(5) $F = x^2 + 2xy - y^2 + 1$

연습 7-4 [예 7-9]의 (1), (3)의 이차형식을 대칭행렬로 표시하라.

이차형식을 행렬로 표시할 때 $x_i x_j$와 $x_j x_i$는 같은 항이고 이 두 항의 합만이 중요한 것이므로 그 합을 이등분한 것을 각각의 계수로 표시하는 것이 편리하다. 이렇게 하면 이차형식은 항상 대칭행렬로 표시가능하다. 따라서 앞으로 이차형식을 표시하는 행렬은 모두 대칭행렬이라 가정하겠다. 대칭행렬이 항상 대각화가능이라는 사실은 이차형식의 성질을 연구하는 데 매우 중요한 역할을 한다.

이차형식의 정부호성(definiteness)

예를 들어 이차형식 $F = x^2 + y^2$은 임의의 $x \neq 0, y \neq 0$에 대해서 항상 양수의 값을 갖는 반면, $G = x^2 - y^2$은 x, y의 값에 따라 부호가 달라진다. 이차형식이 항상 일정한 부호를 갖게 되는 조건이 무엇인지 살펴보기로 한다. 먼저 정부호성을 다음과 같이 정의하자.

이차형식 $F = x'Ax$가 임의의 벡터 $x \neq 0$에 대해 항상,

$F = x'Ax > 0$일 때 양정부호(positive definite, *p.d.*),

$F = x'Ax < 0$일 때 음정부호(negative definite, *n.d.*),

$F = x'Ax \geq 0$일 때 양반정부호(positive semi-definite, *p.s.d.*),

$F = x'Ax \leq 0$일 때 음반정부호(negative semi-definite, *n.s.d.*)

라 부른다. 그리고 각각의 경우의 행렬을 양정부호 행렬, 음정부호 행렬, 양반정부호 행렬, 음반정부호 행렬이라 부른다.

예 7-10 이차형식 $F = x^2 - 2xy + y^2 = (x, y)\begin{pmatrix} 1 & -1 \\ -1 & 1 \end{pmatrix}\begin{pmatrix} x \\ y \end{pmatrix}$은

$F = x^2 - 2xy + y^2 = (x - y)^2 \geq 0$이므로 양반정부호이고,

대칭행렬 $\begin{pmatrix} 1 & -1 \\ -1 & 1 \end{pmatrix}$은 양반정부호 행렬이다.

예 7-11 이차형식 $F = x^2 + 3y^2 = (x,y)\begin{pmatrix} 1 & 0 \\ 0 & 3 \end{pmatrix}\begin{pmatrix} x \\ y \end{pmatrix} > 0$는 양정부호이다.

[예 7-9]에서와 같이 이차형식을 대각행렬로 표시할 수 있으면 정부호성의 판정은 매우 쉽다. 다음의 정리는 대칭행렬이 대각화가능하다는 사실을 이용하여 정부호성을 판정하는 기준을 제공한다.

정리 7-5 (이차형식의 정부호성)

대칭행렬 A에 의해 표시되는 이차형식이 양(음)정부호이기 위한 필요충분조건은 A의 고유치가 모두 양(음)수인 것이다. 또한 양(음)반정부호이기 위한 필요충분조건은 고유치가 모두 영 또는 양(음)수인 것이다.

증 명 [정리 7-2]에 의해, 대칭행렬 A는 고유치 $\lambda_1,\cdots,\lambda_n$(이중에는 같은 값을 갖는 것들도 있다)를 대각성분으로 하는 대각행렬 D와 고유벡터들을 열벡터로 하는 직교행렬 Q에 의해 대각화된다. 즉, $Q'AQ = D$ 혹은 직교행렬의 성질 $Q^{-1} = Q'$을 이용하면, $A = QDQ'$이 된다.

그러면 이차형식은 $F = \boldsymbol{x}'A\boldsymbol{x} = \boldsymbol{x}'QDQ'\boldsymbol{x} = (Q'\boldsymbol{x})'D(Q'\boldsymbol{x})$으로 표시할 수 있다. $\boldsymbol{y} = Q'\boldsymbol{x}$로 변수를 변환하면, 변수벡터 $\boldsymbol{x}$에 관한 이차형식 $F = \boldsymbol{x}'A\boldsymbol{x}$은 변수벡터 $\boldsymbol{y}$에 관한 이차형식 $F = \boldsymbol{y}'D\boldsymbol{y} = \lambda_1 y_1^2 + \cdots + \lambda_n y_n^2$으로 변환될 수 있다. Q와 $Q' = Q^{-1}$은 가역행렬이므로 $\boldsymbol{x} \neq 0$이기 위한 필요충분조건은 $\boldsymbol{y} \neq 0$이다. 따라서 변수벡터 $\boldsymbol{x}$에 관한 이차형식 $F = \boldsymbol{x}'A\boldsymbol{x}$이 양(음)정부호이기 위한 필요충분조건은, 변수벡터 $\boldsymbol{y}$에 관한 이차형식 $F = \boldsymbol{y}'D\boldsymbol{y} = \lambda_1 y_1^2 + \cdots + \lambda_n y_n^2$이 양(음)정부호인 것이다. 그런데 $F = \boldsymbol{y}'D\boldsymbol{y} = \lambda_1 y_1^2 + \cdots + \lambda_n y_n^2$의 정부호성은 $\lambda_1,\cdots,\lambda_n$의 부호에 의해 결정되는 것을 쉽게 알 수 있다. 즉, 모든 i에 대해서

$$\lambda_i > 0 \Leftrightarrow F = \boldsymbol{x}'A\boldsymbol{x} = \boldsymbol{y}'D\boldsymbol{y} > 0$$

$$\lambda_i \geq 0 \Leftrightarrow F = \boldsymbol{x}'A\boldsymbol{x} = \boldsymbol{y}'D\boldsymbol{y} \geq 0$$

$$\lambda_i < 0 \Leftrightarrow F = \boldsymbol{x}'A\boldsymbol{x} = \boldsymbol{y}'D\boldsymbol{y} < 0$$

$$\lambda_i \leq 0 \Leftrightarrow F = \boldsymbol{x}'A\boldsymbol{x} = \boldsymbol{y}'D\boldsymbol{y} \leq 0$$

이 된다.

이 정리에 의하면 이차형식이나 대칭행렬의 정부호성을 판정하기 위해서는 고유치를 모두 구하고 그 부호를 알아보면 된다. 예를 들어 고유치가 모두 양수이면 양정부호이고, 일부가 양수이고 일부가 음수이면 정부호가 아니다.

예 7-12 이차형식 $F = 2x^2 + 2\sqrt{2}\,xy + y^2$의 정부호성을 판정하자. F를 표시하는 행렬은 $A = \begin{pmatrix} 2 & \sqrt{2} \\ \sqrt{2} & 1 \end{pmatrix}$이므로 A의 고유치를 구하면 $\lambda_1 = 0$, $\lambda_2 = 3$이 된다. 따라서 대칭행렬 A는 양반정부호 행렬이다.

그런데 일반적으로 행렬의 고유치를 구하는 것은 쉽지 않다. n차 정방행렬의 고유치를 구하기 위해서는 n차 다항방정식의 근을 구해야하기 때문이다. 다음의 [정리 7−6]은 보다 간단한 판정방법을 제시해 준다. 증명은 이 책의 수준을 넘기 때문에 생략한다.

먼저 n차 정방행렬 A에 대해 k차 주대각소행렬식(successive principal minor) $|A_k|$와 k차 대각소행렬식(principal minor) $|\widetilde{A_k}|$을 다음과 같이 정의하자.

$$|A_k| \equiv \begin{vmatrix} a_{11} & \cdots & a_{1k} \\ \vdots & & \vdots \\ a_{k1} & \cdots & a_{kk} \end{vmatrix}$$

$(i, j, \cdots, k)$가 자연수집합 $\{1, \cdots, n\}$의 임의의 k개 수의 순서집합 $(i < j < \cdots < k)$이라 할 때,

$$|\widetilde{A_k}| \equiv \begin{vmatrix} a_{ii} & a_{ij} & \cdots & a_{ik} \\ a_{ji} & a_{jj} & \cdots & a_{jk} \\ \cdots & \cdots & \cdots & \cdots \\ a_{ki} & a_{kj} & \cdots & a_{kk} \end{vmatrix}$$

예를 들어 $A=\begin{pmatrix} a_{11} & a_{12} & a_{13} \\ a_{21} & a_{22} & a_{23} \\ a_{31} & a_{32} & a_{33} \end{pmatrix}$일 때,

$$|A_1| = a_{11},\ |A_2| = \begin{vmatrix} a_{11} & a_{12} \\ a_{21} & a_{22} \end{vmatrix},\ |A_3| = \begin{vmatrix} a_{11} & a_{12} & a_{13} \\ a_{21} & a_{22} & a_{23} \\ a_{31} & a_{32} & a_{33} \end{vmatrix}$$

$|\widetilde{A}_1| = a_{11}$ 혹은, a_{22}, 혹은 a_{33}

$$|\widetilde{A}_2| = \begin{vmatrix} a_{11} & a_{12} \\ a_{21} & a_{22} \end{vmatrix},\ \text{혹은,}\ \begin{vmatrix} a_{11} & a_{13} \\ a_{31} & a_{33} \end{vmatrix}\ \text{혹은,}\ \begin{vmatrix} a_{22} & a_{23} \\ a_{32} & a_{33} \end{vmatrix}$$

$$|\widetilde{A}_3| = \begin{vmatrix} a_{11} & a_{12} & a_{13} \\ a_{21} & a_{22} & a_{23} \\ a_{31} & a_{32} & a_{33} \end{vmatrix}$$

정리 7-6 (정부호성의 필요충분조건)

대칭행렬 A가 양정부호이기 위한 필요충분조건은 A의 주대각소행렬식이 모두 양수인 것이다. 즉,

$$|A_1| = a_{11} > 0,\ |A_2| = \begin{vmatrix} a_{11} & a_{12} \\ a_{21} & a_{22} \end{vmatrix} > 0, \cdots,\ |A_n| = \begin{vmatrix} a_{11} & \cdots & a_{1n} \\ \vdots & & \vdots \\ a_{n1} & \cdots & a_{nn} \end{vmatrix} > 0$$

또한 음정부호이기 위한 필요충분조건은 주대각소행렬식의 부호가 교대로 변하는 것이다. 즉,

$$|A_1| = a_{11} < 0, |A_2| = \begin{vmatrix} a_{11} & a_{12} \\ a_{21} & a_{22} \end{vmatrix} > 0, \cdots, |A_n| = (-1)^n \begin{vmatrix} a_{11} & \cdots & a_{1n} \\ \vdots & & \vdots \\ a_{n1} & \cdots & a_{nn} \end{vmatrix} > 0$$

양반정부호이기 위한 필요충분조건은 모든 대각소행렬식에 대해

$$|\widetilde{A}_1| \geq 0, \cdots, |\widetilde{A}_n| \geq 0.$$

음반정부호이기 위한 필요충분조건은,

$$|\widetilde{A}_1| \leq 0, |\widetilde{A}_2| \geq 0, \cdots, (-1)^n |\widetilde{A}_n| \geq 0$$

예 7-13 대칭행렬 $A = \begin{pmatrix} 1 & 2 & 0 \\ 2 & 5 & 0 \\ 0 & 0 & 3 \end{pmatrix}$의 주대각소행렬식들을 계산해 보면,

$$|1| = 1 > 0, \quad \begin{vmatrix} 1 & 2 \\ 2 & 5 \end{vmatrix} = 1 > 0, \quad \begin{vmatrix} 1 & 2 & 0 \\ 2 & 5 & 0 \\ 0 & 0 & 3 \end{vmatrix} = 3 > 0$$

이므로 행렬 A는 양정부호행렬이다.

연습 7-5 다음 대칭행렬의 정부호성을 판정하라.

$$A = \begin{pmatrix} 2 & -1 & 3 \\ -1 & 1 & 0 \\ 3 & 0 & 1 \end{pmatrix}$$

7.3 선형경제모형

n개의 재화를 생산하는 경제를 생각해 보자. 각 재화를 생산하기 위해서는 다른 재화를 투입물로 사용해야 한다. 예를 들어, 자동차를 생산하는 데 철강, 플라스틱, 기계 등을 투입해야 한다. 그리고 철강을 생산하는 데는 철광석등의 원료뿐만 아니라, 기계와 자동차, 철강을 필요로 한다. 이와 같이 각 생산부문은 서로 연관되어 있다.

이제 구체적으로 j재화를 1단위 생산하는 데 필요한 i재화의 양을 a_{ij}라 하자. a_{ij}를 ij성분으로 하는 행렬 A를 투입계수행렬이라 부른다. $a_{ij} \geq 0$이므로 투입계수행렬은 $A \geq 0$의 특징을 갖는다. 경제의 생산기술구조는 이 투입계수행렬로 대표된다. 투입계수행렬의 j번째 열벡터 $A_j = \begin{pmatrix} a_{1j} \\ \vdots \\ a_{nj} \end{pmatrix}$는 j재화 1단위를 생산하는 데 필요한 투입벡터로서, j 생산공정(production activity)이라 부른다. 이 경제의 생산기술이 다음과 같은 추가적인 성질을 갖는다고 가정하자.

[성질 1] 투입을 k배하면 생산물도 k배가 된다. 이러한 기술조건을 경제학용어로 규모수익불변(constant return to scale)이라 한다.

[성질 2] 각 재화생산은 다른 재화의 생산에 영향을 미치지 않는다. 따라서 총 투입은 각 재화를 생산하는 데 필요한 투입물의 합이 된다.

이러한 두 성질을 갖는 경제의 모형을 선형경제모형이라 부른다. [성질 1]에 의하면 j재화를 x_j단위를 생산하는 데 필요한 투입벡터는 x_jA_j이므로, [성질 2]에 따라 각 재화를 $x_1,\cdots,x_n$단위씩 생산하는 데 필요한 총 투입벡터는 $x_1A_1+\cdots+x_nA_n$이 된다. 생산물벡터를 $x=\begin{pmatrix} x_1 \\ \vdots \\ x_n \end{pmatrix}$라 하면 총 투입벡터는 $x_1A_1+\cdots+x_nA_n=Ax$로 표시할 수 있다.

생산적 경제

생산물벡터 x를 생산하는 데 투입벡터 Ax가 필요하다고 하면 순생산물벡터는 $x-Ax=(I-A)x$가 된다. 그러면 이 경제에서 순생산물벡터 b를 얻기 위해서는 각 재화를 얼마나 생산해야 하는가? 이것은 방정식

$$(I-A)x=b$$

의 해를 구하는 문제가 된다. n차 정방행렬 $I-A$가 가역이면, 해는 유일하게 존재하고 $x=(I-A)^{-1}b$로 구해진다. 그런데 이 해가 음수가 될 수도 있는데 그것이 무슨 뜻인지를 이해하기 위해서 다음과 같은 단순한 예를 살펴보기로 하자.

하나의 재화, 예를 들어 쌀만을 생산하는 경제를 생각해 보자. 쌀 한 단위를 생산하기 위해 종자로서의 쌀 a단위를 필요로 한다고 하자. 쌀을 x단위 생산하기 위해서는 ax의 투입이 필요하므로, $b>0$ 단위의 순생산물을 생산하기 위해서 $x-ax=b$인 총생산물 x가 생산되어야 한다. 즉, $1-a\neq 0$이면 총생산물은 $x=\dfrac{b}{1-a}$가 된다. $x\geq 0$이기 위한 필요충분조건은 $a<1$인 것이다. 달리 말하면, 쌀 한 단위 생산하는 데 종자로서 1단위 이상 투입되어서는 안 된다는 것이다. 쌀 한 단위 생산하는 데 종자가 1단위 이상 든다면

그 경제는 비생산적이라 할 수 있는데, 그때 총생산물을 계산하면 음수가 된다. 재화가 둘 이상 있는 경우에는 비생산적인지를 판단하는 것이 매우 복잡해지기는 하지만 원리는 기본적으로 같다.

임의의 순생산물벡터 $b \geq 0$을 생산할 때, 항상 총생산물벡터가 $x = (I-A)^{-1}b \geq 0$으로 계산될 수 있을 때 이 경제를 생산적(productive)이라 한다.

경제가 생산적이기 위한 조건은 다음의 정리에서 얻어진다. 이 정리의 증명은 간단하지 않으므로 생략하기로 한다.

정리 7-7 (호킨스-사이몬 조건)

n차 정방행렬 $A \geq O$에 대해서 다음은 모두 동치이다.

(1) 임의의 벡터 $b \geq 0$에 대해서 $(I-A)^{-1}b \geq 0$이 성립한다. 즉, 투입계수행렬 A를 갖는 경제는 생산적이다.

(2) 행렬 A의 최대 실수값 고유치를 $\lambda(A)$라 하면, $0 < \lambda(A) < 1$이고, 대응되는 고유벡터 중에서 $x \geq 0$인 것이 존재한다. $\lambda(A)$를 프로베니우스 근(Frobenius root)이라 한다.

(3) 행렬 $I-A$의 주대각소행렬식들이 모두 양수이다. 즉,

$$1 - a_{11} > 0, \begin{vmatrix} 1-a_{11} & -a_{12} \\ -a_{21} & 1-a_{22} \end{vmatrix} > 0, \ \cdots \ , \begin{vmatrix} 1-a_{11} & \cdots & -a_{1n} \\ \vdots & \ddots & \vdots \\ -a_{1n} & \cdots & 1-a_{nn} \end{vmatrix} > 0.$$

이 조건을 호킨스-사이몬(Hawkins-Simon) 조건이라 부른다.

예 7-14 투입계수행렬이 $A = \begin{pmatrix} 0.5 & 0.2 \\ 0.3 & 0.2 \end{pmatrix}$인 경제가 생산적인지 알아보기로 하자. 이 행렬의 고유치는 $|A - \lambda I| = \begin{vmatrix} 0.5-\lambda & 0.2 \\ 0.3 & 0.2-\lambda \end{vmatrix} = \lambda^2 - 0.7\lambda + 0.04 = 0$의 근이므로, $\lambda(A) = \dfrac{0.7 + \sqrt{0.33}}{2} \approx 0.637$이 된다. 그리고 고유벡터는 $\begin{pmatrix} 0.5-\lambda & 0.2 \\ 0.3 & 0.2-\lambda \end{pmatrix}\begin{pmatrix} x_1 \\ x_2 \end{pmatrix} = \begin{pmatrix} 0 \\ 0 \end{pmatrix}$의 해로서 $\begin{pmatrix} x_1 \\ x_2 \end{pmatrix} \approx k\begin{pmatrix} 1 \\ 0.68 \end{pmatrix}$이다. 따라서 [정리 8-10]의 조건(2)가 성립하므로 이 경제는 생산적이다. 또한 $1 - a_{11} = 1 - 0.5 = 0.5 > 0$, $\begin{vmatrix} 1-a_{11} & -a_{12} \\ -a_{21} & 1-a_{22} \end{vmatrix} = \begin{vmatrix} 0.5 & -0.2 \\ -0.3 & 0.8 \end{vmatrix} = 0.34 > 0$이므로 호킨스-사이몬 조건도 충족된다.

그림 7-2

→ 생산적 경제

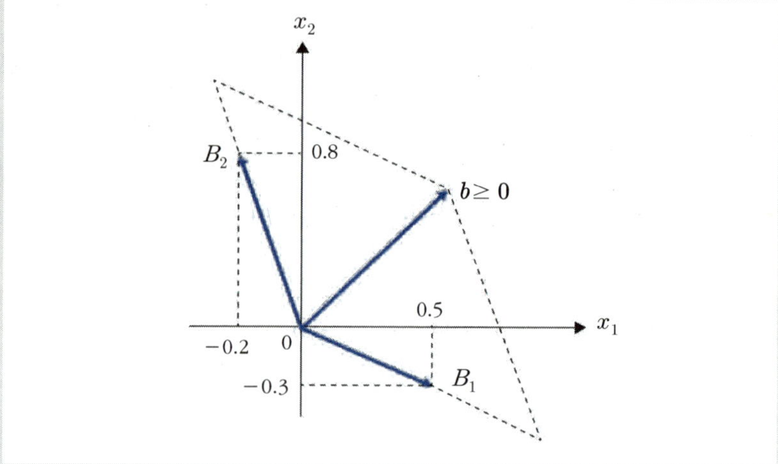

이 경제가 생산적인 것은 다음과 같은 그림을 통해서도 쉽게 이해할 수 있다. $I-A=B$라 하고 그 열벡터들을 $B_1=\begin{pmatrix}0.5\\-0.3\end{pmatrix}, B_2=\begin{pmatrix}-0.2\\0.8\end{pmatrix}$하면 임의의 순생산물벡터 $b\geq 0$는 $b=(I-A)x=x_1B_1+x_2B_2$로 표시될 수 있다. [그림 7-2]에서 알 수 있는 바와 같이 어떤 벡터 $b\geq 0$도 계수 $x_1 \geq 0, x_2 \geq 0$에 의한 B_1, B_2의 선형결합에 의해 표시가능하므로 이 경제는 생산적이다.

균형성장률

투입계수행렬 A의 기술조건을 가진 생산적 경제를 생각해 보자. 금기 초에 투입벡터 x_0를 투입해서 생산과정을 거쳐 금기 말에 생산물벡터 x_1을 얻는다고 하면 $x_0=Ax_1$의 관계식을 얻는다. x_0와 x_1는 일반적으로 비례하지 않을 것이다. 그러나 어떤 특정 투입벡터 x_0에 대해서는 생산물벡터가 x_0에 비례해서 $x_1=(1+g)x_0$가 된다고 하면 이때 모든 재화의 생산이 같은 성장률 g로 성장하는 것을 의미한다. 이와 같이 모든 재화가 같은 비율로 성장하는 경제성장을 균형성장(steady−state growth)이라 한다.

균형성장벡터를 x_0, 그때의 균형성장률을 g라 하면,

$$x_0 = A(1+g)x_0$$

가 성립한다. 양변을 $(1+g)$로 나누면,

$$Ax_0 = \frac{1}{1+g}x_0$$

를 얻는데, 이것은 $\frac{1}{1+g}$가 고유치, x_0가 고유벡터임을 의미한다. 다시 말해서 균형성장경로를 찾는 문제는 고유치와 고유벡터를 찾는 문제가 된다.

[정리 7-7]에 의하면 생산적 경제에서는 최대 고유치가 $0 < \lambda(A) < 1$이므로, 대응되는 고유벡터 $x \geq 0$를 투입하면, $\lambda(A) = \frac{1}{1+g}$이고, 따라서 성장률 $g = \frac{1}{\lambda(A)} - 1 > 0$로 균형성장이 가능하게 된다.

균형가격

투입계수행렬 A인 경제에서 각 재화 생산기업의 이윤율이 모두 π로 같고, 각 재화의 가격 $p = (p_1, \cdots, p_n)'$가 균형가격이 되기 위해서는

$$p_i = (1+\pi)(a_{1i}p_1 + \cdots + a_{1n}p_n), \ i = 1, \cdots, n$$

을 만족해야 한다. $a_{1i}p_1 + \cdots \ a_{ni}p_i$는 생산비이고 여기에 균등이윤율 π를 추가할 때 그것이 가격과 같아야 함을 의미한다.

이 식을 벡터와 행렬로 표시하면,

$$p = (1+\pi)A'p$$

따라서 균형가격은 A'의 고유벡터이고 균등이윤율 π는 고유치 λ에 대해서 $\pi = \frac{1}{\lambda} - 1$이 된다. 행렬 A와 그 전치행렬 A'의 고유치는 같으므로 균등이윤율은 균형성장률과 같게 된다. 가격벡터는 여러 가지 방법으로 정규화할 수 있는데 보통 $p_1 = 1$으로 정하거나, 모든 가격의 합이 1이 되도록 할 수도 있다. 상대가격이 중요한 것이므로 어떻게 정규화하든지 큰 차이는 없다. 다만 경우에 따라 수학적으로 다루기 편리한 방법으로 정규화하기도 한다.

예 7-15 투입계수행렬 $A = \begin{pmatrix} 0.5 & 0.2 \\ 0.3 & 0.2 \end{pmatrix}$의 경제는 생산적이고 프로베니우스 근은 $\lambda(A) = \frac{0.7 + \sqrt{0.33}}{2} \approx 0.637$이므로, 균형성장률 $g \approx 0.569$가 된다. 이 고유치에 대응하는 고유벡터가 대략 $\begin{pmatrix} 1 \\ 0.68 \end{pmatrix}$이 되므로, 균형성장경로에서 두 재화 x_1, x_2의 생산비율은 $\frac{x_2}{x_1} \approx 0.68$이다. 균등이윤율은 균형성장률과 같고, 위의 고유치에 대응하는 $A' = \begin{pmatrix} 0.5 & 0.3 \\ 0.2 & 0.2 \end{pmatrix}$의 고유벡터는 $p_1 = 1$로 정규화하면 $p_2 \approx 0.457$이 된다.

7.4 Markov과정

고유치와 고유벡터를 적용할 수 있는 또 다른 경제문제로서 **확률과정**(stochastic process)이 있다. 확률과정이란 어떤 변수의 과거의 상태가 주어지면 다음 시점의 상태가 단지 확률적으로만 결정되는 과정을 말한다. 특별히 t기의 각 상태의 확률은 $t-1$기의 상태에만 의존하는 경우의 확률과정을 **Markov과정**(Markov process)이라 부른다. 즉, Markov과정에서는 직전 과거만이 중요하고 그 이전의 상태는 이후의 변화에 영향을 미치지 않게 된다.

예 7-16 예를 들어 어떤 경제에서 개인은 취업과 실업의 두 상태에 있을 수 있다. t기의 취업자는 $t+1$기에도 취업할 확률이 0.9, 실직할 확률이 0,1이라고 하자. 그리고 t기의 실업자가 $t+1$기에 취업할 확률은 0.4, 그대로 실업으로 남을 확률이 0,6이라고 하자. 최초에 경제의 실업률이 5%였다고 할 때 시간이 흐름에 따라 실업률은 어떤 추이를 보일 것인가. 이때 실업률의 변화는 Markov과정을 따른다고 할 수 있다.

이제 일반적으로 어떤 변수의 가능한 상태가 $j=1,\cdots,k$인 Markov과정을 분석해 보자. 직전 기의 상태가 j일 때 다음 기에 상태 i가 실현될 확률을 m_{ij}라 하면 Markov과정은 k차 정방행렬 $M=\begin{pmatrix} m_{11} \cdots m_{1k} \\ \vdots \quad \vdots \\ m_{k1} \cdots m_{kk} \end{pmatrix}$에 의해 결정된다. 이 행렬을 Markov행렬이라 부른다. 이 행렬은 확률의 성질상 모든 성분이 $m_{ij} \geq 0$이고, 같은 열에 있는 성분의 합이 항상 $\sum_{i=1}^{k} m_{ij} = 1$을 만족한다.

Markov행렬 M의 고유치와 고유벡터는 다음과 같은 성질을 가진다. 증명은 생략하고 일부는 연습문제로 한다.

정리 7-8 (Markov행렬의 성질)

Markov행렬 M의 모든 성분이 양수라고 하자. 그러면 M의 고유치들은 다음 성질을 갖는다.

(1) 1은 중복도가 1인 고유치이다.

(2) 1이 아닌 다른 모든 고유치 λ는 $|\lambda| < 1$을 만족한다.

(3) 고유치 1에 대응하는 고유벡터는 그 성분이 모두 양수이다.

앞에서 설명한 실업문제의 Markov행렬은 $M=\begin{pmatrix} 0.9 & 0.4 \\ 0.1 & 0.6 \end{pmatrix}$이다. 이 행렬의 고유치는 $\lambda_1 = 1$과 $\lambda_2 = 0{,}5$이고 대응하는 고유벡터는 $v_1=\begin{pmatrix} 0.8 \\ 0.2 \end{pmatrix}$, $v_2=\begin{pmatrix} 0.5 \\ -0.5 \end{pmatrix}$이므로, [정리 7-8]을 확인할 수 있다.

Markov행렬 M이 갖는 이러한 성질을 이용하여 Markov과정을 분석해 보기로 하자. t기에 각 상태의 비중이 벡터 $x_t=\begin{pmatrix} x_{1t} \\ \vdots \\ x_{kt} \end{pmatrix}$로 주어진다고 하자. 즉, $x_{it} \geq 0$이고 $\sum_{i=1}^{k} x_{it} = 1$이다. 이러한 성질을 갖는 벡터를 확률벡터(stochastic vector)라 부른다. 그러면, $t+1$기의 상태를 나타내는 벡터 x_{t+1}은 $x_{t+1}= Mx_t$이 된다. 이러한 식을 차분방정식(difference equation)이라 하는데, 이 차분방정식의 해는 $x_t= M^t x_0$이 된다.

성분이 모두 양수인 Markov행렬 M의 고유치 $\lambda_1,\cdots,\lambda_k$에 대응하는 고유벡터들을 $v_1,\cdots,v_k$라 하자. 그러면 [정리 7-8]에 의해 $\lambda=1$, $|\lambda_i|<1$이라 가정할 수 있다. 또한, v_1은 성분이 모두 양수이고 합이 1이 되도록 길이를 조정할 수 있다. 이제 고유벡터 $v_1,\cdots,v_k$가 선형독립이라는 추가적인 가정을 하자. 그러면 고유벡터들로 이루어진 행렬 Q가 가역이고, 행렬의 대각화에 관한 [정리 7-2]에 의해, $x_t\equiv Qy_t$로 변수변환하면, 차분방정식 $x_{t+1}=Mx_t$은 $y_t=\begin{pmatrix}\lambda_1 & \cdots & 0\\ \vdots & \ddots & \vdots\\ 0 & \cdots & \lambda_k\end{pmatrix}y_{t-1}$. 따라서 차분방정식의 해는

$$y_t=\begin{pmatrix}\lambda_1 & \cdots & 0\\ \vdots & \ddots & \vdots\\ 0 & \cdots & \lambda_k\end{pmatrix}^t y_0=\begin{pmatrix}\lambda_1^t & \cdots & 0\\ \vdots & \ddots & \vdots\\ 0 & \cdots & \lambda_{k^t}\end{pmatrix}y_0.$$

$y_0=(c_1,\cdots,c_k)'$이라 하면, $y_t=(c_1\lambda_1^t,\cdots,c_k\lambda_k^t)'$이고, $x_t\equiv Qy_t$이므로 차분방정식의 해는

$$x_t=c_1\lambda_1^t v_1+\cdots+c_k\lambda_k^t v_k$$

이 된다. 이 일반해로부터 $t\to\infty$ 일 때, $\lambda=1$, $|\lambda_i|<1$이므로, x_t는 v_1으로 수렴함을 알 수 있다(x_t, v_1이 모두 확률벡터이므로, $c_1=1$이어야 한다).

실업문제를 보면 Markov행렬 $M=\begin{pmatrix}0.9 & 0.4\\ 0.1 & 0.6\end{pmatrix}$의 고유치는 1과 0.5이고, 고유치 1에 대응하는 고유벡터는 $v_1=\begin{pmatrix}0.8\\ 0.2\end{pmatrix}$이므로 시간이 충분히 흐른 후에는 최초의 실업률과 관계없이 0.2로 수렴하게 된다.

연습 7-6 실업문제에서 Markov행렬이 $M=\begin{pmatrix}0.7 & 0.5\\ 0.3 & 0.5\end{pmatrix}$인 경우, $t\to\infty$ 일 때 어떤 실업률로 수렴하게 될지 계산하라.

연습문제

문제 7-1 다음 행렬의 고유방정식을 쓰고 고유치를 계산하라.

$$\begin{pmatrix} 0&1&0&0 \\ 0&0&1&0 \\ 0&0&0&1 \\ 1&0&0&0 \end{pmatrix}$$

문제 7-2 행렬 $A = \begin{pmatrix} 3 & 1 & 2 \\ -2 & 0 & -4 \\ 2 & -1 & 4 \end{pmatrix}$의 고유치를 구하고 그에 대응하는 고유벡터를 하나씩 구하라.

문제 7-3 행렬 $A = \begin{pmatrix} 1 & 0 \\ 0 & -1 \end{pmatrix}$의 고유치와 고유벡터를 모두 구하고, 고유벡터들로 이루어진 행렬의 성질을 쓰라.

문제 7-4 행렬 $\begin{pmatrix} 1 & 2 \\ 2 & 4 \end{pmatrix}$에 대해 답하라.

(1) 이 행렬과 관련된 이차형식의 식을 쓰라.

(2) 이 행렬의 고유치와 고유벡터를 모두 구하라.

(3) 이 행렬의 정부호성을 판정하라.

문제 7-5 행렬 $A = \begin{pmatrix} 1&2&0 \\ 2&1&4 \\ 0&4&1 \end{pmatrix}$의 고유벡터들로 구성된 정규직교기저를 열벡터로 하는 행렬 Q를 구하라.

문제 7-6 이차형식 $x'Ax$가 양정부호이고 역행렬 A^{-1}이 존재하면, $x'A^{-1}x$도 양정부호임을 증명하라.

문제 7-7 이차형식 $F = -4x^2 + 4xy - 3y^2 - 8z^2$들의 정부호성을 고유치를 계산하여 판정하라.

문제 7-8 다음 이차형식들을 행렬을 이용하여 표시하고, 그 정부호성을 판정하라.

(1) $3x^2 + y^2 + z^2 + 4xy + 2xz + 6yz$

(2) $4x^2 - 2y^2 + z^2 - 2xy + 4xz - 5yz$

(3) $4x^2 + 4y^2 + 3z^2 + 2xz + 6yz$

문제 7-9 두 재화가 생산되는 경제의 투입계수행렬이 $A = \begin{pmatrix} 0.2 & 0.8 \\ 0.6 & 0.3 \end{pmatrix}$이라 하자.

(1) 최종수요가 $\begin{pmatrix} 1 \\ 1 \end{pmatrix}$일 때 총생산량벡터를 구하라.

(2) 이 경제가 생산적인지 알 수 있는가 판단해 보라.

(3) 이 경제의 최고 균형성장률과 성장경로를 계산하라.

문제 7-10 Markov행렬의 고유치중 하나는 1임을 증명하라.

문제 7-11 x가 확률벡터이고, M이 Markov행렬이면 Mx도 확률벡터임을 증명하라. (확률벡터는 성분이 모두 양수이고 합이 1인 벡터를 말한다.)

문제 7-12 어떤 사고에서 갑이 살아날 확률이 x_1^0이고 죽을 확률이 $x_2^0 = 1 - x_1^0$라고 가정해 보자. 즉, 초기의 상태는 다음과 같이 주어진다.

$$X^0 = \begin{pmatrix} x_1^0 \\ x_2^0 \end{pmatrix}$$

첫 사람이 갑의 생사에 관한 소식을 들었을 때, 그가 그대로 전달받을 확률이 p이고 반대로 전달받을 확률이 $1-p$라고 하자($p > 0$). 마찬가지로 이후에 전달받는 사람도 그대로 전달받을 확률(즉, 앞사람이 알고 있는 대로 전달받을 확률)이 p이고 반대로 전달받을 확률이 $1-p$라고 가정해 보자. 이 경우, t번째 사람이 갑이 살았다고 전달받을 확률을 x_1^t, 죽었다고 전달받을 확률을 x_2^t라고 하고 X^t를 이 확률로 이루어진 벡터라고 하자. 즉,

$$X^t = \begin{pmatrix} x_1^t \\ x_2^t \end{pmatrix}$$

이다.

(1) 이 경우 $X^{t+1} = PX^t$ 꼴로 나타낼 수 있다. 행렬 P를 구해 보라.

(2) (1)에서 구한 P가 Markov행렬임을 보이라.

(3) P는 1을 고유치로 가짐을 증명하라. 그리고 그에 대응되는 고유벡터 중 두 원소의 합이 1인 것을 구하여라.

(4) $y = \lim_{t \to \infty} X^t$라 하면, y는 (3)에서 구한 고유벡터와 일치함을 보이라. y는 실제의 값의 생사 확률 X_0와는 상관없이 결정된다. 왜 그런지 생각해보라.

Ⅲ

미 분 법

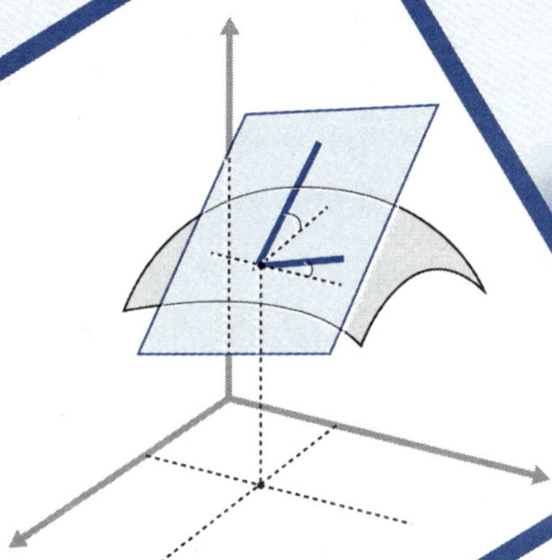

CHAPTER 08

기초위상수학

지금까지 우리는 선형대수학을 공부하였다. 선형대수학은 합과 스칼라곱이라는 연산이 정의되어 있는 벡터공간의 성질을 연구함으로써 선형연립방정식의 해를 구하는 방법을 찾기 위한 분야이다. 이제부터는 주제를 바꾸어 앞으로 세 장에 걸쳐 미분법을 살펴보기로 한다. 미분을 설명하기에 앞서 이 장에서는 그 기초가 되는 실수의 연속성과 n차원 유클리드공간 R^n의 위상적인 성질을 공부할 것이다. 집합의 위상적인 성질이란 집합의 원소들 간의 멀고 가까운 관계에 관한 성질을 말하는데 집합의 위상구조를 나타내는 기초적인 개념은 개집합과 폐집합의 개념이다. 즉 개집합과 폐집합을 어떻게 정하는가에 따라 집합의 위상적 구조가 결정되는 것이다.

이 책에서는 추상적인 위상수학의 수준까지 다루지는 않고 유클리드공간 R^n의 위상적 성질에 국한해서 공부하기로 한다. 유클리드공간이란 두 점 x와 y 간의 거리가 피타고라스정리에 따라 $\| x-y \| = \sqrt{\sum_{i=1}^{n}(x_i - y_i)^2}$ 으로 정의되어 있는 벡터공간을 말한다. 이 유클리드 공간 R^n에서 개집합과 폐집합을 정의하고, 함수의 연속성을 살펴볼 것이다. 이 장의 내용을 더 자세히 공부하고자 하는 독자는 참고문헌에 소개한 해석학에 관한 책을 참고하기 바란다.

그림 8-1

→ ϵ- 근방 $N_\epsilon(x)$

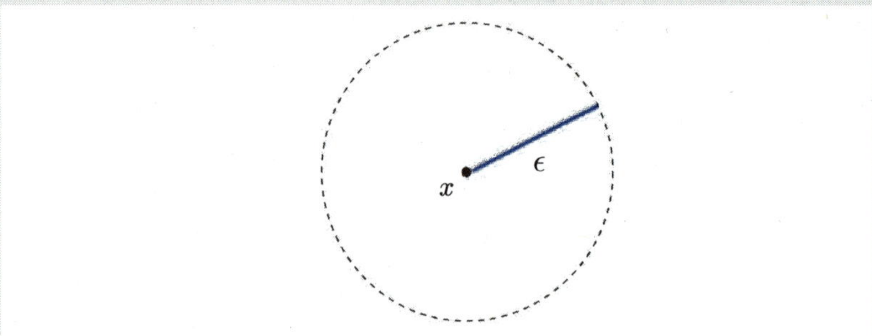

8.1 개집합과 폐집합

실수집합 R에서 개구간 $(a,b) \equiv \{x \in R \mid a < x < b\}$은 개집합, 폐구간 $[a,b] \equiv \{x \in R \mid a \le x \le b\}$은 폐집합의 예가 된다. 일반적인 유클리드공간 R^n에서 개집합과 폐집합을 정의하기 위해서 먼저 ϵ-근방을 다음과 같이 정의하자.

그림 8-2

→ 개집합 A

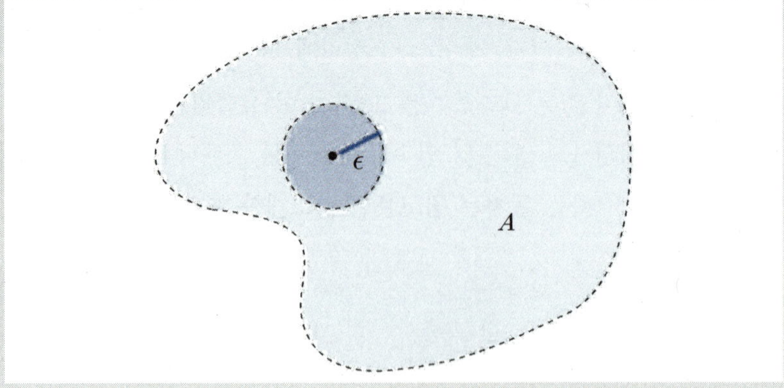

ϵ-근방 점 $x \in R^n$의 ϵ-근방(ϵ-neighborhood) $N_\epsilon(x)$은 x와의 거리가 양의 실수 $\epsilon > 0$보다 작은 모든 점들의 집합이다. 즉 $N_\epsilon(x) \equiv \{y \in R^n \mid \| x - y \| < \epsilon\}$

실수 집합 R의 개구간 $(x-\epsilon,\ x+\epsilon)$은 x의 ϵ-근방이다. R^2에서 ϵ-근방은 중심 x에서 반경이 ϵ인 원반의 내부점들로 생각하면 된다.

개집합 R^n의 부분집합 A에 대해, 임의의 점 $x \in A$에 대해서 적당한 실수 $\epsilon > 0$이 있어서 x의 ϵ-근방 $N_\epsilon(x)$가 A에 포함되도록 할 수 있을 때, A를 개집합(open set)이라 부른다. 즉, $\forall x \in A,\ \exists \epsilon > 0\ s.t.\ N_\epsilon(x) \subset A$

예 8-1 실수집합 R의 개구간 $(a,b) \equiv \{x \in R \mid a < x < b\}$은 개집합이다. $a < x < b$인 x에 대해, ϵ을 $|x-a|$와 $|b-x|$ 중에서 작은 값으로 잡으면 $N_\epsilon(x)$은 (a,b)에 포함된다.

예 8-2 임의의 점 $x \in R^n$와 $\epsilon > 0$에 대해 $N_\epsilon(x)$도 개집합이다.

그림 8-3

→ $N_\epsilon(x)$도 개집합이다

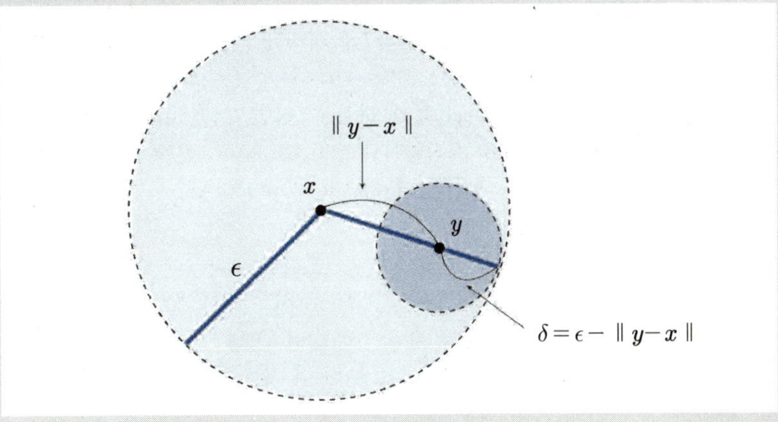

임의의 $y \in N_\epsilon(x)$에 대해 $\delta \equiv \mathrm{Min}\{\| y-x \|, \epsilon - \| y-x \|\}$로 하면, $N_\delta(y) \subset N_\epsilon(x)$이기 때문이다.

내점(interior point) 집합 A의 점 $x \in A$에 대해 $N_\epsilon(x) \subset A$이 되는 $\epsilon > 0$을 찾을 수 있으면, x를 A의 **내점**이라 한다.

고립된 한 점으로 구성된 집합 $\{x^0\}$은 개집합이 될 수 없다. ϵ을 아무리 작게 잡아도 그 집합에 ϵ－근방이 포함될 수 없기 때문이다. 개집합은 모두 내점들만으로 이루어진 집합이다.

예를 들어 집합 $A = \{(x_1, x_2) \in R^2 \mid x_1^2 + x_2^2 < 1\}$은 개집합이고 모든 점이 내부점이다. 또한 폐구간 $[a,b]$에서 점 a,b를 제외한 나머지 점들은 내점이다.

정리 8-1 (개집합의 성질)

개집합은 다음 성질을 갖는다.

(1) R^n과 $\varnothing$은 개집합이다.

(2) 개집합의 모임 $\{A_\alpha\}_{\alpha \in I}$에 대해 $\cup_{\alpha \in I} A_\alpha$는 개집합이다. 여기서 I는 자연수집합의 부분집합이다.

(3) $A_1, \cdots, A_n$이 개집합이면, $\cap_{i=1}^{n}$도 개집합이다.

증 명 (1) $\varnothing$은 어떤 원소도 포함하지 않으므로 개집합의 정의를 자동적으로 만족한다. $x \in R^n$에 대해 $\epsilon > 0$을 마음대로 잡아도 $N_\epsilon(x)$는 R^n의 부분집합이 된다. 따라서 R^n은 개집합이다.

(2) $x \in \cup_{\alpha \in I} A_\alpha$라 하자. 그러면, 어떤 α'에 대해 $x \in A_{\alpha'}$이다.
$A_{\alpha'}$은 개집합이므로 $N_\epsilon(x) \subset A_{\alpha'}$인 $\epsilon > 0$이 존재한다.
$A_{\alpha'} \subset \cup_{\alpha \in I} A_\alpha$이므로 $N_\epsilon(x) \subset \cup_{\alpha \in I} A_\alpha$. 따라서 $\cup_{\alpha \in I} A_\alpha$는 개집합이다.

(3) $x \in \cap_{i=1}^{n} A_i$라 하자. 그러면 모든 i에 대해 $x \in A_i$. A_i가 모두 개집합이므로 적당한 $\epsilon_1, \cdots, \epsilon_n$이 있어서 $N_{\epsilon_i}(x) \subset A_i$. $\epsilon = \min\{\epsilon_1, \cdots, \epsilon_n\}$이라 하면 모든 i에 대해 $N_\epsilon(x) \subset N_{\epsilon_i}(x) \subset A_i$.
따라서 $N_\epsilon(x) \subset \cap_{i=1}^{n} A_i$이므로 $\cap_{i=1}^{n} A_i$는 개집합이다.

예 8-3 무한개 개구간 $A_n = (-\frac{1}{n}, \frac{1}{n})$의 교집합 $\cap_{n=1}^{\infty} A_n$은 $\{0\}$으로 개집합이

그림 8-4

→ $A_n = (-\frac{1}{n}, \frac{1}{n})$ 들의 교집합 $\cap_{n=1}^{\infty} A_n = \{0\}$

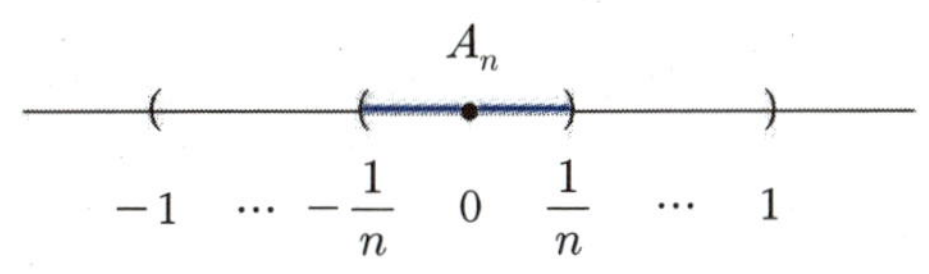

아니다. 이것은 무한개의 개집합에 대해서는 그 교집합이 개집합이 아닐 수 있음을 보여주는 예이다.

폐집합 집합 $A \subset R^n$의 여집합 $\overline{A}$가 개집합일 때, A를 폐집합(closed set)이라 부른다.

[그림 8-5]에서 보는 바와 같이 폐집합은 집합의 모든 경계에 있는 점들을 포함하는 집합이다.

그림 8-5

→ 폐집합 A

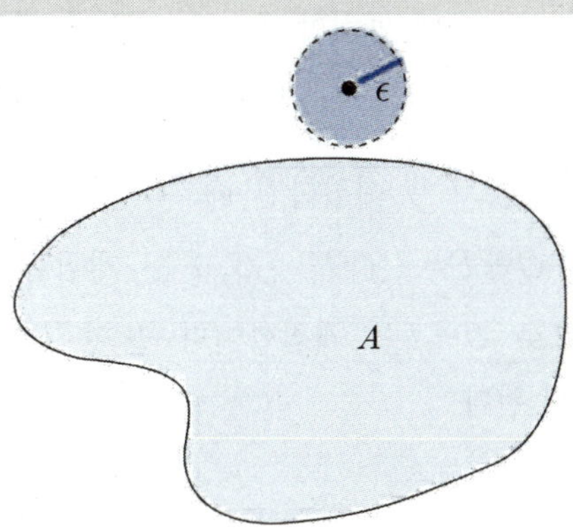

예 8-4 폐구간 $[a,b]$는 여집합 $\{x \in R \mid x < a$ 혹은 $b < x\}$이 개집합이기 때문에 폐집합이다.

연습 8-1 다음 집합들이 개집합 혹은 폐집합인지 판정하라.

(1) $\left\{\frac{1}{n} \mid n = 1,\ 2, \cdots\right\}$

(2) 구간 $[a,\ b)$, $(a,\ \infty)$

(3) $(-\infty,\ a) \cup (b,\ \infty)$

(4) $F_n = [-1 + \frac{1}{n}, 1 - \frac{1}{n}]$ 일 때, $\cup_{n=1}^{\infty} F_n$, $\cap_{n=1}^{\infty} F_n$

(5) 유리수집합 Q

(6) $\{(x,\ y) \in R^2 \mid 0 < x < 1,\ y = 0\}$

R^n, $\varnothing$는 서로 여집합이므로 폐집합도 된다. 이 두 집합은 개집합이면서 동시에 폐집합도 되는 특이한 성질을 가졌다. [정리 8-1] 개집합의 성질로부터 다음 성질은 쉽게 증명할 수 있으므로 증명은 연습으로 남겨둔다.

정리 8-2 (폐집합의 성질)

폐집합은 다음 성질을 갖는다.

(1) R^n과 $\varnothing$은 폐집합이다.

(2) F_α, $\alpha \in I$ 들이 폐집합일 때, $\cap_{\alpha \in I} F_\alpha$는 폐집합이다.

(3) 유한개의 폐집합 $F_1, \cdots, F_n$에 대해, $\cup_{i=1}^{n} F_i$는 폐집합이다.

예 8-5 G가 개집합, F가 폐집합일 때, $G-F$는 개집합, $F-G$는 폐집합임을 보이자. $G-F = G \cap \overline{F}$. G, $\overline{F}$는 개집합이고, 개집합의 교집합은 개집합이므로 $G-F$는 개집합이다. 또한 $F-G = F \cap \overline{G}$이므로 $F-G$는 폐집합이 된다.

유계집합 집합 $A \subset R^n$의 모든 벡터 $x \in A$에 대해 $\| x \| \le M$이 되는 충분히 큰 실수 $M > 0$이 있을 때, A를 **유계**(bounded)라 한다.

콤팩트집합 집합 $A \subset R^n$가 유계이고 폐집합일 때 콤팩트집합(compact set)이라 한다.

콤팩트집합은 연속함수와 관련하여 매우 중요한 성질을 갖기 때문에 경제학에서도 많이 활용된다.

예 8-6 폐구간 $[a,b]$는 콤팩트집합이다. 모든 벡터의 길이가 유한하고 폐집합이기 때문이다.

예 8-7 4장에서 살펴본 예산집합 $\{x \in R_+^n \mid p \cdot x \leq M\}$도 가격벡터 $p \gg 0$에 대해서 콤팩트집합이 된다.([그림 4-8]참조)

예 8-8 성분의 합이 1이고 $x_i \geq 0$인 벡터들의 집합 $\left\{x \in R^n \mid \sum_{i=1}^{n} x_i = 1,\ x_i \geq 0\right\}$을 단체(單體, simplex)라 부르고 Δ_{n-1}으로 표시한다. [그림 8-6]에서 쉽게 확인할 수 있듯이 단체는 콤팩트집합이 된다. 7장에서 살펴본 확률벡

그림 8-6

→ 단체

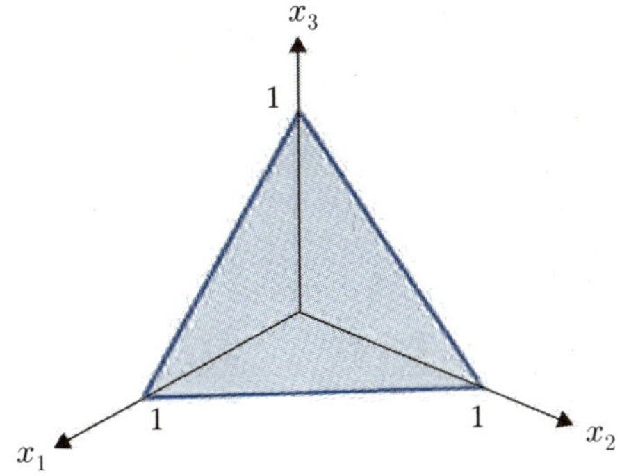

$$\Delta_{n-1} \equiv \{\ x \in R^n \mid \sum_{i=1}^{n} x_i = 1, x_i \geq 0\}$$

터들의 집합도 단체이다. 또한 가격벡터 $p \in R^n$ 중에서 $p \geq 0$이고 그 성분의 합이 $\sum_{i=1}^{n} p_i = 1$이 되는 가격벡터들의 집합은 단체를 이룬다. 이러한 가격벡터집합 $\Delta \equiv \left\{ p \in R^n \mid \sum_{i=1}^{n} p_i = 1, p_i \geq 0 \right\}$은 모든 상대가격을 포함하면서 콤팩트집합이기 때문에 소비자이론에서 매우 중요한 역할을 하는 집합이다.[1]

폐포(closure) 집합 A를 포함하는 모든 폐집합들의 교집합을 A의 폐포라 하고, A^c로 표시한다.

A^c는 폐집합들의 교집합이므로 폐집합이다. A^c는 A를 포함하는 폐집합 F 중에서 "최소"의 폐집합이라 할 수 있다. 따라서 A가 폐집합이기 위한 필요충분조건은 $A = A^c$이다.

경계점(boundary point) 집합 A에 대해 폐포 A^c의 점 중에서 A의 내점이 아닌 점을 A의 경계점이라 한다.

정리 8-3 (폐포의 성질)

폐포의 기본성질은 다음과 같다.

(1) $(A \cup B)^c = A^c \cup B^c$

(2) $(A \cap B)^c \subset A^c \cap B^c$

(3) $A \subset A^c$

(4) $(A^c)^c = A^c$

(5) $\varnothing^c = \varnothing$, $(R^n)^c = R^n$

연습 8-2 개구간 (a,b)의 내점과 경계점을 찾으라.

집적점과 도집합 집합 $A \subset R^n$에 대해 어떤 점 $x \in R^n$가 모든 $\epsilon > 0$

1 모든 가격벡터의 집합은 R^n_+이라 할 수 있는데, 이 집합은 폐집합이기는 하지만 유계가 아니고 따라서 콤팩트집합이 아니다.

에 대해 $A \cap (N_\epsilon(x) - \{x\}) \neq \varnothing$ 이면, 점 x를 A의 집적점(accumulation point)이라 한다. 다시 말해 x의 모든 $\epsilon-$근방이 A의 점을 적어도 하나 반드시 포함할 때 x를 집합 A의 집적점이라 한다. A의 집적점의 집합을 A의 도집합(derived set)이라 하고 A^d로 표시한다.

연습 8-3 집합 A의 내점 $x \in A$는 A의 집적점임을 보이라.

집적점은 그 집합에 포함될 수도 있고 그렇지 않을 수도 있다. 개구간 (a,b)에 대해 점 a는 집적점이지만 (a,b)에 포함되지 않는다. 개집합은 자신의 집적점을 모두 포함하지는 않음을 알 수 있다.

다음 정리가 요약하는 바와 같이 자신의 모든 집적점을 포함하는 집합이 폐집합이 된다.

정리 8-4

집합 A가 폐집합일 필요충분조건은 $A^d \subset A$, 즉 모든 집적점을 포함하는 집합인 것이다

증 명 A가 폐집합
$\Leftrightarrow$ $\overline{A}$는 개집합
$\Leftrightarrow$ $x \in \overline{A}$에 대해 $N_\epsilon(x) \subset \overline{A}$인 $\epsilon > 0$이 존재
$\Leftrightarrow$ $A^d \cap \overline{A} = \varnothing$
$\Leftrightarrow A^d \subset A$

정리 8-5

$(A^d)^d \subset A^d$

증 명 $x \notin A^d$이면 $x \notin (A^d)^d$임을 증명하자.
$x \notin A^d$이므로 적당한 $\epsilon > 0$에 대해 $N_\epsilon(x) - \{x\} \subset \overline{A}$이다.
$N_\epsilon(x) - \{x\}$에서 임의의 y를 택하고 $N_\delta(y) \subset N_\epsilon(x) - \{x\}$가 되도록 $\delta > 0$을 잡으면, $N_\delta(y) \cap A = \varnothing$. 따라서, $N_\epsilon(x) - \{x\}$의 어떤 점 y도 A의 집적점이 될 수 없다. 즉, $A^d \cap (N_\epsilon(x) - \{x\}) = \varnothing$.
이것은 $x \notin (A^d)^d$임을 의미한다.

[정리 8-4]와 [정리 8-5]에 의하면 A^d는 언제나 폐집합이 된다.

다음 정리는 임의의 집합의 폐포는 그 집합에 도집합을 추가한 것임을 보여준다.

정리 8-6

$$A^c = A \cup A^d$$

증 명 먼저 $A^c \supset A \cup A^d$를 증명하자. A^c는 집합 A를 포함하는 폐집합이므로, [정리 8-4]에 의해 A의 모든 집적점도 포함하므로, $A^c \supset A \cup A^d$이다. 이제 $A \cup A^d$가 폐집합임을 보이면 증명은 끝난다.

점 $\boldsymbol{x}$를 $A \cup A^d$의 집적점이라 할 때 $\boldsymbol{x} \in A \cup A^d$임을 증명하면 $A \cup A^d$가 폐집합임을 보인 것이 된다. $\boldsymbol{x} \in A$이면 자명하므로 $\boldsymbol{x} \notin A$라고 하자. $\boldsymbol{x}$는 $A \cup A^d$의 집적점이므로 $\boldsymbol{x}$의 모든 $\epsilon-$근방 $N_\epsilon(\boldsymbol{x})$에 대해 $(A \cup A^d) \cap (N_\epsilon(\boldsymbol{x}) - \{\boldsymbol{x}\}) \neq \varnothing$. 따라서 $A \cap (N_\epsilon(\boldsymbol{x}) - \{\boldsymbol{x}\}) \neq \varnothing$ 혹은 $A^d \cap (N_\epsilon(\boldsymbol{x}) - \{\boldsymbol{x}\}) \neq \varnothing$. 전자이면 $\boldsymbol{x} \in A^d$. 후자이면 A^d의 성질 때문에 $A \cap (N_\epsilon(\boldsymbol{x}) - \{\boldsymbol{x}\}) \neq \varnothing$가 성립하고 $\boldsymbol{x} \in A^d$. 어떤 경우든지 $\boldsymbol{x} \in A^d$이므로 $\boldsymbol{x} \in A \cup A^d$가 성립한다.

8.2 점열의 수렴

점열이란 문자 그대로 R^n공간의 점들의 나열을 의미한다. 개집합과 폐집합과 같은 위상적 개념은 점열을 이용하여 다시 정의하면 보다 직관적으로 이해할 수 있게 된다. 점열의 수렴과 극한의 개념은 함수의 연속성과 미분법의 기초가 된다.

R^n의 점열(sequence) $\{x^1, x^2, \cdots\}$은 점 $x^k \in R^n$들의 순서집합으로서 $\{x^k\}$으로 간단히 표시하기도 한다. 특히 x^k가 모두 실수일 경우에 실수열 혹은 줄여서 수열이라고 부른다.

점열의 수렴 R^n의 점열 $\{x^k\}$에 대해 적당한 $x^0 \in R^n$가 존재하고, 임의의 실수 $\epsilon > 0$에 대해, 이에 대응하는 적당한 자연수 N이 존재해서 $m > N$인

모든 자연수 m에 대해 $x^m \in N_\epsilon(x^0)$ 혹은 $\| x^m - x^0 \| < \epsilon$이 성립할 때 점열 $\{x^k\}$이 x^0에 **수렴한다**고 말하고, x^0를 $\{x^k\}$의 **극한**(limit)이라고 하며 $\lim_{k\to\infty} x^k = x^0$로 쓴다. 때에 따라서는 $k \to \infty$일 때 $x^k \to x^0$ 혹은 $\{x^k\} \to x^0$로 쓰기도 한다.

$\{x^k\}$가 x^0로 수렴한다는 것은, $k \to \infty$일 때 $\| x^k - x^0 \| \to 0$인 것으로 x^k와 x^0의 거리가 0으로 수렴한다는 것과 같은 것이다([그림 8-7] 참조).

예 8-9 수열 $\{1, \frac{1}{2}, \frac{1}{3}, \cdots\}$은 0에 수렴함을 수렴의 정의에 따라 증명해 보자. $\epsilon > 0$이 주어졌다고 하자. 모든 $n > N$에 대해 $\left|\frac{1}{n} - 0\right| < \epsilon$을 만족시키는 N을 찾을 수 있으면 된다. 그런데, $\frac{1}{\epsilon}$보다 큰 정수를 택해서 이것을 N으로 잡으면, $n > \frac{1}{\epsilon}$이고, $\left|\frac{1}{n} - 0\right| = \frac{1}{n} < \epsilon$가 성립한다. 따라서 $\{\frac{1}{n}\}$은 0에 수렴한다.

정리 8-7

수렴하는 점열 $\{x^n\}$의 극한은 유일하다.

증 명 x^0와 x^*가 $\{x^n\}$이 서로 다른 두 극한이라 하자. x^0와 x^*가 서로 다른 점이므로 각각의 근방 $N_\epsilon(x^0)$와 $N_\delta(x^*)$를 $N_\epsilon(x^0) \cap N_\delta(x^*) = \varnothing$이 되도록 $\epsilon, \delta > 0$을 잡을 수 있다. 그러면, x^0가 $\{x^n\}$의 극한이므로, 적당

그림 8-7

→ 점열의 수렴

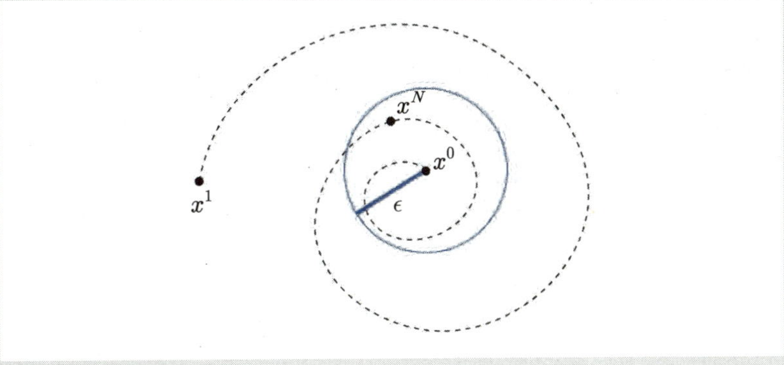

한 N^0이 있어서, $n > N^0$인 n에 대해 $N_\epsilon(x^0) \ni x^n$. 마찬가지로 x^*에 대해 N^*이 있어서 $n > N^*$인 n에 대해 $N_\delta(x^*) \ni x^n$
그러면 $n > \max\{N^0, N^*\}$인 n에 대해서는 $x^n \in N_\epsilon(x^0)$이고, 동시에 $x^n \in N_\delta(x^*)$가 된다. 그런데, 이것은 $N_\epsilon(x^0) \cap N_\delta(x^*) = \varnothing$에 모순.
따라서 $x^0 = x^*$이다.

연습 8-4 실수열 $\{x^n\}$, $\{y^n\}$이 $0 \leq x^n \leq y^n$, $n = 1, 2, \cdots$를 만족하고 $\{y^n\}$이 0으로 수렴하면, $\{x^n\}$도 0으로 수렴함을 보이라.

연습 8-5 다음 실수열 $x^n \equiv 1^n + (-1)^n$이 수렴하는지 조사하라.

정리 8-8

집합 A가 R^n의 폐집합이기 위한 필요충분조건은, A안의 모든 수렴하는 점열 $\{x^k\}$의 극한 x^0가 항상 A에 포함되는 것이다.

증 명 [정리 8-4]에 의해 A가 폐집합이기 위한 필요충분조건은 $A^d \subset A$인 것이므로, 위의 명제가 $A^d \subset A$와 동치임을 보이면 된다.
먼저 A안의 모든 수렴하는 점열 $\{x^k\}$의 극한이 항상 A에 포함된다고 하자. 그리고 $x^0 \in A^d$ 즉, x^0가 A의 집적점이라 하자. 그러면 모든 $k = 1, 2, \cdots$에 대해 $(N_{1/k}(x^0) - \{x^0\}) \cap A \neq \varnothing$. $N_{1/k}(x^0)$에서 점 x^k를 택해서 점열 $\{x^k\}$는 x^0로 수렴하므로, 처음 가정에 의해 $x^0 \in A$.

그림 8-8

→ 폐집합이 아닌 경우 $x^0 \notin A$

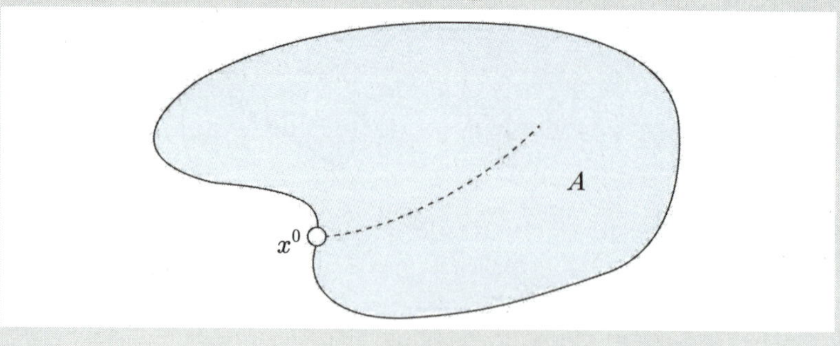

역으로 $A^d \subset A$라 하자. 그리고 점열 $\{x^k\} \subset A$가 x^0로 수렴한다고 하자. 그러면 x^0는 집합 $\{x^k\}$의 집적점이고, 따라서 A의 집적점이다. 즉, $x^0 \in A^d$이다. 가정에서 $A^d \subset A$이므로, $x^o \in A$.

이 정리를 이용하면 어떤 집합이 폐집합인지를 직관적으로 판정할 수 있다. 예를 들어 [그림 8-8]의 집합 A는 폐집합이 아니다. 왜냐하면, 점 x^0는 A에 속하지 않으나 x^0로 수렴하는 A안의 점열 $\{x^k\}$을 그림과 같이 하나 찾을 수 있기 때문이다.

집합 A의 경계점은 그 점으로 수렴하는 점열을 A안에서 항상 택할 수 있는 그러한 점이다. 따라서 집합 A가 경계점들을 모두 포함할 때 폐집합됨을 알 수 있다.

부분열(subsequence) 점열 $\{x^n\}$에 대해서, 자연수 N의 어떤 무한 부분집합 $\{n_1, n_2, \cdots\}$ $(n_1 < n_2 < \cdots)$에 대응하는 점열 $\{x^{n_k}\}$을 $\{x^n\}$의 **부분열**이라 한다.

$\{x^n\}$이 수렴하지 않더라도 $\{x^n\}$의 어떤 부분열 $\{x^{n_k}\}$는 수렴할 수도 있다. 예를 들어 수렴하지 않는 점열 $\{1, -1, 1, -1, \cdots\}$의 부분열 $\{1, 1, 1, 1, \cdots\}$은 1에 수렴한다.

연습 8-6 점열 $\{x^n\}$이 x^0에 수렴한다고 하자. 그러면, 임의의 부분열 $\{x^{n_k}\}$도 x^0에 수렴함을 증명하라.

다음의 정리는 콤팩트집합에 대한 또 다른 판별기준을 제시한다. 증명은 이 책의 수준을 넘으므로 생략한다.

정리 8-9 (콤팩트집합의 필요충분조건)

집합 $A \subset R^n$가 콤팩트집합이기 위한 필요충분조건은, A 안의 임의의 점열은 적어도 하나의 수렴하는 부분열을 갖고 그 극한이 A 안에 있다는 것이다.

그림 8-9

→ 함수의 연속성

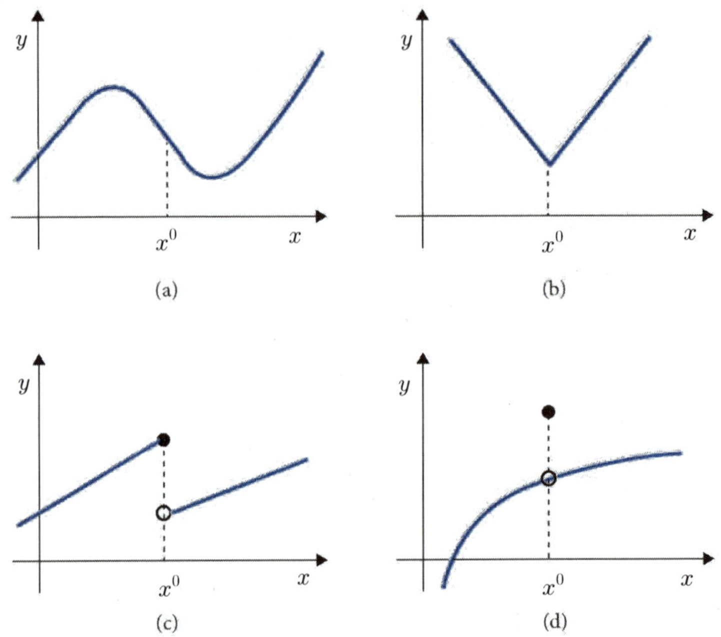

$(a),(b)$ x^0에서 연속 $(c),(d)$ x^0에서 불연속

8.3 함수의 연속성

연속함수란 독립변수가 조금 변화할 때 종속변수도 조금 변화하는 함수를 말한다. 함수의 그래프가 끊어지지 않고 연결되어 있는 것으로 생각할 수 있다. 함수가 연속이 아니면 독립 변수가 약간 변화할 때 종속변수가 크게 변화하게 된다. 예를 들어 수요함수가 연속이 아니면 가격이 약간 변화할 때 수요량이 매우 크게 변화하게 된다. 현실적으로 모든 경제변수를 측정할 때 오차를 피할 수 없으므로 가격의 오차범위에서 변할 때에도 수요량이 크게 변화한다면 예측이 불가능하게 된다. 그래서 경제학에서 관찰되는 대부분의 함

수관계는 연속성을 갖는다고 간주할 수 있다.

수요함수나 공급함수가 연속이 아닌 경우에 발생할 수 있는 또 다른 문제는 수요량과 공급량이 일치하는 균형가격이 존재하지 않을 수 있다는 사실이다. 이와 같이 함수의 연속성은 경제분석에서 매우 중요한 역할을 한다.

이제 연속함수를 엄밀히 정의하고 그 성질을 알아보기로 한다.

연속함수 집합 X는 R^n의 개집합이고, Y는 R^m의 임의의 집합이라 할 때, 함수 $f : X \to Y$에 대해 생각하자. 함수 $f(x)$가 $x^0 \in X$에서 연속(continuous)이라 함은 임의의 $\epsilon > 0$에 대해 $\delta > 0$가 존재하여, $x \in N_\delta(x^0)$인 모든 x에 대해서 $f(x) \in N_\epsilon(f(x^0))$가 성립할 때이다. 이것을 달리 표현하면, 임의의 $\epsilon > 0$에 대해 $\delta > 0$가 존재해서 $\| x - x^0 \| < \delta$인 모든 x가 $\| f(x) - f(x^0) \| < \epsilon$을 만족할 때 함수 $f(x)$가 x^0에서 연속이라 한다.[2] 함수 $f(x)$가 정의역 X의 모든 점에서 연속일 때 연속함수라 부른다.

보통 $\epsilon - \delta$ 정의로 불리는 이 연속성의 정의는 매우 어렵게 보이지만 잘 생각해 보면 독립변수 x가 조금 변할 때 종속변수 $f(x)$도 조금 변한다는 직관을 엄밀하게 정식화하는 데 필수불가결한 방법임을 알 수 있다.

[그림 8-10](b)에서 보듯이 x^0에서 함수가 연속이 아닌 경우, 어떤 $\epsilon > 0$에 대해서는 $\delta > 0$를 아무리 작게 잡아도 x^0의 δ-근방에 있는 점 중에는 그 함수값이 $f(x^0)$의 ϵ-근방 밖에 있는 점이 반드시 존재한다. 그러나 연속인 점에서는 그렇지 않다.

이 정의를 보다 쉽게 이해할 수 있도록 함수의 극한이라는 개념을 이용하여 다시 정의해 보자.

함수의 극한 함수 $f : X \to Y$의 한 점 $x^0 \in X$에 대해, 임의의 $\epsilon > 0$에 대해 적당한 $\delta > 0$가 존재하여 $\| x - x^0 \| < \delta$인 모든 $x \in X$에 대해

---

2 x^0에서의 연속의 정의를 논리기호를 이용하여 표시하면 다음과 같다.
$\forall \epsilon > 0, \exists \delta > 0$ s.t. $\| x - x^0 \| < \delta \Rightarrow \| f(x) - f(x^0) \| < \epsilon$

그림 8-10

→ 연속성의 $\epsilon-\delta$ 정의

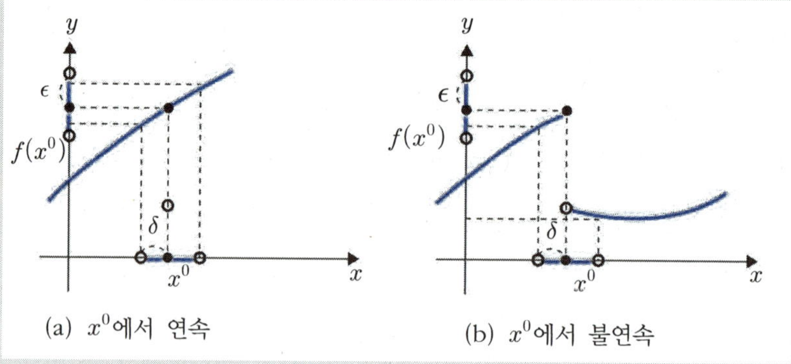

$\| f(x) - y \| < \epsilon$인 $y \in Y$를 x^0에서 $f(x)$의 극한값이라 하고, $\lim_{x \to x^0} f(x) = y$로 표시한다.

이 함수의 극한을 이용하여 연속성을 다시 정의하면 다음과 같다. 즉 $\lim_{x \to x^0} f(x) = f(x^0)$일 때 함수 $f(x)$가 x^0에서 연속이다. 이 정의는 앞의 정의와 동치임은 쉽게 확인할 수 있다. 직관적으로 말하면 x가 x^0로 수렴해 갈 때 언제나 함수값 $f(x)$가 $f(x^0)$로 수렴해 가면 x^0에서 연속인 것이다.

예 8-10 함수 $f(x) = x^2$는 임의의 $x = x_0$에서 연속이고 따라서 연속함수이다. 삼각 부등식을 연속해서 이용하면,

$$\begin{aligned} \left| x^2 - x_0^2 \right| &= \left| x - x_0 \right| \left| x + x_0 \right| \\ &\le \left| x - x_0 \right| (\left| x \right| + \left| x_0 \right|) \\ &\le \left| x - x_0 \right| (2\left| x_0 \right| + \left| x - x_0 \right|) \end{aligned}$$

따라서 $\left| x - x_o \right| < \delta$이면, $\left| x^2 - x_0^2 \right| < \delta(2\left| x_0 \right| + \delta)$이다.

그러면 임의의 $\epsilon > 0$에 대해 $\delta(2\left| x_0 \right| + \delta) = \epsilon$인 δ를 잡으면, 연속의 정의가 충족된다. 이것은 또한 $\lim_{x \to x_0} x^2 = x_0^2$을 의미하기도 한다.

그림 8-11

→ 함수의 극한이 $x=0$에서 존재하지 않는다

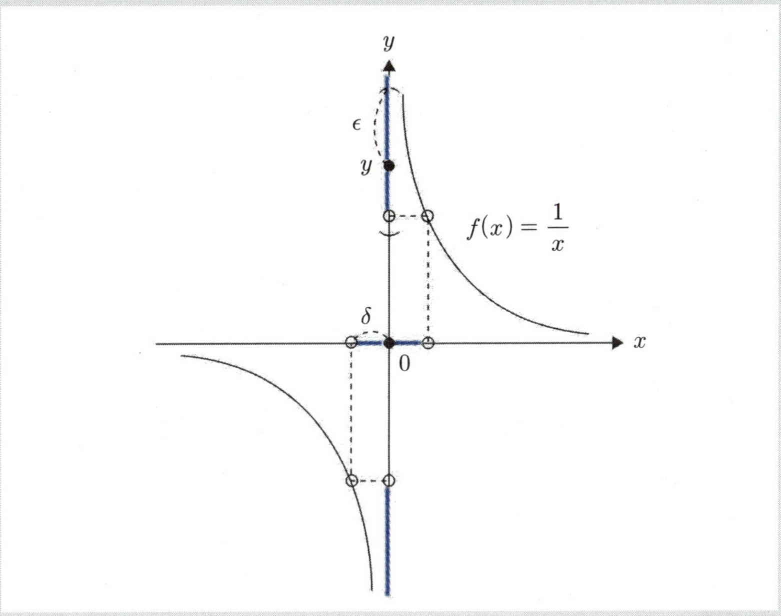

함수의 극한값이 존재하지 않는 경우도 있다. 다음 함수는 $x=0$에서 극한값을 갖지 않는다.

$$f(x) = \begin{cases} \frac{1}{x}, x \neq 0 \\ 0, \ x = 0 \end{cases}$$

이 함수의 그래프는 [그림 8-11]과 같다. 즉, δ를 아무리 작게 잡더라도 $(-\delta, \delta)$ 구간 안에 있는 점의 함수값은 $-\infty$에서 $+\infty$까지 변하므로 어떤 점 y를 택하더라도 $|y - f(x)| < \epsilon$이 되도록 하는 것은 불가능하다.

예 8-11 함수 $f(x) = \begin{cases} 0, x = 0 \\ 1, x \neq 0 \end{cases}$는 $x=0$에서 연속이 아니다.
왜냐하면, $\lim_{x \to x_o} f(x) = 1 \neq f(0)$이기 때문이다.

그림 8-12

→ 연속함수의 성질

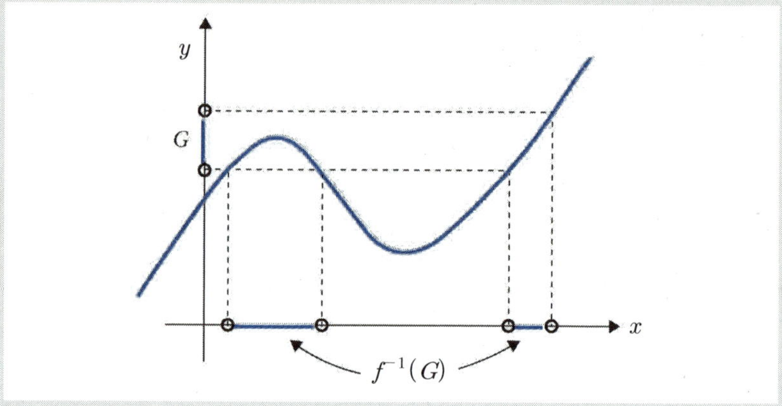

예 8-12 R^n의 특정한 점 x^0에서 임의의 점 x까지의 유클리드거리 $d(x) \equiv \| x - x^0 \|$는 연속함수이다. 삼각부등식에 의해 $d(x) \leq \| x - y \| + d(y)$ 따라서 $|d(x) - d(y)| \leq \| x - y \|$ 임의의 $\epsilon > 0$에 대해 $\delta = \epsilon$으로 잡으면 연속의 정의가 충족됨을 확인할 수 있다.

정리 8-10 (연속함수의 성질)

함수 $f : X \to R$와 $g : X \to R$가 연속함수이면, 다음 함수들도 연속함수이다.

(1) $f(x) + g(x)$

(2) $\alpha f(x)$

(3) $f(x)g(x)$

(4) $\text{Min}\{f(x), g(x)\}$

(5) $\text{Max}\{f(x), g(x)\}$

증 명 (1) $f(x)$와 $g(x)$가 연속이므로, 주어진 $\epsilon>0$에 대해, $\delta>0$를 잡아서 $\| x-y \| < \delta$이면 $|f(x)-f(y)|<\frac{\epsilon}{2}$, $|g(x)-g(y)|<\frac{\epsilon}{2}$이 되도록 할 수 있다. 그러면

$|(f(x)+g(x))-(f(y)+g(y))| \le |f(x)-f(y)| + |g(x)-g(y)| < \epsilon$

이므로 $f(x)+g(x)$도 연속이다. 나머지는 연습문제로 남겨둔다.

다음 정리는 연속함수의 중요한 성질을 보여주는데, 이 정리를 이용하여 연속함수를 개집합의 역상이 모두 개집합인 함수로 정의하기도 한다([그림 8-12]).

정리 8-11 (연속함수의 필요충분조건)

함수 $f : X \to Y$가 연속함수이기 위한 필요충분조건은 다음 각 항과 같다.

(i) Y에서의 임의의 개집합 G에 대해 그 역상 $f^{-1}(G)$는 개집합이다.

(ii) Y에서의 임의의 폐집합 F에 대해 그 역상 $f^{-1}(F)$는 폐집합이다.

증 명 폐집합은 개집합의 여집합이므로 (i)에 대해서만 증명하면 된다.

필요조건 함수 f라 연속이라 하자. 임의의 개집합 $G \subset Y$과 임의의 한 점 $x^0 \in f^{-1}(G)$에 대해, $f(x^0) \in G$이고 적당한 $\epsilon>0$에 대해 $N_\epsilon(f(x^0)) \subset G$라 하자. f가 x^0에서 연속이므로 $\delta>0$가 존재해서 $x \in N_\delta(x^0)$이면 $f(x) \in N_\epsilon(f(x^0)) \subset G$을 만족시킨다.

즉, $x \in f^{-1}(G)$가 되고, 이는 $N_\delta(x^o) \subset f^{-1}(G)$을 의미한다.

따라서 $f^{-1}(G)$는 개집합이다.

충분조건 임의의 한 점 $x^0 \in X$와 임의의 $\epsilon>0$을 택하자. 당연히, $x^0 \in f^{-1}(N_\epsilon(f(x^0)))$이다.

$N_\epsilon(f(x^0))$가 개집합이므로 $f^{-1}(N_\epsilon(f(x^0)))$도 개집합이다. 개집합의 정의에 의해 x^0에 대해 적당한 $\delta>0$가 있어서

$N_\delta(x^0) \subset f^{-1}(N_\epsilon(f(x^0)))$.

달리 말해 $x \in N_\delta(x^0)$이면 $f(x) \in N_\epsilon(f(x^0))$이고 따라서 모든 x^0에서 연속이고 $f(x)$는 연속함수이다.

예 8-13 효용함수 $u=U(x_1,x_2)$가 연속함수라고 하자. 그러면 효용값이 u^0보다 크거나 같은 소비벡터 (x_1,x_2)의 집합 $\{(x_1,x_2) \mid U(x_1,x_2) \ge u^0\}$인 약

그림 8-13

→ 무차별곡선과 약선호집합

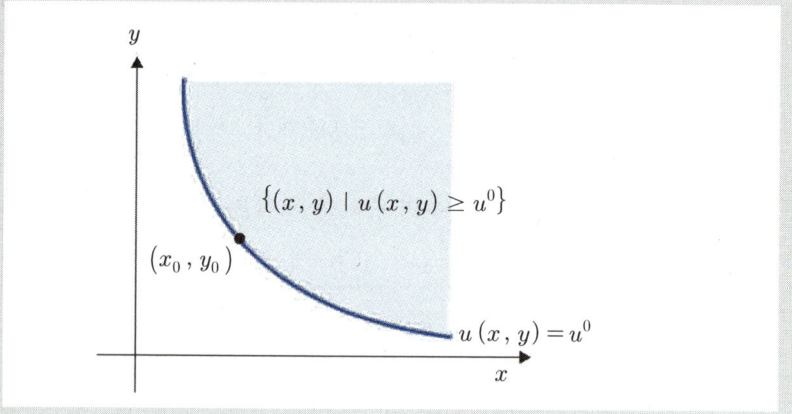

선호집합(weakly preferred set)은 폐집합 $[u^0, \infty)$의 역상이므로 폐집합이 된다([그림 8-13]).

정리 8-12 A가 콤팩트집합이면, 연속함수 f 에 의한 상 $f(A)$도 콤팩트집합이다.

증 명 집합 $f(A)$의 임의의 점열 $\{y^n\}$을 택하자. 그러면, $y^n = f(x^n)$인 x^n를 찾아서 점열 $\{x^n\}$을 만들 수 있다. 그런데 A가 콤팩트집합이므로 [정리 8-5]에 의해 부분열 $\{x^{n_k}\}$가 존재해서 $\{x^{n_k}\} \to x^0 \in A$라 하자. 함수 f가 연속이므로 $\lim_{n_k \to \infty} f(x^{n_k}) \equiv \lim_{n_k \to \infty} (y^{n_k}) = f(x^0)$, 즉 $\{y^n\}$의 부분열 $\{y^{n_k}\}$도 수렴한다. 이것은 $f(A)$가 콤팩트집합임을 의미한다.

이 정리의 결과로서 다음과 같은 매우 중요한 명제를 얻는다. 이 정리는 다음 편에서 살펴볼 최적화문제의 해가 존재하기 위한 충분조건을 보여주고 있다.

그림 8-14

→ Weierstrass 정리

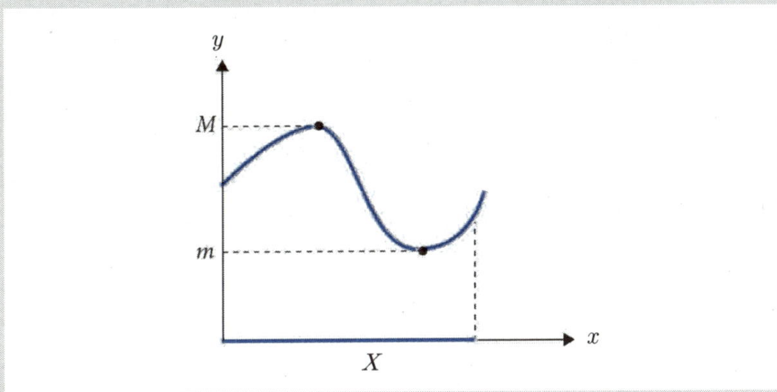

정리 8-13 (Weierstrass 정리)[3]

$X \neq \varnothing$ 가 콤팩트집합이고, $f : X \rightarrow R$이 연속함수이면, f는 X에서 반드시 최대값 M과 최소값 m을 갖는다. 즉 실수 $m, M \in f(X)$이 존재해서 모든 $x \in X$에 대해 $m \le f(x) \le M$이 성립한다.

증 명 X가 콤팩트집합이고 f가 연속이므로 [정리 8-8]에 의해 $f(X)$도 콤팩트집합이다. 즉 $f(X)$는 실수의 부분집합으로 유계이고 따라서 모든 $x \in X$에 대해 $m \le f(x) \le M$인 최소값 m과 최대값 M이 존재한다. ([그림 8-14])

예 8-14 정의역 X가 콤팩트집합이 아니거나, 함수 $f(x)$가 연속이 아니면 최대값이나 최소값이 존재하지 않을 수 있음을 예를 들어 보기로 한다([그림 8-15]).

(a) X가 폐집합이 아닌 경우 : $X = [0, 1)$이고 $f(x) = x$.

(b) X가 유계가 아닌 경우 : $X = [0, \infty)$이고 $f(x) = x$.

3 독일 수학자 이름을 딴 것이므로 바이에르슈트라쓰라고 읽는다.

그림 8-15

→ Weierstass 정리

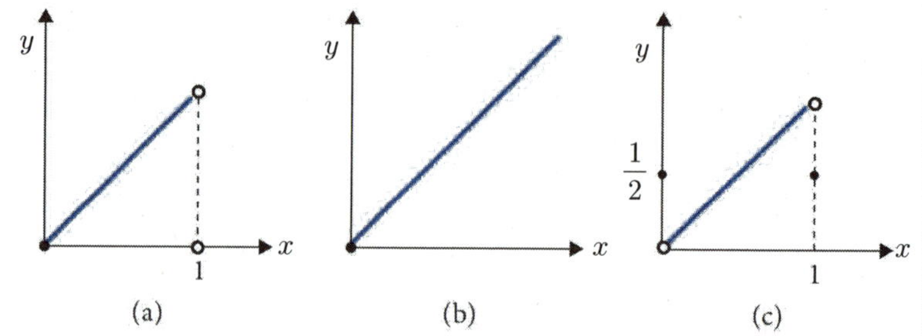

최대값 혹은 최소값이 존재하지 않는 경우

(c) $f(x)$가 연속이 아닌 경우 : $X=[0,1]$이고 $f(x)=\begin{cases}\frac{1}{2}, & x=0,1\\ x, & 0<x<1\end{cases}$

연습 8-7 예산집합 $\{x \in R_+^n \mid p \cdot x \leq M\}$ 안에서 효용함수 $U=U(x)$의 최대값이 존재하기 위한 충분조건을 하나 찾으라.

8.4 볼록집합

어떤 집합에 속한 임의의 두 점에 대해 그 두 점을 잇는 선분상의 모든 점도 그 집합 안에 속할 때 그러한 집합을 볼록집합이라 부른다. 볼록집합의 개념은 최적화문제의 해를 찾는 데 매우 중요한 역할을 하므로 경제학에서 자주 등장한다.

이제 볼록집합을 수학적으로 엄밀하게 정의하면 다음과 같다.

볼록집합 집합 A에서 임의의 두 점 $x, y \in A$와 임의의 실수 $\alpha \in (0,1)$에 대해 $\alpha x+(1-\alpha)y \in A$일 때 A를 볼록집합이라 한다.

그림 8-16

→ 볼록집합

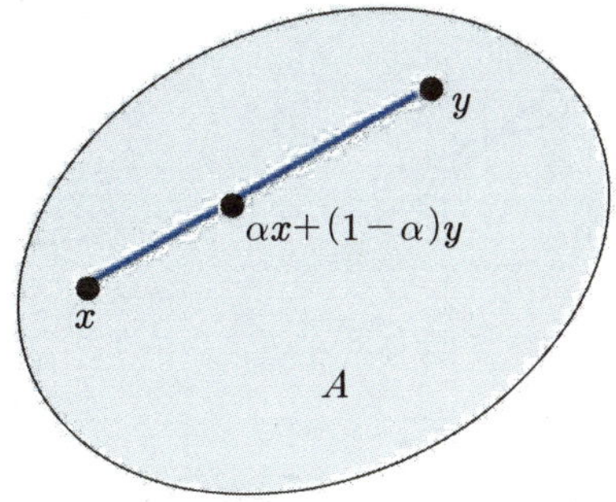

예 8-15 집합 $D \equiv \{(x_1, x_2) \mid x_1^2 + x_2^2 \le 1\}$는 반지름 1인 원반 내부의 점들이므로 직관적으로 볼록집합이 됨을 알 수 있다. 볼록집합의 정의를 이용하여 증명하려면, 두 벡터 $x, y \in D$와 임의의 실수 $\alpha \in (0,1)$에 대해 $\alpha x + (1-\alpha)y \in D$임을 보이면 된다. 즉, $\| x \| \le 1$, $\| y \| \le 1$일 때, $\| \alpha x + (1-\alpha)y \| \le 1$임을 증명하면 된다. $\| x \|^2 = x \cdot x$이므로 내적의 성질과 [정리 3-4]를 이용하면 다음과 같이 보일 수 있다.

$$\begin{aligned} \| \alpha x + (1-\alpha)y \|^2 &= (\alpha x + (1-\alpha)y) \cdot (\alpha x + (1-\alpha)y) \\ &= \alpha^2 \| x \|^2 + 2\alpha(1-\alpha)x \cdot y + (1-\alpha)^2 \| y \|^2 \\ &\le \alpha^2 \| x \|^2 + 2\alpha(1-\alpha) \| x \| \ \| y \| + (1-\alpha)^2 \| y \|^2 \\ &= (\alpha \| x \| + (1-\alpha) \| y \|)^2 \\ &\le 1 \end{aligned}$$

연습 8-8 단체(simplex) $\Delta \equiv \{x \in R^n \mid \sum x_i = 1,\ x_i \ge 0\}$는 볼록집합임을 증명하라.

정리 8-14

집합 A, B가 볼록집합이면 $A \cap B$도 볼록집합이다.

그림 8-17

→ 볼록집합이 아닌 예

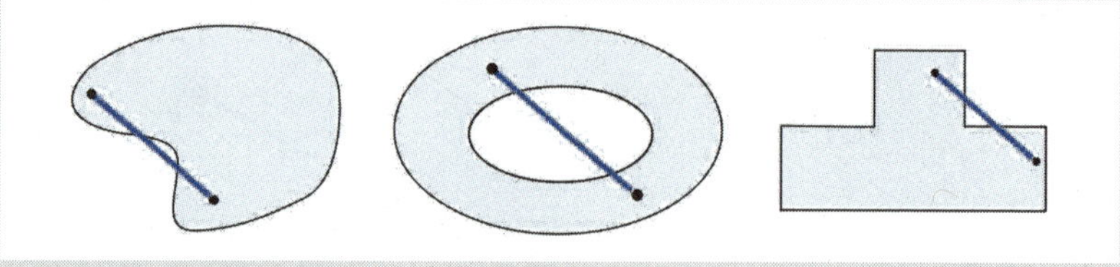

증 명 $x, y \in A \cap B$이라 하자.
$x, y \in A$이고 동시에 $x, y \in B$.
A, B가 볼록집합이므로, 임의의 실수 $\alpha \in (0,1)$에 대해,
$\alpha x + (1-\alpha)y \in A$이고, $\alpha x + (1-\alpha)y \in B$
즉, $\alpha x + (1-\alpha)y \in A \cap B$.

연습 8-9 A, B가 볼록집합이라도 $A \cup B$는 볼록집합이 아닐 수 있다. 예를 들어 보라.

분리정리와 부동점정리

볼록집합의 성질에 관련하여 경제학에서 가장 많이 활용되는 정리 두 가지를 소개한다. 이 두 정리의 증명은 이 책의 범위를 넘기 때문에 생략한다. 첫째 정리는 분리정리로서 다양한 형식이 있지만 여기서는 가장 간단한 형태를 소개한다. 분리정리는 뒤에서 공부할 최적화의 해를 위한 조건을 찾는 데 이용된다. 예를 들어 비선형계획법에서 쿤-터커조건이 극대의 일계조건임을 보이는 데 분리정리가 중요한 역할을 한다.

정리 8-15 (분리정리 Separation Theorem)

R^n의 부분집합 A가 볼록집합이고 폐집합이라고 하자. 그러면 A의 내부점이 아닌 임의의 점 $x^0 \in R^n$에 대해서, 적당한 n차원벡터 $p \neq 0$가 존재해서 모든 $x \in A$에 대해 $p \cdot x \leq p \cdot x^0$가 성립한다.

그림 8-18

→ 분리정리

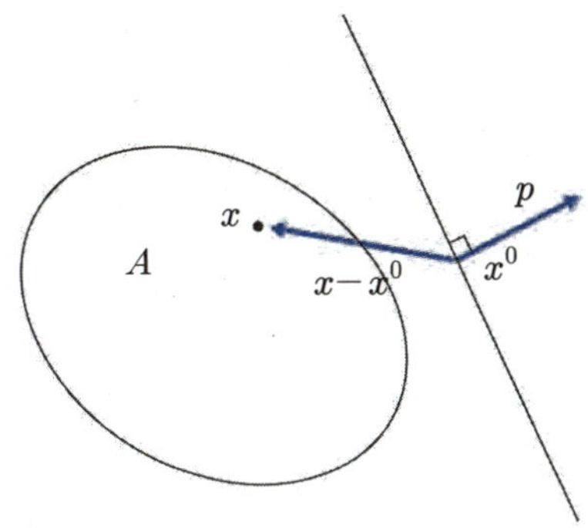

분리정리의 기하학적 의미는 [그림 8-18]과 같다. 볼록집합의 외부에 한 점을 지나는 초평면을 잘 선택하면 볼록집합이 그 초평면의 한쪽 반공간에 모두 포함되도록 하는 것이 항상 가능하다는 것이다.

시장경제 하에서는 자신의 이익을 극대화하려는 개인들의 행동이 가격에 의해 조정되어 사회적으로 바람직한 결과를 가져 온다는 아담 스미스의 통찰은 이후 수학적으로 정교하게 증명되었는데, 그때 결정적인 역할을 한 것이 분리정리이다.

또 하나의 정리는 일반균형이론의 발전에 매우 중요한 역할을 한 것으로 다음의 부동점정리가 그것이다.

정리 8-16 (부동점정리 Brouwer Fixed Point Theorem)

R^n의 부분집합 A가 볼록집합이고 콤팩트집합이라고 하자. 함수 $f : A \to A$가 연속함수이면 반드시 부동점을 갖는다. 즉, $f(x^0) = x^0$인 $x^0 \in A$가 적어도 하나 존재한다.

집합이 볼록이 아니거나 콤팩트하지 않은 경우, 또한 함수가 연속이 아닌 경우에는 부동점이 존재하지 않을 수 있음을 [그림 8-20]에서 볼 수 있다.

그림 8-19

→ 부동점정리
$A=[0,1]$

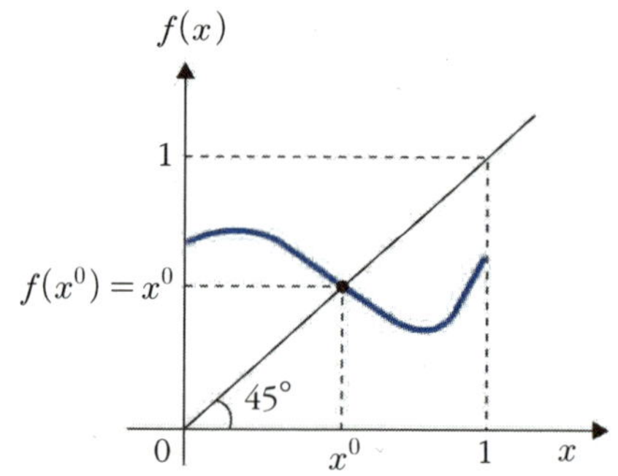

예 8-16 부동점이 존재하지 않는 경우를 다음과 같이 네 가지 경우로 나누어 볼 수 있다([그림 8-20]).

(a) $A=[0,1)$과 같이 폐집합이 아닌 경우

(b) $A=[0,\infty)$와 같이 유계가 아닌 경우

(c) $A=[0,\frac{1}{3}]\cup[\frac{2}{3},1]$와 같이 볼록이 아닌 경우

(d) $f(x)$가 연속이 아닌 경우

일반균형의 존재[4]

완전경쟁시장에서 시장균형은 수요량과 공급량이 일치하는 가격에서 이루어진다. 어느 한 재화시장의 균형을 부분균형(partial equilibrium)이라 하고 모든 재화시장이 동시에 균형을 이루는 상태를 일반균형(general equilibrium)이라 부른다. 경쟁시장의 일반균형의 존재에 관한 엄밀한 분석은 1954년 K. Arrow와 G. Debreu의 기념비적인 논문에서 이루어졌다.[5] 일반균형의 존재증명에서는 부동점정리가 핵심적인 역할을 한다. 부동점정리는 J. von Neumann

4 이 절의 내용은 10, 11, 12장에서 다룰 내용을 포함하고 있기 때문에 12장까지 공부한 다음 다시 읽어보면 이해가 더 쉬울 것이다.

5 Arrow, K. J. and Debreu, G(1954), "Existence of an Equilibrium for a Competitive Economy", *Econometrica* 22(3): 265-290

그림 8-20

→ 부동점이 존재하지 않는 경우

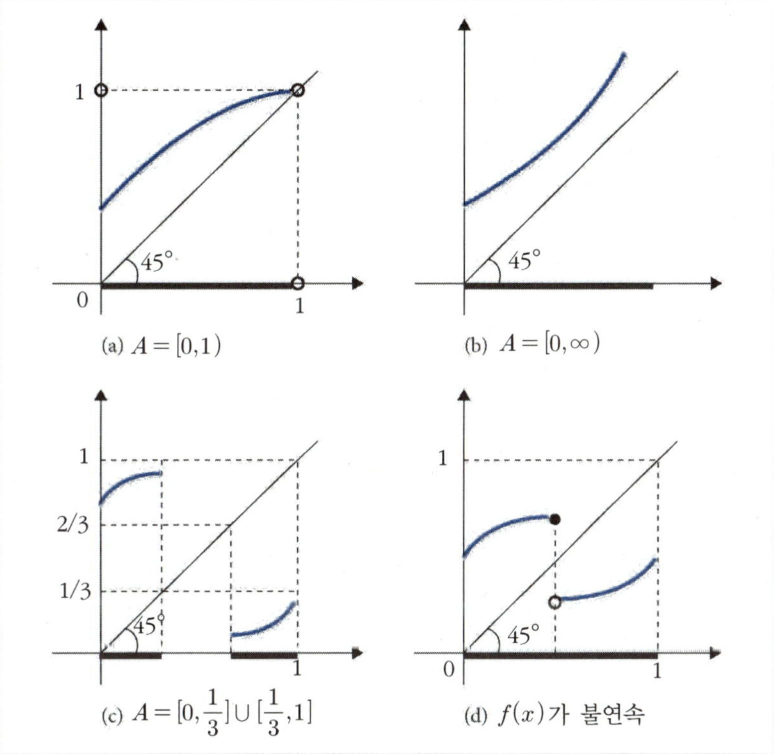

이 1928년 게임이론에 관한 선구적인 논문에서 균형의 존재를 증명하는 데 처음으로 사용된 이후 수리경제학의 발전과정에서 더욱 정교화되었다.[6]

n개의 재화가 있는 경제에서, 재화 i의 수요량과 공급량은 가격벡터 $p=(p_1,\cdots,p_n)$의 함수로서 각각 $D^i(p)$와 $S^i(p)$로 표시되고 초과수요함수는 $z^i(p)=D^i(p)-S^i(p)\quad i=1,\cdots,n$이라 하자. 초과수요함수를 벡터로 표시하면 $z: R_+^n \to R^n$으로 $z(p^0)=0$일 때 일반균형이라 하고 $p^0 \in R_+^n$는 균형가격벡터가 된다. 균형가격벡터는 비선형 연립방정식 $z(p^0)=0$의 해가 된다.

6 John von Neumann(1928), "Zur Theorie der Gesellschaftspiele", Math. Ann. vol. 100, 295-320

초과수요함수 $z(p)$는 다음 두 성질을 만족한다는 사실이 알려져 있다.

(1) (0차 동차성) 임의의 실수 $\lambda > 0$에 대해 $z(\lambda p) = z(p)$

(2) (Walras의 법칙) $p \cdot z(p) \equiv 0$

동차함수에 대한 정의는 10.4절에서 설명할 것인데, 초과수요의 0차동차성은 11.4절과 12.6절에서 살펴볼 바와 같이 수요함수와 공급함수가 모두 가격과 소득에 대해 0차동차이기 때문이다. 즉, 모든 재화 가격과 소득이 동시에 λ배가 될 때 이윤극대화 생산량과 효용극대화 수요량은 변화하지 않는다. 따라서 균형가격을 찾을 때 모든 가능한 가격벡터 $p \in R_+^n$을 조사할 필요없이 가격이 모두 $p_i \geq 0$이고 그 합이 $\sum_{i=1}^{n} p_i = 1$인 가격벡터들만 조사해도 된다.[7] 이러한 가격벡터의 집합은 단체 $\Delta \equiv \left\{ p \mid \sum_{i=1}^{n} p_i = 1,\ p_i \geq 0 \right\}$가 되어 콤팩트집합이 된다는 장점이 있다.

또한 기업의 이윤극대화와 소비자의 효용극대화행동하에서는 모든 재화의 초과수요의 총가치 $p \cdot z(p) = \sum_{i=1}^{n} p_i z^i(p)$는 균형과 관계없이 항상 0이 된다. 이것을 Walras의 법칙이라 부른다. Walras의 법칙 하에서는 $z(p^0) \leq 0$인 p^0도 균형이라 할 수 있다. $z(p^0) \leq 0$이면 $p^0 \cdot z(p^0) = \sum_{i=1}^{n} p_i^0 z^i(p^0) = 0$이므로 모든 재화 i에 대해 $p_i^0 z^i(p^0) = 0$이 된다. 그런데 어떤 초과수요가 $z^i(p^0) < 0$이라 하자. 그러면 그것은 $p_i^0 = 0$이어야 한다. 즉, $z(p^0) \leq 0$인 상태란, 가격이 0이 아닌 재화의 초과수요는 언제나 $z^i(p^0) = 0$이고, 가격이 $p_i = 0$일 때만 초과공급 (즉, $z^i(p^0) \leq 0$)이 있는 상태이므로 균형이라 할 수 있다.

이제 일반균형의 존재에 관한 다음과 같은 정리를 살펴보기로 하자.

정리 8-17 (일반균형의 존재정리)

가격벡터들의 집합 $\Delta \equiv \left\{ p \mid \sum_{i=1}^{n} p_i = 1,\ p_i \geq 0 \right\}$

에 정의된 초과수요함수 $z(p)$가 연속함수이고 Walras의 법칙을 만족한다면, $z(p^0) \leq 0$가 되는 가격벡터 $p^0 \in \Delta$가 존재한다. 즉 일반균형이 반드시 존재한다.

7 임의의 가격벡터 $p \in R_+^n$가 균형이라면 그 길이를 조절하여 합이 1이 되는 벡터로 만들어도 여전히 균형이 되기 때문이다.

증 명 다음과 같은 함수 $g(p)$를 정의하자.

$$g^i(p) \equiv \frac{p_i + \mathrm{Max}(0, z^i(p))}{1 + \sum_{i=1}^{n} \mathrm{Max}(0, z^i(p))} \qquad i = 1, \cdots, n$$

그러면 $g^i(p) \geq 0$이고 $\sum_{i=1}^{n} g^i(p) = 1$이므로 $g: \Delta \rightarrow \Delta$이다.

$z(p)$가 연속이므로, $\mathrm{Max}(0, z^i(p))$도 연속이고 $g: \Delta \rightarrow \Delta$도 연속이다.

가격벡터의 집합 Δ는 단체(simplex)이므로 볼록집합이고(연습 8-8), 콤팩트집합이다(예 8-8). 따라서 부동점정리에 의해 연속함수 $g: \Delta \rightarrow \Delta$는 부동점을 갖는다. 즉, $g(p^0) = p^0$인 p^0가 존재한다.

함수 $g^i(p)$의 의미를 생각해 보면 p^0가 균형인 것을 쉽게 이해할 수 있을 것이다. 함수 $g^i(p)$는 초과수요가 있는 재화 i의 가격을 올려서 새로운 가격벡터를 만들어 내는 함수이다. 그런데 p^0에 도달하면 더 이상 가격을 올리지 않고 그 가격 그대로 유지한다는 것이므로 이것은 모든 재화의 초과수요가 $z^i(p^0) \leq 0$일 때뿐이다. 이것은 p^0가 균형이라는 것을 의미한다.

연습문제

문제 8-1 다음 집합들이 개집합인지 폐집합인지 혹은 콤팩트집합인지 판별하라.

(1) $\{(x,y)\in R^2 \mid x=y\}$

(2) 무리수의 집합

(3) 자연수의 집합

(4) $\{(x,y)\in R^2 \mid x^2+y^2 < 1\}$

(5) $\{(x,y) \mid x^2+y^2=1\}$

문제 8-2 [정리 8-2]를 증명하라.

문제 8-3 [정리 8-3]을 증명하라.

문제 8-4 $\{x\in R^n \mid \| x-x_0 \| \le \epsilon\}$은 폐집합임을 증명하라.

문제 8-5 개집합의 모든 점은 집적점인가? 또한 폐집합의 모든 점도 집적점인가 설명하라.

문제 8-6 $A, B\subset R^n$가 모두 콤팩트집합일 때, $A\cup B$, $A\cap B$도 콤팩트집합임을 보이라.

문제 8-7 $A\subset B$이면 $A^d\subset B^d$임을 증명하라.

문제 8-8 실수값 함수 $y = f(x_1, x_2)$가 (x_1^0, x_2^0)에서 연속이고 $f(x_1^0, x_2^0) > 0$이면, (x_1^0, x_2^0)의 근방 $N_\delta(x_1^0, x_2^0)$에서 함수값이 모두 양수가 되도록 $\delta > 0$를 잡을 수 있음을 증명하라.

문제 8-9 수열 $\{x^n\}$이 모든 n에 대해 $x^n \geq 0$이고 그 극한이 x^0이면, $x^0 \geq 0$임을 증명하라.

문제 8-10 [정리 8-10] (2)–(5)를 증명하라.

문제 8-11 다음의 함수는 연속함수인가 판단하라.(힌트 : 임의의 실수 x에 대해 모든 ϵ–근방 $N_\epsilon(x)$은 항상 무리수와 유리수를 반드시 포함한다는 사실을 이용할 것)

$$f(x) = \begin{cases} 1, & x\text{가 유리수} \\ 0, & x\text{가 무리수} \end{cases}$$

문제 8-12 $f(x) = |x|$가 $x = 0$에서 연속임을 증명하라.

문제 8-13 [정리 8-17]에서 구한 부동점 $p^0 \in \Delta$가 균형가격벡터임을 직관적으로 설명하였다. 함수 $g^i(p)$의 식을 이용하여 수식으로 p^0가 균형임을 보이라.

HAPTER
09

일변수함수의 미분

미분은 경제학의 기본적인 개념들을 이해하는 데 대단히 중요한 수학적인 도구이다. 경제학에서 가장 중요한 개념 중의 하나인 한계(marginal) 개념은 미분의 도함수와 근본적으로 같은 것이다. 이 장에서는 이미 고등학교과정에서 배운 미분법의 내용을 복습하고 일변수함수의 미분의 정의를 일반적인 함수에까지 확장해서 정의한 후에 경제학적인 응용에 대해 알아보기로 한다.

9.1 도함수와 미분계수

일변수 실수값 함수 $y=f(x)$가 연속이라고 하자. 점 x_0에서 극한값

$$\lim_{h\to 0}\frac{f(x_0+h)-f(x_0)}{h}=\lim_{x\to x_0}\frac{f(x)-f(x_0)}{x-x_0}$$

이 존재할 때 f는 x_0에서 미분가능(differentiable at x_0)이라 하고, 그 극한값을 x_0에서의 미분계수(differential coefficient, derivative)라 부르고

그림 9-1

→ 미분계수

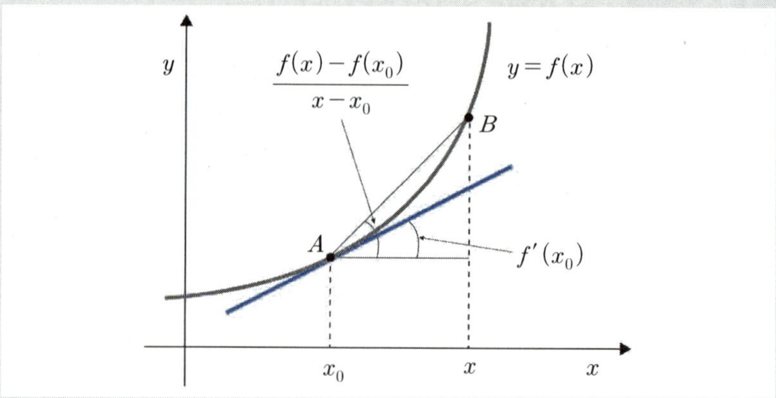

$$f'(x_0),\ \frac{df}{dx}(x_0),\ Df(x_0)$$

등으로 표시한다. 이 미분계수는 x의 함수로서 이것을 함수 $y=f(x)$의 도함수(derivative function)라 부른다. 도함수는

$$f'(x),\ \frac{df}{dx}(x),\ \frac{dy}{dx},\ y',\ Df(x)$$

등으로 표기한다. 함수 $y=f(x)$가 정의역의 모든 x에서 미분가능할 때 미분가능이라고 말한다.

[그림 9-1]에서 평균변화율 $\frac{f(x)-f(x_0)}{x-x_0}$은 그래프상의 두 점 A, B를 잇는 선분의 기울기를 나타낸다. 이 평균변화율의 극한이 미분계수이고 접선의 기울기가 된다. 일상생활에서 찾아볼 수 있는 예는 속도를 들 수 있다. 자동차가 움직인 거리 y를 시간의 함수 $y=f(t)$로 표시한다고 하자. 시점 t_0에서 t까지의 평균속도는 $\frac{f(t)-f(t_0)}{t-t_0}$가 된다. t_0에서의 순간속도는 평균속도의 극한값으로 미분계수 $f'(t_0)$로 계산할 수 있다. 자동차 속도계에

그림 9-2

→ $y=x^2$의 $x=2$에서의 미분계수

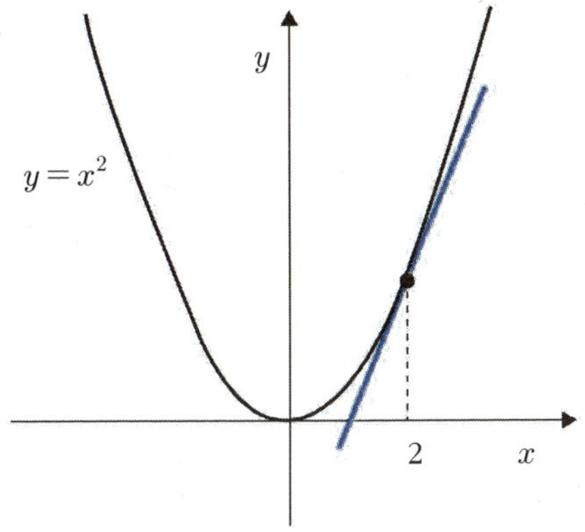

표시되는 속도가 순간속도라 할 수 있다.

예 9-1 함수 $y=x^2$의 도함수를 구하면 $\frac{dy}{dx}=2x$가 된다. 왜냐하면

$$\frac{dy}{dx}=\lim_{h\to 0}\frac{(x+h)^2-x^2}{h}=\lim_{h\to 0}2x+h=2x$$

이기 때문이다. 그리고 $x=2$에서의 미분계수는 $\frac{df}{dx}(2)=4$가 된다.

일반적으로 $y=x^n$의 도함수는 $\frac{dy}{dx}=nx^{n-1}$이다.
$y=\sqrt{x}=x^{1/2}$는 $n=\frac{1}{2}$인 경우이므로, 그 도함수는
$y'=\frac{1}{2}x^{-1/2}=\frac{1}{2\sqrt{x}}$가 된다.

함수 $f(x)$가 x_0에서 연속이지만 미분가능하지 않는 경우도 있다. 예를 들어 $y=|x|$는 $x=0$에서 연속이지만 미분가능하지 않다. $x=0$에서 극한값 $\lim_{h\to 0}\frac{f(x+h)-f(x)}{h}$가 존재하지 않기 때문이다. 달리 말하면 $x=0$에서 그래프에 접하는 유일한 접선을 그릴 수 없다([그림 9-3]).

그림 9-3

→ $y=|x|$는 $x=0$에서 미분가능하지 않다

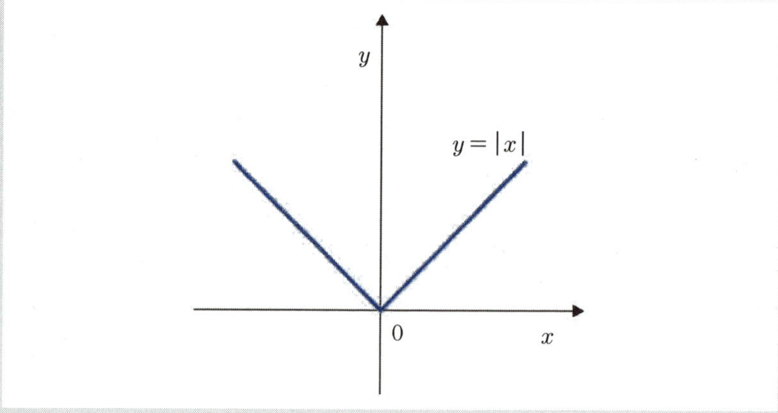

미분계수의 의미

[그림 9-1]에서 본 바와 같이 미분계수 $f'(x_0)$는 x_0에서 함수 $y=f(x)$의 그래프에 접하는 접선의 기울기가 된다. 이 접선은 점 $(x_0, f(x_0))$를 지나고 기울기가 $f'(x_0)$이므로 그 방정식은

$$y-f(x_0)=f'(x_0)(x-x_0)$$

이다. $dy=y-f(x_0)$, $dx=x-x_0$로 표시하면 두 변수의 증분 dx, dy는 다음과 같은 선형함수의 관계에 있게 된다.

$$dy=f'(x_0)dx$$

이 선형함수는 x_0의 근방에서 원래의 함수 $y=f(x)$에 가장 가까운 선형근사식(linear approximation)이다. 이 선형근사식을 통해 원래 함수의 국지적인 성질을 조사하려는 것이 미분법의 목표이다.

또한 이 선형근사식을 이용하여 x가 작은 값 dx만큼 변화할 때 y의 증분의 근사값 dy를 계산할 수 있다. 이렇게 계산된 $dy = f'(x_0)dx$를 미세한 증분이라는 뜻으로 미분(differential)이라 부른다.

예 9-2 함수 $y = f(x) = x^2$의 $x_o = 2$에서의 선형근사식을 구하면 $f'(2) = 4$이므로 $dy = 4dx$이다.

미분계수의 일반적 정의

선형근사라는 관점에서 함수 $y = f(x)$의 미분계수를 다시 정의해 보자. 독립변수가 x_0에서 h만큼 증가하면 함수값의 증분은 $f(x_0 + h) - f(x_0)$ 이다. 선형근사식이 ah라 할 때 그 차이 $|f(x_0+h) - f(x_0) - ah|$가 h보다 빠른 속도로 0에 수렴해서

$$\lim_{h \to 0} \frac{|f(x_0 + h) - f(x_0) - ah|}{h} = 0$$

가 성립하는 실수 a는 함수 $f(x)$의 x_0에서의 미분계수 $f'(x_0)$가 된다. 미분계수를 이와 같이 가장 가까운 선형함수로 정의하면 일반적으로 다변수함수 $f: R^n \to R^m$에 대해서도 미분계수의 정의를 확장할 수 있다.

> 연속함수 $f: R^n \to R^m$에 대해서 점 $\boldsymbol{x}^0 \in R^n$에서
>
> $$\lim_{h \to 0} \frac{\| f(\boldsymbol{x}^0 + \boldsymbol{h}) - f(\boldsymbol{x}^0) - A\boldsymbol{h} \|}{\| \boldsymbol{h} \|} = 0$$

를 만족하는 $m \times n$행렬 A가 존재할 때 f가 $\boldsymbol{x}^0$에서 미분가능(differentiable)이라 하고, 행렬 A를 $\boldsymbol{x}^0$에서의 미분계수라 부르고 $Df(\boldsymbol{x}^0)$로 표시한다. 함수 $f(\boldsymbol{x})$가 모든 점 $\boldsymbol{x} \in R^n$에서 미분가능할 때 $f(\boldsymbol{x})$가 미분가능이라 한다. 미분계수행렬 A를 $\boldsymbol{x}$의 함수로 간주할 때 그 함수를 $f(\boldsymbol{x})$의 도함수라 부른다. 도함수는 Df 혹은 $Df(\boldsymbol{x})$로 표시한다. 미분계수 $Df(\boldsymbol{x}^0)$은 점 $\boldsymbol{x}^0$에서 함수

$f(x)$에 가장 가까운 선형함수인 행렬이 된다.

연습 9-1 $m \times n$행렬 A에 의한 선형함수 $y = Ax$의 임의의 점 $x \in R^n$에서의 미분계수는 모두 행렬 A임을 보이라.

미분계수의 경제학적 의미

현대경제학에서 가장 중요한 개념 중 하나는 한계의 개념일 것이다. 1870년대 경제학에 한계 개념이 도입됨으로써 비로소 지금과 같은 형태의 미시경제학이 탄생하였다. 한계의 개념은 본질적으로 도함수와 같은 것이다.

먼저 한계효용을 생각해 보자. 어떤 소비자가 사과를 10개 소비하여 50의 효용을 얻고, 11개를 소비하면 효용이 53이 된다고 하자. 11번째 사과 한 개로 인해 추가되는 효용은 3이고 이것을 한계효용(marginal utility, MU)이라 한다. 일반적으로 사과를 Δx 추가할 때 효용이 ΔU 증가하면 한계효용은 $\frac{\Delta U}{\Delta x}$로 정의한다. 효용 U가 사과의 양 x의 연속함수 $U(x)$이면, 한계효용은 $\frac{\Delta U}{\Delta x}$의 극한값인 도함수 $\frac{dU}{dx} = \lim_{\Delta x \to 0} \frac{\Delta U}{\Delta x}$로 정의한다.

예를 들어 효용함수가 $U = \sqrt{x}$라 하자. 그러면 한계효용함수는 그 도함수 $U' = \frac{1}{2\sqrt{x}}$이다. $x = 4$일 때 한계효용은 $\frac{1}{4}$이 된다.

같은 관계가 생산함수나 비용함수 등의 모든 함수에 적용될 수 있다. 먼저 생산함수를 생각해 보자. 어떤 재화의 생산량 Q가 투입노동량 L의 함수로서 $Q = f(L)$이라 하자. 노동의 한계생산물(marginal product of labor, MP_L)은 노동을 한 단위 추가할 때 추가되는 생산량으로 $\frac{\Delta Q}{\Delta L}$ 혹은 그 극한값인 도함수 $\frac{dQ}{dL}$로 정의한다.

비용함수 $C(Q)$의 경우 한계비용(marginal cost, MC)은 생산량 Q를 한 단위 증가시킬 때 추가되는 비용으로 $\frac{\Delta C}{\Delta Q}$ 혹은 그 극한값인 도함수 $\frac{dC}{dQ}$가 된다.

예 9-3 비용함수가 $C(Q) = a + bQ + cQ^2 + dQ^3$이라 하자. 그러면 평균비용함

수는 $AC=\dfrac{a}{Q}+b+cQ+dQ^2$이고 한계비용함수는 그 도함수로서 $MC=b+2cQ+3dQ^2$이 된다.

도함수의 계산

다음의 미분 공식은 도함수를 계산할 때 매우 편리하게 사용된다.

정리 9-1 (미분 공식)

$f(x)$와 $g(x)$가 미분가능일 때 다음이 성립한다.

(1) 임의의 실수 c에 대해, $(cf(x))'=cf'(x)$

(2) $(f(x)+g(x))'=f'(x)+g'(x)$

(3) $(f(x)g(x))'=f'(x)g(x)+f(x)g'(x)$

(4) $g(x)\neq 0$이면, $(f(x)/g(x))'=\dfrac{f'(x)g(x)-f(x)g'(x)}{[g(x)]^2}$

(5) (연쇄법칙) $z=f(y)$, $y=g(x)$이라 하면, $\dfrac{dz}{dx}=f'(g(x))g'(x)$

(6) (역함수의 미분) f의 역함수 $f^{-1}(y)$가 존재하고 $f'(x)\neq 0$이면 $(f^{-1})'(y)=\dfrac{1}{f'(x)}$, 여기서 $y=f(x)$.

증 명 함수의 극한의 성질을 이용하면 된다. 여기서는 (5)의 연쇄법칙만을 증명하고 나머지는 연습문제로 한다.

$$\begin{aligned}\frac{dz}{dx}&=\lim_{h\to 0}\frac{f(g(x+h))-f(g(x))}{h}\\&=\lim_{h\to 0}\frac{f(g(x+h))-f(g(x))}{g(x+h)-g(x)}\cdot\frac{g(x+h)-g(x)}{h}\\&=\lim_{g(x+h)\to g(x)}\frac{f(g(x+h))-f(g(x))}{g(x+h)-g(x)}\cdot\lim_{h\to 0}\frac{g(x+h)-g(x)}{h}\\&=f(y)'g(x)'\end{aligned}$$

이 식으로부터 (5)가 얻어진다.

연습 9-2 다음 함수의 도함수를 구하라.

(1) $y=2x(3x^3+1)^2$ (2) $y=\dfrac{2x+1}{x^2+x-1}$ (3) $y=\sqrt{x}$일 때, $\dfrac{dx}{dy}$

9.2 극대와 극소

선형근사로서의 미분은 함수의 국지적(local) 성질을 조사하는데 매우 유용하게 사용된다. 여기서는 국지적인 성질 중에서 증가함수와 감소함수를 판정하는 문제와 극대와 극소에 관한 문제를 살펴본다.

최대(최소)와 극대(극소) 먼저 함수의 최대(최소)와 극대(극소)를 구분하기로 하자. 정의역 X에 정의된 함수 $f(x)$가 모든 $x \in X$에 대해 $f(x_0) \geq (\leq) f(x)$ 일 때 x_0에서 최대(최소)가 된다고 한다. 반면 점 x_0의 충분히 작은 근방 $N_\epsilon(x_0)$에서 모든 $x \in N_\epsilon(x_0)$에 대해 $f(x_0) \geq (\leq) f(x)$이면 x_0에서 극대(극소)라 한다. 다시 말해 극대(극소)는 국지적 최대(최소)라고 할 수 있다.

정리 9-2 함수 $f:(a,b) \to R$이 미분가능하고, $c \in (a,b)$에서 극대 또는 극소이면 $f'(c) = 0$이다.

그림 9-4

→ 극대와 최대

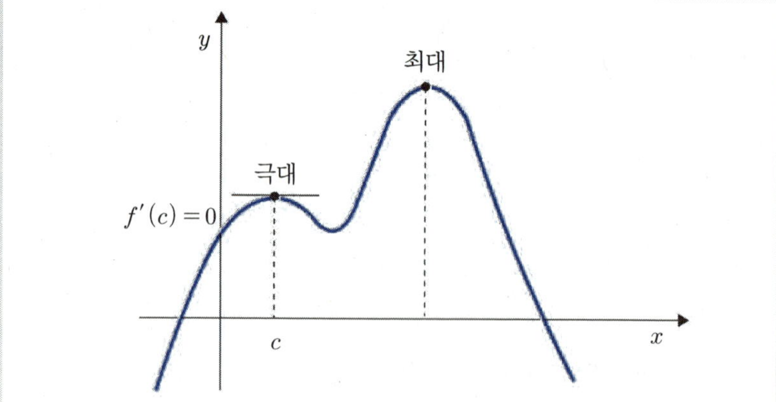

증 명 f가 c에서 극대라 하자. 그러면 충분히 작은 모든 h에 대하여 $f(c+h)-f(c) \le 0$이다.

$h<0$이면, $\dfrac{f(c+h)-f(c)}{h} \ge 0$이므로, 그 극한값도

$$f\,'(c)=\lim_{h\to 0}\frac{f(c+h)-f(c)}{h} \ge 0.$$

$h>0$이면, $\dfrac{f(c+h)-f(c)}{h} \le 0$이고 그 극한값도,

$$f\,'(c)=\lim_{h\to 0}\frac{f(c+h)-f(c)}{h} \le 0.$$

두 부등호가 동시에 성립해야 하므로,

$$f\,'(c)=\lim_{h\to 0}\frac{f(c+h)-f(c)}{h} = 0.$$

극소인 경우에도 같은 방법으로 증명할 수 있다.

정리 9-3 (Rolle의 정리)

함수 $f:[a,b]\to R$이 연속이고, 개구간 (a,b)에서 미분가능하며 $f(a)=f(b)=0$이면 $f'(c)=0$를 만족시키는 $c\in(a,b)$가 존재한다.

증 명 먼저 f가 상수함수로서 모든 $x\in(a,b)$에서 $f(x)=0$이면 모든 $x\in(a,b)$에서 $f'(x)=0$이 된다. 따라서 $f(x)\neq 0$인 $x\in(a,b)$가 적어도 하나 존재하는 일반적인 경우에 증명하면 된다. 함수 f가 콤팩트집합 $[a,b]$에서 연속이므로 $[a,b]$에서 최대값과 최소값을 갖는다.

$f(a)=f(b)=0$이므로 적어도 최대점 혹은 최소점 중 하나는 (a,b)에 있음은 자명하다. 그 점을 c라 하면 c는 극대 혹은 극소점이기도 하다. 따라서 [정리 9-2]에 의해 $f'(c)=0$이 성립한다.

정리 9-4 (평균값 정리 mean-value theorem)

함수 $f:[a,b]\to R$이 연속이고, (a,b)에서 미분가능하면 $f\,'(c)=\dfrac{f(b)-f(a)}{b-a}$인 점 $c\in(a,b)$가 존재한다.

증 명 함수 $\phi(x)\equiv f(x)-f(a)-(x-a)\dfrac{f(b)-f(a)}{b-a}$은 $\phi(a)=\phi(b)=0$을 만족하므로 [정리 9-3]을 적용하면, 적당한 $c\in(a,b)$가 존재해서

$$\phi'(c) = f'(c) - \frac{f(b) - f(a)}{b - a} = 0.$$

증가함수와 감소함수 정의역이 X인 함수 $f(x)$가 임의의 $x, x' \in X$에 대해, $x > x' \Rightarrow f(x) \geq (\leq) f(x')$일 때 $f(x)$를 증가(감소)함수라 한다. 특히 $f(x) > (<) f(x')$이면 단조증가(감소)함수라 한다. 그리고 점 x_0의 충분히 작은 근방 $N_\epsilon(x_0)$에서 증가함수일 때 국지적으로 증가(감소), 혹은 x_0에서 증가(감소)라고 말한다. 미분계수는 국지적인 증가(감소)를 판단하는데 유용하게 이용될 수 있다.

정리 9-5 도함수 f'이 연속이고 $f'(x_0) > (<) 0$이면 f는 x_0에서 증가(감소)이다. 역으로, f가 x_0에서 증가(감소)이면 $f'(x_o) \geq (\leq) 0$이다.

증 명 먼저 $f'(x_0) > 0$ 이라 하자. $f'(x)$가 연속이므로 x_0의 적당한 ε 근방 안에 있는 모든 x에 대해서 $f'(x) > 0$되어야 한다. 그런데, x_0에서 증가가 아니라 하자. 그러면 $x, x' \in N_\epsilon(x_0)$ $(x' > x)$가 있어서 $f(x') - f(x) < 0$. 그러면 평균값의 정리에 의해, $x < \xi < x'$가 존재하여 $f'(\xi) < 0$이므로 그 극한은 $f'(x_0) \leq 0$. 이것은 가정에 모순이다. 따라서, x_0에서 증가이다. 감소의 경우도 마찬가지로 증명하면 된다.
역으로 f가 x_0에서 증가라고 하자. 그러면 충분히 작은 모든 $h > 0$에 대해서 $\dfrac{f(x_0 + h) - f(x_0)}{h} \geq 0$이므로

$$\lim_{h \to 0} \frac{f(x_0 + h) - f(x_0)}{h} = f'(x_0) \geq 0.$$

예 9-4 f'가 연속이 아니라면 $f'(x_0) > 0$이라도 x_0에서 f가 증가가 아닐 수 있다. 다음의 함수는 $f'(0) = 1 > 0$이지만 $x = 0$의 어떤 근방에서도 증가함수가 아니다.

$$y = \begin{cases} x^2 \sin(1/x) + x, & x \neq 0 \\ 0, & x = 0 \end{cases}$$

예 9-5 함수 $f(x)=x^3$은 $f'(0)=0$이지만 $x=0$에서 증가함수이다. 이 예에서 보는 바와 같이 $f'(x_0)>0$이 x_0에서 증가이기 위한 필요조건은 아니다.

비교정학

국지적 증가(감소)의 판정법을 이용하여 비교정학분석을 할 수 있다. 다음과 같은 수요공급모형을 생각해 보자.$(a,b,c,d>0)$

$$\text{수요함수:}\ Q_D = a - bp$$
$$\text{공급함수:}\ Q_S = c + dp$$

이때 균형조건 $Q_D(p) = Q_S(p)$를 만족하는 가격 $p^0 = \dfrac{a-c}{b+d}$가 균형가격이다. 파라미터 a가 증가할 때, 균형가격 p^0의 움직임을 살펴보기 위해서 p^0를 a에 관해 미분하면 도함수가 $\dfrac{dp^0}{da} = \dfrac{1}{b+d} > 0$이므로, 균형가격 p^0는 국지적으로 a의 증가함수임을 알 수 있다.

한계와 평균의 관계

비용함수 $C(Q)$를 생각해 보자 한계비용(MC)과 평균비용(AC)은 각각 다음과 같다.

$$MC(Q) \equiv C'(Q) = \frac{dC(Q)}{dQ}$$
$$AC(Q) \equiv \frac{C(Q)}{Q}$$

평균비용을 미분하면,

$$\frac{dAC(Q)}{dQ} = \frac{C'(Q)}{Q} - \frac{C(Q)}{Q^2} = \frac{1}{Q}\,[MC(Q) - AC(Q)]$$

그림 9-5

→ 한계와 평균의 관계

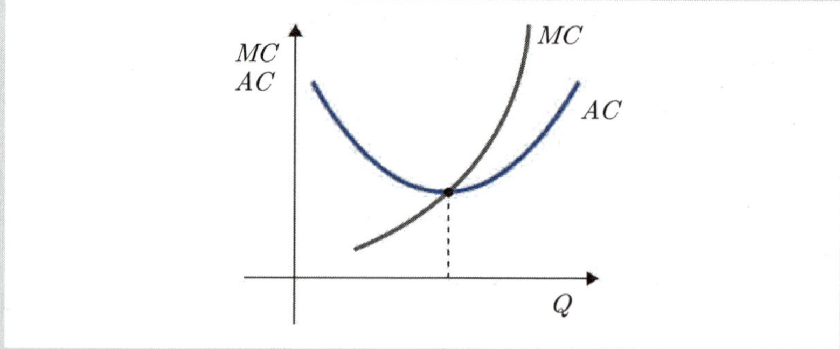

이 식으로부터 확인되는 사실은, $MC > AC$이면 AC는 증가함수이고, $AC > MC$이면 AC는 감소함수이다.

그리고 $AC = MC$일 때 AC는 극소가 된다.

이와 같은 평균비용과 한계비용의 관계를 그림으로 나타내면 [그림 9-5]와 같다.

고계도함수

일반적으로 함수 $f(x)$의 도함수 $f'(x)$는 다시 x의 함수가 되므로 그것을 다시 미분할 수 있다. 이렇게 해서 얻은 것을 이계도함수라 하고,

$$f''(x), \quad \frac{d}{dx}\left(\frac{df(x)}{dx}\right), \quad \frac{d^2 f(x)}{dx^2}$$

등으로 표시한다. 같은 방법으로 n번 미분하면 n계도함수 $f^{(n)}(x)$를 얻는다.

n번 미분가능하고 그 n계도함수가 연속인 함수의 집합을 C^n으로 나타내고, 그러한 함수를 C^n급 함수라 부른다. 예를 들면, 연속인 함수는 C^0급 함수, 한 번 미분가능하고, 그 도함수가 연속인 함수는 C^1급 함수가 된다.

이 기호를 사용하면 f'이 연속이면 f는 C^1급 함수이고, $f \in C^1$으로 쓸 수 있다. $n+1$번 미분가능한 함수는 당연히 n번 미분가능하므로 $C^n \supset C^{n+1}$와 같은 포함관계가 성립한다. 그래서 $C^0 \supset C^1 \supset C^2 \supset \cdots$.

무한 번 미분가능한 함수는 C^∞급 함수라고 한다. $y = x^n$, $y = e^x$, $y = \sin x$와 같이 우리가 알고 있는 대부분의 함수가 C^∞급 함수이다.

연습 9-3 다음 함수에 대해 y' y'' $y^{(3)}$ $y^{(4)}$를 구하라.

(1) $y = x^4 + 2x^3 + \dfrac{1}{x} + 4$

(2) $y = \ln x$

테일러 전개

미분의 본질은 함수의 선형근사식을 구하는 것이다. 그런데 고계도함수를 이용하면 함수에 보다 더 가까운 근사식을 계산할 수 있다. 함수를 다항함수로 근사하는 것을 테일러 전개라 한다. 테일러 전개의 의해 지수함수, 로그함수, 삼각함수 등의 복잡한 함수를 다항함수로 근사해서 그 성질을 매우 편리하게 연구할 수 있게 된다. 다음과 같이 테일러 전개를 증명 없이 정리해 보자.

정리 9-6 (테일러 전개 Taylor expansion)

임의의 C^{n+1}급 함수 $f : [a,b] \to R$는 x, $x_0 \in [a,b]$에 대해 다음과 같은 n차 다항함수로 근사할 수 있다. 이것을 함수 $f(x)$의 x_0 근방에서 **테일러 전개**한다고 말한다.

$$f(x) = f(x_0) + f'(x_0)(x - x_0) + \frac{f''(x_0)}{2!}(x - x_0)^2 + \cdots + \frac{f^{(n)}(x_0)}{n!}(x - x_0)^n + R_{n+1}$$

단, 이때 오차항은 적당한 $x_0 < \xi < x$에 대해

$$R_{n+1} = \frac{f^{(n+1)}(\xi)}{(n+1)!}(x - x_0)^{n+1}.$$

$x_0 = 0$에서 테일러전개하여 무한개항의 합으로 표시하는 것을 **매클로린**

급수(MaClaurin Series)라고 부른다.

$$f(x) = f(0) + f'(0)x + \frac{f''(0)}{2!}x^2 + \cdots + \frac{f^{(n)}(0)}{n!}x^n + \cdots$$

연습 9-4 다음 함수들의 맥클로린 급수를 구하라.

(1) $y = 7x^3 + 2x^2 + 9x + 3$

(2) $y = \ln(1+x)$

(3) $y = e^x$

극대(극소)의 필요조건과 충분조건

이제 함수의 극대(극소)를 찾기 위한 필요조건과 충분조건을 다음의 정리로 요약할 수 있다.

정리 9-7 (극대(극소)의 필요조건과 충분조건)

C^2급 함수 f에 대해, $f'(x_0) = 0$이고 $f''(x_0) < (>)0$이면 f는 x_0에서 극대(극소)값을 갖는다. 또한, f가 x_0에서 극대이면, $f'(x_0) = 0$이고 $f''(x_0) \le (\ge)0$이다. $f'(x_0) = 0$는 극대(극소)의 일계조건(FOC), $f''(x_0) < (>)0$는 극대(극소)의 이계충분조건(SOSC), $f''(x_0) \le (\ge)0$는 극대(극소)의 이계필요조건(SONC)이라 부른다.

증 명 극대(극소)의 일계조건이 $f'(x_0) = 0$임은 [정리 9-2]에서 이미 증명하였다. 이제 이계충분조건을 증명하기 위해 $f''(x_0) < 0$이라 하자. f''가 연속이므로 적당한 $\epsilon > 0$이 있어서 모든 $x \in N_\epsilon(x_0)$에 대해 $f''(x) < 0$. 테일러 전개에 의하면 적당한 $x_0 < \xi < x$에 대해

$$f(x) = f(x_0) + f'(x_0)(x - x_0) + f''(\xi)\frac{(x-x_0)^2}{2}.$$

$x \in N_\epsilon(x_0)$이면 $\xi \in N_\epsilon(x_0)$이므로 $f''(\xi) < 0$. 따라서 모든 $x \in N_\epsilon(x_0)$에 대해 $f(x_0) \ge f(x)$.

이계필요조건을 증명하기 위해 x_0의 적당한 ϵ 근방에서 극대라 하자. 그러면 모든 $x \in N_\epsilon(x_0)$에 대해서 $f(x) \le f(x_0)$. 위의 테일러전개식을 이용하면 $x_0 < \xi < x$에 대해 $f''(\xi) \le 0$. ξ가 x_0로 무한히 수렴해도 이

식이 성립하므로 f''의 연속성에 의해 $f''(x_0) \le 0$. 같은 방법으로 극소인 경우에도 증명할 수 있다.

이 정리를 요약하면 극대(극소)이기 위한 조건은 다음과 같다.

일계조건(First Order Condition, FOC) :

$$f'(x_0) = 0$$

이계충분조건(Second Order Sufficient Condition, SOSC)

$$f''(x_0) < (>) 0$$

이계필요조건(Second Order Necessary Condition, SONC)

$$f''(x_0) \le (\ge) 0$$

연습 9-5 다음 함수들에 대해서 $x = 0$에서 일계와 이계도함수를 구하고 극대, 극소 여부를 확인하라.

(1) $y = -x^2$

(2) $y = x^3$

(3) $y = -x^4$

경쟁적 기업의 이윤극대화

기업의 이윤극대화 문제는 다음과 같이 정식화될 수 있다.

$$\text{Max } \pi(Q) = R(Q) - C(Q) = pQ - C(Q),$$

여기서 π는 이윤, p는 가격, Q는 생산량을 각각 나타낸다. 경쟁적 기업을 가정하면 가격 p를 상수로 하고 생산량 Q를 적절히 선택하여 이윤을 극대화할 것이다. 독과점인 경우에는 가격이 생산량의 함수가 되어 더 이상 상수가 아니게 된다.

이윤함수의 극대점을 찾기 위한 조건은 적용하면 다음과 같다.

일계조건(FOC)

$$\frac{d\pi}{dQ} = R'(Q) - C'(Q) = 0 \Rightarrow R'(Q) = C'(Q) \Rightarrow p = C'(Q)$$

수입함수의 도함수 $R'(Q)$는 한계수입(MR)이고, 비용함수의 도함수 $C'(Q)$는 한계비용(MC)이므로, FOC는

$$MR = MC \text{ 혹은 } p = MC$$

가 된다. 이 수식을 경제학적으로 해석하면 한계수입과 한계비용이 일치하도록 생산을 하면 이윤이 극대화된다는 것이다. 이것을 한계원리(marginal principle)라 하는데 합리적인 행동의 일반적인 원리가 된다.

그런데 한계원리는 극대의 충분조건은 아니다. 한계원리는 일계조건으로서 극대 혹은 극소가 모두 가능하기 때문이다. 극대가 되기 위해서는 다음과 같은 이계조건을 확인해야 한다.

이계충분조건(SOSC)

$$\frac{d^2\pi}{dQ^2} = R''(Q) - C''(Q) = -\frac{d(MC)}{dQ} < 0 \quad \text{혹은,} \quad \frac{d(MC)}{dQ} > 0$$

가격 p가 상수이므로 $R''(Q) = 0$이다. 따라서 이계충분조건은 한계비용함수(MC)가 증가함수인 것이다.

이계필요조건(SONC)

$$\frac{d^2\pi}{dQ^2} = R''(Q) - C''(Q) = -\frac{d(MC)}{dQ} \leq 0 \text{ 혹은, } \frac{d(MC)}{dQ} \geq 0$$

이계충분조건과 이계필요조건은 부등호에 미세한 차이가 있을 뿐 한계비용이 증가하는 구간에서 이윤이 극대화됨을 의미한다.

독점기업의 이윤극대화

독점은 특정 재화시장에 하나의 기업이 생산하는 경우를 말한다. 독점기업도 다음과 같이 이윤을 극대화한다는 점에서 경쟁적 기업과 같다.

$$\text{Max } \pi(Q) = R(Q) - C(Q) = pQ - C(Q)$$

그러나 결정적인 차이점은 독점기업이 시장에서 유일한 기업이기 때문에 이 기업의 생산량의 변화는 가격에 영향을 미치게 된다는 점이고 독점기업은 이것을 고려하여 생산량을 결정하려 할 것이다. 기업이 생산량을 결정하면 그때 기업이 받을 수 있는 최대가격은 수요곡선에 의해 결정될 것이다. 수요함수가 $Q = D(p)$로 주어져 있을 때 그 역함수를 $p = F(Q)$라 하자. 완전경쟁시장에서는 개별 기업은 가격이 주어진 상수로 취급했지만, 독점기업은 가격을 생산량의 함수 $p = F(Q)$로 간주하고 이윤을 극대화할 것이다. 따라서 독점기업의 이윤극대화문제는 다음과 같이 된다.

$$\text{Max } \pi(Q) = R(Q) - C(Q) = pQ - C(Q) = F(Q)Q - C(Q)$$

일계필요조건(FOC)

$$\frac{d\pi}{dQ} = R'(Q) - C'(Q) = MR - MC = 0$$

일계필요조건이 한계원리 $MR = MC$인 것은 경쟁적 기업과 같다. 그러나 한계수입 MR이 다음과 같이 계산되어 더 이상 가격 p와 같지 않게 된다.

$$MR = F(Q) + F'(Q)Q = p + \frac{dp}{dQ}Q$$

수요곡선은 우하향하므로, $\frac{dp}{dQ} < 0$ 이고 따라서 $MR < p$가 된다.

$\frac{dp}{dQ} = \frac{1}{\frac{dQ}{dp}}$이라는 도함수의 성질을 이용하여 한계수입 MR을 다시 정리해 보면,

$$MR = p\left(1 + \frac{\frac{Q}{p}}{\frac{dQ}{dp}}\right)$$

로 쓸 수 있다. 다음 9장 4절에서 설명하는 수요의 가격탄력성

$\epsilon = -\frac{\frac{dQ}{dp}}{\frac{Q}{p}}$을 이용하여 다시 쓰면,

$$MR = p(1 - \frac{1}{\epsilon})$$

이 된다. 따라서, 탄력성이 $\epsilon > 1$일 때만 $MR > 0$이 되고, 탄력성이 클수록 한계수입 MR은 가격 p에 가까워지게 된다.

예 9-6 수요곡선이 $Q = a - bp$ $(a, b > 0)$와 같이 직선이 경우 한계수입 MR을 계산해 보자. 수요곡선의 역함수는 $p = \frac{a}{b} - \frac{1}{b}Q$이므로 총수입 TR은

$$TR = pQ = \frac{a}{b}Q - \frac{1}{b}Q^2$$

이므로,

그림 9-6

→ 독점기업의 이윤극대화

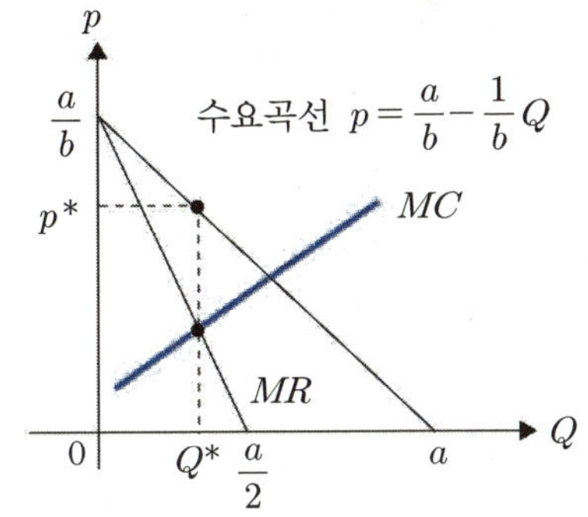

$$MR=\frac{dTR}{dQ}=\frac{a}{b}-\frac{2}{b}Q$$

로 계산된다. 즉, 수요곡선이 직선인 경우에는 한계수입곡선은 수요곡선과 세로 절편이 같고 기울기가 2배가 되는 직선이 된다. 이윤극대화 생산량은 일계필요조건 $MR=MC$를 만족하는 생산량 Q^*이고 이 때 가격은 수요곡선에 따라 $p^*=\frac{a}{b}-\frac{1}{b}Q^*$으로 정해진다[그림 9-6].

연습 9-6 [예 9-6]의 이윤극대화문제의 경우 이계충분조건(SOSC)을 확인하라.

9.3 지수함수와 로그함수

지수함수와 로그함수는 금융, 경제성장, 인구증가 등의 현상을 분석하는데 필요할 뿐 아니라 일반적인 동태분석의 기초가 된다. 또한 이 함수들은 여러 가지 편리한 수학적 성질들을 갖고 있어서 탄력성과 같은 중요한 경제학적 개념들의 분석에 이용되기도 한다. 따라서 이 두 함수의 성질에 대해 잘 알아둘 필요가 있다.

그림 9-7

→ 지수함수 a^t의 그래프

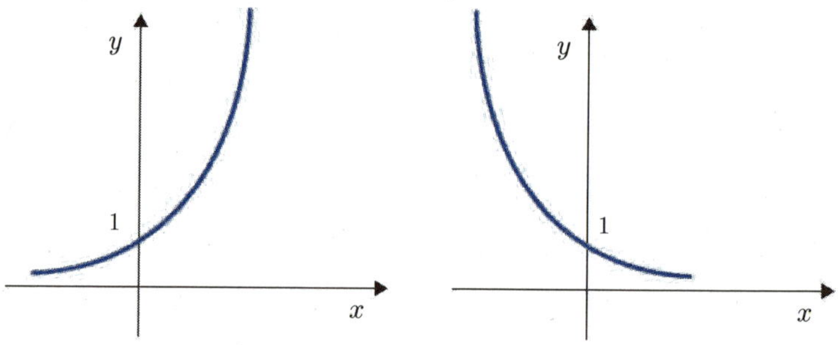

(a) $a>1$ (b) $0<a<1$

지수함수

원리금계산의 예를 들어보기로 하자. 연간 이자율이 r일 때 A원을 저축하면 t년 후의 원리금 합계는 $y = A(1+r)(1+r)\cdots(1+r) = A(1+r)^t$이 될 것이다. 즉 원리금합계 y는 시간 t의 함수로서 독립변수 t가 지수이므로 이러한 함수를 지수함수라 부른다.

지수함수의 일반적인 형태는 다음과 같다.

$$y = a^t, \quad \text{단 } a \neq 1,\ a > 0$$

밑 a에 관해 위와 같은 조건을 붙인 이유는 다음과 같다. 먼저 a가 0 또는 1이면 상수함수가 되므로 지수함수에서 제외한다. 또한 a가 음수이면 예를 들어 $t = \frac{1}{2}$일 때 함수값이 $y = a^{1/2} = \sqrt{a}$로서 실수가 아니므로 이 경우도 제외한다.

지수의 성질에 의해 지수함수는 다음과 같은 성질을 갖는다.

(1) $a^{t+s} = a^t a^s$

(2) $a^{-t} = \dfrac{1}{a^t}$

(3) $(a^t)^s = a^{ts}$

초월수 e

자연상수 e는 초월수로서 $\lim_{n\to\infty}(1+\frac{1}{n})^n$으로 정의되고, 비순환무한소수로 표현하면 2.71828…의 값을 갖는다. e를 밑으로 하는 지수함수 e^t를 특별히 $\exp(t)$로 쓰기도 한다.

예 9-7 정규분포의 확률밀도함수는 e를 밑으로 하는 다음과 같은 지수함수이다.

$$f(x)=\frac{1}{\sqrt{2\pi\sigma^2}}e^{-\frac{(x-\mu)^2}{2\sigma^2}}=\frac{1}{\sqrt{2\pi\sigma^2}}\exp[-\frac{(x-\mu)^2}{2\sigma^2}]$$

초월수 e의 경제적 의미

e는 다음과 같은 경제적 의미를 갖는다. 연간이자율이 r일 때 1원의 1년 후의 원리금합계는 $1+r$이 된다. 그런데 이 이자율로 복리계산을 하면 이자는 더 커질 것이다. 지금 1년을 n기간으로 나누어 매기마다 r/n의 이자율로 복리계산을 하면 1년 후 원리금합계는 $(1+\frac{r}{n})^n$이 될 것이다. n을 무한히 크게 하면 연속적으로 복리계산을 하는 것인데, 그때 원리금은 무한히 커지는 것이 아니라 어떤 유한한 값에 수렴하게 된다. 즉,

$$\begin{aligned}\lim_{n\to\infty}(1+\frac{r}{n})^n &= \lim_{n\to\infty}[(1+\frac{1}{n/r})^{n/r}]^r\\ &= \lim_{m\to\infty}[(1+\frac{1}{m})^m]^r\\ &= [\lim_{m\to\infty}(1+\frac{1}{m})^m]^r\\ &= e^r\end{aligned}$$

여기서 $m=n/r$이다.

이 계산에서 알 수 있는 바와 같이 원금 1원을 연간이자율 100%($r=1$)로 연속복리 계산하면 1년 후의 원리금합계가 $e=2.71828\cdots$원이 되는 것이다. 1년후 이자가 $e-1=1.71828\cdots$원이 되는 셈이다.

연간 이자율이 r, 원금 A일 때 연속복리 계산하면, t년 후의 원리금 합

계 V는 다음과 같이 계산된다.

$$\lim_{n\to\infty} A\left(1+\frac{r}{n}\right)^{nt} = \lim_{\frac{n}{r}\to\infty} A\left(\left(1+\frac{1}{n/r}\right)^{n/r}\right)^{rt} = Ae^{rt}$$

현재가치(present value)와 할인

t년 후 금액 A의 현재가치 V는, 이자율 r로 복리예금할 때 t년 후의 가치가 A가 되는 금액을 말한다. 즉, $A = V(1+r)^t$이므로 현재가치 V는

$$V = \frac{A}{(1+r)^t}$$

으로 계산된다. 이때 r을 할인율(discount rate)이라고도 하고, 현재가치 V를 A의 할인된 금액이라고도 한다. 연속복리로 할인한다고 하면 현재가치 V는 $V = Ae^{-rt}$이 된다.

예 9-8 이자율이 r일 때, 매년 M원씩 영구히 지불하는 자산의 현재가치 V는, $0 < r < 1$이라 할 때 다음과 같은 등비급수가 된다.

$$V = \frac{M}{(1+r)} + \frac{M}{(1+r)^2} + \cdots$$

$$= \frac{\frac{M}{(1+r)}}{1 - \frac{1}{1+r}}$$

$$= \frac{M}{r}$$

로그함수

로그함수는 지수함수의 역함수이다. 지수함수 $y = a^t$에 대해서 t를 y의 함수로 표시해서 $t = \log_a y$로 쓴다. 즉 $\log_a x$는 밑 a를 몇 승하면 x가 되는

그림 9-8

→ 로그함수의 그래프

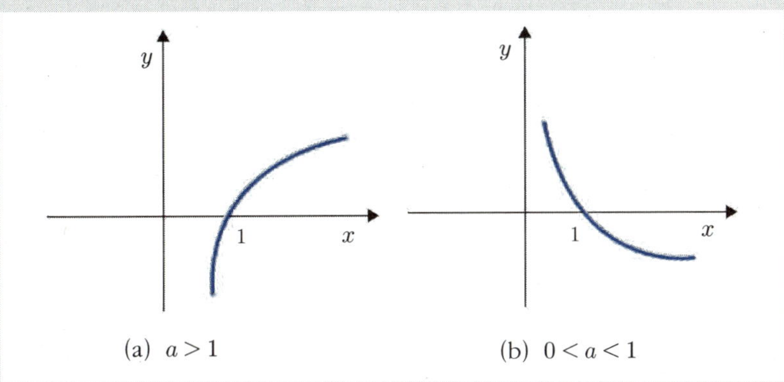

가에 대한 답이다. 예를 들어 $1000=10^3$이므로 $\log_{10}1000$은 3이다. 지수함수에서와 같이 밑 a는 $a\neq 1$, $a>0$의 값으로 제한되고, 또한 이러한 a에 대해 언제나 $y=a^t>0$이므로 로그함수의 독립변수 x는 $x>0$으로 제한된다.

특히 밑을 e로 하는 로그함수를 **자연로그함수**라 하고 $\ln x$로 쓴다.

정리 9-8 (로그함수의 성질)

로그함수의 성질은 지수의 성질로부터 쉽게 얻어진다.

(1) $\log_a xy=\log_a x+\log_a y$

(2) 실수 b에 대해서, $b\log_a x=\log_a x^b$

(3) $a^{\log_a x}=x$

(4) 임의의 실수 $c\neq 1$, $c>0$에 대해서, $\log_a x=\dfrac{\log_c x}{\log_c a}$

증 명 (1) $\log_a x\equiv u$, $\log_a y\equiv v$라 하면, $a^u=x$, $a^v=y$이므로, 지수의 성질에 의해 $a^{u+v}=a^u a^v=xy$가 된다. 로그함수의 정의를 사용하면

$$\log_a xy=u+v=\log_a x+\log_a y$$

를 얻는다.

(2) $\log_a x\equiv u$라 하면, $a^u=x$이다. $a^{bu}=(a^u)^b=x^b$에 로그의 정의를

적용하면 $b\log_a x = bu = \log_a x^b$를 얻는다.

(3) 로그함수의 정의를 적용하면 된다.

(4) $\log_a x \equiv u$, $\log_c x \equiv v$, $\log_c a \equiv w$라 정의하면, $a^u = c^v = x$, $c^w = a$가 된다. 그러면 $c^v = a^u = (c^w)^u = c^{wu}$이므로 $v = wu$, 즉 $u = \dfrac{v}{w}$가 된다.

연습 9-7 위의 정리를 이용하여 다음을 증명하라.

(1) $\log_a x - \log_a y = \log_a \dfrac{x}{y}$

(2) $\log_a b = \dfrac{1}{\log_b a}$

(3) $\log_a b = \dfrac{\ln b}{\ln a}$

지수함수와 로그함수의 미분

먼저 $f(x) = \ln x$의 도함수를 구해 보자.

$$
\begin{aligned}
f'(x) &= \lim_{h \to 0} \frac{\ln(x+h) - \ln x}{h} \\
&= \lim_{h \to 0} \ln\left(1 + \frac{h}{x}\right)^{1/h} \\
&= \lim_{h \to 0} \ln\left[\left(1 + \frac{h}{x}\right)^{x/h}\right]^{1/x} \\
&= \frac{1}{x} \ln\left[\lim_{h \to 0}\left(1 + \frac{h}{x}\right)^{x/h}\right] \\
&= \frac{1}{x} \ln e \\
&= \frac{1}{x}
\end{aligned}
$$

이 사실을 이용하여 지수함수와 로그함수의 도함수를 모두 구할 수 있다. 일반적인 로그함수 $f(x) = \log_a x$의 경우에는, $\log_a x = \dfrac{\ln x}{\ln a}$이므로

$$f'(x) = \frac{1}{\ln a}(\ln x)' = \frac{1}{\ln a}\frac{1}{x} = \frac{1}{x \ln a}\text{이다.}$$

지수함수는 로그함수의 역함수이므로 역함수의 미분법을 적용하면 된다.

$y=a^x$라 하자. 그러면 $x=\log_a y$가 된다.

$$\frac{dy}{dx}=\frac{1}{\frac{dx}{dy}}=\frac{1}{\frac{1}{y\ln a}}=y\ln a=a^x\ln a$$

$y=e^x$이면 $\frac{dy}{dx}=e^x\ln e=e^x$이다. 즉 e^x의 도함수는 그 자신과 같다.
이상을 요약하면 다음과 같다.

정리 9-9 (지수함수와 로그함수의 도함수)

(1) $(\ln x)'=\frac{1}{x}$

(2) $(\log_a x)'=(\frac{\ln x}{\ln a})'=\frac{1}{x\ln a}$

(3) $(e^x)'=e^x$

(4) $(a^x)'=a^x\ln a$

연습 9-8 다음 함수의 도함수를 구하라.

(1) $y=5^{2t}$ (2) $y=Ae^{r\sqrt{t}}$

(3) $y=\log_2(2x^3+x+1)^2$ (4) $y=\ln(x+1)$

9.4 경제학에의 응용

경제성장률

원금 $y(0)$를 연간 이자율 r로 예금할 때 t년 후의 원리금합계 $y(t)$는 단순복리 계산하면 $y(t)=y(0)(1+r)^t$이 되고, 연속복리로 계산하면 $y(t)=y(0)e^{rt}$이 됨을 우리는 앞에서 보았다. 이것은 모든 변수의 성장에도 같이 적용될 수 있으므로, y가 국민소득이고 소득성장률이 r이라 해석할 때 $y(t)$는 t년 후의 국민소득이 된다. 이때 $y(t)=y(0)(1+r)^t$인 경우를 **이산적 성장**이라 하고, $y(t)=y(0)e^{rt}$인 경우는 **연속성장**이라고 할 수 있다.

연속성장의 경우 순간성장률을 $g \equiv \dfrac{\frac{dy}{dt}}{y}$으로 정의한다. 일정시점 t에서 시간이 Δt 경과할 때 Δy만큼 성장한다고 하자. 그러면 성장률은 $\dfrac{\frac{\Delta y}{\Delta t}}{y(t)}$로 계산할 수 있고 $\Delta t \to 0$일 때 이 값의 극한이 순간성장률이 된다. 즉

$$\lim_{\Delta t \to 0} \frac{\frac{\Delta y}{\Delta t}}{y} = \frac{\lim_{\Delta t \to 0} \frac{\Delta y}{\Delta t}}{y} = \frac{\frac{dy}{dt}}{y}$$

$y(t) = y(0)e^{rt}$일 때 이 정의를 적용하면 순간성장률이 r이 됨을 쉽게 확인할 수 있다.

다음의 정리는 순간성장률을 쉽게 계산하는 공식을 보여준다. 즉, 순간성장률은 국민소득 $y(t)$에 자연로그를 취한 후에 시간 t에 대해 미분하면 된다는 것이다.

정리 9-10

$$g \equiv \frac{\frac{dy}{dt}}{y} = \frac{d(\ln y)}{dt}$$

증 명

$$\frac{d(\ln y)}{dt} = \frac{1}{y}\frac{dy}{dt} = g$$

예 9-9 $y = Ae^{r\sqrt{t}}$의 순간성장률은

$$g \equiv \frac{\frac{dy}{dt}}{y} = \frac{Ae^{r\sqrt{t}}\frac{r}{2\sqrt{t}}}{Ae^{r\sqrt{t}}} = \frac{r}{2\sqrt{t}}$$

인데, [정리 9-10]을 적용하여 다음과 같이 계산해도 된다.

$$g \equiv \frac{d(\ln y)}{dt} = \frac{d(\ln A + r\sqrt{t})}{dt} = \frac{r}{2\sqrt{t}}$$

물가지수 p와 실질소득 y에 대해 명목소득 $Y = py$로 계산된다. 이때 물가지수의 증가율 g_p, 실질소득성장률 g_y과 명목소득성장률 g_Y 간에는 다

음과 같은 관계에 있음을 쉽게 알 수 있다. 즉, $g_Y = g_p + g_y$.

$Y = py$를 자연로그를 취하면 $\ln Y = \ln p + \ln y$이므로, 양변을 t에 대해 미분하면 성장률을 얻을 수 있기 때문이다.

예를 들어 물가가 5%로 성장하고 실질 국민소득이 3%로 성장한다면 명목소득은 8%로 증가한다.

탄 력 성

변수 y가 x의 영향을 받는 함수로서 $y = f(x)$의 관계에 있을 때, y가 x의 변화에 영향을 받는 정도 혹은 민감도를 측정하는 것이 탄력성(elasticity)의 개념이다. y의 x에 대한 탄력성 e_{yx}는 y의 %변화와 x의 %변화의 비율로서 다음과 같이 정의할 수 있다.

$$e_{yx} \equiv \frac{\frac{\Delta y}{y}}{\frac{\Delta x}{x}} = \frac{\frac{\Delta y}{\Delta x}}{\frac{y}{x}}$$

그런데 이 값은 x의 변화분 Δx의 크기에 따라 달라지므로, 도함수 $\lim_{\Delta x \to 0} \frac{\Delta y}{\Delta x} = \frac{dy}{dx}$로 대체해서 탄력성을 계산하는 것이 편리하므로 이 책에서는 탄력성을 $e_{yx} \equiv \frac{\frac{dy}{dx}}{\frac{y}{x}}$으로 정의하기로 한다.[1]

수요량 Q가 가격 p의 함수일 때 수요의 가격탄력성은 다음과 같다.

$$\text{수요의 가격탄력성 } \epsilon \equiv -\frac{\text{수요량의 \% 변화}}{\text{가격의 \% 변화}} = -\frac{\frac{dQ}{dp}}{\frac{Q}{p}}$$

수요함수는 우하향하여 $\frac{dQ}{dp} < 0$이므로, 수요의 가격탄력성은 통상 − 부호를 붙여서 양수가 되도록 정의한다.

수요량 Q는 또한 소득 M의 함수이기도 하므로 수요의 소득탄력성은

1 보통 이 탄력성을 점탄력성(point elasticity)이라 부르기도 한다.

다음과 같이 정의된다.

$$\text{수요의 소득탄력성 } \eta \equiv \frac{\text{수요량의 \% 변화}}{\text{소득의 \% 변화}} = \frac{\frac{dQ}{dM}}{\frac{Q}{M}}$$

다음 정리는 탄력성을 계산하는 데 유용한 공식을 제공한다.

정리 9-11

$$\eta_{yx} = \frac{d(\ln y)}{d(\ln x)}$$

증 명 $\frac{d(\ln y)}{d(\ln x)} = \frac{d(\ln y)}{dy}\frac{dy}{dx}\frac{1}{\frac{d(\ln x)}{dx}} = \frac{1}{y}\frac{dy}{dx}x = \frac{dy}{dx}\Big/\frac{x}{y} = \eta_{yx}.$

예 9-10 Cobb-Douglas 생산함수 $Q = L^{\alpha}K^{\beta}$를 생각해 보자. 여기서 Q는 생산량, L은 투입노동량, K는 투입자본량을 표시한다. 노동량 L을 증가시킬 때 생산량 Q가 얼마나 민감하게 변화하는가를 생산량의 노동탄력성 η_{QL}으로 계산할 수 있다. 예를 들어, 노동탄력성이 2라 한다면, 이것은 투입노동량을 10% 증가시킬 때 생산량이 20% 증가함을 의미한다. 이 생산함수의 경우 로그를 취하면

$$\ln Q = \alpha \ln L + \beta \ln K$$

따라서 $\eta_{QL} = \frac{d(\ln Q)}{d(\ln L)} = \alpha.$

같은 방식으로 계산하면, 자본탄력성은 $\eta_{QK} = \beta$가 된다.[2]

정리 9-12

$z(t) = x(t)y(t)$일 때, 탄력성 e_{zt}는 다음과 같이 계산된다.

$$e_{zt} = e_{xt} + e_{yt}$$

2 생산함수가 두 변수의 함수이므로 여기에 사용된 도함수는 모두 편도함수이지만 계산방법은 같기 때문에 그대로 도함수로 표시하였다. 편도함수는 10장에서 설명할 것이다.

증 명 $\ln z(t) = \ln x(t) + \ln y(t)$이므로,

$$e_{zt} = \frac{d(\ln z(t))}{d(\ln t)} = \frac{d(\ln x(t))}{d(\ln t)} + \frac{d(\ln y(t))}{d(\ln t)} = e_{xt} + e_{yt}.$$

최적판매시점 문제

숙성시킨 포도주의 가치는 숙성년도 t의 함수로서 $V = Ae^{\sqrt{t}}$가 된다고 하자. 시장이자율이 r일 때 최적판매시점은 언제인가를 생각해 보자.

현재가치를 극대화하는 시점이 최적판매시점이므로, 다음과 같이 현재가치를 나타내는 함수의 극대점을 찾는 문제가 된다.

$$PV = Ae^{\sqrt{t}}e^{-rt} = Ae^{\sqrt{t}-rt}$$

극대의 일계조건(FOC)은

$$\frac{dPV}{dt} = Ae^{\sqrt{t}-rt}\left(\frac{1}{2\sqrt{t}} - r\right) = 0$$

일계조건을 풀면, $\frac{1}{2\sqrt{t}} = r$, 혹은 $t = \frac{1}{4r^2}$.

이계충분조건(SOSC)은 다음과 같다.

$$\frac{d^2PV}{dt^2} = Ae^{\sqrt{t}-rt}\left(\frac{1}{2\sqrt{t}} - r\right)^2 + Ae^{\sqrt{t}-rt}\left(-\frac{1}{4t\sqrt{t}}\right) \ < \ 0$$

$t = \frac{1}{4r^2}$일 때 이계충분조건을 계산하면, 이 조건이 충족됨을 쉽게 알 수 있다.

연습문제

문제 9-1 [정리 9-1]의 (1), (2), (3), (4), (6)을 증명하라.

문제 9-2 미분을 이용하여 $\sqrt{9.012}$ 의 근사값을 계산하라.

문제 9-3 $y = 2x^3(x^2 - 2x + 3)^4 - \dfrac{x^2+5}{\sqrt{x+3}}$ 의 도함수와 $x = 1$에서의 미분계수를 구하라.

문제 9-4 비용함수가 $C(y) = y^3 - 9y^2 + 30y + 3$일 때 한계비용(MC)함수와 평균비용(AC)함수를 계산하라. 평균비용과 한계비용함수를 한 평면에 그리고 그 관계를 설명하라.

문제 9-5 다음 함수를 미분하라.

(1) $f(x) = \ln \dfrac{x}{x-1}$

(2) $f(x) = \dfrac{\ln x}{x}$

(3) $f(x) = \dfrac{2x^3}{x(x+1)(2x-1)}$

문제 9-6 함수 $y = x^n$이 C^∞급 함수임을 보이라.

문제 9-7 함수 $f(x) = ax + \ln(x^2+4)$가 구간 $(-\infty, \infty)$에서 증가함수일 때, 상수 a의 최소값을 구하라.

문제 9-8 다음 수요함수의 가격탄력성을 구하여라.

(1) $q(p)=5/p^4$

(2) $q(p)=Ae^{-p}$

문제 9-9 일인당 국민소득 y는 총국민소득 Y를 인구 H로 나눈 값이다. 총국민소득의 성장률이 g이고 인구증가율이 h일 때 1인당 국민소득 y의 증가율 r을 계산하는 식을 유도하라. 이때 성장은 연속적으로 이루어지고 성장률은 모두 순간 성장률을 의미한다.

문제 9-10 두 변수 x, y는 $y=\sqrt{x}$의 관계에 있다. x, y는 또한 각각 시간의 함수로서 순간성장률 g_x, g_y로 성장한다고 할 때 두 성장률 간의 관계식을 구하라.

문제 9-11 시간 t가 지난 시점에서의 아파트의 시세가 $V=Ab^{\sqrt{t}}$(단, $b>1, A>0$)으로 예측되고, 시장이자율이 $r(>0)$로서 일정하다면 아파트를 언제 파는 것이 가장 이득이 되겠는가? 다른 조건은 일정하고 $b<1$으로 바뀌었다면 언제 파는 것이 가장 이득이 되겠는가?

문제 9-12 현재 100만원의 가치가 있는 골동품이 t년 후에는 $V(t)=100e^{\frac{\sqrt{t}}{4}}$의 가치를 갖는다고 한다. 연 이자율이 5%라고 할 때 이 골동품을 언제 판매하는 것이 최적인가?

문제 9-13 다음은 표준정규분포의 확률밀도함수이다.

$$f(x)=\frac{1}{\sqrt{2\pi}}e^{-x^2/2}$$

(1) $f(x)$의 도함수를 계산하라.

(2) $f(x)$가 증가함수인 범위와 감소함수인 범위를 구하여라.

(3) 이 함수의 극대점과 극대값을 계산하라.

CHAPTER

10 다변수함수의 미분

수요함수, 공급함수 등과 같이 경제학에서 다루는 대부분의 함수는 다변수함수이므로 9장에서 배운 미분법을 다변수함수 $y=f(x_1,\cdots,x_n)$에 확장해서 적용하는 것이 필요하다. 다변수함수의 미분은 편미분이라고 부른다. 이 장에서는 편미분의 개념을 소개하고, 편도함수를 계산하는 데 편리하게 이용되는 합성함수의 미분법과 음함수의 미분법을 알아본다.

10.1 편미분계수와 편도함수

다변수함수 $y=f(x_1,\cdots,x_n)$는 특정한 점 $x^0=(x_1^0,\cdots,x_n^0)$에서 나머지 변수는 상수로 취급하고 하나의 변수 x_j만의 함수로 간주하여 변수 x_j에 관해 일변수함수의 미분법을 적용하면, 미분계수

$$\lim_{h\to 0}\frac{f(x_1^0,\cdots,x_j^0+h,\cdots,x_n^0)-f(x^0)}{h}$$

를 얻는다. 이것을 $x^0=(x_1^0,\cdots,x_n^0)$에서 $f(x_1,\cdots,x_n)$의 x_j에 관한 편미분계수(partial derivative coefficient)라 하고, 이것을 x의 함수로 간주하면 편도함수(partial derivative)가 된다. 편미분계수 혹은 편도함수는 $\frac{\partial y}{\partial x_j}$, $\frac{\partial f}{\partial x_j}$, f_j,

그림 10-1

→ 편미분계수의 기하학적 의미

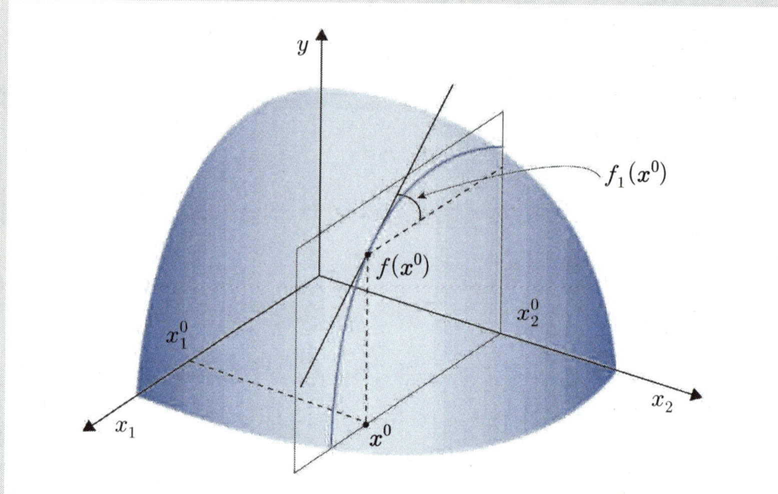

$f_j(x^0)$ 등으로 표기하여 일변수함수의 경우와 구분한다. 편도함수 혹은 편미분계수로 이루어진 행벡터 $(f_1, \cdots, f_n)$를 기울기벡터(gradient)라 하고 ∇f로 표기한다. 즉,

$$\nabla f \equiv (f_1, \cdots, f_n)$$

이 기울기벡터는 함수 $f(x)$에 가장 가까운 선형함수가 되고, 이것을 x의 함수로 간주하면 $f(x)$의 도함수 $Df(x)$가 된다. 이에 대해서는 다음 절에서 자세히 설명하기로 한다.

[그림 10-1]에는 이변수함수 $y = f(x_1, x_2)$의 그래프가 그려져 있다. 이 그래프에서 편미분계수 $\frac{\partial y}{\partial x_1}$ 혹은 $f_1(x^0)$는 함수의 그래프에서 x_1방향의 접선의 기울기를 나타낸다. 마찬가지로 $f_2(x^0)$는 x_2방향으로의 접선의 기울기이다.

예 10-1 함수 $f(x_1,x_2)=x_1x_2+2x_1^2-3x_2+1$의 편도함수를 구해 보자. 먼저 x_1에 관한 편도함수를 구하기 위해서는 x_2를 상수로 하고 x_1만의 함수로 간주하여 미분하면 된다. 그러면 $f_1=x_2+4x_1$. 같은 방법으로 x_1을 상수로 놓고 x_2에 대해 편미분하여 편도함수 f_2를 계산하면, $f_2=x_1-3$. 또한 $(x_1,x_2)=(1,1)$에서의 편미분계수는 $\frac{\partial y}{\partial x_1}=5$, $\frac{\partial y}{\partial x_2}=-2$가 된다. 따라서 기울기벡터는 $\nabla f(1,1)=(5,-2)$이다.

다시 강조하지만, 편미분은 특정변수 이외의 나머지 변수를 상수로 간주하고 일변수함수의 미분법을 적용하여 계산하면 되는 것이다.

편미분을 다음과 같이 m개의 다변수함수로 이루어진 함수체계 $f:R^n\rightarrow R^m$에까지 확대할 수 있다.

$$
\begin{gathered}
y_1=f^1(x_1,\cdots,x_n)\\
\cdots\\
y_m=f^m(x_1,\cdots,x_n)
\end{gathered}
$$

여기서 y_i를 x_j에 대해 편미분한 편도함수는 i번째 식 $y_i=f^i(x_1,\cdots,x_n)$을 x_j에 대해 편미분한 것으로 $\frac{\partial y_i}{\partial x_j}=f_j^i$으로 표시된다. 이렇게 계산된 편도함수들은 $m\times n$행렬로 표시할 수 있는데 이 행렬을 **야코비행렬**(Jacobian matrix)이라 부르고 J로 표기한다. 즉,

$$
J=\begin{pmatrix} f_1^1 & \cdots & f_n^1 \\ \vdots & & \vdots \\ f_1^m & \cdots & f_n^m \end{pmatrix}
$$

기울기벡터 ∇f는 $1\times n$ 야코비행렬로 간주할 수 있다.

예 10-2 다음과 같은 두 함수로 이루어진 함수체계를 생각해 보자.

$y_1 = x_1^2 + x_1x_2 - x_2^3,\ y_2 = x_1 - x_1x_2.$

이 함수의 4개의 편도함수를 구하면, $\dfrac{\partial y_1}{\partial x_1} = 2x_1 + x_2,\ \dfrac{\partial y_1}{\partial x_2} = x_1 - 3x_2^2,$ $\dfrac{\partial y_2}{\partial x_1} = 1 - x_2,\ \dfrac{\partial y_2}{\partial x_2} = -x_1$이므로 야코비행렬은 $J = \begin{pmatrix} 2x_1 + x_2 & x_1 - 3x_2^2 \\ 1 - x_2 & -x_1 \end{pmatrix}$이 된다. $(x_1, x_2) = (1, 1)$에서 야코비행렬은 $J = \begin{pmatrix} 3 & -2 \\ 0 & -1 \end{pmatrix}$이다.

연습 10-1 다음 함수들의 편도함수를 계산하고 기울기벡터 혹은 야코비행렬을 구하라.

(1) $z = xy^2$ (2) $y_1 = \dfrac{x_1 - x_2}{x_1x_2 + 2},\ y_2 = 2x_1^2x_2 - \sqrt{x_2}$

비교정학

어떤 재화의 수요량 Q가 그 재화의 가격 p뿐만 아니라, 타 재화의 가격 q과 소득 M의 함수라 할 때 수요함수는 $Q = D(p, q, M)$와 같이 다변수함수가 된다. 가격 p가 수요량 Q에 미치는 영향을 분석하기 위해서 수요곡선을 구할 때 다른 변수 q과 M이 일정하다고 간주하는데, 이것은 경제분석에서 자주 등장하는 구절, '다른 조건이 일정하다면(other things being equal)', 혹은 라틴어 표현으로 세테리스 파리부스(ceteris paribus)의 적용사례라 할 수 있다.

이 수요곡선의 접선의 기울기는 수요량 Q를 가격 p에 대해 편미분하여 얻은 편도함수 $\dfrac{\partial Q}{\partial p}$로 계산된다. $\dfrac{\partial Q}{\partial p}$의 부호는 수요량이 가격의 증가함수인지 감소함수인지를 판단하는 데 유용하다. 일반적으로 가격이 오를 때 수요량은 감소하므로 $\dfrac{\partial Q}{\partial p} < 0$이 되는데 이것을 수요의 법칙(law of demand)이라 부른다. 마찬가지로 소득의 변화가 수요량에 미치는 영향을 알아보기 위해서는 $\dfrac{\partial Q}{\partial M}$을 계산해서 그 부호를 보면 된다. $\dfrac{\partial Q}{\partial M} > 0$이면 소득이 증가할 때 수요량이 증가하는 것이므로 정상재(normal good)라 하고, $\dfrac{\partial Q}{\partial M} < 0$일 때는 열등재(inferior good)라 한다.

탄력성의 계산

다변수의 함수인 경우에 탄력성 계산에는 편미분을 사용하게 된다. 예를 들어 수요함수 $Q = D(p, q, M)$에 대해서 수요의 가격탄력성 ϵ_p는 탄력성의 정의에 따라

$\epsilon_p \equiv -\dfrac{\frac{\partial Q}{\partial p}}{\frac{Q}{p}}$ 으로 계산한다.

타 재화가격의 변화에 대한 수요의 탄력성을 교차탄력성(cross elasticity)이라 한다. 여기서 교차탄력성 ϵ_q은 다음과 같이 계산한다.

$$\epsilon_q \equiv \frac{\frac{\partial Q}{\partial q}}{\frac{Q}{q}}$$

마찬가지 방법으로 수요의 소득탄력성 η은 수요량 Q의 소득 M에 관한 탄력성으로 $\eta \equiv \dfrac{\frac{\partial Q}{\partial M}}{\frac{Q}{M}}$ 로 계산된다.

예 10-3 수요함수가 $Q = M - 2p + q$일 때 수요의 가격탄력성, 교차탄력성, 소득탄력성은 각각 다음과 같이 계산된다.

$$\epsilon_p = -\frac{\frac{\partial Q}{\partial p}}{\frac{Q}{p}} = \frac{2}{\frac{Q}{p}} = \frac{2p}{Q} = \frac{2p}{M - 2p + q}$$

$$\epsilon_q = \frac{\frac{\partial Q}{\partial q}}{\frac{Q}{q}} = \frac{1}{\frac{Q}{q}} = \frac{q}{Q} = \frac{q}{M - 2p + q}$$

$$\eta = \frac{\frac{\partial Q}{\partial M}}{\frac{Q}{M}} = \frac{1}{\frac{Q}{M}} = \frac{M}{Q} = \frac{M}{M - 2p + q}$$

$(p, q, M) = (10, 5, 30)$에서 탄력성의 값들은 $\epsilon_p = \frac{4}{3}$, $\epsilon_q = \frac{1}{3}$, $\eta = 2$이다.

한계와 편미분

편미분은 또한 한계 개념을 다변수함수로 확대할 때도 적용된다. 두 재화 x_1, x_2를 소비하는 소비자의 효용함수 $U(x_1, x_2)$에 대해서 재화 x_1의 한계효용(MU_1)은 x_2를 상수로 간주하고 x_1에 대해 편미분한 편도함수 $MU_1 = U_1$이고 재화 x_2의 한계효용은 $MU_2 = U_2$이다.

또한 생산함수 $Q = F(L, K)$에 대해 노동의 한계생산물(marginal product of labor) MP_L은 자본 K를 상수로 간주하고 노동 L에 대해 편미분한 편도함수 $MP_L = \frac{\partial Q}{\partial L} = F_L$이 된다. 자본의 한계생산물(marginal product of capital)은 $MP_K = \frac{\partial Q}{\partial K} = F_K$로 계산된다.

예 10-4 생산함수가 $Q = 3LK^2$라 하자. $(L, K) = (20, 5)$에서 노동의 한계생산물을 계산해 보자. 노동의 한계생산물은 편도함수 $\frac{\partial Q}{\partial L} = 3K^2$이므로 $(L, K) = (20, 5)$에서의 노동의 한계생산물은 편미분계수 $\frac{\partial Q}{\partial L}(20, 5) = 3 \times 5^2 = 75$이다.

연습 10-2 효용함수 $U = \sqrt{x_1 x_2}$에 대해서 한계효용함수 MU_1과 MU_2를 계산하고, $(x_1, x_2) = (2, 5)$을 소비할 때 각각의 한계효용값을 계산하라.

10.2 전미분과 도함수

이 절에서는 편미분계수들로 이루어진 기울기벡터 $\nabla f = (f_1, \cdots, f_n)$과 야코비행렬 J에 대해 더 상세히 알아보고 그 의미를 살펴보기로 하자.

전미분과 도함수

다변수함수 $y = f(x_1, x_2)$의 그래프는 [그림 10-2]에서와 같이 곡면으로 나타난다. 그리고 특정한 점 $x^0 = (x_1^0, x_2^0)$에서 편미분계수 $f_1(x^0)$와 $f_2(x^0)$는 각각 x_1과 x_2 방향으로의 접선의 기울기가 될 것이다. 이 두 접선을 포함하는 평면이 함수의 그래프에 접하는 접평면이 된다. 이 접평면의 방정식은

$$y - f(x^0) = f_1(x^0)(x_1 - x_1^0) + f_2(x^0)(x_2 - x_2^0)$$

그림 10-2

→ 다변수함수 $y=f(x_1,x_2)$ 의 그래프와 접평면

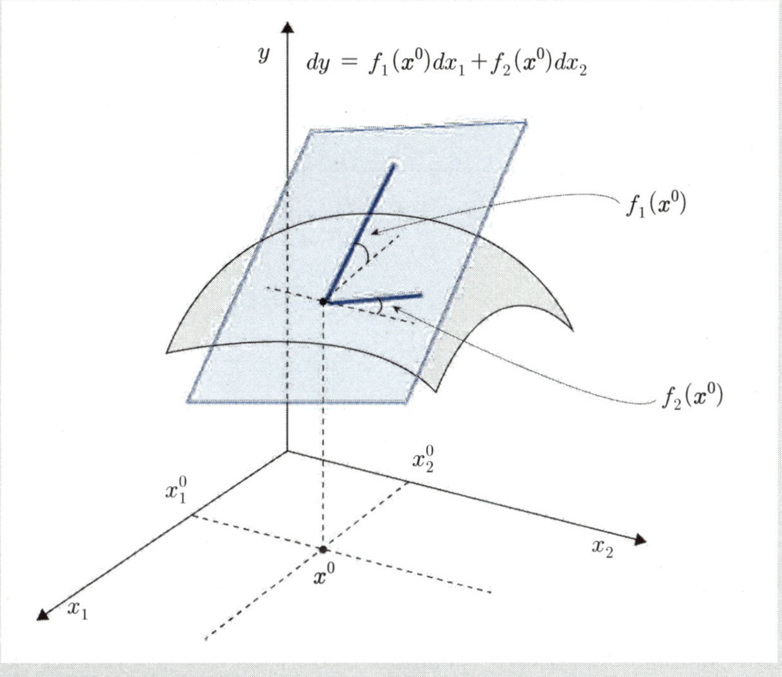

가 될 것이다.[1] 각 변수의 증분을 $dy \equiv y - f(x^0)$, $dx_1 \equiv x_1 - x_1^0$, $dx_2 \equiv x_2 - x_2^0$으로 각각 표시하면, 접평면의 방정식은

$$dy = f_1(x^0)dx_1 + f_2(x^0)dx_2$$

가 된다. 이 식의 의미는 다음과 같다. x_1이 x_1^0로부터 dx_1만큼 변하고 동시에 x_2가 x_2^0로부터 dx_2만큼 변하면 y가 $f(x^0)$로부터 dy만큼 근사적으로 변하게 된다는 것이다. 증분 dx_1과 dx_2가 매우 작을 때는 y가 실제로 $dy = f_1(x^0)dx_1 + f_2(x^0)dx_2$만큼 변화한다고 간주할 수 있다. 그래서 이 식

1 이 방정식은 일변수함수의 접선의 방정식을 두 변수로 확장한 것으로 이해하면 된다. 자세한 도출방법은 생략하기로 한다.

을 미세한 증분(differential) $f_1(x^0)dx_1$과 $f_2(x^0)dx_2$의 합이라는 뜻에서 $y=f(x)$의 전미분(total differential)이라고 부른다. 일변수함수의 경우에 이 식은 $dy=f(x^0)dx$이 되고 미분(differential)이라 한다.

전미분을 벡터로 표시하면,

$$\begin{aligned} dy &= f_1(x^0)dx_1 + f_2(x^0)dx_2 = (f_1(x^0), f_2(x^0))(dx_1, dx_2) \\ &= \nabla f(x^0) \cdot dx \end{aligned}$$

이 된다. 여기서 $dx=(dx_1, dx_2)'$는 x의 변화의 방향과 크기를 나타내는 벡터이다.

전미분은 x^0에서 함수 $f(x)$에 가장 가까운 선형함수의 식으로 해석할 수 있다. 9.1절에서 살펴본 다변수함수의 도함수의 정의에 의하면 도함수란 이러한 선형함수를 표현하는 1×2행렬이므로, 기울기벡터 $\nabla f(x)$는 함수 $f=(x)$의 도함수 $Df(x)$가 된다. 그리고 이 도함수를 특정한 점 $x^0=(x_1^0, x_2^0)$에서 평가한 벡터 $Df(x^0)$가 미분계수이다. 다변수함수에 대해서는 편도함수, 편미분계수와 도함수, 미분계수라는 용어가 함께 사용되므로 그 의미를 잘 구분하여야 한다.

기울기벡터의 기하학적 의미

전미분 $dy=\nabla f(x^0)\cdot dx$의 의미를 살펴보자. 이 식은 x가 dx만큼 변할 때 y는 기울기벡터 $\nabla f(x^0)$와 dx의 내적만큼 변화함을 의미한다. 두 벡터 $\nabla f(x^0)$와 dx가 이루는 교각을 θ라 하면, 내적의 성질에 의해

$$dy = \nabla f(x^0) \cdot dx = \| \nabla f(x^0) \| \, \| dx \| \cos\theta$$

변화량 벡터 dx가 등고선의 접선방향이면 $dy=0$이 되는데, 이것은 $\theta=90°$를 의미하므로 기울기벡터 $\nabla f(x^0)$가 등고선의 접선방향에 대해 수직임을 의미한다([그림 10-3]). 벡터 dx가 기울기벡터 $\nabla f(x^0)$와 90° 이내

그림 10-3

→ 함수 $y=f(x_1,x_2)$의 등고선과 기울기벡터

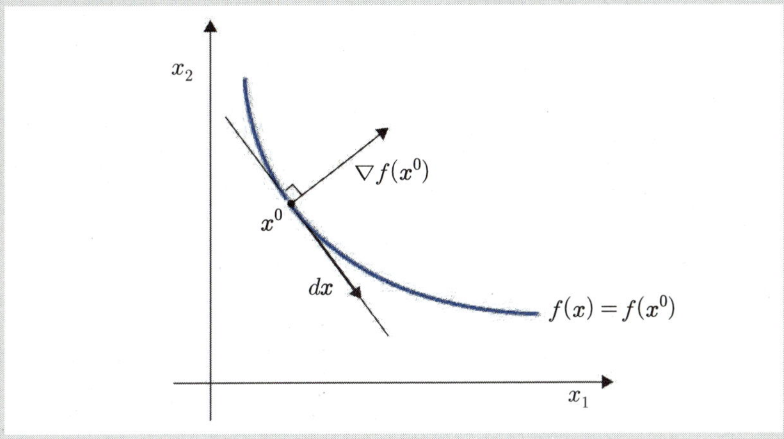

방향이면 $dy>0$이므로 y는 증가하고, $90°$ 이상이면 $dy<0$이고 y는 감소한다. dx가 기울기벡터와 같은 방향일 때 $\theta=0$이고 $\cos\theta=1$이므로 dy는 최대가 된다. 등산에 비유해서 말하면 어떤 점에서 능선방향으로 움직이면 산을 올라가지도 내려가지도 않는 반면, 가장 빨리 산에 오를 수 있는 방향이 기울기벡터의 방향인 것이다. 즉, 기울기벡터는 함수값이 가장 빠르게 증가하는 방향을 나타내는 방향벡터라고 할 수 있고, 이런 의미에서 기울기벡터라는 이름으로 부르게 된 것이다.

이 사실을 종합하여 보면 점 x^0를 지나는 등고선의 접선과 기울기벡터 $\nabla f(x^0)$는 수직이 되고 [그림 10-3]에서와 같은 관계에 있게 된다.

$y=f(x_1,\cdots,x_n)$의 전미분

지금까지의 모든 결과는 일반적인 다변수함수 $y=f(x_1,\cdots,x_n)$로 자연스럽게 확대적용할 수 있다. 기울기벡터는 n차원 행벡터 $\nabla f(x)=(f_1(x),\cdots,f_n(x))$이고, 접평면은 $n+1$차원 공간의 초평면으로 다음과 같은 방정식으로 표시된다.

$$y - f(x^0) = f_1(x^0)(x_1 - x_1^0) + \cdots + f_n(x^0)(x_n - x_n^0)$$

이것을 전미분식으로 바꾸면

$$dy = f_1(x^0)dx_1 + \cdots + f_n(x^0)dx_n = \nabla f(x^0) \cdot dx$$

이 된다.

예 10-5 다변수함수 $f(x_1, x_2) = x_1x_2 + 2x_1^2 - 3x_2 + 1$에 대해서 편도함수는 $f_1 = x_2 + 4x_1$, $f_2 = x_1 - 3$이므로 기울기벡터는 $\nabla f = (x_2 + 4x_1,\ x_1 - 3)$이다. $(x_1, x_2) = (1,1)$에서 기울기벡터는 $(5, -2)$가 된다. 이 점에서 함수의 그래프에 접하는 접평면의 방정식은 $y - 1 = 5(x_1 - 1) - 2(x_2 - 1)$ 혹은 $y = 5x_1 - 2x_2 - 2$가 된다. 전미분은 $dy = (x_2 + 4x_1)dx_1 + (x_1 - 3)dx_2$이다. $(x_1, x_2) = (1,1)$에서의 전미분은 $dy = 5dx_1 - 2dx_2$이 된다. 도함수는 $Df = (x_2 + 4x_1, x_1 - 3)$이고 $(x_1, x_2) = (1,1)$에서의 미분계수는 $Df(1,1) = (5, -2)$이다.

보다 더 일반적으로 다음의 다변수함수의 방정식체계에까지 확대할 수 있다.

$$\begin{gathered} y_1 = f^1(x_1, \cdots, x_n) \\ \cdots \\ y_m = f^m(x_1, \cdots, x_n) \end{gathered}$$

이 함수를 벡터로 표시하여 $y = f(x)$라고 간단히 쓰기도 한다.

이 함수의 편도함수행렬인 야코비행렬 J에 대해 전미분은 $dy = Jdx$이고 이것이 함수 $y = f(x)$에 가장 가까운 선형함수가 된다. 도함수는 야코비행렬이므로 $J = Df(x)$로 쓸 수 있다. 전미분식을 풀어서 쓰면 다음과 같다.

$$dy_1 = f_1^1(x)dx_1 + \cdots + f_n^1(x)dx_n$$

$$\cdots$$

$$dy_m = f_1^m(x)dx_1 + \cdots + f_n^m(x)dx_n$$

도함수 $Df(x)$는 이 선형함수의 행렬로서 야코비행렬과 같으므로,

$$Df(x) \equiv J = \begin{pmatrix} f_1^1(x) & \cdots & f_n^1(x) \\ \vdots & & \vdots \\ f_1^m(x) & \cdots & f_n^m(x) \end{pmatrix}$$

연습 10-3 다음 함수의 야코비행렬 J를 계산한 다음 전미분하고 도함수를 구하라. $(x_1, x_2) = (1,1)$에서 미분계수를 구하라.

$y_1 = x_1 x_2$

$y_2 = 2x_1 + x_2$

예 10-6 효용함수 $U = U(x_1, x_2)$에 대해서 한계효용 MU_1, MU_2는 각각 편도함수 $U_1(x_1, x_2)$, $U_2(x_1, x_2)$으로 계산되므로 전미분하면

$$dU = U_1 dx_1 + U_2 dx_2 = MU_1 dx_1 + MU_2 dx_2$$

이 된다. 재화소비량이 dx_1, dx_2만큼 변할 때 총효용의 증가분 dU는 위의 식으로 근사값이 계산될 수 있다. 구체적으로 효용함수가 $U = x_1^{1/3} x_2^{2/3}$라 하면, 한계효용은 각각, $MU_1 = \frac{1}{3}\left(\frac{x_2}{x_1}\right)^{2/3}$, $MU_2 = \frac{2}{3}\left(\frac{x_1}{x_2}\right)^{1/3}$이고, 전미분하면, $dU = \frac{1}{3}\left(\frac{x_2}{x_1}\right)^{2/3} dx_1 + \frac{2}{3}\left(\frac{x_1}{x_2}\right)^{1/3} dx_2$가 된다. $(x_1, x_2) = (20,20)$일 때 한계효용은 $MU_1 = \frac{1}{3}$, $MU_2 = \frac{2}{3}$이고, 전미분은 $dU = \frac{1}{3}dx_1 + \frac{2}{3}dx_2$이다. 예를 들어 재화 x_1, x_2가 각각 2단위, 3단위씩 증가한다면 근사적으로 효용은 $dU = \frac{8}{3}$ 증가하게 된다.

10.3 고계 편도함수

다변수함수 $y = f(x_1, \cdots, x_n)$에 대해서 n개의 편도함수 $f_1(x), \cdots,$

$f_n(x)$는 일반적으로 다시 x의 함수이므로 이들을 각 변수 x_i에 관해 다시 편미분할 수 있다. f_i를 x_j에 관해 편미분한 이계 편도함수를

$$\frac{\partial}{\partial x_j}\left(\frac{\partial f}{\partial x_i}\right),\ \frac{\partial^2 f}{\partial x_j \partial x_i},\ f_{ij}$$

등으로 표기한다. 마찬가지 방법으로 k계 편도함수들은

$$\frac{\partial^k f}{\partial x_l \cdots \partial x_j \partial x_i},\ f_{ij\cdots l}\ \text{등으로 표시한다.}$$

함수 $f(x_1,\cdots,x_n)$에서 모든 변수 x_i에 대해 k계 편도함수가 존재하고 그것들이 모두 연속함수일 때 f를 C^k급 함수라고 한다.

예 10-7 함수 $y = x_1^4 + 3x_1^3 x_2 - x_2^2$ 의 일계 편도함수들은
$f_1 = 4x_1^3 + 9x_1^2 x_2$, $f_2 = 3x_1^3 - 2x_2$이고, 이계 편도함수들은
$f_{11} = 12x_1^2 + 18x_1 x_2$, $f_{12} = f_{21} = 9x_1^2$, $f_{22} = -2$이다.
3계 편도함수 중의 일부를 구해보면,
$f_{112} = f_{211} = f_{121} = 18x_1$, $f_{221} = f_{212} = f_{122} = 0$ 등이다.

영(Young)의 정리

이 예에서 짐작할 수 있는 사실은 편미분의 순서와 관계없이 결과가 같게 된다는 것이다. 다음의 정리는 이것이 우연이 아님을 보여준다.

정리 10-1 (영 Young의 정리)

함수 $f(x_1,\cdots,x_n)$가 C^2급 함수이면,
모든 $i,j = 1,\cdots,n$에 대해서 $f_{ij} = f_{ji}$이다.

Young의 정리를 반복적용하면 C^k급 함수에 대해서는 모든 k계 편도함

수는 편미분의 순서에 무관하게 계산된다는 것을 알 수 있다.

이 정리는 고계 편도함수의 계산을 편하게 하여줄 뿐 아니라 몇 가지 중요한 결과를 의미하게 된다.

이계편도함수 f_{ij}들은 n차 정방행렬을 이루는데, 이 행렬을 헤시안행렬(Hessian Matrix)이라고 부르고, H로 표기한다.

$$H \equiv \begin{pmatrix} f_{11} & \cdots & f_{1n} \\ \vdots & & \vdots \\ f_{n1} & \cdots & f_{nn} \end{pmatrix}$$

Young의 정리에 의해 $f_{ij} = f_{ji}$이므로 헤시안행렬은 대칭행렬이 된다. 헤시안행렬은 또한 함수 $y = f(x)$의 이계도함수로서 $D^2 f(x)$로 표기하기도 한다.

생산함수 $Q = f(L, K)$가 C^2급 함수라고 하자. 일계 편도함수들은 각각 노동의 한계생산물 $MP_L = F_L$과 자본의 한계생산물 $MP_K = F_K$이 된다. Young의 정리를 적용하면,

$$\frac{\partial MP_L}{\partial K} = F_{LK} = F_{KL} = \frac{\partial MP_K}{\partial L}$$

이 된다. 이 식이 의미하는 바는 자본량이 증가할 때 노동의 한계생산물이 증가한다면, 즉 노동의 한계생산물이 자본의 증가함수이면, 자본의 한계생산물도 노동의 증가함수이어야 한다는 것이다. 이것은 직관적으로 자명하지 않지만 수학적으로 도출되는 매우 중요한 성질이다.

10.4 합성함수의 편미분

변수 z가 x, y의 함수로 $z = f(x, y)$의 관계에 있다고 하자. 그런데 x, y는 다시 변수 t의 함수이고 $x = h(t)$, $y = g(t)$의 관계에 있다고 하면, z는 궁극적으로 t의 함수가 된다. 즉, z는 함수 f, g, h의 합성함수이다. 이러한

그림 10-4

→ 합성함수의 경로도

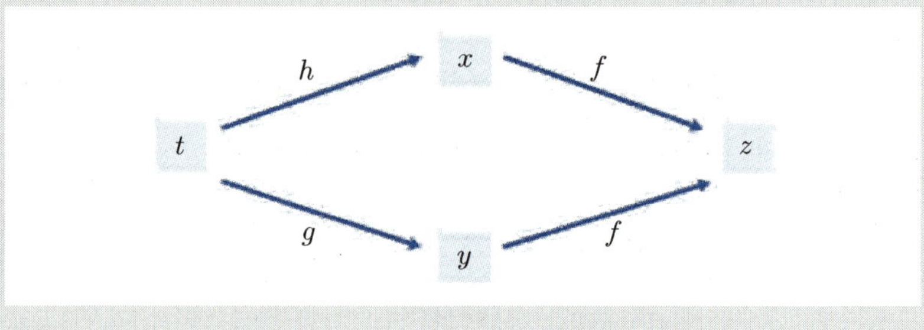

합성함수의 미분은 다음의 정리의 결과를 이용하여 계산된다.

정리 10-2

함수 f, g, h가 C^1급 함수이면 z의 t에 대한 도함수 $\frac{dz}{dt}$는 다음과 같다.

$$\frac{dz}{dt} = \frac{\partial f}{\partial x}\frac{dx}{dt} + \frac{\partial f}{\partial y}\frac{dy}{dt} = f_x h' + f_y g'$$

증명은 생략하고 직관적인 의미를 알아보기로 한다. [그림 10-4]의 경로도는 변수 간의 관계를 보여주고 있다. t가 z에 영향을 미치는 경로는 x를 통한 경로와 y를 통한 경로로서 총 영향력은 두 경로를 통한 영향력의 합이다. 그리고 각 경로를 통한 영향력은 t가 x에 미치는 영향력과 x가 z에 미치는 영향력의 곱이다.

예 10-8 $z = x^2 + 3xy + y^3$, $x = 1 + t$, $y = t^2$일 때 $\frac{dz}{dt}$를 구해보자.

$$\frac{\partial z}{\partial x} = 2x + 3y,\quad \frac{\partial z}{\partial y} = 3x + 3y^2,\quad \frac{dx}{dt} = 1,\quad \frac{dy}{dt} = 2t$$

이므로

그림 10-5

➔ 합성함수의 경로도

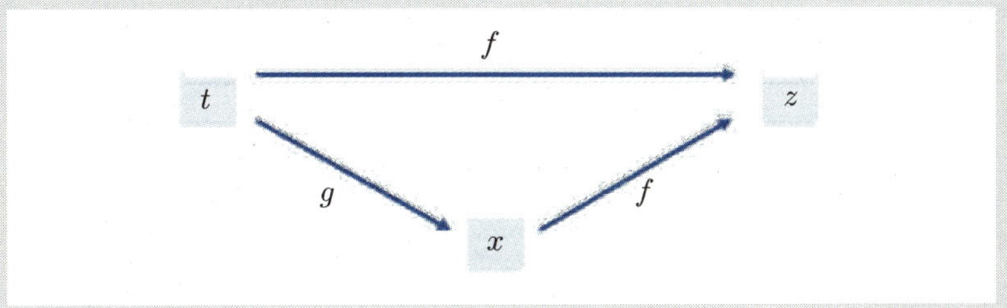

$$\frac{dz}{dt} = \frac{\partial z}{\partial x}\frac{dx}{dt} + \frac{\partial z}{\partial y}\frac{dy}{dt}$$

$$= (2x+3y) + (3x+3y^2)2t$$

$$= 2(1+t) + 3t^2 + 6(1+t)t + 6t^5$$

$$= 2 + 8t + 9t^2 + 6t^5$$

이제 [정리 10−2]를 적용하여 다음과 같은 사례의 도함수를 구해 보자.

사례 1 $z = f(x,t),\ x = g(t)$ 이 경우의 경로도는 [그림 10−5]와 같다.

$$\frac{dz}{dt} = \frac{\partial f}{\partial x}\frac{dx}{dt} + \frac{\partial f}{\partial t}$$

사례 2 $z = f(x,y,u,v),\ x = g(u,v),\ y = h(u,v)$
축약하면 $z = f(g(u,v),h(u,v),u,v) \equiv F(u,v)$ 이때의 경로도는 [그림 10−6]에 나타나 있다.

$$\frac{\partial F}{\partial u} = \frac{\partial f}{\partial x}\frac{\partial g}{\partial u} + \frac{\partial f}{\partial y}\frac{\partial h}{\partial u} + \frac{\partial f}{\partial u}$$

여기서 $\frac{\partial F}{\partial u}$와 $\frac{\partial f}{\partial u}$는 다같이 $\frac{\partial z}{\partial u}$라고도 표기할 수 있으나 서로 다른 값임을 주의해야 한다. 전자는 u가 z에 미치는 모든 경로의 영향력을 모두

그림 10-6

→ 합성함수의 경로도

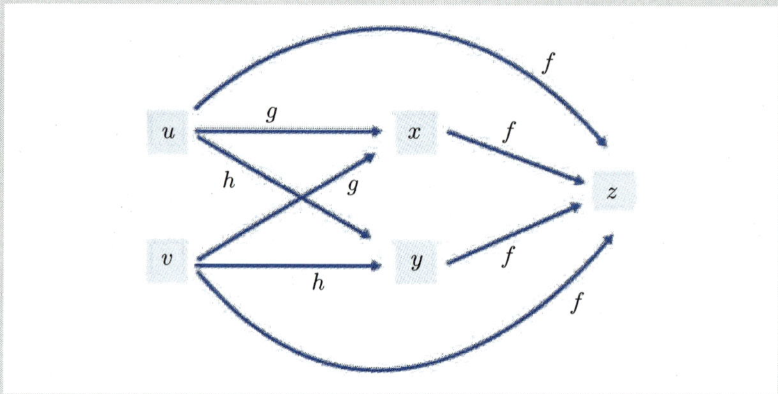

합한 것이고 후자는 직접적인 영향력만을 측정하는 값이다.

연습 10-4 $z = x^2 + vxy + u$, $x = u + 2v$, $y = v^3$에서 $z = F(u,v)$라 할 때 $\dfrac{\partial F}{\partial u}$를 계산하라.

동차함수와 동조함수

함수 $y = f(x_1, \cdots, x_n)$에 대해서, 모든 변수가 동시에 t배가 될 때$(t > 0)$ 함수값은 t^k 배가 되는 성질을 가질 때$(k \geq 0)$, 즉, 임의의 실수 t에 대해서

$$f(tx_1, \cdots, tx_n) = t^k f(x_1, \cdots, x_n)$$

의 성질을 가질 때, 이 함수를 k차 동차함수(homogeneous function of degree k)라 부른다.

예 10-9 함수 $f(x_1, x_2) = \dfrac{x_1^2}{2x_2}$는 일차 동차함수이다. 왜냐하면,

$$f(tx_1, tx_2) = \frac{(tx_1)^2}{2(tx_2)} = t\frac{x_1^2}{2x_2} = tf(x_1, x_2)$$

이기 때문이다.

연습 10-5 두 함수 $f(x_1, \cdots, x_n)$과 $g(x_1, \cdots, x_n)$이 모두 k차 동차함수이면 $\frac{f(x_1, \cdots, x_n)}{g(x_1, \cdots, x_n)}$은 0차 동차함수가 됨을 보이라.

연습 10-6 다음 함수들이 동차함수인지 확인하라.

(1) $f(x_1, x_2, x_3) = x_1 x_2^2 + x_3$

(2) $f(x, y) = \frac{2x}{y}$

(3) $f(x, y) = xy^2 + 2x^3$

(4) $f(x, y) = x^2 y + 2xy^2$

경제학에서 동차함수와 관련이 깊은 개념은 생산함수의 규모수익에 관한 특성이라 할 수 있다. 생산함수 $Q = f(x_1, \cdots, x_n)$에 대해서 생산요소 $x_1, \cdots, x_n$을 모두 t배할 때($t > 1$), 생산량도 똑같이 t배가 되는 경우 규모수익불변(constant returns to scale, CRS), 생산량이 t배보다 적은 경우 규모수익감소(decreasing returns to scale, DRS), 생산량이 t배보다 큰 경우 규모수익증가(increasing returns to scale, IRS)라고 부른다.

예를 들어 Cobb-Douglas 생산함수 $Q = AL^\alpha K^\beta$는 다음 식을 만족하므로

$$A(tL)^\alpha (tK)^\beta = t^{\alpha+\beta} AL^\alpha K^\beta$$

$\alpha + \beta$차 동차함수이다. 노동 L과 자본 K를 모두 t배하면 생산량은 $t^{\alpha+\beta}$배가 되는 것이다. $\alpha + \beta = 1$일 때 일차동차이고 경제학 용어로는 규모수익불변의 성질을 갖는다. $\alpha + \beta > 1$일 때는 규모수익증가, $\alpha + \beta < 1$일 때는 규모수익감소가 된다([그림 10-7]).

동차함수는 다음과 같은 중요한 성질을 갖는다.

정리 10-3 (Euler의 정리)

C^1급 함수 $y=f(x_1,\cdots,x_n)$가 k차 동차함수이면, 다음 관계식이 성립한다.

$kf(x)=f_1(x)x_1+\cdots+f_n(x)x_n$

그림 10-7

→ Cobb-Douglas 생산함수 $Q=AL^{\alpha}K^{\beta}$의 그래프

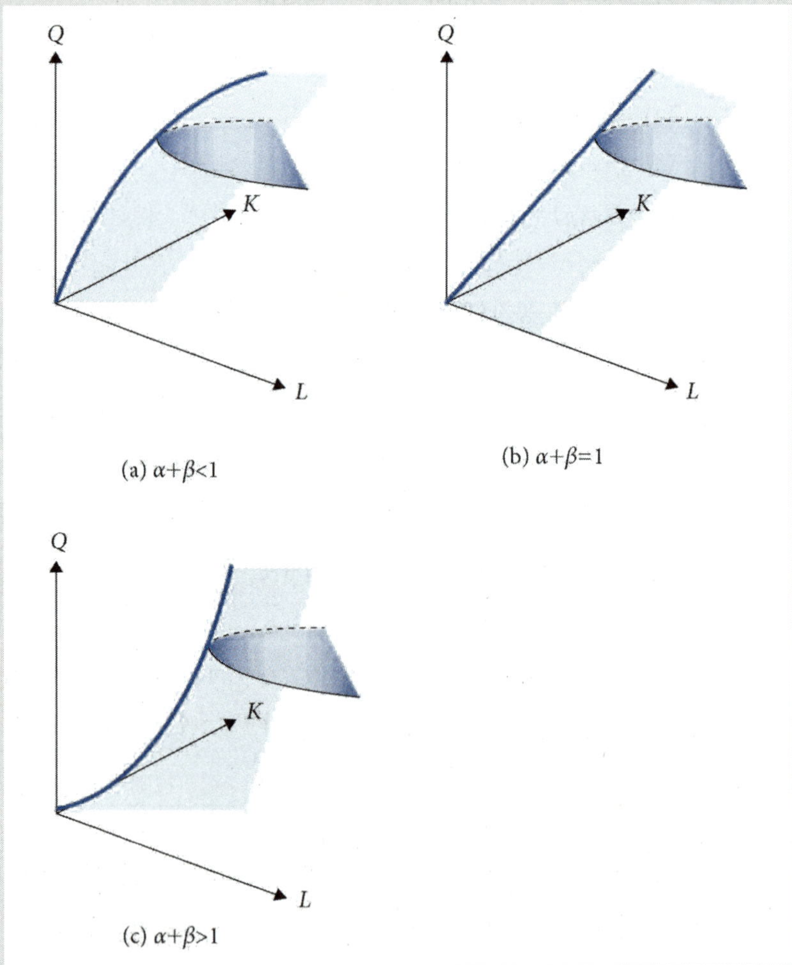

증 명 $x_1,\cdots,x_n$을 상수로 간주하고 $F(t) \equiv f(tx_1,\cdots,tx_n)$이라 하자. 합성함수의 미분법을 이용하여 이 함수를 t에 관해 미분하면,

$$\begin{aligned}\frac{dF}{dt}(t) &= \frac{\partial f}{\partial x_1}\frac{d(tx_1)}{dt}+\cdots+\frac{\partial f}{\partial x_n}\frac{d(tx_n)}{dt}\\ &= f_1(tx)x_1+\cdots+f_n(tx)x_n\end{aligned}$$

그런데 f는 k차 동차함수이므로 $F(t)=t^k f(x)$이다. 이 함수를 미분하면,

$$\frac{dF}{dt}(t) = kt^{k-1}f(x)$$

가 된다. $t=1$이라 놓으면,

$$\frac{dF}{dt}(1) = kf(x) = f_1(x)x_1+\cdots+f_n(x)x_n.$$

일차 동차인 생산함수 $Q=F(L,K)$에 Euler의 정리를 적용하면

$$Q = F_L L + F_K K$$

가 성립한다. 그런데 $F_L = MP_L$, $F_K = MP_K$이므로 다시 쓰면,

$$Q = MP_L L + MP_K K$$

이 얻어진다. 이 식의 경제학적인 의미는 매우 중요하다. 완전경쟁시장에서는 노동임금과 자본임대료가 각각의 한계생산물에 의해 결정되므로 $w=MP_L$, $r=MP_K$가 되고 노동소득은 $wL=MP_L L$, 자본소득은 $rK=MP_K K$가 된다. 따라서 경제 전체를 일차동차 생산함수로 나타낼 수 있다면, 생산량 Q가 노동소득과 자본소득으로 완전히 배분된다는 것이다. 이것을 역으로 해석하면 모든 소득이 노동소득과 자본소득만으로 분배되는 완전경쟁적인 경제를 설명하는 생산함수는 일차 동차일 수밖에 없다는 뜻이 된다.

정리 10-4

C^1급 함수 $y=f(x_1,\cdots,x_n)$가 k차 동차함수이면, 편도함수 f_i는 $k-1$차 동차함수이고, 두 편도함수의 비율 $\frac{f_i}{f_j}$는 0차 동차함수이다.

증 명 $y=f(x_1,\cdots,x_n)$가 k차 동차함수이므로,

$$f(tx_1,\cdots,tx_n)=t^k f(x_1,\cdots,x_n)$$

이것을 x_i에 대해 편미분하면

$$tf_i(tx_1,\cdots,tx_n)=t^k f_i(x_1,\cdots,x_n)$$

이므로 양변을 t로 나누면,

$$f_i(tx_1,\cdots,tx_n)=t^{k-1}f_i(x_1,\cdots,x_n).$$

즉, f_i는 $k-1$차 동차함수이다. 또한,

$$\frac{f_i(tx_1,\cdots,tx_n)}{f_j(tx_1,\cdots,tx_n)}=\frac{t^{k-1}f_i(x_1,\cdots,x_n)}{t^{k-1}f_j(x_1,\cdots,x_n)}=\frac{f_i(x_1,\cdots,x_n)}{f_j(x_1,\cdots,x_n)}$$

이므로 $\dfrac{f_i}{f_j}$는 0차 동차함수이다.

동조함수 모든 편도함수 f_i, f_j에 대해서 $\dfrac{f_i}{f_j}$가 0차 동차함수가 되는 함수 $y=f(x_1,\cdots,x_n)$를 **동조함수**(homothetic function)라 부른다.

[정리 10-4]에 의하면 k차 동차함수 $y=f(x_1,\cdots,x_n)$는 모두 동조함수가 된다. 그러나 동조함수가 모두 동차함수인 것은 아니다. 예를 들어 함수 $f(x_1,x_2)=\ln x_1+2\ln x_2$를 살펴보자.

$$f(tx_1,tx_2)=\ln tx_1+\ln tx_2=\ln x_1+2\ln x_2+2\ln t=f(x_1,x_2)+2\ln t$$

따라서 이 함수는 동차함수는 아니다. 그러나 $\dfrac{f_1}{f_2}=\dfrac{1/x_1}{2/x_2}=\dfrac{x_2}{2x_1}$는 0차동차이기 때문에 동조함수이다. 그런데 이 함수는 $f(x_1,x_2)=\ln x_1+2\ln x_2=\ln(x_1x_2^2)$로서 3차 동차함수 $y=x_1x_2^2$와 증가함수 $y=\ln x$의 합성함수임을 알 수 있다.

이러한 사실을 다음과 같은 정리로 요약할 수 있다.

정리 10-5

함수 $y=f(x_1,\cdots,x_n)$가 k차 동차함수의 단조증가변환일 때, 다시 말해서 적당한 증가함수 $h(\cdot)$와 동차함수 $g(x_1,\cdots,x_n)$이 있어서 그 합성함수 $f(x_1,\cdots,x_n)=h(g(x_1,\cdots,x_n))$로 표시할 수 있으면 이 함수는 동조함수가 된다.

증 명 $\dfrac{f_i}{f_j}=\dfrac{h'g_i}{h'g_j}=\dfrac{g_i}{g_j}$. 따라서 [정리10-4]에 의해 $\dfrac{g_i}{g_j}$가 0차 동차이므로 $\dfrac{f_i}{f_j}$도 0차 동차함수이고 $f(x_1,\cdots x_n)$은 동조함수가 된다.

동조함수의 경제학적인 의미를 생산함수와 관련하여 살펴보면 다음과 같다. 생산함수 $Q=F(L,K)$가 동조함수이면 그 편도함수의 비율 $\dfrac{MP_L}{MP_K}$은 0차 동차함수가 된다. 이것은 $\dfrac{K}{L}$일 일정할 때 $\dfrac{MP_L}{MP_K}$도 일정함을 의미한다. $\dfrac{MP_L}{MP_K}$은 등량곡선의 접선의 기울기이므로 [그림 10-11]에서 보는 바와 같이 원점에서 나오는 직선상에서는 동조함수의 등량곡선의 접선의 기울기가 모두 같게 된다.

10.5 음함수의 미분법

방정식 $F(y,x_1,x_2,\cdots,x_n)=0$을 변수 y에 관해 풀어서 함수 $y=f(x_1,\cdots,x_n)$을 얻을 수 있다고 하자. 이때 식 $F(y,x_1,x_2,\cdots,x_n)=0$를 y의 $x_1,\cdots,x_n$에 대한 음함수(implicit function)라 부른다. 반면에 $y=f(x_1,\cdots,x_n)$는 양함수(explicit function)이라 부를 수 있을 것이다. 음함수를 명시적으로 풀어서 양함수 $y=f(x_1,\cdots,x_n)$를 구할 수 있으면 그 편도함수를 구하는 것은 어렵지 않다. 그러나 음함수를 명시적으로 풀기 어려울 경우, 음함수로부터 직접 편도함수를 계산할 수 있으면 매우 편리할 것이다.

먼저 수요공급모형의 예를 통해서 경제분석에서 음함수의 미분법이 왜 필요하게 되는지 살펴보기로 하자. 어떤 재화의 균형가격 p^0는 다음의 방정식체계의 해이다.

$$\text{수요함수} \quad Q_D = f(p, M)$$
$$\text{공급함수} \quad Q_S = g(p, w)$$
$$\text{시장균형} \quad Q_D = Q_S$$

방정식을 간단히 하기 위해 Q_D, Q_S를 소거하면, 균형가격 p^0는 방정식

$$f(p^0, M) - g(p^0, w) = 0$$

의 해로 계산된다. 해 p^0는 외생변수 M, w의 함수로 간주될 수 있으므로 방정식 $f(p^0, M) - g(p^0, w) = 0$은 p^0의 음함수라 할 수 있다. 함수 f, g가 구체적으로 주어져 있지 않는 한, 이 방정식을 풀어서 그 도함수를 계산하는 것이 불가능하다. 그래서 이 음함수로부터 편도함수 $\frac{\partial p^0}{\partial M}$, $\frac{\partial p^0}{\partial w}$를 직접 구할 방법을 찾아야 한다.

음함수정리

다음의 음함수정리(implicit function theorem)는 음함수의 미분법에 관한 내용을 요약하고 있다.

정리 10-6 (음함수정리 I)

함수 $z = F(y, x_1, \cdots, x_n)$가 C^1급 함수이고, 점$(y^0, x_1^0, \cdots, x_n^0)$에서의 함수값은 $F(y^0, x_1^0, \cdots, x_n^0) = 0$라 하자. $F_y(y^0, x_1^0, \cdots, x_n^0) \neq 0$이면, $\boldsymbol{x}^0$의 적당한 $\epsilon-$근방 $N_\epsilon(\boldsymbol{x}^0)$에서 정의된 함수 $y = f(\boldsymbol{x})$가 존재해서 다음을 만족한다.

(1) $y^0 = f(\boldsymbol{x}^0)$

(2) 모든 $\boldsymbol{x} \in N_\epsilon(\boldsymbol{x}^0)$에 대해 $F(f(\boldsymbol{x}), \boldsymbol{x}) = 0$

(3) $\dfrac{\partial y}{\partial x_i} = -\dfrac{\frac{\partial F}{\partial x_i}}{\frac{\partial F}{\partial y}}$

그림 10-8

→ $y^2+x^2=1$

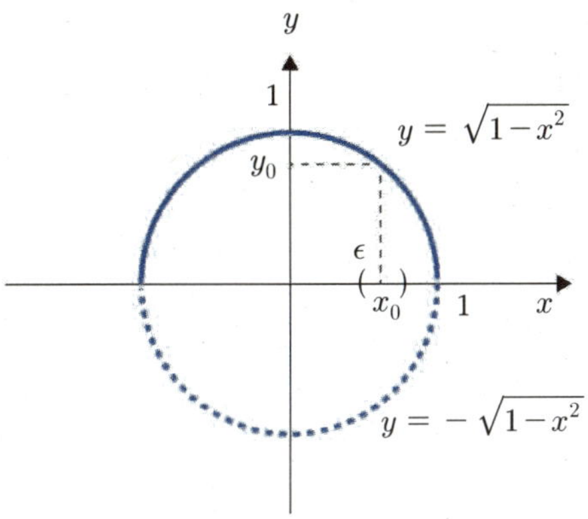

증 명 이 정리의 엄밀한 증명은 생략하고 직관적인 설명을 살펴보기로 하자. 음함수 $F(y,x_1,\cdots,x_n)=0$을 풀면 $y=f(x_1,\cdots,x_n)$가 된다고 하자. 먼저 $F(y,x_1,\cdots,x_n)-0$은 직접 풀 수 없으므로 그 선형근사식을 구해서 풀고 그것으로부터 도함수를 구하는 방법을 택하기로 하자.

$F(y,x_1,\cdots,x_n)=0$을 모든 변수 $y,x_1,\ \cdots,x_n$에 대해 전미분하면

$$F_y dy+F_1 dx_1+\cdots\ F_n dx_n=0$$

$F_y\neq0$일 때 이 선형방정식은 다음과 같은 해를 갖는다.

$$dy=-\frac{F_1}{F_y}dx_1-\cdots-\frac{F_n}{F_y}dx_n$$

그런데 이것은 $y=f(x_1,\cdots,x_n)$의 전미분이므로, $f_i=-\dfrac{F_i}{F_y}$.

음함수정리의 직관적인 의미는 다음의 예를 통해 살펴보자.

예 10-10 $F(y,x)=y^2+x^2-1=0$은 [그림 10-8]에서 보는 바와 같이 반경이 1인 원의 방정식이다. 이 식을 y에 관해 명시적으로 풀면 두 함수 $y=\sqrt{1-x^2}$, $y=-\sqrt{1-x^2}$를 얻는다. 즉, $y^2+x^2=1$은 이 두 함수

의 음함수이다. 전자의 그래프는 원의 위쪽 반구이고 후자는 원의 아래쪽 그래프로 표현되는 함수이다.

$-1 < x_0 < 1$, $y_0 = \sqrt{1-x_0^2}$ 인 점 (y_0, x_0)에 대해서 $F_y(y_0, x_0) = 2y_0 = 2\sqrt{1-x_0^2} \neq 0$이므로 음함수정리를 적용하면, x_0의 적당한 ε-근방에서 함수 $y = f(x) = \sqrt{1-x^2}$가 존재하고, 그 도함수는 $\dfrac{df(x_0)}{dx} = -\dfrac{F_x(y_0, x_0)}{F_y(y_0, x_0)} = -\dfrac{2x_0}{2y_0} = -\dfrac{x_0}{\sqrt{1-x_0^2}}$가 된다. 그런데 이 예에서는 $y = f(x) = \sqrt{1-x^2}$를 직접 구할 수 있으므로, 이것을 미분하면 같은 도함수를 얻을 수 있다.

그런데 $x = \pm 1$에서는 $y = 0$이므로 $F_y = 2y = 0$가 된다. 따라서 아무리 작은 ε-근방을 잡더라도 그 안에 있는 그래프를 갖는 함수 $y = f(x)$를 정의할 수 없다. 실제로 그림에서 $x = \pm 1$에서는 접선의 기울기가 무한대 값을 갖게 된다. 즉, 점$(y, x) = (0, 1)$ 혹은 $(y, x) = (0, -1)$의 근방에서는 방정식 $y^2 + x^2 = 1$을 y에 관해 풀 수 없는 것이다.

예 10-11 수요공급모형에서 음함수 $z = f(p^0, M) - g(p^0, w) = 0$의 해 p^0를 M, w의 함수로 풀 수 있기 위한 조건은 $\dfrac{\partial z}{\partial p} = f_p - g_p \neq 0$이다. 이때 p^0의 M, w에 대한 편도함수는 각각,

$$\frac{\partial p^0}{\partial M} = -\frac{f_M}{f_p - g_p}, \quad \frac{\partial p^0}{\partial w} = \frac{g_w}{f_p - g_p}$$

으로 계산된다. 그런데 일반적으로 수요량은 가격의 감소함수이고 소득의 증가함수이므로, $f_p < 0$, $f_M > 0$이다. 또한, 공급량은 가격의 증가함수이고 요소가격의 감소함수라고 할 수 있으므로, $g_p > 0$, $g_w < 0$이다. 따라서 $\dfrac{\partial p^0}{\partial M} > 0$, $\dfrac{\partial p^0}{\partial w} > 0$이 됨을 알 수 있다. 즉, 소득 M이나 요소가격 w가 증가할 때 균형가격 p^0도 증가함을 의미한다.

무차별곡선과 한계대체율

무차별곡선은 효용함수 $U(x, y)$의 등고선이다. 즉 효용값이 c인 무차별곡선은

$$U(x,y) = c$$

을 만족하는 (x,y)들의 집합이다. 이 무차별곡선의 식을 변수 y에 관해 풀면 그것은 x의 함수로서 $y = f(x)$의 형태가 된다. 무차별곡선의 접선의 기울기에 부호를 조정한 것을 한계대체율(Marginal Rate of Substitution, MRS)이라고 한다([그림 10-9]). 즉,

$$MRS_{xy} \equiv -\frac{dy}{dx}$$

한계대체율이란 추가적인 x재 1단위를 y재로 평가한 가치이다. 예를 들어 한계대체율이 3이면 추가적인 x재 1단위는 y재 3단위의 가치를 갖는다. 그런데 x재 소비를 증가시킬수록 추가적인 x재의 가치는 감소한다고 하면 한계대체율은 x의 감소함수가 된다. 즉,

$$\frac{dMRS_{xy}}{dx} < 0.$$

그림 10-9

→ 무차별곡선

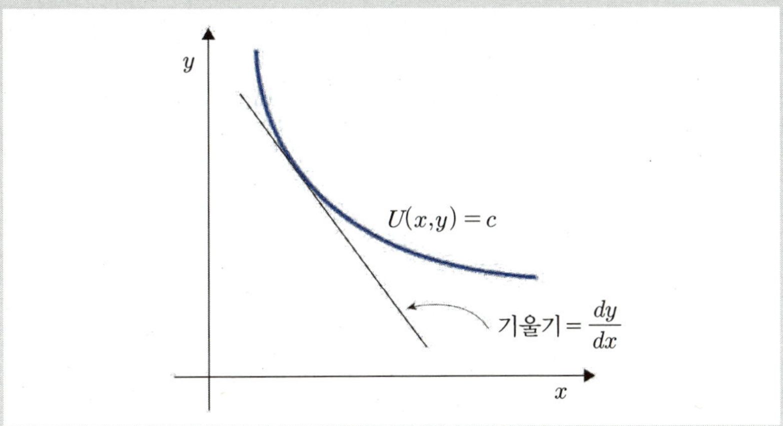

이것을 한계대체율체감의 법칙(law of diminishing MRS)이라 부른다.

음함수정리를 이용하여 $\frac{dy}{dx}$를 구하면, $U_y \neq 0$일 때,

$$\frac{dy}{dx} = -\frac{U_x}{U_y} = -\frac{MU_x}{MU_y}$$

가 된다. 따라서 한계대체율은 한계효용의 비율과 같다.

$$MRS_{xy} = \frac{MU_x}{MU_y}.$$

한계대체율을 x에 대해 미분하면, 그 도함수는

$$\frac{d(MRS_{xy})}{dx} = \frac{d}{dx}\left(\frac{U_x}{U_y}\right)$$

U_x, U_y는 x와 y의 함수이고 y는 다시 x의 함수임을 염두에 두고 분수의 미분법과 합성함수의 미분법, 그리고 Young의 정리를 이용하여 계산하면,

$$\begin{aligned}\frac{d(MRS_{xy})}{dx} &= \frac{d}{dx}\left(\frac{U_x}{U_y}\right) \\ &= \frac{1}{U_y^2}[(U_{xx} + U_{xy}\frac{dy}{dx})U_y - U_x(U_{yx} + U_{yy}\frac{dy}{dx})] \\ &= \frac{1}{U_y^2}[(U_{xx} + U_{xy}\left(-\frac{U_x}{U_y}\right))U_y - U_x(U_{yx} + U_{yy}\left(-\frac{U_x}{U_y}\right))] \\ &= \frac{1}{U_y^3}[U_{xx}U_y^2 - 2U_{xy}U_xU_y + U_{yy}U_x^2]\end{aligned}$$

을 얻는다. 한계대체율체감의 법칙은 이 값이 음수라는 것이다. 이 경우 [그림 10－9]에서 보는 바와 같이 무차별곡선이 원점에 대해 볼록하게 된다. 한계대체율이 체증하는 무차별곡선은 원점에 대해 오목한 그래프를 갖는다([그림 10－10]).

그림 10-10

→ 한계대체율 (MRS)이 체증하는 경우

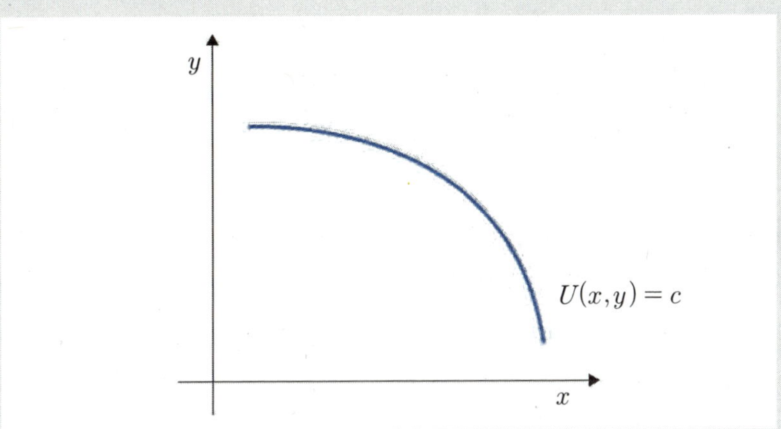

예 10-12 Cobb−Douglas 효용함수 $U = x^{\alpha}y^{\beta}$의 경우 효용값이 u_0인 무차별곡선의 식은 $x^{\alpha}y^{\beta} = u_0$ 혹은 $y = u_0^{1/\beta}x^{-\alpha/\beta}$이다. 한계대체율은

$MRS = \dfrac{U_x}{U_y} = \dfrac{\alpha x^{\alpha-1}y^{\beta}}{\beta x^{\alpha}y^{\beta-1}} = \dfrac{\alpha y}{\beta x}$이 된다.

MRS를 x에 대해 미분하면, $\alpha, \beta > 0$이므로

$$\frac{dMRS}{dx} = \frac{\alpha}{\beta}\frac{\frac{dy}{dx}x - y}{x^2} = \frac{\alpha}{\beta}\frac{-\frac{\alpha y}{\beta x}x - y}{x^2} = -\frac{\alpha(\alpha+\beta)}{\beta^2}\frac{y}{x^2} < 0$$

따라서 Cobb−Douglas 효용함수의 경우 α, β의 크기에 관계없이 한계대체율은 항상 체감하고, 무차별곡선은 [그림 10−9]와 같이 원점에 대해 볼록하게 된다.

등량곡선과 한계기술대체율

생산함수 $Q = F(L, K)$에서 같은 생산량 Q를 생산하는 (L, K)들의 집합을 등량곡선(isoquant)이라 하는데, 이 등량곡선은 생산함수의 등고선이다.

등량곡선은 효용함수의 무차별곡선에 대응하는 개념으로 앞에서 살펴본 모든 성질이 등량곡선에도 적용된다. 등량곡선의 접선의 기울기에 -부호를 붙인 것을 한계기술대체율(marginal rate of technical substitution, MRTS)이라고 한다. 무차별곡선의 경우와 같이 $MRTS = \dfrac{MP_L}{MP_K}$이 된다. 한계기술대체율체감의 법칙이 성립할 때 등량곡선은 [그림 10－11]과 같이 원점에 대해 볼록하게 된다.

예 10-13 Cobb－Douglas 생산함수 $Q = L^{\alpha}K^{\beta}$에 대해 $MRTS$를 계산하고 그 도함수 $\dfrac{dMRTS}{dL}$의 부호는 [예 10－12]와 같이 계산된다. 따라서 Cobb－Douglas 생산함수의 등량곡선도 무차별곡선과 같이 $\alpha + \beta$값에 관계없이 항상 원점에 대해 볼록하게 된다.

생산함수가 동조함수이면 한계기술대체율 $MRTS = \dfrac{MP_L}{MP_K}$이 0차 동차이므로, $\dfrac{K}{L}$이 일정할 때 $MRTS$도 일정하게 된다. 이때 [그림 10－11]과 같이 원점을 지나는 직선상에서 등량곡선의 접선의 기울기가 모두 같게 되는 것이다. 즉 생산함수가 동조함수이면 생산량의 크기에 관계없이 등량곡선의 모양이 모두 같게 된다. Cobb－Douglas 생산함수는 모두 동조함수이므로

그림 10-11

→ 동조함수의 등량곡선

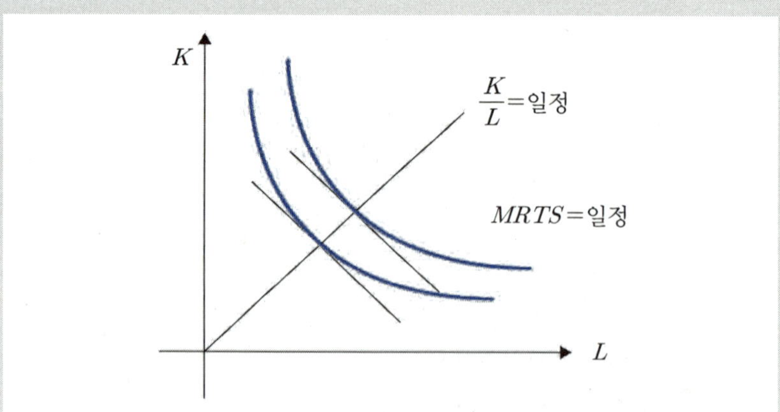

이러한 성질을 갖는다.

일반적인 음함수정리

다음과 같은 연립방정식체계의 해 $y=(y_1,\cdots,y_m)$가 외생변수 $x=(x_1,\cdots,x_n)$의 함수로서 $y=f(x)$로 표시될 수 있다고 하자.

$$\begin{aligned}F^1(y_1,\cdots,y_m,x_1,\cdots,x_n)&=0\\F^2(y_1,\cdots,y_m,x_1,\cdots,x_n)&=0\\&\cdots\\F^m(y_1,\cdots,y_m,x_1,\cdots,x_n)&=0\end{aligned}$$

그러면 이 연립방정식체계는 함수 $y=f(x)$의 음함수가 된다. 이 음함수를 명시적으로 풀지 않고서 편도함수 $\dfrac{\partial y_i}{\partial x_j}$를 구하는 방법을 생각해 보자.

함수 F를 변수 y에 대해 편미분한 편도함수들의 행렬을

$$J_y \equiv \begin{pmatrix} \dfrac{\partial F^1}{\partial y_1} & \cdots & \dfrac{\partial F^1}{\partial y_m} \\ \vdots & & \vdots \\ \dfrac{\partial F^m}{\partial y_1} & \cdots & \dfrac{\partial F^m}{\partial y_m} \end{pmatrix}$$

이라 하고, 변수 x에 대해 편미분한 편도함수들의 행렬을

$$J_x \equiv \begin{pmatrix} \dfrac{\partial F^1}{\partial x_1} & \cdots & \dfrac{\partial F^1}{\partial x_n} \\ \vdots & & \vdots \\ \dfrac{\partial F^m}{\partial x_1} & \cdots & \dfrac{\partial F^m}{\partial x_n} \end{pmatrix}$$

이라 하자. 그러면 연립방정식을 모든 변수 y와 x에 대해 전미분해서 정리하면 다음과 같다.

$$J_y dy + J_x dx = 0$$

$|J_y| \neq 0$이면, 이 선형연립방정식의 해는

$$dy = -J_x^{-1} J_x dx$$

가 되고 이것은 $y = f(x)$의 전미분식이므로, 그 편도함수 $\frac{\partial y_i}{\partial x_0}$는 행렬 $-J_x^{-1}J_x$의 ij성분으로 계산된다.

이 결과는 다음과 같은 일반적인 음함수정리에 요약되어 있다.

정리 10-7 (음함수정리 II)

R^{n+m}에서 R^m으로 가는 C^1급 함수 $z = F(y,x)$에 관해서, $F(y^0,x^0) = 0$이고, $|J_y(y^0,x^0)| \neq 0$이면, x^0의 적당한 $\epsilon-$근방$N_\epsilon(x^0)$에서 정의된 함수 $y = f(x)$가 존재해서 다음을 만족한다.

(1) $y^0 = f(x^0)$
(2) 모든 $x \in N_\epsilon(x^0)$에 대해 $F(f(x),x) = 0$
(3) $Df(x^0) = -J_y(y^0,x^0)^{-1} J_x(y^0,x^0)$.

특별히, $Df(x^0)$의 ij성분 $\frac{\partial y_i}{\partial x_j}$는 Cramer의 공식에 의해, $\frac{\partial y_i}{\partial x_j} = -\frac{|A|}{|J_y(y^0,x^0)|}$로 계산된다. 여기서 행렬 A는 $J_y(y^0,x^0)$의 i열을 빼고 그 자리에 $J_x(y^0,x^0)$의 j열을 대체해 넣은 행렬이다.

예 10-14 다음 수요공급모형에서 균형가격 p^0라 할 때 편도함수 $\frac{\partial p^0}{\partial M}$을 구해 보기로 하자.

$$Q_D = f(p,M)$$
$$Q_S = g(p,w)$$
$$Q_D = Q_S$$

먼저 방정식을 다음과 같이 다시 쓸 수 있다.

$z_1 = Q_D - f(p,M) = 0$

$z_2 = Q_S - g(p,w) = 0$

$$z_3 = Q_D - Q_S = 0$$

이 방정식을 내생변수 p, Q_D, Q_S, 외생변수 M, w에 대해 각각 야코비행렬을 구하면,

$$J_y \equiv \begin{pmatrix} \frac{\partial z_1}{\partial p} & \frac{\partial z_1}{\partial Q_D} & \frac{\partial z_1}{\partial Q_S} \\ \frac{\partial z_2}{\partial p} & \frac{\partial z_2}{\partial Q_D} & \frac{\partial z_2}{\partial Q_S} \\ \frac{\partial z_3}{\partial p} & \frac{\partial z_3}{\partial Q_D} & \frac{\partial z_3}{\partial Q_S} \end{pmatrix} = \begin{pmatrix} -f_p & 1 & 0 \\ -g_p & 0 & 1 \\ 0 & 1 & -1 \end{pmatrix}$$

$$J_x \equiv \begin{pmatrix} \frac{\partial z_1}{\partial M} & \frac{\partial z_1}{\partial w} \\ \frac{\partial z_2}{\partial M} & \frac{\partial z_2}{\partial w} \\ \frac{\partial z_3}{\partial M} & \frac{\partial z_3}{\partial w} \end{pmatrix} = \begin{pmatrix} -f_M & 0 \\ 0 & -g_w \\ 0 & 0 \end{pmatrix}$$

가 된다. 여기서 $|J_y| = f_p - g_p \neq 0$라 하자. 그러면,

$$\frac{\partial p}{\partial M} = -\frac{\begin{vmatrix} -f_M & 1 & 0 \\ 0 & 0 & 1 \\ 0 & 1 & -1 \end{vmatrix}}{\begin{vmatrix} -f_p & 1 & 0 \\ -g_p & 0 & 1 \\ 0 & 1 & -1 \end{vmatrix}} = -\frac{f_M}{f_p - g_p}.$$

이 결과는 [예 10-11]과 같음을 확인할 수 있다.

예 10-15 다음 연립방정식의 해 (x^0, y^0)를 u, v의 함수라 하자.

$$\begin{aligned} x^3 + uy^3 &= 1 \\ xy &= v \end{aligned}$$

그러면 $\frac{\partial x^0}{\partial u}$, $\frac{\partial y^0}{\partial v}$은 다음과 같이 계산된다.

$$\frac{\partial x^0}{\partial u} = -\frac{\begin{vmatrix} y^3 & 3uy^2 \\ 0 & x \end{vmatrix}}{\begin{vmatrix} 3x^2 & 3uy^2 \\ y & x \end{vmatrix}} = -\frac{xy^3}{3x^3 - 3uy^3},$$

$$\frac{\partial y^0}{\partial v} = -\frac{\begin{vmatrix} 3x^2 & 0 \\ y & -1 \end{vmatrix}}{\begin{vmatrix} 3x^2 & 3uy^2 \\ y & x \end{vmatrix}} = \frac{x^2}{x^3 - uy^3}.$$

국민소득결정 모형

다음의 국민소득모형에서 균형국민소득 Y^0, 균형이자율 r^0는 통화량 M과 정부지출 G의 함수가 된다. 통화량이 균형국민소득에 미치는 영향을 알아보기 위해 $\frac{\partial Y^0}{\partial M}$을 계산해 보자.

$$Y = C(Y) + I(r) + G$$
$$M = L(Y, r)$$

[정리 10-7]의 공식을 그대로 적용하는 대신 다음과 같이 직관적인 계산방법으로 설명해 보기로 한다. 먼저, 이 연립방정식을 다시 쓰면,

$$Y - C(Y) - I(r) - G = 0$$
$$M - L(Y, r) = 0$$

전미분하면,

$$(1 - C')dY - I'dr + 0dM - dG = 0$$
$$-L_Y dY - L_r dr + dM + 0dG = 0$$

이것을 행렬과 벡터를 이용하여 다시 쓰면

$$\begin{pmatrix} 1 - C' & -I' \\ -L_Y & -L_r \end{pmatrix}\begin{pmatrix} dY \\ dr \end{pmatrix} = \begin{pmatrix} 0 & 1 \\ -1 & 0 \end{pmatrix}\begin{pmatrix} dM \\ dG \end{pmatrix}$$

$dG = 0$라 하고 이 식을 dM으로 나누면

$$\begin{pmatrix} 1-C'-I' \\ -L_Y \ -L_r \end{pmatrix}\begin{pmatrix} \frac{dY}{dM} \\ \frac{dr}{dM} \end{pmatrix}=\begin{pmatrix} 0 \\ -1 \end{pmatrix}$$

$\frac{\partial Y^0}{\partial M}$은 결과적으로 이 연립방정식의 첫째변수의 해 $\frac{dY}{dM}$와 같으므로 Cramer의 공식을 이용하면,

$$\frac{\partial Y^0}{\partial M}=\frac{\begin{vmatrix} 0 & -I' \\ -1 & -L_r \end{vmatrix}}{\begin{vmatrix} 1-C' & -I' \\ -L_Y & -L_r \end{vmatrix}}=\frac{I'}{(1-C')L_r+I'L_Y}$$

$I'<0,\ 0<C'<1,\ L_Y>0,\ L_r<0$라 할 때 $\frac{\partial Y^0}{\partial M}>0$이다. 이것은 통화량이 증가하면 균형국민소득도 증가함을 의미한다.

역함수정리

함수 $y=f(x)$를 x에 관해서 풀 수 있으면 그것은 이 함수의 역함수가

그림 10-12

→ 역함수정리

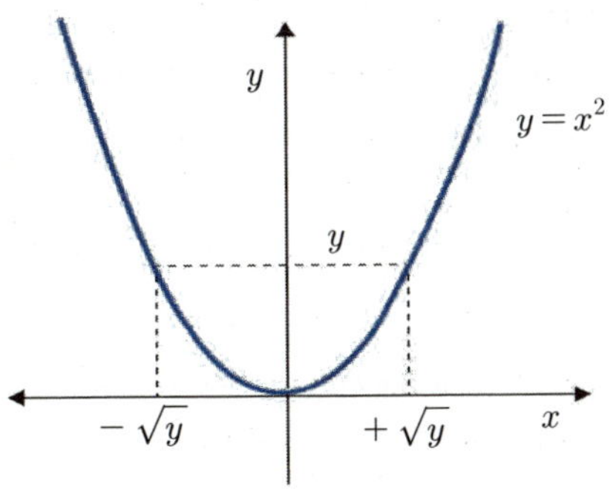

함수 $y=x^2$은 두 개의 국지적 역함수를 갖는다.

된다. 예를 들어 $y=x^3$의 역함수는 $x=\sqrt[3]{y}$가 된다. 그러나 함수 $y=x^2$은 역함수를 갖지 않는다. 왜냐하면 0이 아닌 y값에 대응되는 변수 x는 항상 $+\sqrt{y}$와 $-\sqrt{y}$의 두 값을 갖기 때문이다([그림 10-12]).

그런데 특정한 값 $y\neq 0$와 그에 대응되는 $x=+\sqrt{y}$ 혹은 $x=-\sqrt{y}$의 가까운 근방에서는 국지적으로 역함수가 존재한다. 즉, $x>0$일 때는 $x=+\sqrt{y}$, $x<0$일 때는 $x=-\sqrt{y}$가 각각 역함수가 된다. 다시 말하면 전역적(global)인 역함수는 존재하지 않더라도, 국지적(local) 역함수는 존재할 수 있는 것이다. 다음의 정리는 국지적 역함수가 존재하기 위한 충분조건을 제시한다.

정리 10-8 (역함수정리)

C^1급 함수 $f: R^n \to R^n$이 $y^0 = f(x^0)$이고, $|J| \equiv |Df(x^o)| \neq 0$이라 하자. 그러면 x^0를 포함하는 개집합 U와 y^0를 포함하는 개집합 V가 존재해서 f 는 U에서 V로 가는 1-1 대응함수가 된다. 따라서 f는 국지적으로 역함수 f^{-1}를 가지며, 그 도함수는 다음과 같이 계산된다.

$$Df^{-1}(y) = Df(x)^{-1}$$

증 명 함수 $y=f(x)$를 $f(x)-y=0$으로 하고, 음함수정리를 적용하면 된다. $F(x,y)\equiv f(x)-y$라 정의할 때 $D_xF(x,y)=Df(x)$이므로, $|D_xF(x^0,y^0)| = |Df(x^0)| \neq 0$이므로, 음함수정리에 의하면 y^0의 적당한 근방 $V\equiv N_\epsilon(y^0)$에 다음의 성질을 만족하는 함수 $x=g(y)$가 존재한다.

(1) $x^0 = g(y^0)$

(2) 모든 $y \in N_\epsilon(y^0)$에 대해 $f(g(y)) = y$

(3) $Dg(y^0) = -D_xF(x^0,y^0)^{-1}D_yF(x^0,y^0)$

(1)과 (2)로부터 $x=g(y)$는 집합 V에 정의된 f의 역함수 $g(y)\equiv f^{-1}(y)$가 됨을 알 수 있다. 조건 (3)으로부터 이 역함수의 도함수를 계산해 보면, $D_xF(x^0,y^0)=Df(x^0)$, $D_yF(x^0,y^0)=-I$ 이므로

$Df^{-1}(y^0) \equiv Dg(y^0) = Df(x^0)^{-1}$.

예 10-16 함수 $y=x^2$는 $x\neq 0$일 때 미분계수가 $\frac{dy}{dx}=2x\neq 0$이므로 역함수정리에 의해 국지적으로 역함수를 가지며, 역함수의 도함수는 $\frac{dx}{dy}=$

$$\left(\frac{dy}{dx}\right)^{-1} = \frac{1}{2x}$$

예 10-17 함수 $y_1 = x_1^2 - x_2^2$, $y_2 = 2x_1x_2$는 R^2에서 R^2로 가는 함수이다. 이 함수의 역함수는 존재하지 않는다. 그런데 야코비행렬을 구하면, $J=\begin{pmatrix} 2x_1 & -2x_2 \\ 2x_2 & 2x_1 \end{pmatrix}$이고 야코비행렬식은 $|J| = 4(x_1^2 + x_2^2)$이 된다. 따라서 $(x_1, x_2) \neq (0,0)$에서는 $|J| \neq 0$이므로 국지적으로 역행렬이 존재하고 그 도함수는 $J^{-1} = \frac{1}{4(x_1^2 + x_2^2)}\begin{pmatrix} 2x_1 & 2x_2 \\ -2x_2 & 2x_1 \end{pmatrix}$이다.

연습문제

문제 10-1 다음 함수의 기울기벡터 ∇f와 헤시안행렬 H을 계산하라.

(1) $f(x_1, x_2) = x_1 x_2^2 + 2x_1$

(2) $f(x_1, x_2, x_3) = x_1^2 + x_2^2 + 2x_3^2$

(3) $f(x_1, x_2, x_3) = e^{x_1} x_2 x_3^2$

문제 10-2 함수 $f(x, y) = xy + x^2 e^{\frac{1}{y}}$에 대해 다음 값을 계산하라.

(1) $f_x(1,1)$ (2) $\nabla f(1,1)$ (3) $(1,1)$에서의 헤시안 H (4) 전미분

문제 10-3 $z = x^2 + y^2$의 그래프에 점 $(1,1,2)$에서 접하는 접평면의 방정식을 구하여라.

문제 10-4 $xy + yz + zx = 3$의 그래프에 점 $(1,1,1)$에서 접하는 접평면의 방정식을 구하라.

문제 10-5 다음 함수에 대해 함수값 $f(1.02, 1.05)$의 근사치를 전미분을 이용하여 계산하라.

$$f(x_1, x_2) = (x_1^2 + 2x_1 x_2 + x_2^3)^5 - x_1 x_2^3 + 2$$

문제 10-6 다음 함수의 야코비행렬을 계산하라.

(1) $y_1 = x_1^2 + x_2^2$

$y_2 = 2x_1^2 - x_2^3$

(2) $y_1 = x_1 x_2 \qquad y_2 = x_1^2 + x_2^2 \qquad y_3 = x_1 \ln x_2$

문제 10-7 $z = \dfrac{f(x,y)}{g(x,y)}$, $y = h(x)$일 때 합성함수의 미분법을 이용하여 $\dfrac{dz}{dx}$를 계산하라.

문제 10-8 n차 정방행렬 A에 대해 다음을 구하여라.

(1) $f(x) = Ax$의 도함수

(2) $f(x) = x'Ax$의 도함수와 헤시안행렬

문제 10-9 n차원벡터 x와 실수 y에 관해 $F(x,y)$가 k차 동차함수이다. $f(x) \equiv F(x,1)$이라 하면 $F(x,z) = z^k f(\frac{1}{z}x)$임을 증명하라.

문제 10-10 y_1, y_2에 관한 다음 연립방정식이 $(y_1, y_2, x) = (1,1,1)$ 근방에서 국지적으로 유일한 해를 갖는지 확인하고, 그때 $(1,1,1)$에서의 미분계수 $\dfrac{dy_1}{dx}$를 계산하라.

$$2y_1 - y_1 y_2^3 + y_2^2 + xy_1 = 3$$
$$y_1 + xy_2 - y_1^3 y_2^2 + 2x^2 = 3$$

문제 10-11 효용함수가 다음과 같이 주어진 경우, MRS_{12}를 구하라.

(1) $U(x_1, x_2) = \ln x_1 + x_2$

(2) $U(x_1, x_2) = Ax_1^a x_2^b \ (A, a, b > 0)$

(3) $U(x_1, x_2) = (ax_1^r + bx_2^r)^{1/r}$

문제 10-12 생산함수 $Q = F(L,K) = k(\alpha L^{-\rho} + \beta K^{-\rho})^{-h/\rho}$에 대한 다음 질문에 답하라. 이러한 생산함수를 CES 함수라 부른다.

(1) 편도함수 F_L를 계산하고, 그 경제적 의미를 설명하라.

(2) 이 함수가 일차 동차함수이기 위한 조건을 찾고, 일차 동차의 경제적인 의미를 쓰라.

(3) 이 함수에 관해서 Euler의 정리를 쓰고 그 의미를 설명하라.

(4) 생산량 Q의 노동량 L에 대한 탄력성 $e \equiv \dfrac{\partial Q}{\partial L} / \dfrac{Q}{L}$을 계산하라.

문제 10-13 생산함수 $Q = f(L,K) = L^{0.5}K^{0.2}$에 관한 다음 질문에 답하라.

(1) 이 함수가 동차함수인지 확인하라.

(2) 노동의 한계생산물 $MP_L \equiv f_L$을 계산하라. 이것은 L에 관해 증가함수인가, 감소함수인가?

(3) $(L,K) = (1,1)$에서 이 생산함수에 가장 가까운 선형함수의 식을 구하라.

(4) 현재 $(L,K) = (1,1)$에서 생산하고 있다. 생산량을 가장 빠르게 증가시키기 위해서는 L, K를 어떤 비율로 증가시켜야 하는가?

(5) 현재 $(L,K) = (1,1)$에서 생산하고 있는데 L을 0.1단위 추가하려고 계획하고 있다. K를 몇 단위 감소시켜도 생산량은 불변이 되는지 미분법에 의해 근사값을 계산하라.

(6) $(L,K) = (1,1)$에서 헤시안행렬을 구하고 정부호성을 판단하라.

(7) $(L,K) = (1,1)$에서 생산량 Q의 노동량 L에 대한 탄력성을 계산하라.

문제 10-14 규모수익불변인 생산함수 $Q = f(L,K)$가 주어졌을 때 다음 질문에 답하시오.

(1) 규모수익불변의 조건을 수식으로 쓰고 그 경제적 의미를 설명하라.

(2) Euler의 정리를 적용한 결과를 쓰고 그 경제적 의미를 설명하라.

(3) 이 생산함수의 한계기술대체율(MRTS)이 체감하기 위한 충분조건을 구하라.

(4) 이 생산함수에서 자본 K의 한계생산물 MP_K이 0인 경우, 노동 L의 한계생산물 MP_L과 평균생산물 $AP_L \equiv \dfrac{Q}{L}$은 항상 같게 됨을 보이라.

문제 10-15 국민소득결정모형이 다음과 같이 주어져 있다.

$$
\begin{aligned}
&Y = C + I + G \\
&C = a + b(Y - T) \\
&T = cY \\
&I = f(r) \\
&M = g(Y, r)
\end{aligned}
$$

단, 국민소득 Y, 소비 C, 투자 I, 조세 T, 이자율 r은 내생변수이고 통화량 M, 정부지출 G는 외생변수이다. 이 연립방정식을 풀어서 계산된 균형 이자율 r을 통화량 M에 관해 편미분한 편미분계수 $\frac{\partial r}{\partial M}$의 값을 계산하라.

문제 10-16 다음 연립방정식의 해 x^0의 외생변수 a에 대한 편도함수 $\frac{\partial x^0}{\partial a}$를 음함수의 미분법을 이용하여 계산하라.

$$\frac{\partial f}{\partial x}(x,y) = a, \quad \frac{\partial f}{\partial y}(x,y) = b$$

문제 10-17 다음의 효용함수에 대해 답하라.

$U = U(x_1, x_2) = (x_1 + 1)^2 (x_2 + 3)^3$

(1) x_1의 한계효용 $U_1(2,1)$을 계산하라.

(2) x_1의 한계효용이 체감하는지 판단하라.

(3) $(x_1, x_2) = (2,1)$을 지나는 무차별곡선(효용함수의 등고선)의 식을 쓰고, 그 그래프를 그려라.($\nabla U(2,1)$을 이용하여 무차별곡선의 기울기를 표시할 것)

문제 10-18 어떤 경제의 균형이 다음 두 식이 만족될 때 이루어진다고 한다.

$$2xz + xy + z - 2\sqrt{z} = 11$$
$$xyz = 6$$

현재의 균형은 $(x,y,z) = (3,2,1)$에서 이루어져 있다고 하자.

(1) 정부가 z를 통제할 수 있어서 1에서 1.1로 증가시킬 때 x, y는 각각 어떻게 변화할지 음함수의 미분법을 이용하여 근사값으로 계산하라.

(2) 정부가 z 대신에 x를 통제할 수 있어서 3에서 2.9로 감소시킨다고 할 때에도 같은 방법으로 계산할 수 있는가? 어떤 문제가 있는지 설명하라.

IV

최적화이론

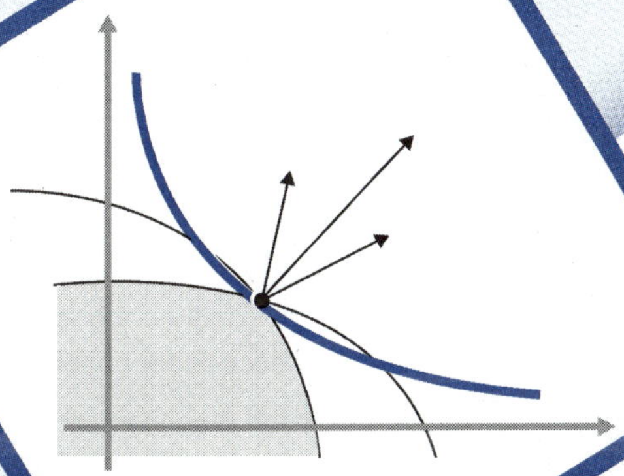

CHAPTER

11 무제약 최적화

모든 경제적 활동은 소비자의 효용극대화나 기업의 이윤극대화와 같은 최적화 문제로 정식화될 수 있다. 이 장에서는 최적화 문제의 일반적인 형태를 정식화한 다음, 가장 간단한 최적화 문제로서 무제약 최적화(unconstrained optimization) 문제의 해를 구하는 법과 그 해의 성질을 살펴보기로 한다.

11.1 최적화 문제의 정식화

경제활동이란 목적이 최대한 달성되도록 수단을 합리적으로 선택하는 활동이라 할 수 있다. 이러한 합리적 선택의 예로서 소비자의 효용극대화 문제를 설펴보자. 두 재화, 예컨대 사과와 배를 소비하는 소비자가 있다. 이 소비자는 일정한 화폐소득을 가지고 사과와 배를 구매하고 소비하는 데 만족도가 최대가 되도록 사과와 배의 소비량을 선택할 것이다.

보다 구체적으로 사과와 배의 소비량을 각각 x, y라 하고, 그 소비에서 얻는 만족도 혹은 효용은 효용함수 $U(x,y)=xy+2x$로 표시될 수 있다고 하자. 그리고 이 소비자의 소득이 $M=100$이고 사과와 배의 가격이 각각, $p_x=10$, $p_y=5$일 때 사과와 배를 각각 얼마씩 소비하면 효용이 최대가 될 것인가? 먼저 사과와 배에 대한 지출액 $10x+5y$이 소득 100을 넘지 못한다는 제약식을 만족하는 범위 내에서 사과와 배의 소비량을 선택하여야 한

다. 즉,

$$10x + 5y \leq 100.$$

이것을 예산제약이라 하고 예산제약을 만족하는 (x,y)의 집합을 예산집합이라 한다([그림 11-1]). 그러면 소비자 문제는 이 예산제약을 만족하는 (x,y) 중에서 효용 $U(x,y) = xy + 2x$이 최대가 되는 소비벡터 (x,y)를 선택하는 문제가 된다. 이것을 다음과 같이 정식화할 수 있다.

$$\begin{aligned} &\text{Maximize} \;\; U(x,y) = xy + 2x, \\ &\text{subject to} \;\; 10x + 5y \leq 100 \end{aligned}$$

혹은 간단히 다음과 같이 표시하기도 한다.

$$\begin{aligned} &\text{Max} \;\; U(x,y) = xy + 2x, \\ &\text{s.t.} \;\; 10x + 5y \leq 100 \end{aligned}$$

이 문제의 제약조건이 부등식이므로 이 문제를 부등식제약 최적화 문제라 할 수 있다. 이 문제의 경우 효용이 재화소비량의 증가함수이므로, 소득을 모두 사용하는 것이 최적일 수밖에 없다. 따라서 부등식제약 대신에 다음과 같이 등식제약으로 바꾸어서 문제를 풀어도 해는 같게 될 것이다.

$$\begin{aligned} &\text{Max} \;\; U(x,y) = xy + 2x, \\ &\text{s.t.} \;\; 10x + 5y = 100 \end{aligned}$$

이러한 문제를 등식제약 최적화 문제라 한다. 이 장에서는 먼저 제약이 없는 최적화 문제의 해법을 살펴보고 다음 장에서 등식제약 최적화를 공부한 다음 마지막으로 가장 일반적인 부등식제약 최적화 문제를 살펴보기로 한다.

이제 최적화 문제는 최대화 문제와 최소화 문제로 구분하는데 최대화 문

그림 11-1

→ 예산제약과 예산집합

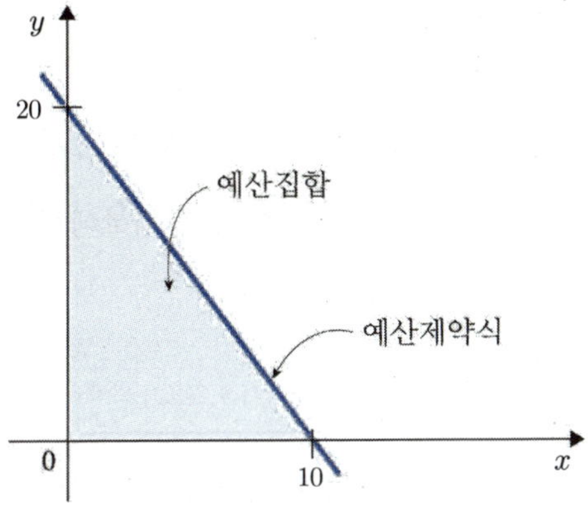

제의 일반적인 형태는 다음과 같이 정식화된다.

$$\begin{aligned} &\text{Max}_{x_1,\cdots,x_n} f(x_1,\cdots,x_n) \\ &\text{s.t.}\quad g^1(x_1,\cdots,x_n) \le b_1 \\ &\qquad\qquad \vdots \\ &\qquad g^m(x_1,\cdots,x_n) \le b_m \end{aligned}$$

여기에서,

$x=(x_1,\cdots,x_n)\in R^n$: 선택변수(choice variables)

$f(x_1,\cdots,x_n)$: 목적함수(objective function)

$g^i(x_1,\cdots,x_n) \le b_i\ i=1,\cdots,m$: 제약식(constraints)

$b_1,\cdots,b_m$: 외생변수 혹은 파라미터(parameters)

$V \equiv \{x\in R^n \mid g^1(x) \le b_1,\cdots,g^m(x) \le b_m\}$: 실행가능집합(feasible set)

최소화 문제의 경우에는,

$$\begin{aligned} &\text{Min}_{x_1,\cdots,x_n} f(x_1,\cdots,x_n) \\ &\text{s.t.} \quad g^1(x_1,\cdots,x_n) \geq b_1 \\ &\qquad\qquad \cdots \\ &\qquad\quad g^m(x_1,\cdots,x_n) \geq b_m \end{aligned}$$

이 책에서는 특별한 경우를 제외하고는 주로 최대화 문제를 살펴보고 최소화 문제는 생략하기로 한다. 이제 경제학에서 많이 다루는 몇 가지 사례를 살펴보자.

효용극대화 문제

일반적으로 n개의 재화 $(x_1,\cdots,x_n)$를 소비하는 소비자의 효용극대화 문제는 다음과 같이 정식화된다.

$$\begin{aligned} &\text{Max}_{x_1,\cdots x_n} U(x_1,\cdots,x_n) \\ &\text{s.t.} \ p_1x_1 + \cdots + p_nx_n \leq M \\ &\qquad x_i \geq 0, \ i = 1,\cdots,n \end{aligned}$$

벡터로 표시하면

$$\begin{aligned} &\text{Max}_{\boldsymbol{x}} U(\boldsymbol{x}) \\ &\text{s.t.} \ \boldsymbol{p}'\boldsymbol{x} \leq M \text{ and } \boldsymbol{x} \geq 0 \end{aligned}$$

여기서,

$\boldsymbol{x} = (x_1,\cdots,x_n)$: 재화의 소비벡터

$\boldsymbol{p} = (p_1,\cdots,p_n)$: 가격벡터

M: 소득

$U(\boldsymbol{x})$: 효용함수

$p_1x_1 + \cdots + p_nx_n \leq M$, 혹은 $\boldsymbol{p}'\boldsymbol{x} \leq M$: 예산제약

$B \equiv \{ \boldsymbol{x} \in R^n \mid \boldsymbol{p}'\boldsymbol{x} \leq M, \ \boldsymbol{x} \geq 0\}$: 예산집합

이윤극대화 문제

경쟁적 기업의 이윤극대화 문제는 다음과 같은 두 형태로 정식화할 수 있다.

먼저 비용함수 $C(Q)$를 알고 있는 경우, 수입 pQ에서 비용 $C(Q)$를 뺀 값으로 계산되는 이윤 π를 극대화하도록 생산량 Q를 구하는 문제를 생각해 볼 수 있다. 즉,

$$\text{Max}_Q \pi = pQ - C(Q)$$

둘째로, 생산요소 $x_1, \cdots, x_n$을 구입해서 생산함수 $Q = f(x_1, \cdots, x_n)$에 따라 생산활동을 하고 생산물을 판매해서 얻는 이윤이 극대화되도록 하는 문제는 다음과 같이 정식화된다.

$$\text{Max}_{x_1, \cdots, x_n} \pi = pf(x_1, \cdots, x_n) - w_1 x_1 - \cdots - w_n x_n$$

여기서 p는 생산물의 가격이고 $w_1, \cdots, w_n$은 생산요소의 가격을 나타낸다. 이윤극대화 문제는 모두 **무제약 극대화**(unconstrained maximization)의 대표적인 사례가 된다.

비용최소화 문제

생산함수 $Q = f(x_1, \cdots, x_n)$와 요소가격 $w_1, \cdots, w_n$이 주어져 있을 때 일정한 생산량 Q^0를 생산하는 데 비용 $C = w_1 x_1 + \cdots + w_n x_n$이 최소화되도록 생산요소 $x_1, \cdots, x_n$을 구입하는 문제를 비용최소화 문제라 한다.

$$\text{Min}_{x_1, \cdots, x_n} C = w_1 x_1 + \cdots + w_n x_n$$
$$\text{s.t. } f(x_1, \cdots, x_n) \geq Q^0$$

선형계획법

목적함수와 제약함수가 모두 선형인 경우의 최적화 문제의 해를 구하는 방법을 선형계획법(linear programming)이라 한다. 선형계획 문제의 일반형은 다음과 같다.

$$
\begin{aligned}
\text{Max} \ & c_1x_1 + \cdots + c_nx_n \\
\text{s.t.} \ & a_{11}x_1 + \cdots + a_{1n}x_n \le b_1 \\
& \vdots \\
& a_{m1}x_1 + \cdots + a_{mn}x_n \le b_m \\
& x_1 \ge 0, \cdots, x_n \ge 0
\end{aligned}
$$

벡터로 표시하면,

$$
\begin{aligned}
\text{Max} \ & \boldsymbol{c}'\boldsymbol{x} \\
\text{s.t.} \ & A\boldsymbol{x} \le \boldsymbol{b} \\
& \boldsymbol{x} \ge 0
\end{aligned}
$$

여기서, $\boldsymbol{c} = (c_1, \cdots, c_n)'$

$\boldsymbol{x} = (x_1, \cdots, x_n)'$

$\boldsymbol{b} = (b_1, \cdots, b_m)'$

$$A = \begin{pmatrix} a_{11} & \cdots & a_{1n} \\ \vdots & \cdots & \vdots \\ a_{m1} & \cdots & a_{mn} \end{pmatrix}$$

선형계획법은 2차 세계대전 당시 개발된 단체법(simplex method)를 시작으로 해서 다양한 컴퓨터 알고리즘이 나와 있다. 대표적인 선형계획 문제 중에는 영양문제(diet problem)와 수송문제 등이 있다.

예 11-1 (영양문제) 사과(x_1)와 배(x_2)에는 필요한 영양소인 비타민 A, B, C가 들어 있다. 사과에는 비타민 A, B, C가 각각 2, 0, 1 단위가 들어있고, 배에는 각각 0, 1, 1 단위가 들어있다고 알려져 있다. 그런데 비타민 A, B, C

그림 11-2

→ 영양문제의 실행가능집합

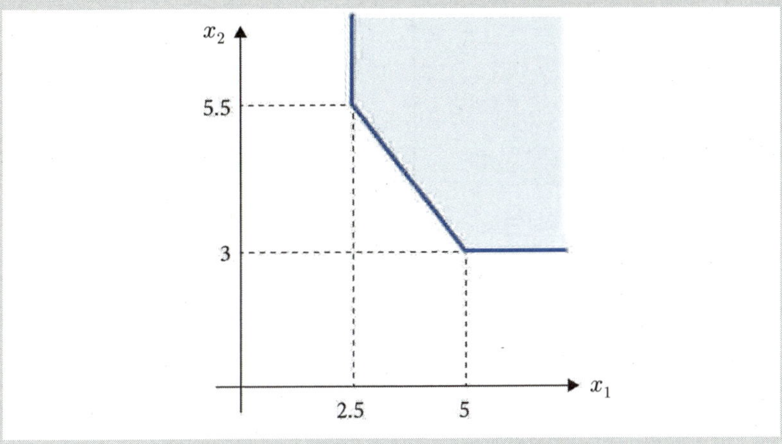

의 최소 필요량이 각각 5, 3, 8이고 사과의 가격과 배의 가격이 각각 30, 20일 때 최소비용으로 비타민의 최소 필요량 이상을 섭취하려면 사과와 배를 각각 얼마나 구입하는 것이 좋은가? 이 문제를 정식화하면 다음과 같다([그림 11-2]).

$$
\begin{aligned}
\text{Min} \;\; & 30x_1 + 20x_2 \\
\text{s.t.} \;\; & 2x_1 \geq 5 \\
& x_2 \geq 3 \\
& x_1 + x_2 \geq 8 \\
& x_1 \geq 0, \;\; x_2 \geq 0
\end{aligned}
$$

11.2 다변수함수의 극대와 극소

이제 가장 간단한 형태의 최적화 문제로서 무제약 최적화 문제의 해법을 생각해 보자. 이 문제의 일반형은 다음과 같다.

그림 11-3

→ $y = 2-(x-1)^2$ 의 최대점

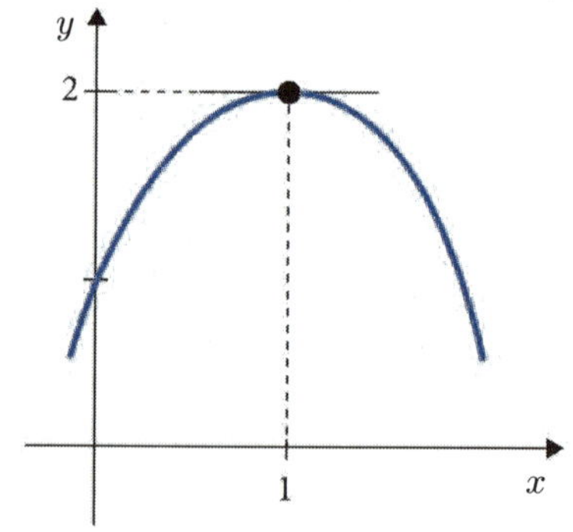

$$\text{Max} \;\; f(x_1, \cdots, x_n)$$

특히 변수가 하나인 제약 없는 최적화 문제는

$$\text{Max} \;\; f(x)$$

이 된다.

예를 들어 함수 $y = 2-(x-1)^2$의 최대값을 구하는 문제를 생각해 보자. 이 함수의 그래프는 [그림 11-3]과 같다.

이 그래프를 보면 최대점은 $x^0 = 1$이고 최대값은 $y^0 = 2$가 되는 것을 쉽게 알 수 있다. 그런데 이 점이 바로 극대점이므로 최적화 문제의 해법은 미분을 이용하여 극대 혹은 극소점을 찾는 것이 된다.

그러나 극대점이 언제나 최대점이 되는 것은 아니다. 예를 들어 함수의 그래프가 [그림 11-4]와 같고 선택변수의 범위가 $0 \le x \le 1$이면 최대점은 극대점 x^*이 아니고 $x^0 = 1$이다. 이러한 경우에는 최대점을 찾는 것이 쉽지 않게 된다. 이 점을 염두에 두고 먼저 극대점 혹은 극소점을 찾는 방법을 알아보기로 하자.

그림 11-4

→ 극대와 최대가 다른 경우

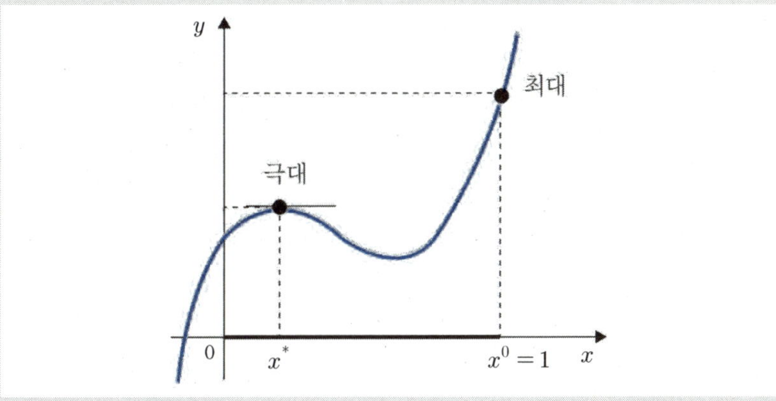

일변수함수의 극대(극소)를 위한 일계조건(FOC), 이계충분조건(SOSC), 이계필요조건(SONC)은 이미 9장에서 살펴보았다. 이제 다변수함수의 경우로 이 조선들을 확장하면 나음과 같세 뵌나.

정리 11-1

함수 $y=f(x_1,\cdots,x_n)$가 $x^0=(x_1^0,\cdots,x_n^0)$에서 극대(극소)값을 갖기 위한 일계조건(FOC), 이계충분조건(SOSC), 이계필요조건(SONC)은 각각 다음과 같다. 여기서 헤시안행렬 H는 x^0에서의 이계편미분계수 행렬이다.

FOC $f_1(x^0)=0,\ \cdots,\ f_n(x^0)=0$ 혹은 $\nabla f(x^0)=0$
SOSC 모든 $h\neq 0$에 대해, $h'Hh<(>)0$, 혹은 H가 음(양)정부호
SONC 모든 $h\neq 0$에 대해, $h'Hh\leq(\geq)0$, 혹은 H가 음(양)반정부호

증 명 [그림 11-6] (a)에서 보는 바와 같이 함수의 극대점에서 임의의 방향벡터 $h\neq 0$ 방향으로 단면을 잘라보면 단면의 그래프가 [그림 11-6] (b)와 같고, 이 그래프의 식은 $g(t)\equiv f(x^0+th)$으로 표시할 수 있으므로, 모든 방향벡터 $h\neq 0$에 대해 함수 $g(t)$가 $t=0$에서 극대(극소)가 되기 위한 조건을 찾으면 된다. 즉, 일계조건(FOC)은, 모든 $h\neq 0$에 대해

$g'(0)=0$.

이계충분조건(SOSC)은, 모든 $h\neq 0$에 대해 $g''(0)<(>)0$.

이계필요조건(SONC)은, 모든 $h\neq 0$에 대해 $g''(0)\leq(\geq)0$.

그런데

$$\begin{aligned} g'(t) &= \frac{d}{dt}f(x_1^0+th_1,\cdots,x_n^0+th_n) \\ &= f_1(x^0+th)h_1+\cdots+f_n(x^0+th)h_n \\ &= \nabla f(x^0+th)\cdot h \end{aligned}$$

이고 $g'(0)=\nabla f(x^0)\cdot h$이므로 FOC는 모든 $h\neq 0$에 대해 $g'(0)=0$이므로,

$f_1(x^0)=0,\ \cdots\ ,f_n(x^0)=0$ 혹은 $\nabla f(x^0)=0$이다.

또한, 이계도함수는

$$\begin{aligned} g''(t) &= \frac{d^2}{dt^2}f(x_1^0+th_1,\cdots,x_n^0+th_n) \\ &= f_{11}(x^0+th)h_1h_1+\cdots+f_{1n}(x^0+th)h_1h_n \\ &+\cdots \\ &+f_{n1}(x^0+th)h_nh_1+\cdots+f_{nn}(x^0+th)h_nh_n \\ &= h'H(x^0+th)h \end{aligned}$$

이므로 $g''(0)=h'H(x^0)h$이다. 따라서 극대(극소)의 이계충분조건(SOSC)은 모든 $h\neq 0$에 대해 H가 음(양)정부호인 것이고, 이계필요조건(SONC)은 모든 $h\neq 0$에 대해 H가 음(양)반정부호인 것이다.

그림 11-5

→ 극대의 일계조건(FOC)

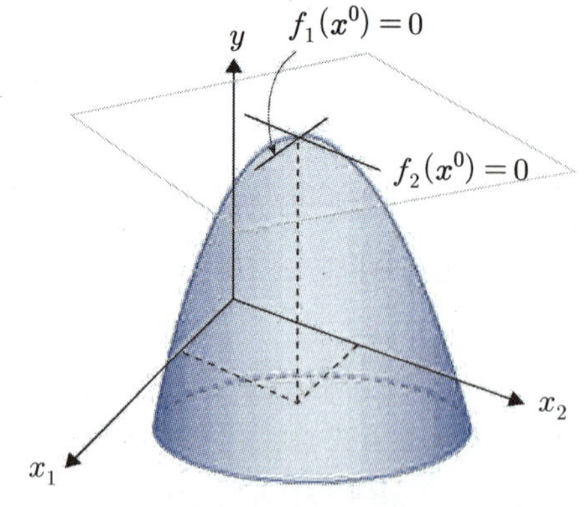

그림 11-6

→ 극대의 이계조건(SOC)

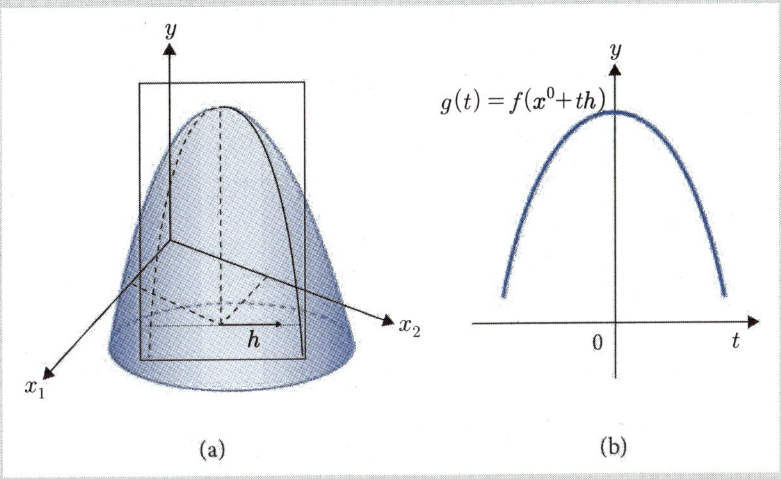

예 11-2 가로, 세로, 높이가 각각 x, y, z인 직육면체의 부피는 $V=xyz$가 된다. $x+y+z=1$인 모든 직육면체 중에서 부피가 최대가 되는 것을 찾는 문제를 생각해 보자. 제약조건에 따라 $z=1-x-y$이므로 부피는 함수 $V=xy(1-x-y)$로 표시할 수 있으므로 이 함수의 극대점을 찾는 문제가 된다. 극대의 일계조건(FOC)은,

$V_x=y(1-x-y)+(-1)xy=y(1-2x-y)=0$

$V_y=x(1-x-y)+(-1)xy=x(1-x-2y)=0$

이므로 연립해서 풀면,

$$x^0=y^0=\frac{1}{3}$$

헤시안행렬 H은 $H=\begin{pmatrix} V_{xx} & V_{xy} \\ V_{yx} & V_{yy} \end{pmatrix}=\begin{pmatrix} -2y & 1-2x-2y \\ 1-2x-2y & -2x \end{pmatrix}$이고,

$x^0=y^0=\frac{1}{3}$에서는 $H=\begin{pmatrix} -\frac{2}{3} & -\frac{1}{3} \\ -\frac{1}{3} & -\frac{2}{3} \end{pmatrix}$이므로,

$$|H_1| = -2y = -\frac{2}{3} < 0$$

$$|H_2| = 4xy - (1-2x-2y)^2 = \frac{1}{3} > 0$$

따라서 H는 음정부호이고 이계충분조건이 충족되므로 $x^0 = y^0 = \frac{1}{3}$에서 극대값 $V = \frac{1}{27}$을 갖는다. 즉, 가로와 세로와 높이가 모두 $\frac{1}{3}$인 정육면체의 부피가 가장 큰 $\frac{1}{27}$이 되는 것이다.

기업의 이윤극대화

1장에서 기업의 이윤극대화 문제를 다룬 바가 있다. 여기서는 다른 방법으로 이윤극대화 문제를 정식화해 보기로 한다. 기업은 n개의 생산요소 $x_1, \cdots, x_n$을 구매하여 생산함수 $Q = f(x_1, \cdots x_n)$에 따라 생산된 생산량 Q를 판매할 때 얻는 이윤은 다음의 식으로 표시된다.

$$\pi = pf(x_1, \cdots, x_n) - w_1 x_1 - \cdots - w_n x_n$$

여기서 p는 생산물의 가격이고 w_i는 생산요소 x_i의 가격이다. 이때 총수입은 $TR = pf(x_1, \cdots, x_n)$이고, 총비용은 $TC = w_1 x_1 + \cdots + w_n x_n$이 된다. 1장에서와 같이 여기서도 경쟁적 기업의 행동을 알아보기 위해서 요소시장과 생산물시장이 모두 완전경쟁적이라 가정한다. 그러면 기업은 가격들은 모두 상수로 하고 생산요소 $x_1, \cdots, x_n$을 선택해서 이윤을 극대화하게 된다.

이윤극대화의 일계조건(FOC)은 모든 i에 대해

$$\pi_i = pf_i - w_i = 0. \text{ 혹은 } pf_i = w_i$$

인 것이다.

이 식의 경제학적인 의미는 다음과 같다. f_i는 생산요소 i의 한계생산물 MP_i이므로, pf_i는 생산요소 i를 추가로 고용할 때 얻어지는 추가수입을 의미한다. 이것을 한계생산물가치(value of marginal product, VMP_i)라고 부른다. w_i는 생산요소 i의 가격으로 이 생산요소를 한 단위 추가로 구매할 때 들어 가는 추가비용이 된다. 이윤극대화의 조건은 모든 생산요소 i를 VMP_i와 요소가격 w_i가 같도록 구매하는 것이다. 어떤 선택을 할 때 그 선택의 한계편익이 한계비용과 같을 때까지 선택을 하면 목적함수가 극대화된다는 한계원리(marginal principle)가 여기에도 적용된 것이다.

이계충분조건(SOSC)은 헤시안 행렬 $H = \begin{pmatrix} pf_{11} & \cdots & pf_{1n} \\ \vdots & & \vdots \\ pf_{n1} & \cdots & pf_{nn} \end{pmatrix} = pD^2 f(x^0)$가 음정부호인 것이다. 즉,

$$
\begin{aligned}
&|H_1| = pf_{11} < 0, \\
&|H_2| = p^2(f_{11}f_{22} - f_{12}^2) > 0, \\
&\quad\vdots \\
&(-1)^n |H| > 0
\end{aligned}
$$

이계조건의 의미를 살펴보자. 먼저 부등식 $|H_1| = pf_{11} < 0$으로부터 $f_{11} < 0$임을 알 수 있다(가격 p는 양수이다). 이것은 생산요소 x_1의 한계생산물 $MP_1 = f_1$가 x_1에 대해 감소함수임을 의미한다. 경제학적 용어로 말하면, 한계생산물체감의 법칙(law of diminishing MP) 혹은 수확체감의 법칙(law of diminishing returns)이 된다. 이계조건의 둘째 식을 잘 보면 $f_{22} < 0$도 성립함을 알 수 있다. 같은 방식으로 모든 생산요소 i에 대해 $f_{ii} < 0$임을 쉽게 알 수 있다.

생산요소가 하나뿐인 경우 이계조건은 한계생산물 체감의 법칙과 동치이다. 생산요소가 둘 이상인 경우에는 다음 절에서 곧 살펴볼 바와 같이 이계조건은 생산함수가 오목함수임을 의미하는 것이다.

예 11-3 두 생산요소인 노동(L)과 자본(K)에 대해 Cobb–Douglas생산함수 $Q = L^{\alpha}K^{\beta}(\alpha, \beta > 0)$를 갖는 기업의 이윤극대화 문제를 생각해 보자. 이윤함수는 $\pi = pL^{\alpha}K^{\beta} - wL - rK$가 되고, 일계조건(FOC)은,

$$
\begin{aligned}
\pi_L &= \alpha pL^{\alpha-1}K^{\beta} - w = 0 \\
\pi_K &= \beta pL^{\alpha}K^{\beta-1} - r = 0
\end{aligned}
$$

이 두 식을 연립해서 풀면 다음과 같이 노동과 자본에 대한 수요함수 L^0, K^0를 얻는다.

$$L^0 = Ap^{\frac{1}{1-\alpha-\beta}} w^{-\frac{1-\beta}{1-\alpha-\beta}} r^{-\frac{\beta}{1-\alpha-\beta}}$$
$$K^0 = \frac{\beta}{\alpha} Ap^{\frac{1}{1-\alpha-\beta}} w^{-\frac{\alpha}{1-\alpha-\beta}} r^{-\frac{1-\alpha}{1-\alpha-\beta}}$$

여기서 상수 $A = \alpha^{\frac{1-\beta}{1-\alpha-\beta}} \beta^{\frac{\beta}{1-\alpha-\beta}}$이다.

그러면 최적 생산량 Q^0와 최적 이윤 π^0는 다음과 같이 계산된다.

$$Q^0 = (L^0)^\alpha (K^0)^\beta = \frac{1}{\alpha} Ap^{\frac{\alpha+\beta}{1-\alpha-\beta}} w^{-\frac{\alpha}{1-\alpha-\beta}} r^{-\frac{\beta}{1-\alpha-\beta}}$$
$$\pi^0 = \frac{1-\alpha-\beta}{\alpha} Ap^{\frac{1}{1-\alpha-\beta}} w^{-\frac{\alpha}{1-\alpha-\beta}} r^{-\frac{\beta}{1-\alpha-\beta}}$$

이계충분조건(SOSC)은 헤시안행렬 H가 음정부호인 것이므로,

$$|H_1| = \alpha(\alpha-1)pL^{\alpha-2}K^\beta < 0$$
$$|H_2| = \begin{vmatrix} \alpha(\alpha-1)pL^{\alpha-2}K^\beta & \alpha\beta pL^{\alpha-1}K^{\beta-1} \\ \alpha\beta pL^{\alpha-1Ky^{\beta-1}} & \beta(\beta-1)pL^\alpha K^{\beta-2} \end{vmatrix}$$
$$= \alpha\beta(1-\alpha-\beta)p^2 L^{2(\alpha-1)} K^{2(\beta-1)} > 0$$

$\alpha+\beta<1$이라고 가정하면 10.4절에서 살펴본 바와 같이 생산함수가 규모수익감소임을 의미한다. 그러면 $0<\alpha, \beta<1$이므로 한계생산물체감의 법칙도 성립하고, 이계충분조건이 모두 충족된다.

11.3 오목함수와 볼록함수

앞 절에서 우리는 극대(극소)점을 찾는 방법과 조건을 알아보았다. 그런데 일반적으로 극대가 바로 최대가 되는 것은 아니지만, 목적함수가 오목(볼

록)함수이면, 극대(극소)점이 바로 최대(최소)점이 된다. 이제부터 오목(볼록) 함수를 정의하고 그 성질을 알아보기로 하자.

오목(볼록)함수 함수 $f(x)$가 임의의 두 점 $x \neq x'$와 $\alpha \in (0,1)$에 대해,

$$f(\alpha x + (1-\alpha)x') \geq (\leq) \alpha f(x) + (1-\alpha) f(x')$$

그림 11-7

→ 오목함수

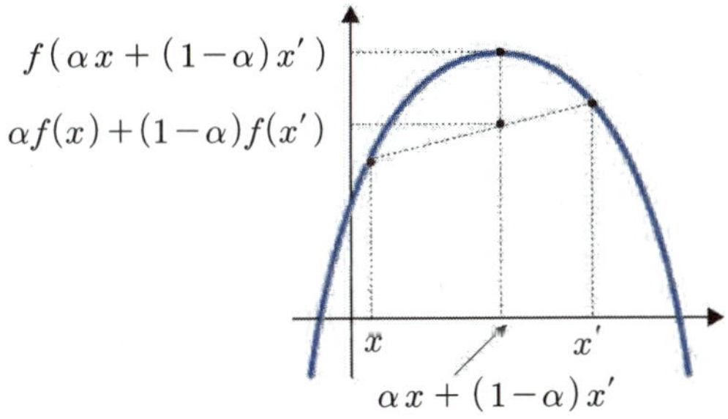

(a) 일변수함수의 경우

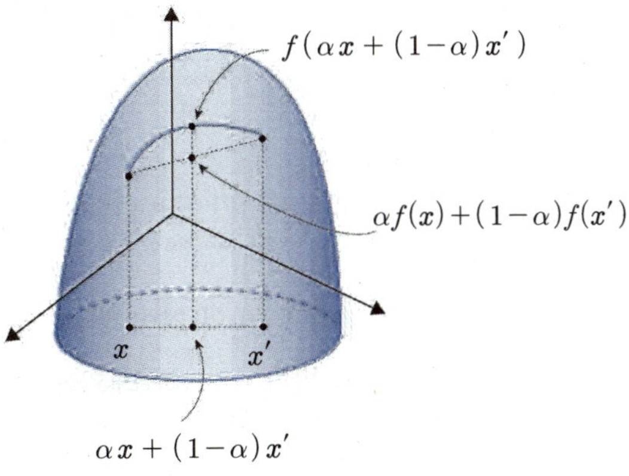

(b) 다변수함수의 경우

일 때 $f(x)$를 오목(볼록)(concave, convex)함수라 한다. 특히, 이 식이 다음과 같이 강부등호로 성립할 때 강오목(볼록)(strictly concave, strictly convex)함수라 부른다.

$$f(\alpha x+(1-\alpha)x') > (<) \alpha f(x)+(1-\alpha)f(x')$$

[그림 11－7]에서 보는 바와 같이 오목함수란 그래프 상의 임의의 두 점을 잇는 선분이 언제나 그래프 밑에 있는 함수를 말한다. 반대로 볼록함수는 선분이 언제나 그래프 위에 있는 함수이다.

예 11-4 함수 $f(x)=1-x^2$가 오목함수인지 판정해 보자.

$x \neq x'$과 실수 $\alpha \in (0,1)$에 대해서

$f(\alpha x+(1-\alpha)x')-(\alpha f(x)+(1-\alpha)f(x'))$

$=1-(\alpha x+(1-\alpha)x')^2-(\alpha(1-x^2)+(1-\alpha)(1-x'^2))$

$=\alpha(1-\alpha)(x-x')^2>0$

따라서 $f(x)=1-x^2$는 강오목함수이다.

예 11-5 선형함수 $f(x)=a_1x_1+\cdots+a_nx_n$은 오목함수이고 동시에 볼록함수도 된다. 왜냐하면 모든 $x, x', \alpha \in (0,1)$에 대해서 항상 $f(\alpha x+(1-\alpha)x')=\alpha f(x)+(1-\alpha)f(x')$이기 때문이다. 또한 항상 등호로 성립하기 때문에 강오목도 강볼록도 될 수 없다.

연습 11-1 **함수 $y=f(x)$가 오목함수이면 $y=-f(x)$는 볼록함수임을 보이라.**

예에서 보는 바와 같이 정의를 직접 적용하여 함수의 오목(볼록)성을 판정하기는 쉽지 않다. 그러나 다음의 정리를 이용하면 보다 쉽게 판정할 수 있다.

그림 11-8

→ 강오목함수와 강볼록함수

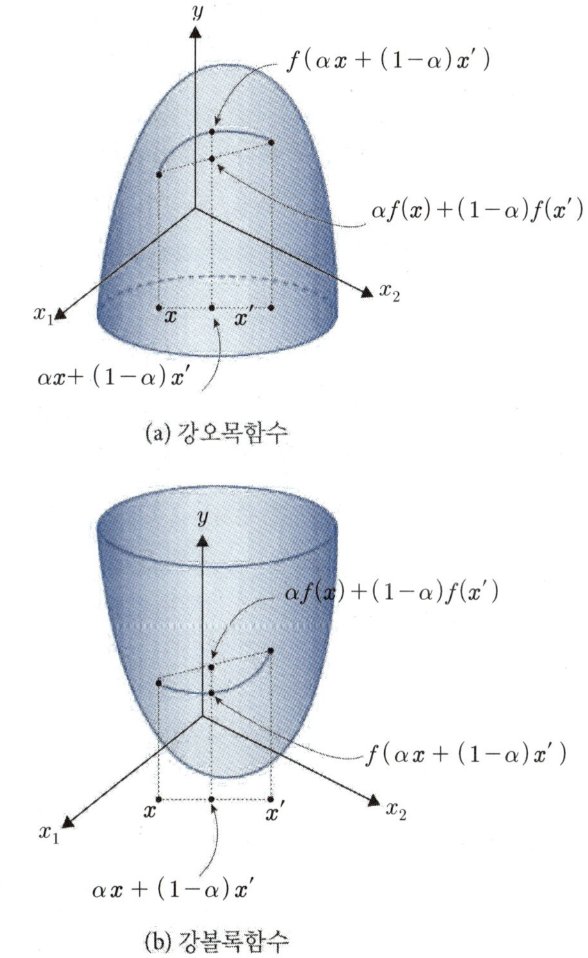

(a) 강오목함수

(b) 강볼록함수

오목(볼록)함수의 필요충분조건

정리 11-2 (오목(볼록)함수의 필요충분조건)

C^2급 함수 $f(x)$에 대해 다음은 동치이다.

(1) $f(x)$는 오목(볼록)함수

(2) 모든 x, x^0에 대해

$$f(x) \leq (\geq) f(x^0) + Df(x^0)(x - x^0)$$

(3) 모든 x에서 $D^2 f(x) \equiv H$가 음(양)반정부호

증명은 이 책의 수준을 넘으므로 생략한다. 이 정리는 오목함수를 판별하는 또 다른 방법을 제공하기 때문에 매우 유용하다. 이 정리의 (2)에 의하면, 오목함수는 함수의 그래프가 접선 혹은 접평면보다 항상 아래에 있는 함수이다([그림 11-9]).

또한 (3)에 의하면, 이계도함수의 행렬 H가 모든 점 x에서 항상 음반정부호인 함수는 오목함수가 된다는 것이다. 즉, 오목함수란 극대의 이계조건이 극대점뿐 아니라 모든 점에서 충족되는 함수라고 생각하면 된다.

예를 들어 함수 $y = -x_1^2 - x_2^2$의 경우, 모든 점 (x_1, x_2)에서 $H = \begin{pmatrix} -2 & 0 \\ 0 & -2 \end{pmatrix}$이고 $|H_1| = -2 < 0$, $|H| = 4 > 0$이므로 음정부호이고 따라서 음반정부호도 된다. 그러므로 오목함수이다.

그림 11-9

→ 강오목함수

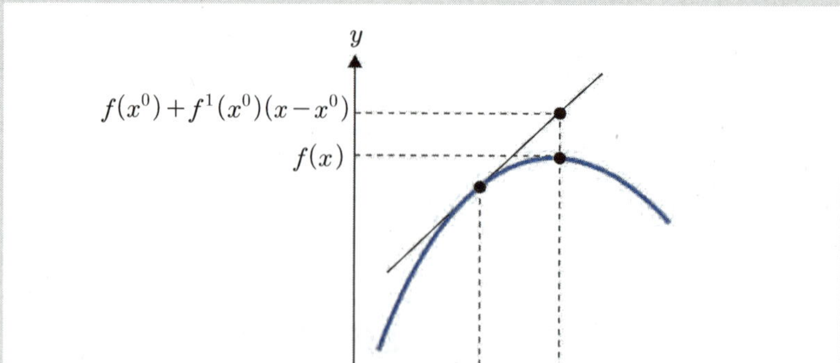

예 11-6 생산함수 $Q=f(L)$에 대해서, 한계생산물이 $MP_L=f'(L)>0$이고, $f''(L)<0$, 즉 경제학적으로 말해서 수확체감의 법칙이 만족된다고 하자. 그러면 이계도함수가 음수이기 때문에 이 생산함수는 오목함수가 된다.

연습 11-2 생산함수 $Q=\sqrt{L}$은 오목함수임을 보이라.$(L>0)$

강오목(볼록)함수의 필요충분조건

정리 11-3 (강오목(볼록)함수의 필요충분조건)

C^1급 함수 $f(x)$가 강오목(볼록)이기 위한 필요충분조건은, 모든 $x\neq x^0$에 대해

$$f(x)<(>)f(x^0)+Df(x^0)(x-x^0)$$

인 것이다.

정리 11-4 (강오목(볼록)함수의 충분조건)

C^2급 함수 $f(x)$에 대해, 모든 x에서 이계편도함수행렬 H가 음(양)정부호이면 $f(x)$는 강오목(볼록)함수이다.

이 정리에 의하면 모든 x에서 이계편도함수 행렬 H가 음정부호이면 강오목함수라고 판정할 수 있다. 그러나 강오목이라고 해서 H가 모두 음정부호인 것은 아니다. $y=-x^4$이 그 예가 된다.

연습 11-3 다음 함수가 오목(볼록)함수인지 혹은 강오목(볼록)인지 판단해 보라.

(1) $y=2x$

(2) $y=-x_1^2-2x_2^2$

(3) $y=x_1^2+x_2^2$

(4) $y=x_1x_2 \ (x_1,x_2>0)$

그림 11-10

→ 오목함수의 등고선

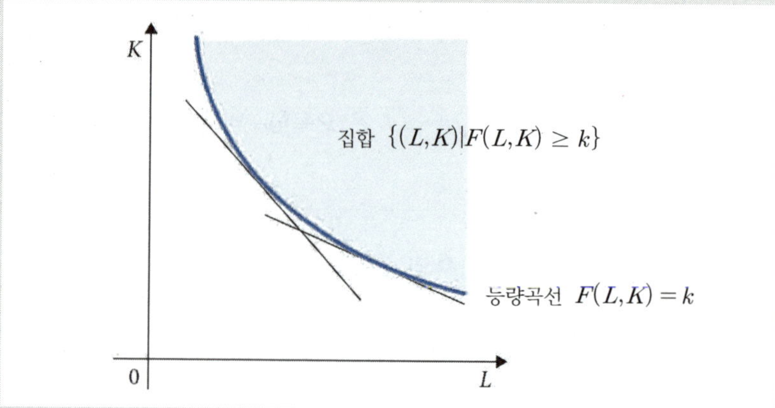

예 11-7 Cobb-Douglas 생산함수 $Q=L^{\alpha}K^{\beta}$가 오목함수인지 판단해 보기로 하자. 먼저 헤시안행렬 H를 계산하면,

$$H=\begin{pmatrix}\alpha(\alpha-1)L^{\alpha-2}K^{\beta} & \alpha\beta L^{\alpha-1}K^{\beta-1}\\ \alpha\beta L^{\alpha-1}K^{\beta-1} & \beta(\beta-1)L^{\alpha}K^{\beta-2}\end{pmatrix}$$

따라서,

$$|H_1|=\alpha(\alpha-1)L^{\alpha-2}K^{\beta}$$

$$\begin{aligned}|H_2| &= \begin{vmatrix}\alpha(\alpha-1)L^{\alpha-2}K^{\beta} & \alpha\beta L^{\alpha-1}K^{\beta-1}\\ \alpha\beta L^{\alpha-1}K^{\beta-1} & \beta(\beta-1)L^{\alpha}K^{\beta-2}\end{vmatrix}\\ &=\alpha\beta(1-\alpha-\beta)L^{2(\alpha-1)}K^{2(\beta-1)}\end{aligned}$$

이 된다. 규모수익감소($\alpha+\beta<1$)이면 $|H_1|<0$, $|H_2|>0$이므로 강오목함수가 된다. 규모수익불변($\alpha+\beta=1$)일 때는 오목함수이지만 강오목함수는 아니다. 규모수익증가($\alpha+\beta>1$)이면 오목도 볼록도 아닌 함수이다([그림 10-7] 참조).

오목함수의 등고선

다음 정리는 오목함수와 그 등고선의 모양에 관해 중요한 사실을 알려준다.

정리 11-5

$f(x)$가 오목함수이면 모든 실수 k에 대해 집합 $\{x \in R^n \mid f(x) \geq k\}$가 볼록집합이다.

증 명 $x, x^0 \in \{x \in R^n \mid f(x) \geq k\}$라 하자. 그러면,

$f(x) \geq k$, $f(x^0) \geq k$이다. $f(x)$가 오목함수이므로 임의의 $\alpha \in (0,1)$에 대해

$f(\alpha x + (1-\alpha)x^0)) \geq \alpha f(x) + (1-\alpha) f(x^0) \geq k$

따라서 $\alpha x + (1-\alpha)x^0 \in \{x \in R^n \mid f(x) \geq k\}$.

집합 $\{x \in R^n | f(x) \geq k\}$은 함수값이 k인 등고선 위에 있는 점들의 집합인데 이 집합이 볼록집합이면 등고선이 원점에 대해 볼록하게 된다. 예를 들어 생산함수 $Q = F(L, K)$가 오목함수이면 [그림 11-10]과 같이 등량곡선이 원점에 대해 볼록하게 되고 한계기술대체율($MRTS$)은 체감하게 된다.

여기서 주의할 점은 집합 $\{x \in R^n | f(x) \geq k\}$이 볼록집합이라고 해서 함수 $f(x)$가 항상 오목함수인 것은 아니다. 예를 들어 $y = e^{-x^2}$, $y = x^3$ 등은 집합 $\{x \in R^n | f(x) \geq k\}$이 모두 볼록집합이지만 오목함수는 아니다. 집합 $\{x \in R^n | f(x) \geq k\}$이 모두 볼록집합인 함수를 준오목함수(quasi-concave function)라고 부르는데, 준오목함수의 성질에 대해서는 다음 12.5절에서 자세히 알아보기로 한다.

예 11-8 Cobb-Douglas 생산함수 $Q = L^{\alpha} K^{\beta}$의 경우, $\alpha + \beta < 1$로서 규모수익 감소의 성질을 가지면 이 함수는 강오목이 된다. 따라서 등량곡선이 원점에 대해 볼록하고 한계기술대체율이 체감하게 된다. 그러나 [예 10-12]에서 이미 살펴본 바와 같이 Cobb-Douglas 생산함수는 $\alpha + \beta$의 크기와 관계없이 항상 한계기술대체율이 체감한다([그림 10-9] 참조). 오목함수가 아니라도 등고선 위의 집합이 볼록집합이 되는 경우도 있음을 이 생산함수의 예에서 찾아볼 수 있다.

연습 11-4 이윤함수 $\pi(L,K) = pL^{\alpha}K^{\beta} - wL - rK$가 오목함수 혹은 강오목함수가 되는 조건을 찾으라.

극대와 최대

우리가 오목함수에 주목하는 이유는 그때에는 극대의 이계조건이 자동으로 충족될 뿐 아니라 일계조건으로부터 바로 최대점을 찾을 수 있기 때문이다. 이 사실을 다음의 정리로 요약할 수 있다.

정리 11-6 (극대와 최대)

C^1급 함수 $f(x)$가 오목함수이고, $Df(x^0) = 0$이면 x^0는 최대점이다. 또한 $f(x)$가 강오목함수이면 x^0는 유일한 최대점이 된다.

증 명 오목함수의 성질에 의하면 모든 x에 대해서 $f(x) \le f(x^0) + Df(x^0)(x - x^0)$. $Df(x^0) = 0$이므로, 모든 x에 대해, $f(x) \le f(x^0)$. 강오목함수이면 강부등호가 성립해서 $f(x) < f(x^0)$이므로 x^0가 유일한 최대점이 된다.

[예 11-7]에서 본 바와 같이 Cobb-Douglas 생산함수 $Q = L^{\alpha}K^{\beta}$는 $\alpha + \beta < 1$, 즉 규모수익감소일 때 강오목함수가 되므로, [예 11-3]의 이윤극대화 문제에서 구한 노동과 자본의 구입량은 유일한 이윤최대화 구입량이 된다. 그리고 그때 이계조건은 자동으로 충족이 된다.

예 11-9 $y = 1 - x^2$는 $x = 0$에서 극대이다. 그런데 이 함수는 강오목함수이므로 $x = 0$는 유일한 최대점이 되고 최대값 $y = 1$을 갖는다.

오목함수의 경제적 의미

[예 11-7]과 [예 11-8]에서 살펴본 바와 같이 Cobb-Douglas 생산함수 $Q = L^{\alpha}K^{\beta}$의 경우 $\alpha, \beta > 0$, $\alpha + \beta < 1$이면, 헤시안행렬 H가 음정부호가 되고, 따라서 생산함수는 강오목함수가 되는데, 경제학적으로는 다음과 같은 세 성질을 갖게 된다.

(1) 한계생산물 $\dfrac{\partial Q}{\partial L}$, $\dfrac{\partial Q}{\partial K}$이 모두 체감한다(한계생산물체감의 법칙).

(2) 규모수익이 감소한다(DRS).

(3) 등량곡선의 접선의 기울기인 한계기술대체율(MRTS)이 체감한다(한계기술대체율체감의 법칙).

일반적으로 생산함수 $Q=F(L,K)$의 헤시안행렬 H가 항상 음정부호라 하자. 즉,

$$|H_1| = F_{LL} < 0,\quad |H| = F_{LL}F_{KK} - F_{LK}^2 > 0$$

이 성립한다고 하면, 생산함수 F는 강오목함수가 되고, 위의 세 가지 경제적인 성질을 모두 갖게 된다.

11.4 비교정학분석

이윤극대화 문제에서 보는 바와 같이 최적 요소구매량과 생산량은 생산물의 가격과 생산요소 가격의 함수가 된다. 이때 한 생산요소의 가격상승이 최적 요소구매량과 생산량에 미치는 영향을 알아보기 위해서 비교정학분석이 필요하게 된다. 이 절에서는 비교정학분석 절차를 설펴보기로 하자.

목적함수에 파라미터 혹은 외생변수 α가 있는 최대화 문제

$$\text{Max } f(x_1,\cdots,x_n,\alpha)$$

를 생각해 보자. 극대의 일계조건(FOC)은 다음과 같다.

$$f_1(x_1,\cdots,x_n,\alpha)=0$$
$$\cdots$$
$$f_n(x_1,\cdots,x_n,\alpha)=0$$

일계조건을 풀어서 구한 최적해는 파라미터 α의 함수로 다음과 같이 쓸 수 있다.

$$x_1^0 = x_1(\alpha), \cdots, x_n^0 = x_n(\alpha)$$

따라서 목적함수의 최적값 $V(\alpha)$는 α의 함수로서 다음과 같이 구해진다. 이 함수를 최적화 문제의 가치함수(value function)라 부른다.

$$V(\alpha) \equiv f(x_1^0, \cdots, x_n^0, \alpha) = f(x_1(\alpha), \cdots, x_n(\alpha), \alpha)$$

이러한 최적해는 다음의 이계충분조건(SOSC)을 충족해야 한다.

$$|H_1| < 0,\ |H_2| > 0, \cdots, (-1)^n |H_n| > 0$$

비교정학분석은 두 종류의 도함수 $\frac{dx_i^0}{d\alpha}$와 $\frac{dV(\alpha)}{d\alpha}$를 계산하는 문제가 된다. 만약 함수의 형태가 구체적으로 주어져 있고 일계조건을 풀어서 최적해들을 구할 수 있다면 그것을 미분해서 비교정학분석을 하면 된다. 그러나 일반적으로 함수가 구체적으로 주어져 있지 않거나, 일계조건을 풀 수 없는 경우에 음함수의 미분법이 필수적인 방법이 된다.

(1) $\frac{dx_i^0}{d\alpha}$를 구하는 방법

일계조건을 $x_1, \cdots, x_n, \alpha$에 대해 전미분하면

$$f_{11}dx_1 + \cdots + f_{1n}dx_n + f_{1\alpha}d\alpha = 0$$
$$\cdots$$
$$f_{n1}dx_1 + \cdots + f_{nn}dx_n + f_{n\alpha}d\alpha = 0$$

가 얻어진다. 이 식을 행렬형태로 정리하면,

$$\begin{pmatrix} f_{11} & \cdots & f_{1n} \\ \vdots & & \vdots \\ f_{n1} & \cdots & f_{nn} \end{pmatrix} \begin{pmatrix} dx_1 \\ \vdots \\ dx_n \end{pmatrix} = -\begin{pmatrix} f_{1\alpha} \\ \vdots \\ f_{n\alpha} \end{pmatrix} d\alpha$$

이계충분조건(SOSC)에 의해 $|H|=\begin{vmatrix} f_{11} \cdots f_{1n} \\ \vdots \quad\quad \vdots \\ f_{n1} \cdots f_{nn} \end{vmatrix} \neq 0$이므로, Cramer의 공식을 이용하여 이 선형연립방정식을 풀면 다음과 같이 도함수를 구할 수 있다.

$$\frac{dx_i^o}{d\alpha}=-\frac{\begin{vmatrix} f_{11} \cdots f_{1\alpha} \cdots f_{1n} \\ \vdots \quad\quad \vdots \quad\quad \vdots \\ f_{n1} \cdots f_{n\alpha} \cdots f_{nn} \end{vmatrix}}{|H|}$$

(2) $\frac{dV(\alpha)}{d\alpha}$의 계산방법

합성함수의 미분법을 이용하면 가치함수의 도함수는

$$\frac{dV(\alpha)}{d\alpha} \equiv \frac{df(x_1^0,\cdots,x_n^0,\alpha)}{d\alpha}=f_1\frac{dx_1}{d\alpha}+\cdots+f_n\frac{dx_n}{d\alpha}+f_\alpha$$

그런데 극대점에서는 $f_1=0,\cdots,f_n=0$이므로 $\frac{dV(\alpha)}{d\alpha}=f_\alpha$로 뜻밖에 간단히 계산된다. 이것을 다음의 정리로 요약할 수 있다.

포락선정리

정리 11-7 (포락선정리 I Envelope Theorem)

C^2급 함수 $f(x,\alpha)$가 $x^0=x(\alpha)$에서 극대값 $V(\alpha)\equiv f(x(\alpha),\alpha)$를 가지면,

$$\frac{dV(\alpha)}{d\alpha}=f_\alpha(x^0,\alpha).$$

포락선정리가 의미하는 바는 가치함수 $V(\alpha)$의 도함수는 목적함수 $f(x,\alpha)$를 단순히 α에 대해 편미분한 값과 같다는 것이다. 포락선정리는 단지 계산량을 줄여줄 뿐 아니라 가치함수의 본질에 대한 깊은 통찰을 제공한다는 점에서 매우 유용한 정리이다.

그림 11-11

→ 포락선정리

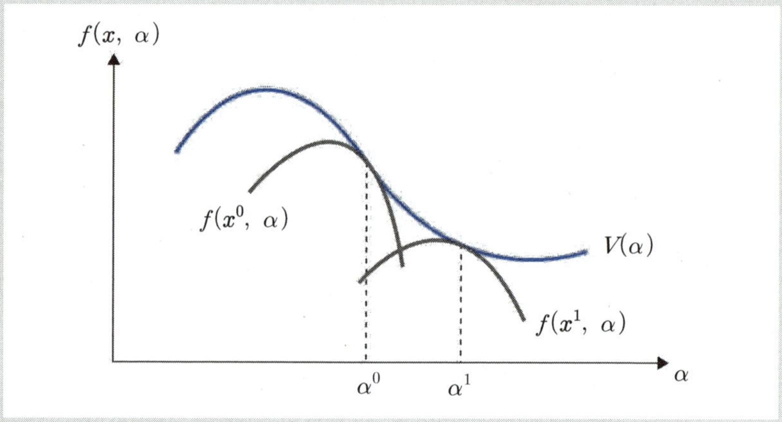

이 정리를 포락선정리라고 부르는 이유를 [그림 11-11]을 통해서 살펴보자. 목적함수 $y=f(x,\alpha)$에서 x를 고정시키고 α의 함수로 간주하면, 하나의 x에 대해 그래프를 하나씩 그릴 수 있고, 수많은 그래프 군이 그려진다. 그 그래프들을 모두 담는 포락선(envelope)이 $V(\alpha)=f(x(\alpha),\alpha)$의 그래프가 된다. 따라서 특정한 α에서 $V(\alpha)$의 그래프는 하나의 함수 $f(x(\alpha),\alpha)$의 그래프와 한 점에서 접하게 된다. 이것은 두 함수의 도함수가 같다는 뜻이고 $\dfrac{dV(\alpha)}{d\alpha}=f_\alpha(x^0,\alpha)$임을 의미하는 것이다. 이것이 포락선정리의 직관적인 의미이다.

기업의 이윤극대화

다음과 같은 이윤극대화 문제를 다시 살펴보기로 하자.

$$\text{Max } \pi = pf(L,K)-wL-rK$$

일계조건과 이계충분조건은 다음과 같다.

$$\text{FOC} \quad \frac{d\pi}{dL} = pf_L - w = 0$$

$$\frac{d\pi}{dK} = pf_K - r = 0$$

$$\text{SOSC} \quad H = \begin{pmatrix} \pi_{LL} & \pi_{LK} \\ \pi_{KL} & \pi_{KK} \end{pmatrix} = \begin{pmatrix} pf_{LL} & pf_{LK} \\ pf_{KL} & pf_{KK} \end{pmatrix} \text{이 음정부호이므로}$$

$$|H_1| = pf_{LL} < 0$$

$$|H_2| = p^2(f_{LL}f_{KK} - f_{LK}^2) > 0$$

생산함수 $Q = f(L, K)$가 강오목함수이기 위한 충분조건([정리 11-4])을 만족한다고 가정하자. 그러면 극대의 이계충분조건은 자동으로 충족되고 일계조건에 따라 L^0, K^0를 고용해서 생산하면 이윤이 최대가 될 것이다. 특별히 Cobb-Douglas 생산함수 $Q = L^{\alpha}K^{\beta}$의 경우, $\alpha + \beta < 1$, 즉 규모수익감소를 가정하면 강오목함수이므로 이계조건이 충족된다.

비교정학을 위해서 일계조건(FOC)을 전미분하면

$$pf_{LL}dL + pf_{LK}dK + f_L dp - dw = 0$$

$$pf_{KL}dL + pf_{KK}dK + f_K dp - dr = 0$$

이 식을 행렬로 표시하면

$$\begin{pmatrix} pf_{LL} & pf_{LK} \\ pf_{KL} & pf_{KK} \end{pmatrix} \begin{pmatrix} dL \\ dK \end{pmatrix} = \begin{pmatrix} -f_L & 1 & 0 \\ -f_K & 0 & 1 \end{pmatrix} \begin{pmatrix} dp \\ dw \\ dr \end{pmatrix}$$

이 연립방정식을 Cramer의 공식을 이용하여 풀면 다음의 모든 가능한 편도함수를 계산할 수 있다.

$$\frac{\partial L^0}{\partial p} = \frac{\begin{vmatrix} -f_L & pf_{LK} \\ -f_K & pf_{KK} \end{vmatrix}}{\begin{vmatrix} pf_{LL} & pf_{LK} \\ pf_{KL} & pf_{KK} \end{vmatrix}} = \frac{p(f_K f_{LK} - f_L f_{KK})}{p^2(f_{LL} f_{KK} - f_{LK}^2)}$$

$$\frac{\partial K^0}{\partial p} = \frac{\begin{vmatrix} pf_{LL} & -f_L \\ pf_{KL} & -f_K \end{vmatrix}}{\begin{vmatrix} pf_{LL} & pf_{LK} \\ pf_{KL} & pf_{KK} \end{vmatrix}} = \frac{p(f_L f_{KL} - f_K f_{LL})}{p^2(f_{LL} f_{KK} - f_{LK}^2)}$$

$$\frac{\partial L^0}{\partial w} = \frac{\begin{vmatrix} 1 & pf_{LK} \\ 0 & pf_{KK} \end{vmatrix}}{\begin{vmatrix} pf_{LL} & pf_{LK} \\ pf_{KL} & pf_{KK} \end{vmatrix}} = \frac{pf_{KK}}{p^2(f_{LL} f_{KK} - f_{LK}^2)} < 0$$

$$\frac{\partial K^0}{\partial r} = \frac{\begin{vmatrix} pf_{LL} & 0 \\ pf_{KL} & 1 \end{vmatrix}}{\begin{vmatrix} pf_{LL} & pf_{LK} \\ pf_{KL} & pf_{KK} \end{vmatrix}} = \frac{pf_{LL}}{p^2(f_{LL} f_{KK} - f_{LK}^2)} < 0$$

$$\frac{\partial L^0}{\partial r} = \frac{\begin{vmatrix} 0 & pf_{LK} \\ 1 & pf_{KK} \end{vmatrix}}{\begin{vmatrix} pf_{LL} & pf_{LK} \\ pf_{KL} & pf_{KK} \end{vmatrix}} = \frac{-pf_{LK}}{p^2(f_{LL} f_{KK} - f_{LK}^2)}$$

$$\frac{\partial K^0}{\partial w} = \frac{\begin{vmatrix} pf_{LL} & 1 \\ pf_{KL} & 0 \end{vmatrix}}{\begin{vmatrix} pf_{LL} & pf_{LK} \\ pf_{KL} & pf_{KK} \end{vmatrix}} = \frac{-pf_{KL}}{p^2(f_{LL} f_{KK} - f_{LK}^2)}$$

위의 편도함수들 중에서는 이계조건을 이용하면 부호가 확정되는 것도 있고 그렇지 못한 것도 있다. 예를 들어 $\frac{\partial L^0}{\partial w} < 0$와 $\frac{\partial K^0}{\partial r} < 0$이 의미하는 바는 이윤극대화 기업의 생산요소에 대한 수요함수는 생산함수의 모양에 관계없이 항상 우하향한다는 것이다. 또한 $\frac{\partial L^0}{\partial p}$의 부호는 확정적이지 않은데 가격상승이 노동수요를 증가시킬 수도 있고 감소시킬 수도 있다는 뜻이다.

연습 11-5 $\frac{\partial L^0}{\partial r}$의 부호는 f_{LK}와 관련이 있음을 보이고 그 의미를 경제학적으로 해석해 보라.

최대이윤함수는 $\pi^0(p,w,r) \equiv \pi(L^0,K^0)$이 되는데, 포락선정리를 적용하면, 다음과 같이 비교정학을 위한 세 편도함수를 얻을 수 있다.

$$\frac{\partial \pi^0}{\partial p} = f(L^0,K^0) = Q^0 > 0$$
$$\frac{\partial \pi^0}{\partial w} = -L^0 < 0$$
$$\frac{\partial \pi^0}{\partial r} = -K^0 < 0$$

이 세 편도함수의 부호는 모두 확정적인데 그 경제학적인 의미는 다음과 같다. 첫째 식은 이것을 처음 정식화한 경제학자의 이름을 따라 Hotelling의 정리(Hotelling's Lemma)라고 부른다. 생산물의 가격이 1원 증가할 때 수입이 단순히 기존의 생산량 $Q^0 = f(L^0,K^0)$에 1원씩 더 받는 것이 되고 비용은 불변으로 간주할 수 있어서 이윤증가량은 Q^0원이 된다는 것이다. 이것은 포락선정리의 직접적인 결과라 할 수 있다. 임금 w 혹은 자본임대료 r이 1원 상승할 때에도 비용이 노동량 혹은 자본량만큼 증가해서 이윤이 꼭 그만큼 감소하게 된다.

또한 위의 세 편도함수에 관한 식을 이용하면, 어떤 기업의 이윤함수 π^0를 경험적으로 관찰할 수 있을 때, 그 이윤함수를 편미분함으로써 생산물의 공급함수 Q^0와 노동수요함수 L^0, 자본수요함수 K^0를 각각 계산할 수 있게 된다. 이 사실은 제한된 데이터를 이용하여 기업의 행동을 설명하는 데 매우 유용하게 사용될 수 있다.

예를 들어 Cobb-Douglas 생산함수 $Q = L^\alpha K^\beta$를 갖는 기업의 경우, [예 12-3]에서 계산한 바와 같이 최적값 L^0, K^0, Q^0, π^0는 각각 다음과 같다.

$$L^0 = Ap^{\frac{1}{1-\alpha-\beta}} w^{-\frac{1-\beta}{1-\alpha-\beta}} r^{-\frac{\beta}{1-\alpha-\beta}}$$
$$K^0 = \frac{\beta}{\alpha} Ap^{\frac{1}{1-\alpha-\beta}} w^{-\frac{\alpha}{1-\alpha-\beta}} r^{-\frac{1-\alpha}{1-\alpha-\beta}}$$

$$Q^0 = (L^0)^\alpha (K^0)^\beta = \frac{1}{\alpha} A p^{\frac{\alpha+\beta}{1-\alpha-\beta}} w^{-\frac{\alpha}{1-\alpha-\beta}} r^{-\frac{\beta}{1-\alpha-\beta}}$$

$$\pi^0 = \frac{1-\alpha-\beta}{\alpha} A p^{\frac{1}{1-\alpha-\beta}} w^{-\frac{\alpha}{1-\alpha-\beta}} r^{-\frac{\beta}{1-\alpha-\beta}}$$

여기서 상수 $A = \alpha^{\frac{1-\beta}{1-\alpha-\beta}} \beta^{\frac{\beta}{1-\alpha-\beta}}$ 이다.

이 예에서 이윤함수의 편도함수 $\frac{\partial \pi^0}{\partial p}, \frac{\partial \pi^0}{\partial w}, \frac{\partial \pi^0}{\partial r}$ 를 구하면, 각각 Q^0, $-L^0$, $-K^0$가 됨을 확인할 수 있다.

연습문제

문제 11-1 n차원 가격벡터 $p \geq 0$ 및 소득 $M > 0$에 대하여, 이에 대응되는 예산집합 $\{x \in R^n | p \cdot x \leq M, \ x \geq 0\}$이 볼록집합임을 보이라.

문제 11-2 다음 함수가 (강)오목함수, (강)볼록함수인지 혹은 아무것도 아닌지 판정해 보라.

(1) $f(x) = x^3 - 2x^2 + 2x$

(2) $f(x_1, x_2) = x_1^2 + 2x_2^2$

(3) $f(x_1, x_2) = x_1^{1/2} x_2^{1/2} \ (x_1, x_2 > 0)$

(4) $f(x) = ax + b + g(x)$ (단, $g(x)$는 볼록함수)

(5) 표준정규분포의 확률밀도함수 $f(x) = \dfrac{1}{\sqrt{2\pi}} e^{-x^2/2}$

문제 11-3 양정부호 행렬 A, 벡터 b, 및 실수 c에 대하여 함수 $f(x) = x'Ax + bx + c$가 정의되어 있다. 이 함수의 오목(볼록)성을 판정하라.

문제 11-4 다음 함수의 극소점과 극소값을 구하라. $z = 8x^3 - 2xy - 3x^2 + y^2$

문제 11-5 함수 $f : R^n \to R$이 오목함수이고 함수 $g : R \to R$이 증가함수이고 오목함수이면, $g \circ f$도 오목함수가 됨을 보이라.

문제 11-6 함수 $f(x)$와 $g(x)$가 오목함수이면 $f(x) + g(x)$도 오목함수임을 보이라.

문제 11-7 내생변수 x, 외생변수 a에 대하여 함수 f는 다음과 같이 정의된다.

$$f(x;a) = -2x^2 + 8ax + a^2$$

(1) $f(x;a)$를 극대화하는 내생변수값 x는 a에 따라 변하는 함수이다. 이 함수 $x^0(a)$를 구하라.

(2) 극대화된 $f(x)$의 함수값, 즉 $f(x^0(a);a)$를 구하라.

(3) $\frac{d}{da}f(x^0(a);a)$을 구하고, 포락선정리가 성립함을 확인하라.

문제 11-8 함수 $f(x,y) = px + qy - g(x,y)$가 (x^0, y^0)에서 최대값을 갖는다고 할 때 다음 질문에 답하라.(p, q는 외생변수이다)

(1) 이 문제의 일계조건(FOC)를 구하라.

(2) 이계충분조건(SOSC)을 구하라.

(3) $\frac{\partial x^0}{\partial q}$를 계산하라.

(4) $V(p,q) \equiv f(x^0, y^0)$라 정의할 때 $\frac{\partial V}{\partial p}$를 계산하라.

문제 11-9 $g: R \to R$에 대해 $f(x) = -ax^2 + g(x)$가 성립한다. (단, $a > 0$, $g'' < 0$)

(1) $f(x)$가 최대가 되기 위한 x의 조건을 구하라.

(2) 최적값 x^0는 a의 함수가 된다. 즉, $x^0 = x^0(a)$ 라고 쓸 수 있다. 음함수의 정리를 이용하여, $\frac{dx^0(a)}{da}$를 구하라.

(3) 포락선의 정리를 사용하여, $\frac{d}{da}f(x^0(a))$를 구하라.

문제 11-10 노동 L을 생산요소로 사용하는 어떤 기업의 생산함수는 $Q = af(L)$로 주어진다. 시장 임금률이 w이고, 생산물 1단위의 가격은 1로 고정되어 있다. (단, $f' > 0$, $f'' < 0$)

(1) 이 기업의 이윤함수를 도출하라.

(2) 이윤극대화를 위한 조건을 구하라.

(3) a를 이 기업의 기술수준이라고 가정하자. 최적고용량을 L^0라고 할 때, 음함수의 정리를 사용하여, $\frac{\partial L^0}{\partial w} < 0$, $\frac{\partial L^0}{\partial a} > 0$임을 증명하고, 그 의미를 설명해 보라.

(4) 최적이윤을 π^0라고 할 때, $\frac{\partial \pi^0}{\partial w}$, $\frac{\partial \pi^0}{\partial a}$를 구하라.

문제 11-11 어떤 기업이 두 종류의 재화 q_1, q_2를 생산해서 판매한다고 하자. 비용함수는 $C(q_1, q_2)$이고 두 재화의 가격은 각각 p_1, p_2으로 주어져 있다. 이윤은 두 재화를 판매한 수입에서 비용을 뺀 값으로 정해진다.

(1) 이윤함수 $\pi(q_1, q_2)$를 구하라.

(2) 이윤극대화를 위한 일계조건을 쓰라.

(3) 이윤극대화의 이계충분조건을 쓰라.

(4) 최적생산량 q_1^0, q_2^0는 p_1, p_2의 함수가 된다. $\dfrac{\partial q_1^0}{\partial p_1}$을 계산하라.

(5) 최적이윤 π^0는 p_1, p_2의 함수가 된다. $\dfrac{\partial \pi^0}{\partial p_1}$을 계산하라.

문제 11-12 두 개의 분리된 국내시장과 국제시장에서 재화를 판매하는 독점기업이 있다. 국내시장에서 생산량 q_1을 판매하여 개당 가격은 $p_1 = 10 - q_1$을 받고, 국제시장에서는 q_2를 판매하여 가격 $p_2 = 10 - 2q_2$을 받는다고 하자. 총생산량 $q_1 + q_2$를 생산할 때 비용함수는 $C = (q_1 + q_2)^2$가 된다.

(1) 이윤 π를 q_1, q_2의 함수로 표시하라.

(2) 이윤극대화를 위한 일계조건을 구하고, 이윤극대화 생산량 q_1^0, q_2^0을 계산하라.

(3) 위의 생산량에서 이계충분조건이 충족되는지 판단하라.

(4) 이윤함수가 오목함수인지 판단하고 그 의미를 쓰라.

CHAPTER 12

등식제약 최적화와 기타 문제

이 장에서는 등식제약 최적화 문제의 일반적인 해법인 Lagrange승수법을 소개한 다음, 가장 일반적인 최적화 문제인 부등식제약 최적화를 다룬다. 또한 최근 거시경제학에서 많이 사용되는 동태적 최적화의 한 방법인 동적계획법을 소개한다.

12.1 등식제약 최적화 문제의 일반형

11장에서 우리는 제약조건이 없는 최적화 문제의 해법을 공부하였다. 그러나 경제학에서 만나는 최적화는 대부분 제약조건이 있게 마련이다. 경제문제의 본질이 제한된 자원을 활용하여 최대한의 결과를 얻고자 하는 것이기 때문이다. 예를 들어 소비자 효용극대화 문제의 경우, 재화의 가격이 모두 0이거나 소득이 무한정하다면 굳이 합리적인 선택을 할 필요 없이 원하는 만큼 소비하면 될 것이다. 그러나 자원이 희소하여 재화를 생산하는 데 비용이 들고 소득도 제한되어 있으므로 합리적인 선택이 필요하고 경제적 행동이 요구되는 것이다.

이 장에서는 제약식이 등식인 경우부터 먼저 살펴본 다음 마지막으로 일반적인 부등식제약 문제를 다루기로 한다. 등식제약 최적화 문제는 다음과 같이 정식화된다.

$$\text{Max}_{x_1,\cdots,x_n} f(x_1,\cdots,x_n)$$

그림 12-1

→ 등식제약 하의 최적화

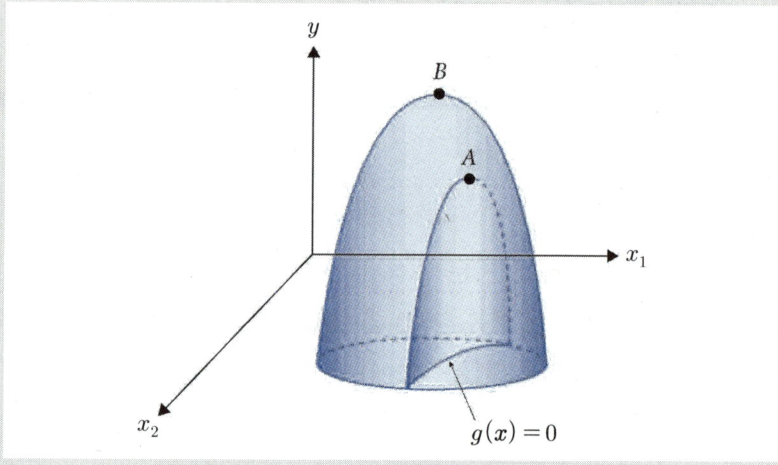

$$
\begin{aligned}
\text{s.t.}\quad g^1(x_1,\cdots,x_n) &= 0 \\
&\cdots \\
g^m(x_1,\cdots,x_n) &= 0
\end{aligned}
$$

제약식에 다음과 같이 상수가 있는 경우,

$$
\begin{aligned}
g^1(x_1,\cdots,x_n) &= b_1 \\
&\cdots \\
g^m(x_1,\cdots,x_n) &= b_m
\end{aligned}
$$

아래와 같이 하면 언제나 일반적인 형태로 변형가능하다.

$$
\begin{aligned}
g^1(x_1,\cdots,x_n) - b_1 &= 0 \\
&\cdots \\
g^m(x_1,\cdots,x_n) - b_m &= 0
\end{aligned}
$$

등식제약 최적화의 예로서 효용극대화 문제와 비용최소화 문제를 생각해 볼 수 있다.

예 12-1 소비자 효용극대화 문제에서 효용함수가 재화소비량의 증가함수라고 가정하면 소득을 남겨두는 것보다 다 써서 재화를 구매하고 소비하는 것이 더 효율적이다. 따라서 총지출이 소득과 같도록 소비한다고 가정하고, 다음과 같은 등식제약 문제로 정식화할 수 있다.

$$\text{Max} \;\; U(x,y)$$
$$\text{s.t.} \;\; p_x x + p_y y = M$$

예 12-2 생산자의 비용최소화 문제는 일정 생산량 Q^0를 생산하기 위해 필요한 노동과 자본을 어떻게 구매하면 비용을 최소화할 것인지를 판단하는 문제이다. 이 문제는 다음과 같이 등식제약 문제가 된다.

$$\text{Min} \;\; C = wL + rK$$
$$\text{s.t.} \;\; f(L,K) = Q^0$$

무제약 최적화 문제와 등식제약 최적화 문제의 차이점은 [그림 12-1]에서 잘 나타나 있다. 제약 없는 문제의 최대점이 B점인 반면, 등식제약 $g(x_1,x_2)=b$이 있을 때 최대점은 A가 된다. B점에서는 접평면의 기울기가 수평이 되어 두 방향의 기울기가 모두 $f_1 = f_2 = 0$이라는 일계조건을 쉽게 알 수 있는 반면, A점이 만족해야 할 조건은 이 그림에는 잘 드러나 있지 않다. 이제부터 그 조건을 찾아보기로 하자.

12.2 극대(극소)의 일계조건(FOC)

직관적 방법

극대점의 조건을 직관적으로 알 수 있는 방법은 [그림 12-2]를 살펴보는 것이다. 먼저 선택변수의 평면에 제약식을 만족하는 점들은 $g(x_1,x_2)=0$의 그래프 상에 있게 된다. 그 중에서 점 $x^0 = (x_1^0, x_2^0)$에서 극대라고 하자. 그러면 그 점을 지나는 목적함수 $f(x)$의 등고선은 (a)에서와 같이 제약식의 그래프에 접하는 곡선이 되어야 한다. 그렇지 않고 만약 (b)에서와 같이 교차한

그림 12-2

→ 극대의 일계조건(FOC)

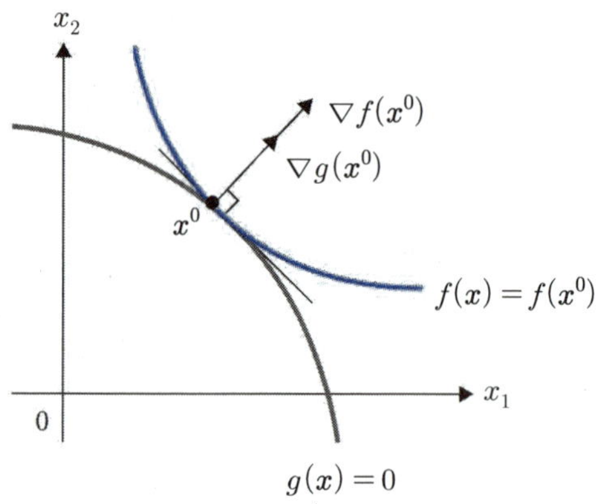

(a) 극대점인 경우

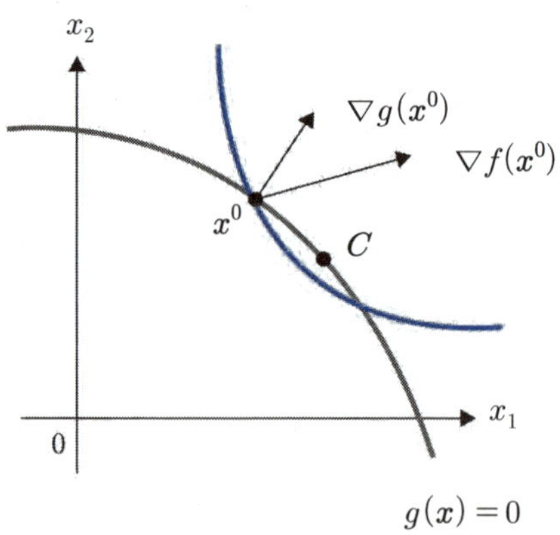

(b) 극대점이 아닌 경우

다면 $x^0=(x_1^0, x_2^0)$은 극대점이 될 수 없다. 왜냐하면 x^0에서 C점으로 이동하면 제약식을 만족하면서도 목적함수값이 증가하기 때문이다.

(a)에서 보는 바와 같이 극대점에서는 제약식과 목적함수의 등고선이 접하게 되고 따라서 $\nabla f(x_1^0, x_2^0)$와 $\nabla g(x_1^0, x_2^0)$가 일직선상에 있게 되는 것이다. 이것을 수식으로 표현하면, 극대의 일계조건(FOC)은 적당한 λ^0가 있어서

그림 12-3

→ 극대와 최대가 다른 경우

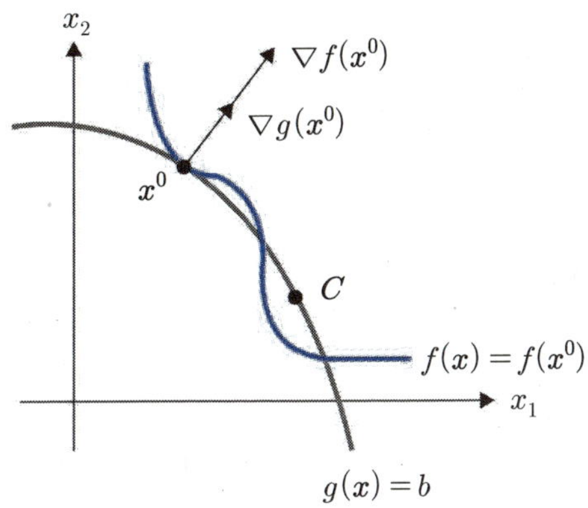

$\nabla f(x^0) = \lambda^0 \nabla g(x^0)$인 것이다.

이제 다시 [그림 12-1]을 보면 일계조건의 직관적인 의미를 확인해 볼 수 있다. 목적함수의 기울기벡터 $\nabla f(x_1^0, x_2^0)$는 함수값이 가장 빨리 증가하는 방향을 나타낸다. 이 기울기벡터가 제약식 접선방향에 수직이 될 때 현재 있는 지점이 함수값이 가장 크게 되는 것이다. 만약 기울기벡터가 제약식의 접선방향과 $90°$ 이내에 있으면 제약식 방향으로 움직여서 함수값을 증가시키는 것이 가능해진다.

선택변수가 n개, 제약식이 m개 있는 일반적인 경우에 일계조건은

$$\nabla f(x^0) = \lambda_1^0 \nabla g^1(x^0) + \cdots + \lambda_m^0 \nabla g^m(x^0)$$

참고로 극대이지만 최대는 아닌 예는 [그림 12-3]에서 볼 수 있다. 점 x^0는 극대이지만 최대는 아니다. 이 경우, 점 C와 같이 제약을 만족하면서도 함수값이 더 큰 점이 존재하기 때문이다.

변수소거법에 의한 도출[1]

직관적인 방법으로 구한 일계조건을 수식을 통해 구해 보기로 하자.

다음 제약식을 연립해서 풀어서 m개의 변수를 나머지 $n-m$개의 변수의 함수로 표시할 수 있다고 하자.

$$\begin{aligned} g^1(x_1,\cdots,x_n) &= 0 \\ &\cdots \\ g^m(x_1,\cdots,x_n) &= 0 \end{aligned}$$

편의상, $x_1,\cdots,x_m$이 나머지 변수들의 함수로 다음과 같이 표시될 수 있다고 하자.

$$\begin{aligned} x_1 &= h^1(x_{m+1},\cdots,x_n) \\ &\cdots \\ x_m &= h^m(x_{m+1},\cdots,x_n) \end{aligned}$$

음함수 미분법을 이용하여 편미분계수들을 구하기 위해, 제약식을 전미분하면

$$\begin{aligned} g_1^1 dx_1 + \cdots + g_m^1 dx_m + g_{m+1}^1 dx_{m+1} + \cdots + g_n^1 dx_n &= 0 \\ &\cdots \\ g_1^m dx_1 + \cdots + g_m^m dx_m + g_{m+1}^m dx_{m+1} + \cdots + g_n^m dx_n &= 0 \end{aligned}$$

이 식을 행렬로 표시하면, $D_1 g dx_1 + D_2 g dx_2 = 0$ 혹은 $D_1 g dx_1 = -D_2 g dx_2$.

여기서,

1 이 절의 내용은 다음에 소개할 Lagrange승수법을 증명하는 것으로 다소 복잡하기 때문에 생략해도 무방하다.

$$D_1 g \equiv \begin{pmatrix} g_1^1 & \cdots & g_m^1 \\ \vdots & & \vdots \\ g_1^m & \cdots & g_m^m \end{pmatrix},\ D_2 g \equiv \begin{pmatrix} g_{m+1}^1 & \cdots & g_n^1 \\ \vdots & & \vdots \\ g_{m+1}^m & \cdots & g_n^m \end{pmatrix},\ dx_1 \equiv \begin{pmatrix} dx_1 \\ \vdots \\ dx_m \end{pmatrix},\ dx_2 \equiv \begin{pmatrix} dx_{m+1} \\ \vdots \\ dx_n \end{pmatrix}$$

$|D_1 g| \neq 0$일 때, $dx_1 = -(D_1 g)^{-1} D_2 g dx_2$.

따라서 $Dh = -(D_1 g)^{-1} D_2 g$

이제 변수 $x_1, \cdots, x_m$을 소거하여 제약조건 없는 최적화 문제로 만들 수 있다.

$$\text{Max } f(h^1(x_{m+1}, \cdots, x_n), \cdots, h^m(x_{m+1}, \cdots, x_n), x_{m+1}, \cdots, x_n)$$

이 문제의 일계조건(FOC)은

$$f_1 h_{m+1}^1 + \cdots + f_m h_{m+1}^m + f_{m+1} = 0$$
$$\cdots$$
$$f_1 h_n^1 + \cdots + f_m h_n^m + f_n = 0$$

$D_1 f \equiv (f_1, \cdots, f_m)$, $D_2 f \equiv (f_{m+1}, \cdots, f_n)$이라 하면,

$$D_1 f Dh + D_2 f = 0$$

앞에서 구한 $Dh = -(D_1 g)^{-1} D_2 g$를 대입하면,

FOC $D_1 f(-(D_1 g)^{-1} D_2 g) + D_2 f = 0$, 혹은 $D_2 f = D_1 f (D_1 g)^{-1} D_2 g$.

$\Lambda' \equiv (\lambda_1, \cdots, \lambda_m) \equiv D_1 f (D_1 g)^{-1}$으로 정의하면, $D_1 f = \Lambda' D_1 g$이고,

$$D_2 f = \Lambda' D_2 g$$

$D_1 f = \Lambda' D_1 g$을 풀어쓰면,

$$f_1 = \lambda_1 g_1^1 + \cdots + \lambda_m g_1^m$$
$$\cdots$$
$$f_m = \lambda_1 g_m^1 + \cdots + \lambda_m g_m^m$$

$D_2 f = \Lambda' D_2 g$을 풀어쓰면

$$f_{m+1} = \lambda_1 g_{m+1}^1 + \cdots + \lambda_m g_{m+1}^m$$
$$\cdots$$
$$f_n = \lambda_1 g_n^1 + \cdots + \lambda_m g_n^m$$

이상을 종합하여 다시 벡터로 표시하면 일계조건(FOC)

$$\nabla f = \lambda_1 \nabla g^1 + \cdots + \lambda_m \nabla g^m$$

을 얻는다.

예 12-3 다음과 같이 보다 간단한 예를 들어보자.

$$\text{Max } f(x,y) \quad \text{s.t. } g(x,y) = 0$$

점 (x^0, y^0)에서 $g_y \neq 0$라 하면 음함수정리에 의해 제약식을 국지적으로 풀어서 $y = h(x)$이고 $h' = -\frac{g_x}{g_y}$이다.

$y = h(x)$를 목적함수에 대입하면 제약 없는 극대화 문제를 얻는다.

$\text{Max } F(x) \equiv f(x, h(x))$

이러한 제약 없는 극대화 문제의 일계조건(FOC)은

$$F' = f_x + f_y h' = 0$$

$h' = -\frac{g_x}{g_y}$이므로, $f_x + f_y(-\frac{g_x}{g_y}) = 0$

$\lambda \equiv \frac{f_x}{g_x}$라 하고 FOC를 다시 쓰면, $f_y = \lambda g_y$. $\lambda \equiv \frac{f_x}{g_x}$를 다시 쓰면 $f_x = \lambda g_x$이므로, 이것을 벡터로 표시하면 $Df = \lambda Dg$.

Lagrange승수법[2]

앞에서 얻은 결론을 쉽게 기억할 수 있도록 다시 정리해서 체계화한 방법을 Lagrange승수법이라고 부르는데, 등식제약 최적화 문제를 다루는 가장 보편적인 방법이라 할 수 있다.

먼저 Lagrange함수를 다음과 같이 정의한다.

$$L(x,\Lambda) \equiv f(x) + \lambda_1 g^1(x) + \cdots + \lambda_m g^m(x)$$

여기서 $\Lambda = (\lambda_1, \ldots, \lambda_m)'$를 Lagrange승수(乘數 multiplier)라 한다. Lagrange함수 $L(x,\Lambda)$가 점 (x^0,Λ^0)에서 극대가 되기 위한 일계조건(FOC)를 구하면 이것이 바로 우리의 극대화 문제의 일계조건과 일치하게 된다.

[FOC]

$$\frac{\partial L}{\partial x_1} = f_1 + \lambda_1 g_1^1 + \cdots \lambda_m g_1^m = 0$$

$$\cdots$$

$$\frac{\partial L}{\partial x_n} = f_n + \lambda_1 g_n^1 + \cdots \lambda_m g_n^m = 0$$

$$\frac{\partial L}{\partial \lambda_1} = g^1 = 0$$

$$\cdots$$

$$\frac{\partial L}{\partial \lambda_m} = g^m = 0$$

뒤에 있는 m개의 식은 제약식이고, 앞에 있는 n개의 식을 벡터로 표시하면,

$$\nabla f + \lambda_1 \nabla g^1 + \cdots + \lambda_m \nabla g^m = 0$$

을 얻는다. 이것은 직관적 방법과 변수소거법에 의한 일계조건(FOC)과 일치한다(Lagrange승수 λ_i의 부호는 다르게 된다).

2 Lagrange는 라그랑지라고 읽는다.

이상의 결과를 요약하면 다음의 정리를 얻는다.

정리 12-1 (Lagrange승수법)

C^1급 함수 $f(x)$, $g^1(x), \cdots, g^m(x)$에 대해 다음 최적화 문제가 점 x^0에서 극대값을 갖는다고 하자. Max $f(x)$ s.t. $g^1(x)=0, \cdots g^m(x)=0$

제약식의 야코비행렬 $J=\begin{pmatrix} g_1^1(x^0) & \cdots & g_n^1(x^0) \\ \vdots & & \vdots \\ g_1^m(x^0) & \cdots & g_n^m(x^0) \end{pmatrix}$의 위수가 $r(J)=m$이면

(위수조건), m개의 실수 λ_i^0가 존재해서 극대의 일계조건(FOC)이 다음과 같게 된다.

$$\nabla f(x^0) + \lambda_1^0 \nabla g^1(x^0) + \cdots + \lambda_m^0 \nabla g^m(x^0) = 0.$$

최소화문제의 경우에도 동일한 일계조건이 성립한다.

예 12-4 다음 최적화 문제를 Lagrange승수법으로 풀어보자.

$$\text{Max} \quad V = xyz$$
$$\text{s.t.} \quad x+y+z=1$$

Lagrange함수를 만들면 $L(x,y,z,\lambda) \equiv xyz + \lambda(1-x-y-z)$

극대의 일계조건(FOC)은

$L_x = yz - \lambda = 0$

$L_y = xz - \lambda = 0$

$L_z = xy - \lambda = 0$

$L_\lambda = 1 - x - y - z = 0$

연립해서 풀면 유의미한 해는 $x^0 = y^0 = z^0 = \dfrac{1}{3}$, $\lambda^0 = \dfrac{1}{9}$.

예 12-5 다음 효용극대화 문제의 일계조건을 구해 보자.

$$\text{Max} \quad U(x,y) = xy + 2x$$
$$\text{s.t.} \quad 10x + 5y = 100$$

Lagrange함수는 $L(x,y,\lambda)=xy+2x+\lambda(100-10x-5y)$

일계조건(FOC)은

$L_x=y+2-10\lambda=0$

$L_y=x-5\lambda=0$

$L_\lambda=100-10x-5y=0$

일계조건을 연립해서 풀면, $x^0=\frac{11}{2}$, $y^0=9$, $\lambda^0=\frac{11}{10}$을 얻는다. 극대의 이계조건이 충족된다면 이 소비량은 효용을 극대화할 것이다.

연습 12-1 다음 비용최소화 문제의 일계조건을 Lagrange승수법을 이용하여 구하라.

Min $C=wL+rK$

s.t. $f(L,K)=Q^0$

12.3 극대(극소)의 이계충분조건(SOSC)

극대의 이계충분조건을 증명 없이 소개하면 다음과 같다.

정리 12-2

최적화 문제 Max $f(x)$ s.t. $g(x)=0$의 Lagrange함수는

$$L(x,\lambda)=f(x)+\lambda g(x)$$

이다. x^0가 극대이기 위한 이계충분조건(SOSC)은 $\nabla g(x^0)h=0$인 모든 벡터 $h\neq 0$에 대해, $h'D_x^2L(x^0,\lambda^0)h<0$인 것이다.[3] 여기서 λ^0는 일계조건을 만족하는 Lagrange승수이다. 즉, 이계충분조건은 Lagrange함수의 이계도함수 행렬 $H=\begin{pmatrix} L_{11} & \cdots & L_{1n} \\ \vdots & & \vdots \\ L_{n1} & \cdots & L_{nn}\end{pmatrix}$가 조건부 음정부호인 것이다.

이러한 조건부 음정부호의 필요충분조건은 다음과 같다. 유테헤시안행렬(bordered Hessian Matrix)[4]

$\overline{H}\equiv\begin{pmatrix} 0 & g_1 & \cdots & g_n \\ g_1 & L_{11} & \cdots & L_{1n} \\ \vdots & \vdots & & \vdots \\ g_n & L_{n1} & \cdots & L_{nn}\end{pmatrix}$에 대해,

$$\left|\overline{H_2}\right| \equiv \begin{vmatrix} 0 & g_1 & g_2 \\ g_1 & L_{11} & L_{12} \\ g_2 & L_{21} & L_{22} \end{vmatrix} > 0$$

$$\left|\overline{H_3}\right| \equiv \begin{vmatrix} 0 & g_1 & g_2 & g_3 \\ g_1 & L_{11} & L_{12} & L_{13} \\ g_2 & L_{21} & L_{22} & L_{23} \\ g_3 & L_{31} & L_{32} & L_{33} \end{vmatrix} < 0,$$
$$\cdots$$

$$(-1)^n \left|\overline{H}\right| > 0.$$

극소의 이계충분조건은 Lagrange함수의 이계도함수 행렬 H가 조건부 양정부호로서, $\left|\overline{H_2}\right| < 0, \cdots, \left|\overline{H}\right| < 0$인 것이다.

이계충분조건의 충족여부를 [그림 12-4]에서 확인할 수 있다. 모든 그림에서 점 x^0에서 목적함수의 등고선과 제약식의 그래프가 접하고 있기 때문에 극대의 일계조건을 충족한다. 그런데 (a), (b), (c)의 경우에는 목적함수의 등고선보다 제약식의 그래프가 모두 아래 있으므로, 제약식을 만족하는 점들의 함수값이 $f(x^0)$보다 클 수 없게 되고 x^0는 극대가 되어 이계충분조건이 충족된다. 반면에 (d)에서는 목적함수의 등고선보다 위쪽에 제약식의 그래프가 위치하고 있으므로 x^0는 극소점이 된다.

제약식이 선형인 경우에는 제약식 $g(x)$의 이계도함수가 모두 $g_{ij}(x) = 0$이 되므로 $L_{ij} = f_{ij}$이고 $D_x^2 L(x^0, \lambda^0) = D^2 f(x^0)$. 따라서 극대의 이계충분조건은 목적함수의 헤시안행렬이 조건부음정부호인 것과 같다. 이것의 기하학적 의미는 [그림 12-9](c)에서 확인할 수 있는 것처럼, 점 x^0에서 목적함수의 등고선의 접선방향에 있는 모든 $h \neq 0$에 대해서, $h' D^2 f(x^0) h < 0$인 것

---

3 $Dg(x^0) \equiv \nabla g(x^0)$, $D_x^2 L(x, \lambda)$는 Lagrange함수를 x에 관해 두 번 편미분한 이계편도함수들의 행렬, 즉 헤시안행렬 H이다.

4 유테헤시안행렬 $\overline{H}$는 Lagrange함수 $L(x, \lambda)$를 λ, x의 순서로 편미분한 이계편도함수의 행렬이다.

그림 12-4

→ 극대의 이계충분조건 (SOSC)

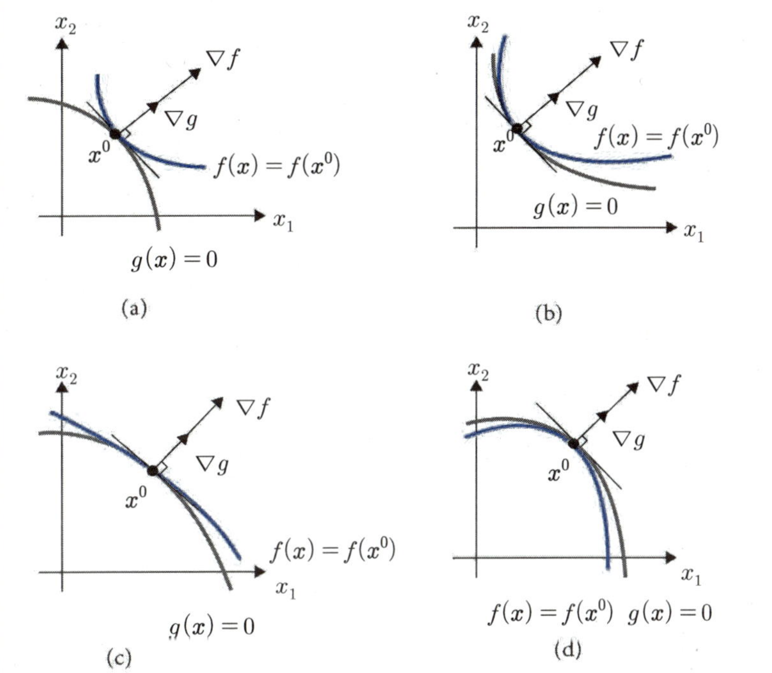

(a),(b),(c) SOSC가 충족됨, (d) SOSC가 충족 안 됨.

을 의미한다. 다시 말해서 제약식이 선형인 경우 이계충분조건은 완전히 목적함수의 모양에 의해서만 결정되는 것이다. 다음 12.5절에서 설명하는 바와 같이 이런 성질이 모든 점 x에서 만족되는 함수가 준오목함수이다.

예 12-6 다음 소비자 효용극대화 문제의 일계조건과 이계충분조건을 구해보자.

$$\text{Max } U = \sqrt{xy}$$
$$\text{s.t. } p_x x + p_y y = M$$

[Lagrange함수]

$$L(x, y, \lambda) = \sqrt{xy} + \lambda(M - p_x x - p_y y)$$

[FOC]

$$L_x = \frac{\sqrt{y}}{2\sqrt{x}} - \lambda p_x = 0$$

$$L_y = \frac{\sqrt{x}}{2\sqrt{y}} - \lambda p_y = 0$$

$$L_\lambda = M - p_x x - p_y y = 0$$

[극대점]

$$x^0 = \frac{M}{2p_x},\ y^0 = \frac{M}{2p_y},\ \lambda^0 = \frac{1}{2\sqrt{p_x p_y}}$$

[극대값]

$$U(x^0, y^0) = \frac{M}{2\sqrt{p_x p_y}}$$

[SOSC]

$$\overline{H} \equiv \begin{pmatrix} 0 & -p_x & -p_y \\ -p_x & L_{xx} & L_{xy} \\ -p_y & L_{yx} & L_{yy} \end{pmatrix} = \begin{pmatrix} 0 & -p_x & -p_y \\ -p_x & -\frac{\sqrt{y}}{4x\sqrt{x}} & \frac{1}{4\sqrt{xy}} \\ -p_y & \frac{1}{4\sqrt{xy}} & -\frac{\sqrt{x}}{4y\sqrt{y}} \end{pmatrix}$$

극대점에서 $p_x = \frac{\sqrt{y}}{2\lambda\sqrt{x}}$, $p_y = \frac{\sqrt{x}}{2\lambda\sqrt{y}}$ 인 사실을 이용하면,

$$\left|\overline{H_2}\right| = \frac{1}{4\lambda^2\sqrt{xy}} > 0.$$

따라서 이계충분조건이 충족됨을 알 수 있다.

연습 12-2 [예 12-5]의 효용극대화문제의 이계충분조건을 확인하라.

제약식이 다수인 경우의 이계충분조건

제약식이 다수인 최적화문제의 이계충분조건을 정리해 보기 위해서 다음과 같은 Lagrange함수를 살펴보자.

$$L(x,\Lambda) \equiv f(x) + \lambda_1 g^1(x) + \cdots + \lambda_m g^m(x)$$

이 경우에 유테헤시안행렬 $\overline{H}$는 다음과 같이 쓸 수 있다.

$$\overline{H} \equiv \begin{pmatrix} 0 & \cdots & 0 & g_1^1 & \cdots & g_n^1 \\ & \cdots & & & \cdots & \\ 0 & \cdots & 0 & g_1^m & \cdots & g_n^m \\ g_1^1 & \cdots & g_1^m & L_{11} & \cdots & L_{1n} \\ & \cdots & & & \cdots & \\ g_n^1 & \cdots & g_n^m & L_{n1} & \cdots & L_{nn} \end{pmatrix}$$

그리고 주대각소행렬식들을 다음과 같이 정의할 수 있다.

$$|\overline{H}_{m+1}| \equiv \begin{pmatrix} 0 & \cdots & 0 & g_1^1 & \cdots & g_{m+1}^1 \\ & \cdots & & & \cdots & \\ 0 & \cdots & 0 & g_1^m & \cdots & g_{m+1}^m \\ g_1^1 & \cdots & g_1^m & L_{11} & \cdots & L_{1n} \\ & \cdots & & & \cdots & \\ g_{m+1}^1 & \cdots & g_{m+1}^m & L_{(m+1)1} & \cdots & L_{(m+1)(m+1)} \end{pmatrix}, \cdots, |\overline{H}_n| \equiv |\overline{H}|$$

그러면 극대의 이계충분조건은 $(-1)^{m+i}|\overline{H}_{m+i}| > 0,\ i = 1, \cdots, n-m$ 으로 부호가 교대하는 것이다. 그리고 극소의 이계충분조건은 모든 주대각소행렬식 $|\overline{H}_{m+1}|, \cdots, |\overline{H}_n| \equiv |\overline{H}|$가 모두 같은 부호 $(-1)^m$을 갖는 것이다.

12.4 포락선정리

등식제약 최적화 문제에서 포락선정리는 다음과 같은 형태가 된다.

정리 12-3 (포락선정리 II)

파라메터α가 포함된 등식제약 최대화 문제

$$\begin{aligned} &\text{Max } f(x,\alpha) \\ &\text{s.t. } g(x,\alpha) = 0 \end{aligned}$$

에서 극대의 일계조건으로부터 극대점을 구하면 $x^0 = x(\alpha)$와 같이 파라메터 α의 함수가 되는데, 가치함수는 $V(\alpha) \equiv f(x(\alpha), \alpha)$라 하자. 일계조건을 만족하는 Lagrange승수 λ^0에 대해서, 가치함수의 도함수는 다음과 같이 계산된다.

$$\frac{dV}{d\alpha} = \frac{\partial L}{\partial \alpha} = f_\alpha(x^0, \alpha) + \lambda^0 g_\alpha(x^0, \alpha)$$

증 명 $\frac{dV}{d\alpha} = \sum_{i=1}^{n} f_i \frac{dx_i}{d\alpha} + f_\alpha$이므로

FOC $f_i + \lambda^0 g_i = 0$를 위 식에 대입하면,

$$\frac{dV}{d\alpha} = \sum_{i=1}^{n} (-\lambda^0 g_i) \frac{dx_i}{d\alpha} + f_\alpha = -\lambda^0 \sum_{i=1}^{n} g_i \frac{dx_i}{d\alpha} + f_\alpha.$$

그런데 제약식 $g(x(\alpha), \alpha) \equiv 0$은 α에 관해 항등식이므로, α에 관한 도함수도 0이다. 즉,

$$\frac{dg}{d\alpha} = \sum_{i=1}^{n} g_i \frac{dx_i}{d\alpha} + g_\alpha = 0, \text{ 혹은 } -\sum_{i=1}^{n} g_i \frac{dx_i}{d\alpha} = g_\alpha$$

따라서 $\frac{dF}{d\alpha} = f_\alpha + \lambda^0 g_\alpha$

포락선정리에 의하면, 가치함수의 도함수는 Lagrange함수를 파라메터에 대해 바로 편미분해서 얻을 수 있게 된다. 포락선정리를 이용하여 Lagrange승수의 의미에 관한 중요한 사실을 확인할 수 있다.

Lagrange승수의 경제학적 의미

최대화 문제 Max $f(x)$ s.t. $g(x) = b$에서 Lagrange승수법으로 극대점을 구할 때 극대점은 $x^0 = x(b)$이고, 극대값은 $V(b) \equiv f(x(b))$라 하자. Lagrange 함수 $L = f(x) + \lambda[b - g(x)]$로 하고 극대점에서 Lagrange승수 λ^0라 하자.

포락선정리를 적용하면, $\frac{dV}{db} = \lambda^0$을 얻는다. 즉, λ^o는 제약의 정도를 나타내는 파라메터 b의 변화가 목적함수 값에 미치는 영향을 측정하는 값이다.

$\lambda^0 > 0$이면, $\frac{dV}{db} > 0$이므로 제약식이 완화될 때 목적함수값이 증가함

을 의미한다. $\lambda^0 = 0$는 파라메터 b의 변화가 목적함수값에 아무런 영향을 미치지 않는 상태로서 제약식이 제약적이지 않음, 혹은 유효하지 않음(non−binding)을 의미한다.

이제 Lagrange승수가 갖는 경제학적인 의미를 다음과 같은 예에서 살펴보기로 하자.

(1) 소득의 한계효용

효용극대화 문제

$$\begin{aligned} &\text{Max } U(x) \\ &\text{s.t. } p'x = M \end{aligned}$$

에서 제약은 소득 M이다. 소득이 증가할 때 효용에 미치는 영향은 $\dfrac{\partial U}{\partial M}$으로 측정되는데 이 값은 경제학 용어로 소득의 한계효용이라 부를 수 있다. 소득이 1원 증가할 때 효용의 증가분이기 때문이다. 그런데 앞에서 살펴본 바와 같이 이 값은 Lagrange승수와 같다. 즉, 효용극대화 문제에서 Lagrange승수 $\lambda^0 = \dfrac{\partial U}{\partial M}$는 소득의 한계효용이 된다.

(2) 자원의 잠재가격(Shadow price)

부존자원 K를 사용하여 n개의 재화 $x = (x_1, \cdots, x_n)'$을 생산한 다음, 그 재화를 가격 $p = (p_1, \cdots, p_n)'$에 판매한다고 하자. 수입 $R = p'x = p_1 x_1 + \cdots + p_n x_n$을 극대화하는 기업의 문제는 다음과 같이 정식화할 수 있다.

$$\text{Max } p'x \quad \text{s.t. } f(x) = K$$

이 극대화 문제에서 $\lambda^0 = \dfrac{\partial R}{\partial K}$는 부존자원 K가 한 단위 증가할 때의 수입의 증가분, 즉 자원의 한계수입을 측정하는 값이다. 이 기업이 만약 이 자원을 추가로 구입할 수 있다면 최대한 그 한계수입만큼 지불할 용의가 있게 되므로 Lagrange승수 λ는 자원에 대해 지불 할 용의가 있는 최대가격, 혹은 자원의 잠재가격(shadow price)이라 할 수 있다.

그림 12-5

→ 준오목함수와 준볼록함수

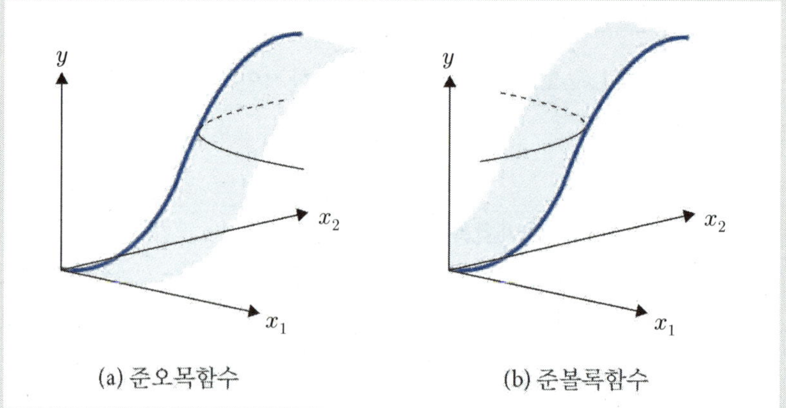

이 문제를 풀었을 때 만약 Lagrange승수 λ가 0이면, 자원의 양이 1단위 증가해도 수입은 불변이라는 것이 되고, 자원제약은 전혀 제약적이지 않다, 혹은 유효하지 않다(non-binding)는 것을 의미한다. 이때 자원의 잠재가격은 0이 된다.

12.5 준오목함수와 준볼록함수

지금까지 등식제약 극대화 문제의 극대점을 구하는 방법을 알아보았다. 그런데 이렇게 구한 극대가 바로 최대인 것은 아니다. 이제 살펴볼 바와 같이 등식제약 극대화 문제에서 목적함수가 강준오목함수이고 제약식이 선형이면 극대가 바로 최대가 된다. 준오목(볼록)함수는 다음과 같이 정의된다.

준오목(볼록)함수 모든 실수 k에 대해 집합 $\{x|f(x) \geq (\leq)k\}$이 볼록집합일 때 함수 $f(x)$를 준오목(볼록)함수(quasi-concave(convex) function)라 한다. 따라서, 준오목함수의 등고선은 원점에 대해 볼록하게 된다.

모든 오목함수는 일종의 준오목함수이다. [정리 11−5]에 의해 오목함수의 등고선 위의 집합 $\{x|f(x) \ge k\}$은 모두 볼록집합이기 때문이다. 준오목이란 오목함수와 비슷한 함수라는 뜻이고, 오목함수는 모두 준오목함수이지만, 준오목함수라고 해서 오목함수인 것은 아니다.

예 12-7 $y=x^3$은 오목함수는 아니지만 준오목함수이다. 집합$\{x|x^3 \ge k\}=[\sqrt[3]{k},\infty)$은 언제나 볼록집합이기 때문이다. 실제로 일변수함수의 경우 증가함수 혹은 감소함수는 모두 준오목함수가 되기 때문에, 이변수 이상의 경우에만 준오목이라는 성질이 의미가 있게 된다.

연습 12-3 $z=xy$는 오목은 아니지만 준오목임을 보이라.$(x,\ y>0)$

준오목(볼록)함수이기 위한 필요충분조건은 다음 정리로 요약할 수 있다. 준오목함수를 정의로부터 직접 판정하기는 쉽지 않지만 이러한 필요충분조건은 준오목 혹은 준볼록성을 판정하는 데 매우 유용하게 사용된다.

준오목(볼록)함수의 필요충분조건

정리 12-4 (준오목(볼록)함수의 필요충분조건)

C^2급 함수 $f(x)$가 준오목(준볼록)이기 위한 필요충분조건은 다음의 각 항 중의 하나이다.

(1) $f(x) \ge (\le) f(x^0)$이면, 임의의 $\alpha \in (0,1)$에 대해

$f(\alpha x+(1-\alpha)x^0) \ge (\le) f(x^0)$

(2) $f(x) \ge (\le) f(x^0)$이면, $\nabla f(x^0)(x-x^0) \ge (\le) 0$

(3) 모든 x에서, $\nabla f(x)h=0$인 모든 $h \ne 0$에 대해 $h'Hh \le (\ge) 0$, 즉 헤시안행렬 H가 조건부 음(양)반정부호이다. 혹은 헤시안행렬 H의 모든 k차 대각소행렬 $\widetilde{H}_k$에 테를 두른 행렬식 $|\overline{H_k}| \equiv \begin{vmatrix} 0 & f_i \cdots f_k \\ f_i & \\ \vdots & \widetilde{H}_k \\ f_k & \end{vmatrix}$가 모든

그림 12-6

→ 준오목함수의 등고선

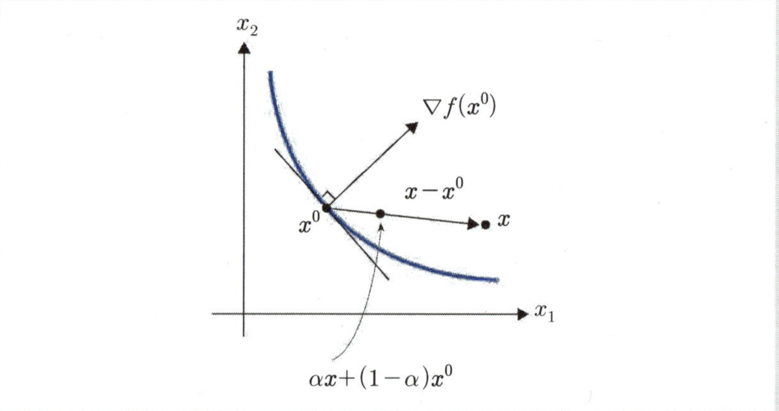

$k=2,\cdots,n$에 대해 $(-1)^k\left|\overline{H_k}\right| \geq 0$(준오목), $\left|\overline{H_k}\right| \leq 0$(준볼록)이다.[5]

증 명 여기서는 준오목에 대해서만 증명하기로 하고, 준볼록의 경우는 연습으로 남겨둔다.

(1) $f(x)$가 준오목이므로 $A=\{x \mid f(x) \geq f(x^0)\}$이 볼록집합이다. 즉, 임의의 $\alpha \in (0,1)$와 $x \in A$에 대해,
$f(\alpha x+(1-\alpha)x^0) \geq f(x^0)$. 그 역도 성립한다.

(2) [그림 12-6]에서 집합 $A=\{x \mid f(x) \geq f(x^0)\}$가 볼록집합이면 벡터 $x-x^0$와 기울기벡터 $\nabla f(x^0)$가 이루는 각도가 $90°$ 이내이므로 $\nabla f(x^0)(x-x^0) \geq 0$. 그 역도 성립한다.

(3)은 이 책의 범위를 넘기 때문에 증명은 생략한다.

준오목(볼록)과 조건(1)이 필요충분조건이므로 준오목(볼록)함수를 [정리 12-4]의 조건 (1)과 같이 정의하기도 한다. 강준오목(볼록)함수는 다음과 같이 정의한다.

강준오목(볼록)함수 $f(x) \geq f(x^0)$인 서로 다른 두 점 x, x^0와 임의의

5 k차 대각소행렬 $\widetilde{H}_k$의 정의는 7.2절을 참조할 것.

그림 12-7

→ 준오목함수와 강준오목함수의 등고선

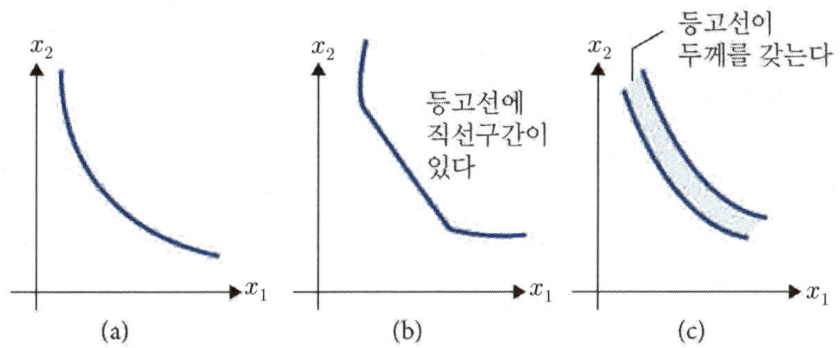

(a) 강준오목함수 (b)(c) 준오목이지만 강준오목은 아닌 경우

$\alpha \in (0,1)$에 대해

$$f(\alpha x + (1-\alpha)x^0) > (<) f(x^0)$$

가 성립하는 함수 $f(x)$를 강준오목(볼록)함수(strictly quasi-concave(convex) function)라 한다.

강준오목은 모두 준오목이지만 그 역은 성립하지 않는다. 강준오목함수는 등고선에 직선구간이 없고, 또한 등고선이 두께를 갖고 있지 않은 준오목함수를 말한다([그림 12-7] 참조).

강준오목(볼록)함수의 필요충분조건

정리 12-5 (강준오목(볼록)함수의 필요충분조건)

C^1급 함수 $f(x)$가 강준오목(볼록)이기 위한 필요충분조건은 모든 서로 다른 x와 x^0에서 $f(x) \geq f(x^0)$이고 $\nabla f(x^0) \neq 0$이면, $\nabla f(x^0)(x-x^0) > (<) 0$.

그림 12-8

→ 강준오목함수의 필요충분조건

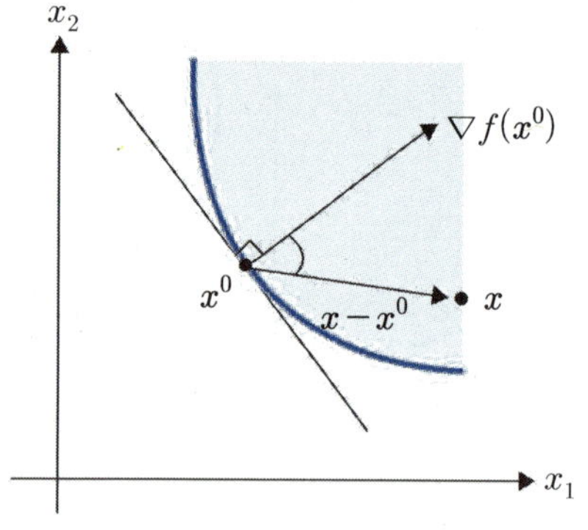

[그림 12−8]을 보면 [정리 12−5]의 직관적인 설명이 가능하다. $f(x)$가 강준오목이므로 극대점 x^0에서 등고선보다 함수값이 큰 점들의 집합은 볼록집합이고 이 집합은 접선보다 위쪽에 있다. 따라서 $f(x) \geq f(x^0)$인 x에 대해 벡터 $x - x^0$는 기울기벡터 $\nabla f(x^0)$와 $90°$ 이내의 각을 이룬다. 내적의 성질에 의해 $\nabla f(x^0)(x - x^0) > 0$.

강준오목(볼록)을 판정하는 데 이계편도함수행렬 H를 이용하면 편리하다. 다음의 정리가 그 방법을 제공한다. 이 정리의 증명은 어려우므로 생략한다.

정리 12-6 (강준오목(볼록)함수의 충분조건)

C^2급 함수 $f(x)$가 강준오목이기 위한 충분조건은 모든 x에서, $\nabla f(x)h = 0$인 모든 $h \neq 0$에 대해 $h'Hh < 0$, 즉 헤시안행렬 H가 조건부 음정부호인 것이다. 혹은 유테헤시안 행렬 $\overline{H} \equiv \begin{pmatrix} 0 & f_1 & \cdots & f_n \\ f_1 & f_{11} & \cdots & f_{1n} \\ \vdots & \vdots & & \vdots \\ f_n & f_{n1} & \cdots & f_{nn} \end{pmatrix}$에 대해

$$|\overline{H_2}| \equiv \begin{vmatrix} 0 & f_1 & f_2 \\ f_1 & f_{11} & f_{12} \\ f_2 & f_{21} & f_{22} \end{vmatrix} > 0$$

$$\left|\overline{H_3}\right| \equiv \begin{vmatrix} 0 & f_1 & f_2 & f_3 \\ f_1 & f_{11} & f_{12} & f_{13} \\ f_2 & f_{21} & f_{22} & f_{23} \\ f_3 & f_{31} & f_{32} & f_{33} \end{vmatrix} < 0,$$

$$\cdots$$

$$(-1)^n \left|\overline{H}\right| > 0.$$

강준볼록이기 위한 충분조건은 $\left|\overline{H_2}\right| < 0, \left|\overline{H_3}\right| < 0, \cdots, \left|\overline{H_n}\right| < 0.$

제약식이 선형인 극대화 문제의 이계충분조건과 강준오목함수이기 위한 이계충분조건은 모두 기울기벡터에 수직인 방향에 대해서 헤시안행렬이 조건부 음정부호라는 점에서 같다. 차이점은 극대화 문제의 이계충분조건은 극대점 x^0에서만 성립하는 반면, 강준오목함수의 경우에는 모든 점 x에서 조건이 성립한다는 점이다. 또한 제약식이 선형이 아닌 일반적인 극대화의 경우 헤시안 H가 Lagrange함수의 이계편도함수인 반면, 강준오목의 경우는 함수 $f(x)$의 이계편도함수 행렬인 점도 유의해야 한다.

예 12-8 효용함수 $U(x,y)$에 대해 한계대체율체감의 법칙은

$$\frac{d(MRS_{xy})}{dx} = \frac{1}{U_y^3}[U_{xx}U_y^2 - 2U_{xy}U_xU_y + U_{yy}U_x^2] < 0$$

인 것을 10.5절에서 살펴본 바가 있다. 그런데 이것은 효용함수가 강준오목이기 위한 충분조건,

$$|\overline{H}| = \begin{vmatrix} 0 & U_x & U_y \\ U_x & U_{xx} & U_{xy} \\ U_y & U_{yx} & U_{yy} \end{vmatrix} = -[U_{xx}U_y^2 - 2U_{xy}U_xU_y + U_{yy}U_x^2] > 0$$

과 정확히 일치한다. 한계대체율체감의 법칙은 무차별곡선이 원점에 대해 볼록한 것이고, 따라서 약선호집합(무차별곡선보다 위에 있는 집합)이 볼록집합이라는 것과 같다. 이것은 또한 효용함수가 강준오목이라는 사실을 의미하는 것이기 때문이다.

Cobb−Douglas효용함수 $U=x^{\alpha}y^{\beta}$ $(\alpha,\beta>0)$의 경우, 유테헤시안 행렬식을 계산하면, $|\overline{H}|=\alpha\beta(\alpha+\beta)x^{3\alpha-2}y^{3\beta-2}>0$가 항상 양수이므로 $\alpha+\beta$가 1보다 크거나 작거나 관계없이 언제나 강준오목함수가 된다. 따라서 무차별곡선은 항상 한계대체율체감의 법칙을 만족한다.

극대와 최대

제약식이 선형인 경우 목적함수가 강준오목이면 일계조건을 만족할 때 유일한 극대점이 됨을 다음 정리로 요약할 수 있다.

정리 12-7 (극대와 최대)

제약식이 선형인 최적화 문제

$$\begin{aligned}&\text{Max } f(x)\\&\text{s.t. } p'x=c\end{aligned}$$

에 대해, 목적함수 $f(x)$가 강준오목이고, x^0가 일계조건을 만족하면, x^0는 이 문제의 유일한 최대점이다.

증 명 극대점 x^0와 제약식을 만족하는 모든 x는 $p'x=p'x^0$ 혹은 $p'(x-x^0)=0$를 만족한다. 그런데 극대의 일계조건은 $\nabla f(x^0)=\lambda^0 p'$이므로, $\nabla f(x^0)(x-x^0)=0$. [정리 12−5]의 강준오목함수의 성질에 의해서, $f(x)<f(x^0)$.

제약식이 선형이고 목적함수가 준오목인 경우 [그림 12−9 (b)]와 같이 등고선이 두께가 있다면 극대이지만 최대가 아닐 수 있다. 그러나 강준오목이면 극대점은 반드시 유일한 최대점이 된다([그림 12−9] (c)).

제약식이 선형이 아닌 일반적인 경우, 목적함수가 강준오목이 아니라도 제약식과 목적함수의 등고선과의 상대적인 모양에 따라 극대가 최대가 될 수도 있다. [그림 12−10]에는 그 중 몇 가지의 경우가 나타나 있다.

(강)오목함수와 (강)준오목함수의 관계

오목과 준오목의 관계를 다음과 같이 요약해 볼 수 있다.

그림 12-9

➜ 선형제약의 경우 극대와 최대

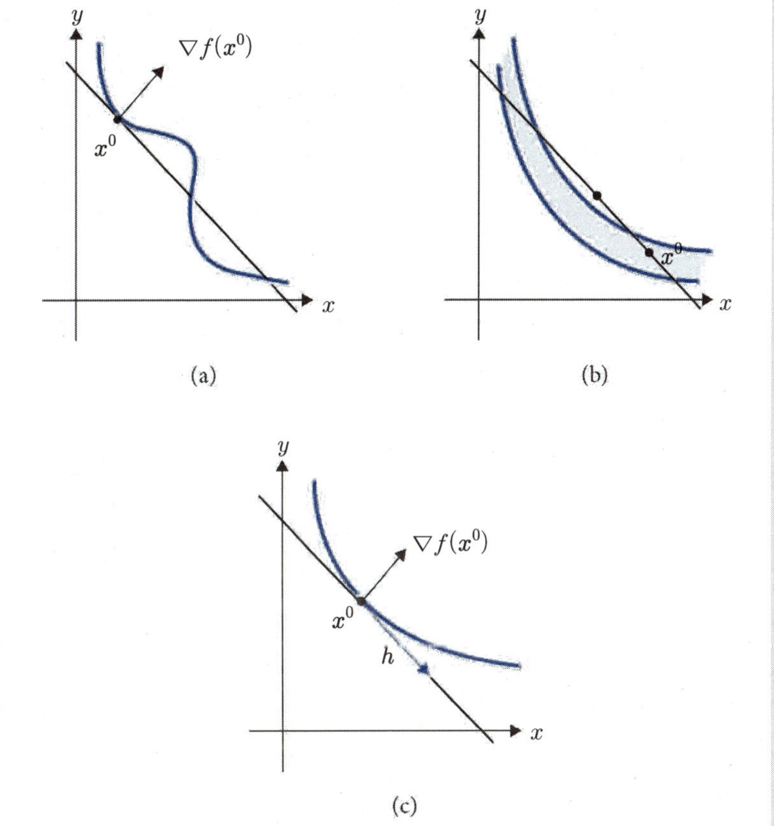

(a) f가 준오목이 아닌 경우: x^0 극대이지만 최대가 아님
(b) f가 준오목이지만 강준오목이 아닌 경우: 등고선이 두께가 있는 경우 x^0가 극대이지만 최대가 아님
(c) f가 강준오목인 경우: x^0가 극대이며 최대

강오목 $\Rightarrow$ 오목

강준오목 $\Rightarrow$ 준오목

강오목 $\Rightarrow$ 강준오목

오목 $\Rightarrow$ 준오목

그림 12-10

→ 비선형제약의 경우 극대와 최대

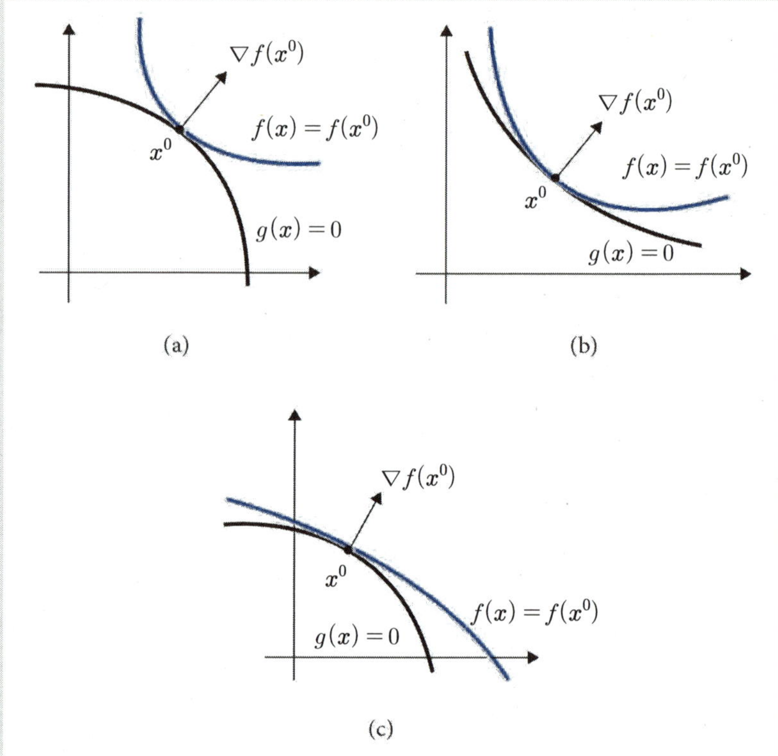

그러나 생산함수 $Q=L^{\alpha}K^{1-\alpha}$와 같이 오목이고 강준오목이지만 강오목은 아닐 수 있다. 또한 함수 $Q=LK$는 강준오목이지만 오목이 아니다.

이 관계를 벤다이어그램으로 요약하면 [그림 12-11]과 같다.

12.6 효용극대화

등식제약 극대화의 대표적인 예로서 소비자 효용극대화 문제를 살펴보기로 하자. 가격 p_x, p_y과 소득 M의 제약 하에서 효용함수 $U(x,y)$를 극대화

그림 12-11

→ (강)오목과 (강)준오목의 관계

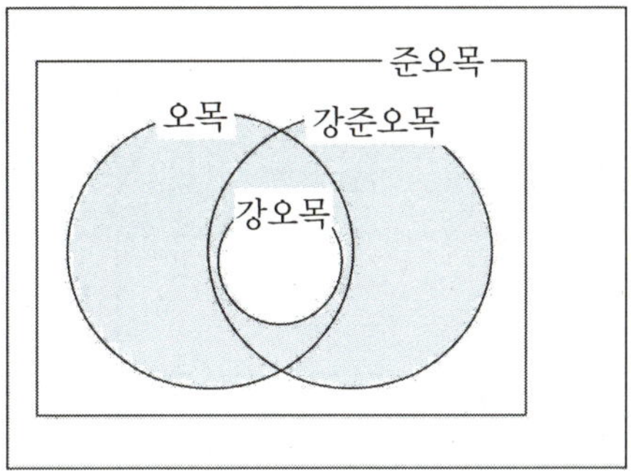

하는 소비자 문제는 다음과 같이 정식화할 수 있다.

$$\begin{aligned} &\text{Max} \ \ U(x,y) \\ &\text{s.t.} \ \ p_x x + p_y y = M \end{aligned}$$

소비자선택이론에서 일반적으로 한계대체율체감의 법칙이 성립한다고 가정한다. 수학적으로는 효용함수의 등고선인 무차별곡선이 원점에 대해 볼록하다는 가정과 같고, 또 달리 표현하면 무차별곡선위의 집합이 볼록집합이라는 가정과 같으므로, 효용함수가 강준오목이 된다. 그리고 제약식이 선형이므로 극대점을 구하면 이것이 유일한 최대점이 됨을 알 수 있다. 수학적으로는 효용함수가 [정리 12-6]의 이계도함수조건을 만족한다고 가정한다. 그러면 효용함수는 강준오목함수가 된다.

먼저 효용극대화 문제를 그래프로 살펴보기로 하자. [그림 12-12]에서 예산제약식 $p_x x + p_y y = M$을 만족하는 점 중에서 무차별곡선과 접하는 점 (x^0, y^0)가 효용극대점임을 알 수 있다. 효용극대점에서는 효용함수의 기울기벡터 $\nabla U = (U_x, U_y)$와 예산제약식의 기울기벡터 (p_x, p_y)가 일직선상에 있고 $(U_x, U_y) = \lambda(p_x, p_y)$가 성립한다. 혹은 $U_x = \lambda p_x$, $U_y = \lambda p_y$. 다시

그림 12-12

➜ 효용극대화

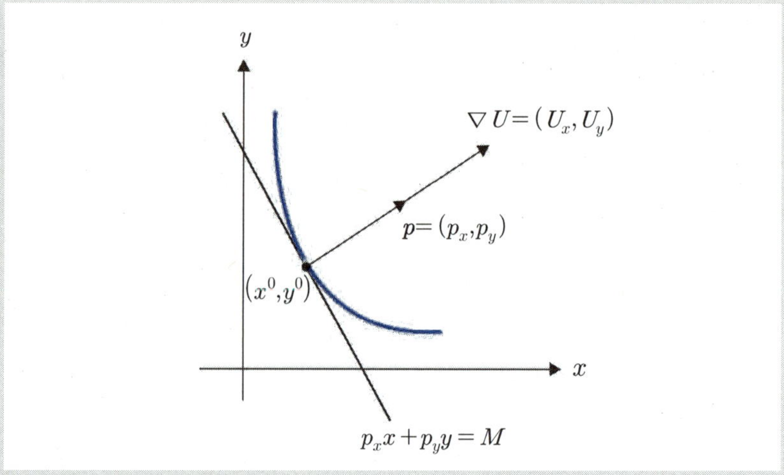

쓰면 $\frac{U_x}{p_x} = \frac{U_y}{p_y}$를 얻는다. U_x, U_y는 각각 x, y의 한계효용 MU_x, MU_y이므로 이것은 다음과 같은 한계효용균등의 법칙(Law of equal marginal utility)이 된다. $\frac{MU_x}{p_x} = \frac{MU_y}{p_y}$. $\frac{MU_x}{p_x}$는 x를 1원만큼 추가소비할 때 얻는 한계효용이므로, 이 식의 경제적 의미는 두 재화의 1원당 한계효용이 같게 되도록 소비하면 효용이 최대가 된다는 것이다.

이제 Lagrange승수법을 이용하여 효용극대화 수요함수를 구해 보기로 하자. Lagrange함수를 쓰면,

$$L(x, y, \lambda) = U(x, y) + \lambda(M - p_x x - p_y y)$$

극대의 일계조건(FOC)은,

$$L_x = U_x - \lambda p_x = 0$$
$$L_y = U_y - \lambda p_y = 0$$
$$L_\lambda = M - p_x x - p_y y = 0$$

일계조건은 세 개의 식으로 구성되고 이 연립방정식을 풀면 두 재화의 수요함수와 Lagrange승수 λ^0를 얻는다.

$$x^0 = x(p_x, p_y, M),\ \ y^0 = y(p_x, p_y, M),\ \ \lambda^0 = \lambda(p_x, p_y, M)$$

일계조건의 마지막 식은 예산제약식을 다시 쓴 것이고, 앞 두 식은 한계효용균등의 법칙이 된다.

극대의 이계충분조건(SOSC)은 유테헤시안 행렬식 $|\overline{H}| = |\overline{H_2}|$이 양수인 것이다.

$$|\overline{H_2}| = \begin{vmatrix} 0 & -\dfrac{U_x}{\lambda} & -\dfrac{U_y}{\lambda} \\ -\dfrac{U_x}{\lambda} & U_{xx} & U_{xy} \\ -\dfrac{U_y}{\lambda} & U_{yx} & U_{yy} \end{vmatrix}$$

$$= \frac{1}{\lambda^2}[-U_x^2 Uyy + 2U_x U_y U_{xy} - U_y^2 U_{xx}] > 0$$

효용함수가 강준오목이기 위한 충분조건([정리 12-6])을 만족하면 극대의 이계충분조건은 당연히 충족하게 된다.

이제 비교정학분석을 해보기로 하자. 일계조건식으로부터 직접 수요함수의 편도함수를 구하기 위해, 내생변수 λ, x, y와 외생변수(파라미터) p_x, p_y, M에 대해 일계조건을 전미분하면,

$$0d\lambda - p_x dx - p_y dy = -dM + xdp_x + ydp_y$$

$$-p_x d\lambda + U_{xx}dx + U_{xy}dy = 0dM + \lambda dp_x + 0dp_y$$

$$-p_y d\lambda + U_{yx}dx + U_{yy}dy = 0dM + 0dp_x + \lambda dp_y$$

유테헤시안 $\overline{H}=\begin{pmatrix} 0 & -p_x & -p_y \\ -p_x & U_{xx} & U_{xy} \\ -p_y & U_{yx} & U_{yy} \end{pmatrix}$을 이용하여 행렬과 벡터로 표시하면

$$\overline{H}\begin{pmatrix} d\lambda \\ dx \\ dy \end{pmatrix}=\begin{pmatrix} -1 & x & y \\ 0 & \lambda & 0 \\ 0 & 0 & \lambda \end{pmatrix}\begin{pmatrix} dM \\ dp_x \\ dp_y \end{pmatrix}$$

따라서,

$$\frac{\partial x^0}{\partial M}=\frac{1}{|\overline{H}|}\begin{vmatrix} 0 & -1 & -p_y \\ -p_x & 0 & U_{xy} \\ -p_y & 0 & U_{yy} \end{vmatrix}=\frac{\begin{vmatrix} -p_x & U_{xy} \\ -p_y & U_{yy} \end{vmatrix}}{|\overline{H}|}$$

$$\frac{\partial x^0}{\partial p_x}=\frac{1}{|\overline{H}|}\begin{vmatrix} 0 & x^0 & -p_y \\ -p_x & \lambda^0 & U_{xy} \\ -p_y & 0 & U_{yy} \end{vmatrix}=-x^0\frac{\begin{vmatrix} -p_x & U_{xy} \\ -p_y & U_{yy} \end{vmatrix}}{|\overline{H}|}+\lambda^0\frac{\begin{vmatrix} 0 & -p_y \\ -p_y & U_{yy} \end{vmatrix}}{|\overline{H}|}$$

$$\frac{\partial y^0}{\partial p_y}=\frac{1}{|\overline{H}|}\begin{vmatrix} 0 & -p_x & y^0 \\ -p_x & U_{xx} & 0 \\ -p_y & U_{yx} & \lambda^0 \end{vmatrix}=y^0\frac{\begin{vmatrix} -p_x & U_{xx} \\ -p_y & U_{yx} \end{vmatrix}}{|\overline{H}|}+\lambda^0\frac{\begin{vmatrix} 0 & -p_x \\ -p_x & U_{xx} \end{vmatrix}}{|\overline{H}|}$$

극대화된 효용값 $U^0=U(x(p_x,p_y,M),y(p_x,p_y,M))$은 p_x,p_y,M의 함수로서 $U^0\equiv V(p_x,p_y,M)$로 표시할 수 있다. 이것을 간접효용함수(indirect utility function)라 부른다. 포락선의 정리를 적용하여 간접효용함수의 편도함수들을 구하면,

$$\frac{\partial V(p_x,p_y,M)}{\partial M}=\lambda^0$$

$$\frac{\partial V(p_x,p_y,M)}{\partial p_x}=-\lambda^0x^0$$

$$\frac{\partial V(p_x,p_y,M)}{\partial p_y}=-\lambda^0y^0$$

첫 식은 소득의 한계효용이 λ^0라는 것이고, 둘째 식은 x재 가격이 1원 증가하면 소득이 x^0만큼 감소한 것과 같으므로 효용은 $\lambda^0 x^0$만큼 감소하게 된다는 것을 의미한다. 셋째 식도 같은 방식으로 이해하면 된다.

이 식들을 다시 정리해 보면,

$$x^0 = -\frac{\dfrac{\partial V(p_x, p_y, M)}{\partial p_x}}{\dfrac{\partial V(p_x, p_y, M)}{\partial M}}, \quad y^0 = -\frac{\dfrac{\partial V(p_x, p_y, M)}{\partial p_y}}{\dfrac{\partial V(p_x, p_y, M)}{\partial M}}$$

즉, 간접효용함수를 알고 있다면, 그것을 편미분함으로서 재화의 수요함수들을 구할 수 있다는 것을 의미한다. 이 식을 Roy의 항등식(Roy's identity)라고 부른다.

예 12-9 [예 12-6]에서 본 바와 같이 효용함수 $U(x,y) = \sqrt{xy}$ 의 경우 효용극대화문제를 풀면 수요함수와 Lagrange승수는 다음과 같다.

$$x(p_x, p_y, M) = \frac{M}{2p_x}, \quad y(p_x, p_y, M) = \frac{M}{2p_y}, \quad \lambda = \frac{1}{2\sqrt{p_x p_y}}$$

그리고, 간접효용함수는 $V(p_x, p_y, M) = \dfrac{M}{2\sqrt{p_x p_y}}$ 이다.

이 예에서 Roy의 항등식이 성립함을 확인할 수 있다.

12.7 부등식제약 최적화

이제 일반적인 부등식제약 최적화 문제를 살펴보기 위해, 가장 간단한 일변수함수의 경우부터 생각해 보자.

그림 12-13

→ 일 변수의 경우 내부해와 경계해

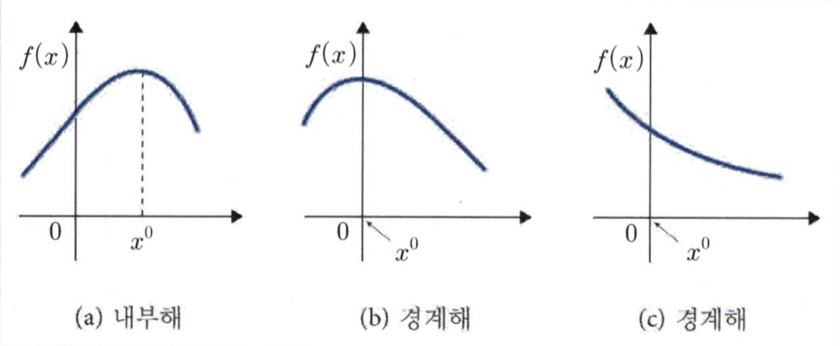

예 12-10 목적함수가 오목함수인 극대화 문제

$$\text{Max } f(x) \text{ s.t. } x \geq 0$$

가 x^0에서 최대값을 가지면, 일계조건(FOC)은 [그림 12-13]에 나타난 바와 같이 두 경우가 있다.

경우 1 내부해(interior solution) $f'(x^0) = 0,\ x^0 > 0$

경우 2 경계해(corner solution) $f'(x^0) \leq 0,\ x^0 = 0$

두 경우를 하나로 합하면, 일계조건(FOC)은

$$f'(x^0) \leq 0,\ x^0 f'(x^0) = 0,\ x^0 \geq 0$$

으로 표시가능하다.

예 12-11 이번에는 두 변수 (x, y)에 제약식이 하나인 다음과 같은 문제를 살펴보자.

$$\text{Max } f(x, y)$$
$$\text{s.t. } g(x, y) \leq 0$$

점(x^0, y^0) 에서 극대값을 갖는다고 하자. 그러면 일계조건(FOC)은 다음과 같이 경계해와 내부해 두 경우로 나눌 수 있다([그림 12-14] 참조).

경우 1 (경계해) 제약식이 유효한(binding) 경우, $g(x^0, y^0) = 0$

그림 12-14

→ 경계해와 내부해

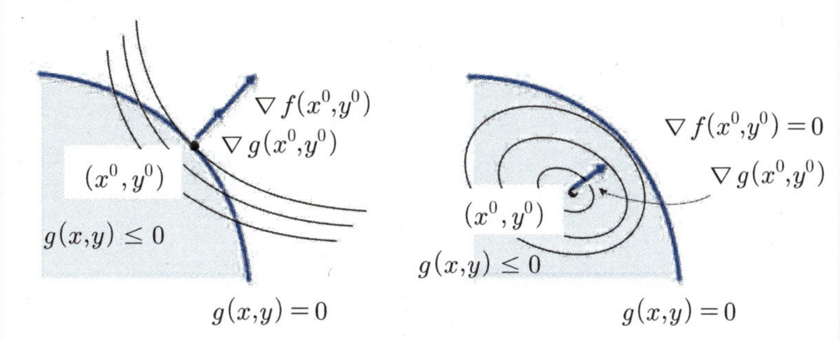

(a) 경계해　　(b) 내부해

$$\nabla f(x^0,y^0) = \lambda^0 \nabla g(x^0,y^0)$$
$$\lambda^0 \ge 0$$

경우 2 (내부해) 제약식이 유효하지 않은(non-binding) 경우, $g(x^0,y^0) < 0$

$$\nabla f(x^0,y^0) = 0$$
$$\lambda^0 = 0$$

두 경우를 하나로 요약하면 일계조건은 다음과 같이 쓸 수 있게 된다.

$$\nabla f(x^0,y^0) = \lambda^0 \nabla g(x^0,y^0)$$
$$\lambda^0 \ge 0$$
$$\lambda^0 g(x^0,y^0) = 0$$
$$g(x^0,y^0) \le 0$$

쿤-터커조건(KTC, Kuhn-Tucker Condition)

이제 이상의 예를 참고하여 다음과 같은 일반적인 부등식제약 극대화 문제를 살펴보자.

$$\text{Max } f(x)$$
$$\text{s.t. } g^1(x) \le 0, \; g^2(x) \le 0$$

그림 12-15

→ 부등식제약 극대화의 일계조건

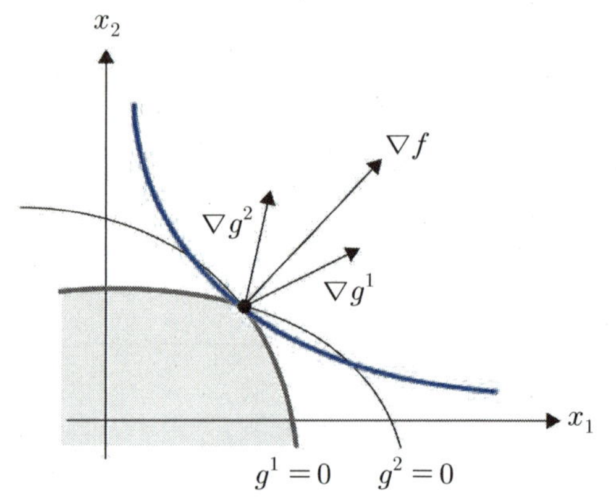

이 문제의 일계조건(FOC)은 앞의 예를 참고하면 [그림 12-15]로부터 다음과 같음을 알 수 있다. 이 조건을 쿤-터커조건이라고 부른다.

$$\nabla f(\boldsymbol{x}^0) = \lambda_1^0 \nabla g^1(\boldsymbol{x}^0) + \lambda_2^0 \nabla g^2(\boldsymbol{x}^0)$$
$$\lambda_1^0 \geq 0,\ \lambda_2^0 \geq 0$$
$$\lambda_1^0 g^1(\boldsymbol{x}^0) = 0,\ \lambda_2^0 g^2(\boldsymbol{x}^0) = 0$$
$$g^1(\boldsymbol{x}^0) \leq 0,\ g^2(\boldsymbol{x}^0) \leq 0$$

[그림 12-15]에서 보듯이 극대점 $\boldsymbol{x}^0$에서는 목적함수의 기울기벡터 ∇f가 두 제약식의 기울기벡터 ∇g^1과 ∇g^2의 사이에 있어야 하는데, 이것은 ∇f가 ∇g^1과 ∇g^2의 양의 계수를 갖는 선형결합으로 표시됨을 의미한다. 이것이 첫 두 식의 의미이다. 그리고 셋째 식은 극대점 $\boldsymbol{x}^0$에서 제약식 g^i가 유효하지 않아서(non-binding) $g^i(\boldsymbol{x}^0) < 0$이면, 그 제약식에 상응하는 Lagrange승수는 $\lambda_i^0 = 0$이 되어야 함을 의미한다. 이 그림에서는 두 제약식이 모두 유효하여(binding) $g^1(\boldsymbol{x}^0) = 0$, $g^2(\boldsymbol{x}^0) = 0$이므로 λ_1^0과 λ_2^0가 모두 0

일 필요가 없게 된다. 마지막 넷째 식은 제약식을 다시 쓴 것에 불과하다. 이 네 조건을 통틀어 쿤–터커조건(KTC)이라 부른다.

다수의 제약식이 있는 가장 일반적인 부등식제약 극대화문제의 일계조건인 쿤－터커조건(KTC)은 다음과 같은 정리로 요약할 수 있다. 이 정리의 직관적인 의미는 앞에서 설명하였으므로 자세한 증명은 생략한다.

정리 12-8 (쿤–터커조건)

C^1급 함수 $f, g^1, \cdots g^m$에 관해서 x^0가 최적화 문제

$$\begin{aligned} &\text{Max } f(x) \\ &\text{s.t. } g^1(x) \leq 0, \ \cdots \ , g^m(x) \leq 0 \end{aligned}$$

의 극대점이라 하자. 편의상 처음 k개의 제약식이 유효하고, 나머지 $m-k$개의 식은 유효하지 않다고 할 때, 점 x^0에서 유효한 제약식의 야코비행렬의 위수가 최대값 k라 하자(위수조건). 그러면 적당한 m개의 실수 $\lambda_1^0, \cdots, \lambda_m^0$가 존재해서 다음과 같은 일계조건(FOC)이 성립한다. 이것이 쿤–터커조건(KTC)이다.

$$\begin{aligned} &\nabla f(x^0) = \lambda_1^0 \nabla g^1(x^0) + \cdots + \lambda_m^0 \nabla g^m(x^0) \\ &\lambda_1^0 \geq 0, \cdots, \lambda_m^0 \geq 0 \\ &\lambda_1^0 g^1(x^0) = 0, \cdots, \lambda_m^0 g^m(x^0) = 0 \\ &g^1(x^0) \leq 0, \cdots, g^m(x^0) \leq 0 \end{aligned}$$

예 12-12 다음 부등식제약 극대화 문제의 쿤－터커조건을 구하고 극대점을 찾아보자.

$$\begin{aligned} &\text{Max } f(x,y) = xy \\ &\text{s.t. } g(x,y) = x^2 + y^2 - 1 \leq 0 \end{aligned}$$

일계조건(FOC)인 쿤－터커조건은 다음 4개의 부등식으로 구성된다.

(1) $y = 2\lambda x, \ x = 2\lambda y$

(2) $\lambda \geq 0$

(3) $\lambda(x^2 + y^2 - 1) = 0$

그림 12-16

→ 부등식제약 극대화

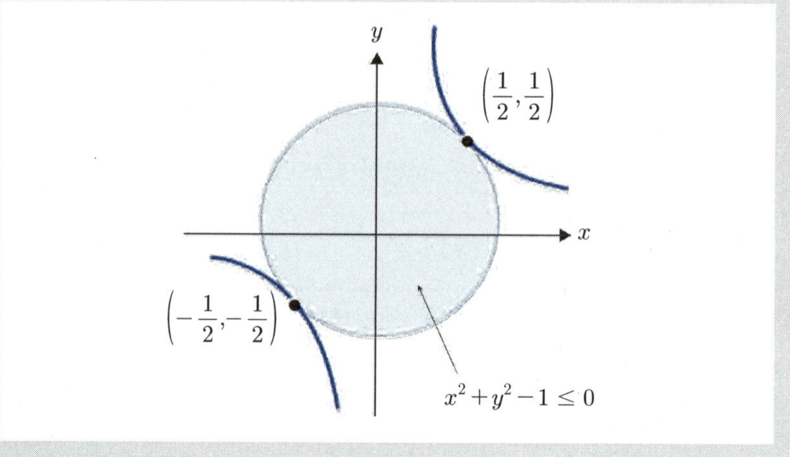

(4) $x^2+y^2-1 \le 0$

(1)에서 $\lambda = \dfrac{y}{2x} = \dfrac{x}{2y}$, 혹은 $x^2 = y^2$

경우 1 $\lambda = 0$ 이면, $x = y = 0$ 극대가 아님은 자명.
경우 2 $\lambda > 0$ 이면, (3)에서 $x^2+y^2-1=0$

따라서 $x^2 = y^2 = \dfrac{1}{2}$.
$\lambda > 0$이기 위해서는 x, y가 같은 부호이어야 하므로,

$x = y = \dfrac{1}{\sqrt{2}}$, $x = y = -\dfrac{1}{\sqrt{2}}$ ([그림 12-16] 참조)

극대와 최대

[그림 12-15]에서 보는 바와 같이 제약식들이 준볼록이고, 목적함수가 강준오목일 때, 극대점 x^0가 최대점도 됨을 직관적으로 알 수 있다. 이와 같이 이계조건이 충족되는 경우 수치적으로 극대점을 찾는 방법을 비선형계획법(nonlinear programing)이라 부른다. 최대점의 충분조건을 다음의 정리로 요약할 수 있다.

그림 12-17

➔ 소비자 효용극대화의 해

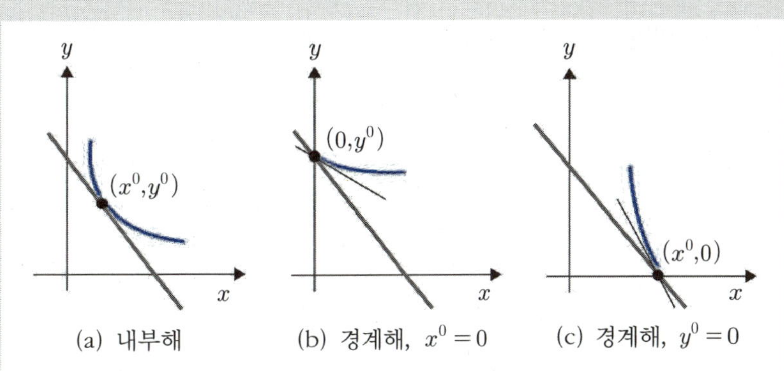

정리 12-9 (유일한 최대점의 충분조건)

C^1급 함수 $f,g^1,\cdots,g^m$에 대해 f는 강준오목이고, $g^1,\cdots,g^m$이 준볼록이라 하자. 최적화 문제

$$\begin{aligned}&\text{Max } f(x)\\&\text{s.t. } g^1(x)\le 0,\ \cdots,\ g^m(x)\le 0\end{aligned}$$

에 대해, x^0에서 제약식의 위수조건과 쿤-터커조건이 만족되면 x^0는 이 문제의 유일한 최대점이 된다.

효용극대화 문제

소비자 효용극대화 문제에 소비량이 음이 되어서는 안된다는 부등식 조건을 추가하여 다음과 같이 부등식 제약 극대화문제로 일반화해서 살펴보기로 하자.

$$\begin{aligned}&\text{Max } U(x,y)\\&\text{s.t. } p_x x+p_y y\le M\\&\qquad x\ge 0\end{aligned}$$

$$y \geq 0$$

일반적인 부등식제약 극대화문제의 형식에 맞게 다음과 같이 다시 쓸 수 있다.

$$\begin{gathered}\text{Max} \;\; U(x,y) \\ \text{s.t.} \;\; p_x x + p_y y - M \leq 0 \\ -x \leq 0 \\ -y \leq 0\end{gathered}$$

이 문제의 일계조건인 쿤－터커조건(KTC)은 다음과 같다.

$$\begin{gathered}U_x = \lambda_1 p_x - \lambda_2 \\ U_y = \lambda_1 p_y - \lambda_3 \\ \lambda_1, \lambda_2, \lambda_3 \geq 0 \\ \lambda_1 (p_x x + p_y y - M) = 0 \\ \lambda_2 x = 0 \\ \lambda_3 y = 0\end{gathered}$$

이 조건을 만족하는 해를 다음과 같이 세 경우로 나누어서 살펴 볼 수 있다.

[경우 1]　$\lambda_1^0 > 0,\ \lambda_2^0 = \lambda_3^0 = 0$

이 경우는 해가 모두 양수로서 $x^0, y^0 > 0$이고 예산제약식 $p_x x^0 + p_y y^0 = M$이 등호로 만족되는 경우로서 쿤－터커조건은 등식제약극대화문제의 일계조건(FOC)과 같아진다. 즉,

$$\begin{gathered}U_x = \lambda_1^0 p_x \\ U_y = \lambda_1^0 p_y\end{gathered}$$

$$p_x x^0 + p_y y^0 - M = 0$$

이 해를 소비자 효용극대화문제의 **내부해**(interior solution)이라 부르기도 한다. 이때에는 두 재화 x, y를 모두 소비하고 한계효용균등의 법칙 $\frac{U_x}{U_y} = \frac{p_x}{p_y}$에 따라 소비하게 된다.

[경우 2] $\lambda_1^0, \lambda_2^0 \geq 0$, $\lambda_3^0 = 0$

이 경우는 $x^0 = 0$가 되어야 하고, 한계효용균등의 법칙을 따르지 않아도 효용극대점이 될 수 있다. 즉, 첫 두 조건은

$$U_x = \lambda_1^0 p_x - \lambda_2^0$$
$$U_y = \lambda_1^0 p_y$$

따라서,

$$\frac{U_x}{U_y} = \frac{\lambda_1^0 p_x - \lambda_2^0}{\lambda_1^0 p_y}$$

$$\lambda_2^0 > 0 \text{ 이므로, } \frac{U_x}{U_y} \leq \frac{p_x}{p_y}.$$

이 식의 의미는 y재만 소비하는 경우에는 무차별곡선의 접선의 기울기 $\frac{U_x}{U_y}$가 예산선의 기울기 $\frac{p_x}{p_y}$보다 클 수 없다는 것이다. 이 경우는 [그림 12−17(b)]와 같이 경계점이 해가 되므로 **경계해**(corner solution)라 부른다.

[경우 3] $\lambda_1^0 \geq 0$, $\lambda_2^0 = 0$, $\lambda_3^0 \geq 0$

경우 2와 같은 방법으로 확인하면 $y^0 = 0$이고, 기울기 조건 $\frac{U_x}{U_y} \geq \frac{p_x}{p_y}$이 성립한다. ([그림 12−17(c)] 참조)

12.8 동적계획법(dynamic programming)

최적화문제의 특수한 경우로서 다음과 같은 성장모형을 생각해 보자. 경제활동이 $t=0,1,\cdots,T$ 기간으로 구성된 경제에서 하나의 재화 $y_0=\overline{y}$를 초기부존으로 하여 일부(x_0)는 투자하고 일부(c_0)는 소비한다고 하자. ($y_0=x_0+c_0$) 그러면 0기의 효용은 $u(c_0)$가 되고, 1기의 생산량은 $y_1=f(x_0)$가 된다. 같은 방법으로 매 기마다 생산량(y_t)을 투자 x_t와 소비 c_t로 배분한다고 하면($y_t=x_t+c_t$), 할인율이 $0<\delta<1$일 때 총효용은 t기의 효용 $u(c_t)$의 현재가치$\delta^t u(c_t)$의 합 $\sum_{t=0}^{T}\delta^t u(c_t)$로 계산된다. 또한 마지막 T기에는 생산량을 모두 소비하고 투자는 하지 않는다고 가정하자.($x_T=0$) 총효용 $\sum_{t=0}^{T}\delta^t u(c_t)$이 최대화되도록 소비와 투자에 관한 최적성장경로를 찾는 문제를 최적성장모형(optimal growth model)이라 한다.

효용함수와 생산함수에 관한 가정 $u(c)$와 $f(x)$는 모두 강오목함수이고, 다음과 같은 도함수조건을 만족한다고 가정한다. 이 가정은 경제학적으로 한계효용체감의 법칙과 한계생산물체감의 법칙이 성립하는 것을 의미한다.

$$u'(c)>0,\ u''(c)<0,\ f'(x)>0,\ f''(x)<0$$

최적성장모형의 정식화

최적성장모형은 다음과 같은 최적화 문제로 정식화할 수 있다.

$$\begin{aligned}
\text{Max}\ & \sum_{t=0}^{T}\delta^t u(c_t) \\
\text{s.t.}\ & y_0=\overline{y} \\
& y_{t+1}=f(x_t) \qquad t=0,\cdots,T-1 \\
& y_t=c_t+x_t \qquad t=0,\cdots,T \\
& x_T=0 \\
& c_t,\ x_t\geq 0
\end{aligned}$$

이 문제는 지금까지 공부한 최적화문제의 일반적인 해법인 Lagrange승수법을 적용하여 그 해를 찾을 수 있다. 그러나 최적성장모형은 매우 특별한 구조를 갖고 있으므로 그러한 성질을 이용하여 다른 방법으로 최적해를 찾는 것이 가능한데, 이러한 해법을 동적계획법이라고 한다. 이제부터 이 문제의 특별한 구조를 살펴보고 그 해법을 찾아보기로 하자.

먼저 x_t를 소거하여 이 최적화문제는 다음과 같이 보다 간단하게 정식화할 수 있다.

$$
\begin{aligned}
\text{Max} \quad & \sum_{t=0}^{T} \delta^t u(c_t) \\
\text{s.t.} \quad & y_0 = \bar{y} \\
& y_{t+1} = f(y_t - c_t) \quad t = 0, \cdots, T-1 \\
& y_T = c_T \\
& c_t \geq 0
\end{aligned}
$$

이 문제에서 매 기간의 소비량 c_t, $t = 0, \cdots, T-1$이 선택되면 같은 기의 효용 $u(c_t)$과 차기의 생산량 y_t, $t = 1, \cdots, T$이 결정되고 결과적으로 총효용 $\sum_{t=0}^{T} \delta^t u(c_t)$가 결정되게 된다. 이러한 의미에서 c_t는 선택변수(action variable), y_t는 상태변수(state variable)라 부른다.

두 기간 최적성장모형

두 기간으로 이루어진 경제의($T = 1$) 최적성장모형은 다음과 같다.

$$
\begin{aligned}
\text{Max} \quad & u(c_0) + \delta u(c_1) \\
\text{s.t.} \quad & y_0 = \bar{y}, \; y_1 = f(y_0 - c_0), \; c_1 = y_1
\end{aligned}
$$

상태변수 y_1을 소거하면 최적화문제는 더 단순화될 수 있다.

$$
\begin{aligned}
\text{Max} \quad & u(c_0) + \delta u(c_1) \\
\text{s.t.} \quad & c_1 = f(\bar{y} - c_0)
\end{aligned}
$$

등식제약 최적화문제의 해법인 Lagrange승수법을 적용하기 위해 Lagrange함수를 구하면,

그림 12-18

→ 두 기간 최적성장모형

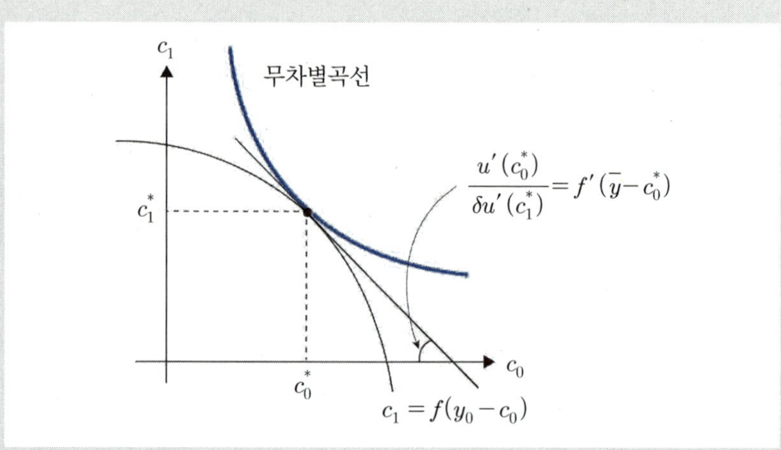

$$L(c_0, c_1, \lambda) = u(c_0) + \delta u(c_1) + \lambda(c_1 - f(\bar{y} - c_0))$$

극대의 일계조건(FOC)을 구하면,

$$L_0 = u'(c_0) + \lambda f'(\bar{y} - c_0) = 0$$
$$L_1 = \delta u'(c_1) + \lambda = 0$$
$$L_\lambda = c_1 - f(\bar{y} - c_0) = 0$$

일계조건의 처음 두 식을 정리하면, 극대점 (c_0^*, c_1^*)에서 다음 조건이 만족된다.

$$\frac{u'(c_0^*)}{\delta u'(c_1^*)} = f'(\bar{y} - c_0^*), \text{ 혹은 } u'(c_0^*) = \delta u'(c_1^*) f'(\bar{y} - c_0^*)$$

이 조건은 램지-오일러방정식(Ramsey-Euler equation)이라고 부르는 것으로 기간 T가 무한이 되는 일반적인 경우에까지 적용되는 중요한 식이다. 이 식의 기하학적인 의미는 [그림 12-18]에서 보는 바와 같이 극대점에서는 효용함수의 한계대체율 $MRS = \frac{u'(c_0)}{\delta u'(c_1)}$ 이 제약식의 접선의 기울기 $f'(\overline{y} - c_0)$ 와 일치한다는 것이다. 경제학적인 해석은 다음과 같다. 0기의 소비 c_0^*를 한 단위 줄이면 현재효용이 $u'(c_0^*)$만큼 줄어든다. 반면에 1기의 효용의 현재가치는 $\delta u'(c_1^*) f'(\overline{y} - c_0^*)$ 만큼 증가하게 된다. 따라서 이 두 값이 일치하도록 소비하면 총효용이 최대가 될 것이다.

그리고 $u'(c) > 0$, $f'(x) > 0$으로 가정하였으므로, 일계조건으로부터 $\lambda^* < 0$이 된다.

극대의 이계충분조건(SOSC) $|\overline{H}| > 0$는 가정
$u''(c) < 0$, $f'' < 0$, $\lambda^* < 0$에 의해 다음과 같이 충족됨을 확인할 수 있다.

$$|\overline{H}| = \begin{vmatrix} 0 & f' & 1 \\ f' & u''(c_0) + \lambda^* f'' & 0 \\ 1 & 0 & \delta u''(c_1) \end{vmatrix} = -(f')^2 \delta u''(c_1) + \lambda^* f'' - u''(c_0) > 0$$

연습 12-4 두 기간 최적성장모형에서 선택변수 c_1을 소거하여 무제약 최적화문제로 만든 다음, 극대의 일계조건과 이계충분소선을 확인해 보라. 또한 이 문제의 목적함수가 강오목함수임을 보임으로써, 극대가 유일한 최대임을 확인하라.

예 12-13 효용함수가 $u(c) = \sqrt{c}$ 이고 생산함수가 $f(x) = (1+r)x$일 때 최적소비 c_0^*, c_1^*을 구해 보자. 이 생산함수는 이자율이 $r > 0$일 때 $\overline{y} - c_0$를 저축하면 다음 기에 원리금합계 $c_1 = (1+r)(\overline{y} - c_0)$를 얻는 것으로 해석해도 좋다. 그러면 이 문제는 이자율이 r일 때 최초의 자산 $\overline{y}$를 가지고 첫 기간에 c_0를 소비하고 나머지를 저축하여 효용이 최대가 되도록 하는 최적소비경로를 구하는 문제가 된다. $u'(c) = \frac{1}{2\sqrt{c}}$ 이고 $f'(\overline{y} - c_0) = (1+r)$이므로, 일계조건을 계산하면 $c_1 = \delta^2(1+r)^2 c_0$이 된다. 제약식

$c_1 = (1+r)(\overline{y} - c_0)$과 연립해서 풀면

$$c_0^* = \frac{\overline{y}}{1 + \delta^2(1+r)}, \quad c_1^* = \frac{\delta^2(1+r)^2 \overline{y}}{1 + \delta^2(1+r)}$$

최적효용인 가치함수 $V(\bar{y}) \equiv u(c_0^*) + \delta u(c_1^*)$는 다음과 같이 계산된다.

$$V(\bar{y}) = \frac{(1+\delta(1+r))\sqrt{\bar{y}}}{\sqrt{1+\delta^2(1+r)}}$$

유한한 기간 T의 최적성장모형

일반적인 T기간의 경우에는 다음과 같은 역진귀납(backward induction)의 방법으로 해를 구할 수 있다. 즉, 먼저 시점 $T-1$에서 시작하는 두 기간문제의 해를 일계조건인 램지－오일러의 식을 적용하여 구하면, 그 때의 효용함수의 최적값은 상태변수 y_{T-1}의 함수로서 가치함수

$$\begin{aligned} V_{T-1}(y_{T-1}) &\equiv \text{Max } u(c_{T-1}) + \delta u(c_T) \\ &= \text{Max } u(c_{T-1}) + \delta u(f(y_{T-1} - c_{t-1})) \end{aligned}$$

로 계산할 수 있다. 이제 이 값을 이용하여 $T-1$기에서 시작하는 최적화문제는 다음과 같이 정식화될 수 있다.

$$\text{Max } u(c_{T-2}) + \delta V_{T-1}(y_{T-1}) = u(c_{T-2}) + \delta V_{T-1}(f(y_{T-2} - c_{T-2}))$$

따라서 이 문제의 해가 되는 가치함수 V_{T-2}는

$$V_{T-2}(y_{T-2}) = \text{Max } u(c_{T-2}) + \delta V_{T-1}(f(y_{T-2} - c_{T-2}))$$

이 같은 방법을 반복적용하면 t기의 가치함수는

$$V_t(y_t) = \text{Max } u(c_t) + \delta V_{t+1}(f(y_t - c_t))$$

와 같다. 이 식을 벨만의 최적원리(Bellman Principle of Optimality)라 부르는데 동적 계획법문제의 해를 구하는 핵심적인 방정식이 된다. 이 식이 의미하는 바는 매 기간 똑같은 형태의 최적화문제를 풀어서 기간별로 최적화화면 그것

이 바로 전체문제의 해가 된다는 것이다. 이때 t기의 최적소비 c_t는 상태변수 y_t만의 함수가 되는 것이므로 Markov전략(Markovian strategy) 혹은 정상최적전략(stationary optimal strategy)이라고 부른다. 이와 같이 최적전략이 Markov 전략이 되는 동적계획법문제를 Markov동적계획법(Markovian dynamic programming)문제라고 부르기도 한다.

기간 T의 최적성장문제는 마지막 기간의 최적화문제의 해 V_{T-1}을 먼저 구하고, 벨만의 최적원리를 적용하여 순차적으로 $V_{T-1}, V_{T-2}, \cdots, V_1, V_0$를 구함으로써 최종해 V_0를 계산할 수 있게 된다. 이와 같은 역진귀납에 의해 해를 구하는 것이 동적계획법의 핵심내용이 된다.

예 12-14 효용함수가 $u(c) = \sqrt{c}$이고 생산함수가 $y_{t+1} = (1+r)(y_t - c_t)$로 주어진 기간 T의 최적성장문제의 해를 구해보자. $1+r \equiv k$로 표기하고, 할인율 $\delta = 1$인 단순한 경우를 가정한다. 그러면 마지막 $T-1$기의 최적화문제는

$$\begin{aligned}&\text{Max } \sqrt{c_{T-1}} + \sqrt{c_T} \\ &\text{s.t. } \ c_T = k(y_{T-1} - c_{T-1})\end{aligned}$$

이 문제의 해는 [예 12-12]에서 계산한 바와 같이

$$c^*_{T-1} = \frac{y_{T-1}}{1+k}, \ c^*_T = \frac{k^2 y_{T-1}}{1+k}$$

그리고 가치함수는 $V_{T-1} = \sqrt{c^*_{T-1}} + \sqrt{c^*_T} = \sqrt{(1+k)y_{T-1}}$이 된다. 여기서 y_{T-1}은 전기의 총생산 y_{T-2}에서 소비 c_{T-2}를 뺀 나머지의 원리금 합계이므로 $y_{T-1} = k(y_{T-2} - c_{T-2})$이다.

이제 $T-2$기의 문제는

$$\text{Max}_{c_{T-2}} \sqrt{c_{T-2}} + V_{T-1} = \sqrt{c_{T-2}} + \sqrt{(1+k)k(y_{T-2} - c_{T-2})}$$

이 무제약 최적화문제의 해는

$$c_{T-2}^* = \frac{y_{T-2}}{1+k+k^2} \text{이고,} \quad V_{T-2} = \sqrt{1+k+k^2}\,\sqrt{y_{T-2}}$$

같은 방법을 반복하여 임의의 t에 대해 계산하면

$$c_t^* = \frac{y_t}{1+k+k^2+\cdots+k^{T-t}}, \quad V_t = (1+k+\cdots+k^{T-t})^{1/2} y_t^{1/2}$$

따라서, $V = V_0 = (1+k+\cdots+k^T)^{1/2}\bar{y}^{-2}$.

무한기간 최적성장모형

이제 기간 T가 무한히 연장되는 성장모형을 생각해 보자. 이것은 다음과 같은 최적화문제의 해를 구하는 문제가 된다.

$$\begin{aligned} &\text{Max} \ \sum_{t=0}^{\infty} \delta^t u(c_t) \\ &\text{s.t.} \ \ y_0 = \bar{y} \\ &\qquad y_{t+1} = f(x_t) \qquad t = 0,1,2,\cdots \\ &\qquad y_t = c_t + x_t \qquad t = 0,1,2,\cdots \\ &\qquad c_t,\ x_t \ge 0 \end{aligned}$$

여기서 x_t를 소거하면,

$$\begin{aligned} &\text{Max} \ \sum_{t=0}^{\infty} \delta^t u(c_t) \\ &\text{s.t.} \ \ y_0 = \bar{y} \\ &\qquad y_{t+1} = f(y_t - c_t) \qquad t = 0,1,2,\cdots \\ &\qquad c_t \ge 0 \end{aligned}$$

무한기간 최적화문제는 여러 가지 기술적으로 어려운 문제를 야기한다. 우선 목적함수가 무한급수로 나타나는데 이 무한급수가 유한한 값을 갖지 않을 수도 있다. 그런데 할인율 $\delta < 1$이고 $u(c_t)$가 유계인 경우에는 무한급수

$\sum_{t=0}^{\infty} \delta^t u(c_t)$는 수렴한다. 또한 선택변수 $c_0, c_1, \cdots$가 무한 개이기 때문에 일반적인 최적화문제의 해법을 적용할 수가 없다. 그러나 무한 기간이기 때문에 분석에 편리한 점도 있다.

먼저 해가 존재한다고 하고 그 가치함수를 $V(y)$라 하자. 즉 초기부존이 y일 때 최적효용값이 $V(y)$가 된다고 하자. 그런데 어떤 시점 t에서 시작하든지 그 이후로 여전히 무한히 계속되는 완전히 같은 문제가 되고 같은 가치함수를 갖게 된다. 그래서 이와 같은 문제의 성질때문에 매 시점에서 다음과 같이 완전히 동일한 최적화문제를 반복하는 형태가 된다.

$$\text{Max}_c \; u(c) + \delta V(f(y-c))$$

이 최적화문제의 해 $c = g(y)$가 존재한다고 하면 이와 같이 최적소비는 해당 기의 초기부존에만 의존하므로 Markov전략 혹은 정상최적전략이 된다.

해가 존재하기 위한 조건과 최적해의 조건을 찾는 것은 매우 복잡하고 어려운 위상수학의 개념을 필요로 하는데, 여기서는 그러한 자세한 논의는 생략하고 동적계획법의 핵심적인 내용만을 증명 없이 다음 정리로 요약해 보기로 한다.[6]

정리 12-10 (벨만의 최적원리)

효용함수 $u(c)$와 생산함수 $f(x)$가 모두 연속함수이고 다음 조건들을 만족한다고 하자.

(i) $u'(c) > 0, \; u''(c) < 0, \; f'(x) > 0, \; f''(x) < 0$

(ii) $f(0) = 0$

(iii) $\lim_{c \to 0} u'(c) = 0$

(iv) $\lim_{x \to 0} f'(x) > 1/\delta$

6 이 정리의 자세한 내용은 참고문헌에 있는 Sundaram(1996) 혹은 Stokey and Lucas(1989)을 참조하라.

그러면 유일한 최적해 $c = g(y)$와 가치함수 $V(y)$가 존재해서 다음과 같은 벨만의 최적원리(Bellman principle of optimality)가 성립한다.

$$V(y) = \text{Max}_c\ u(c) + \delta V(f(y-c)) = u(g(y)) + \delta V(y - g(y))$$

또한, $V(y)$는 오목함수이고 유일한 최적해 $c = g(y)$는 내부해가 된다. 즉, $0 < g(y) < y$.

벨만의 최적원리에 의하면 t기 이후의 최적성장문제는

$$\text{Max}_{c_t}\ u(c_t) + \delta V(y_{t+1}) = u(c_t) + \delta u(c_{t+1}) + \delta^2 V(y_{t+2})$$

으로 쓸 수 있다. 여기서 $c_{t+1} = f(y_t - c_t) - x_{t+1}$이고 $x_t = y_t - c_t$임을 고려하고, x_{t+1}이 주어진 것으로 간주하여 목적함수를 c_t에 관해 미분함으로 극대의 일계조건을 구하면,

$$u'(c_t) - \delta u'(c_{t+1}) f'(x_t) = 0 \text{ 혹은 } u'(c_t) = \delta u'(c_{t+1}) f'(x_t)$$

을 얻는다. 이것이 앞에서 두 기간 최적성장문제에서 구한 램지-오일러방정식(Ramsey-Euler equation)이다.

연습 12-5 $u(c) = c^{\alpha}\ (0 < \alpha < 1)$, $f(x) = x$인 최적성장모형에서 최적소비전략 $c = g(y)$을 구하라.

연습문제

문제 12-1 다음의 등식제약 극대화 문제의 해를 구하라.

(1) $\text{Max } f(x,y) = xy, \text{ s.t. } x + 4y = 16$

(2) $\text{Max } f(x,y) = 12xy - 3x^2 - y^2, \text{ s.t. } x + y = 16$

(3) $\text{Min } f(x,y) = 2x^2 + 2y^2 - 2xy - 9y, \text{ s.t. } 4x + 3y = 10$

문제 12-2 다음 명제가 옳은지(T), 틀린지(F) 판단하고, 옳으면 간단한 증명을 쓰고, 틀리면 반례를 들어 설명하라.

(1) 등식제약 극대화 문제에서 목적함수가 준오목함수이고 제약식이 선형이면, 극대점은 최대점이 된다.

(2) 효용함수가 강준오목함수인 경우 효용극대화의 충분조건은 한계효용균등의 법칙, 즉 $\dfrac{MU_x}{P_x} = \dfrac{MU_y}{P_y}$에 따라 소비하는 것이다.

(3) 오목함수는 모두 강준오목함수가 된다.

문제 12-3 $g: R \to R$가 증가함수이고, $f: R^n \to R$가 준오목함수이면, $g \circ f$도 준오목함수임을 증명하라.

문제 12-4 다음의 함수가 (강)준오목인지, (강)준볼록인지 혹은 아무것도 아닌지 판정하라.

(1) $f(x) = x^3 + 2x$

(2) $f(x) = x^3 - 2x$

(3) $f(x,y) = x^2 + y^2$

(4) $f(x,y)=xe^{-y}$ (단, x,y는 양수)

(5) $f(x)=e^{x'Ax}$(단, x는 n차원 벡터이고, A는 음정부호 행렬)

문제 12-5 어떤 소비자의 효용함수가 $u(x,y)=v(x)e^{y}$로 주어져 있고, x, y 재화의 가격이 p_x, p_y이며, 소득이 M으로 주어져 있다.

(1) 이 소비자가 효용극대화를 할 경우의 수요함수 $x^0=x^0(p_x,p_y,M)$와 $y^0=y^0(p_x,p_y,M)$를 구하라.

(2) 위에서 구한 두 재화의 수요함수는 소득 M에 대해서 독립적임을 보이고 그 경제학적인 의미를 설명하라.

문제 12-6 어떤 소비자의 효용함수가 $u(x,y)=v(x)+y$로 주어져 있고, x, y 재화의 가격이 p_x, p_y이며, 소득이 M으로 주어져 있다.($v'(x)\geq 0$)

(1) 효용극대화를 위한 일계조건과 이계충분조건을 구하라.

(2) 극대가 동시에 최대가 되기 위한 충분조건으로 함수 $v(x)$가 만족해야 할 성질을 구하라.

(3) 수요함수 $x^0=x^0(p_x,p_y,M)$와 $y^0=y^0(p_x,p_y,M)$를 구하고, 그 특징을 설명하라.

문제 12-7 가격벡터가 (p_x,p_y)이고, 소득이 M로 주어져 있다. 소비자의 효용함수가 다음과 같이 주어져 있을 때, 효용극대화 소비자의 수요함수 $x^0=x^0(p_x,p_y,M)$와 $y^0=y^0(p_x,p_y,M)$를 구하라.

(1) $u(x,y)=x+2y$

(2) $u(x,y)=\mathrm{Min}\{x,2y\}$

문제 12-8 어떤 소비자의 효용함수가 1차 동차함수의 형태를 띠고 있다고 하자. 즉, n차원 소비벡터 x 및 실수 t에 대하여, $u(tx)=tu(x)$가 성립한다. 가격벡터 p 및 소득 M에 대해 수요함수가 $x^0(p,M)$이라 하자. 그러면 간접효용함수 $V(p,M)\equiv -u(x^0(p,M))$는 M에 대해 선형으로, $V(p,M)=b(p)M$의 형태임을 보이라.

문제 12-9 효용함수가 $u(x,y)=x^{1/2}y^{1/2}$인 소비자가 효용수준을 u^0로 유지하면서 지출액 $C=p_x x+p_y y$이 최소가 되도록 소비벡터 (x,y)를 선택하는 문제를 생각해 보자.

(1) 이 문제를 최적화 문제로 정식화하라.

(2) Lagrange승수법을 이용하여 일계조건을 구하라.

(3) 이계충분조건을 쓰고 위의 해가 이 조건을 충족하는지 확인하라.

(4) 이 문제에서 Lagrange승수의 의미를 설명하라.

(5) 음함수의 미분법을 이용하여 일계충분조건으로부터 직접 $\dfrac{\partial x^0}{\partial p_x}$를 계산하고 그 부호가 의미하는 바를 설명하라.

(6) 최소지출액 $e(p_x,p_y,u^0)\equiv p_x x(p_x,p_y,u^0)+p_y y(p_x,p_y.u^0)$를 지출함수라 부른다. 지출함수를 구하고, 그 편도함수 $\dfrac{\partial e}{\partial p_x}$를 계산하라.

문제 12-10 로빈슨 크루소의 생산계획문제를 생각해 보자. 크루소가 1년의 기간 중 $\overline{L}$일을 일하는데, 그 중 L_x만큼을 농사를 지어 쌀(x)을 $x=\sqrt{L_x}$만큼 생산하고, 나머지 시간 $L_y=\overline{L}-L_x$ 동안 물고기(y)를 $y=2\sqrt{L_y}$만큼 잡을 수 있다고 한다. 그때 효용은 $u=x^2y$를 얻게 된다. 크루소는 효용을 극대화하도록 노동시간 $\overline{L}$를 L_x,L_y로 배분하려고 한다.

(1) 크루소의 문제를 x,y를 선택변수로 하여 등식제약 하의 극대화 문제로 정식화하라.

(2) 극대화의 일계조건(FOC)을 쓰고 최적 x,y를 계산하라.

(3) 극대화의 이계충분조건(SOSC)을 구하고 이 조건이 만족되는지 확인하라.

(4) 효용함수와 제약식이 각각 어떤 성질을 갖는 함수인지 확인하고, FOC를 만족하면 효용최대가 될 수 있는지 설명하라.

(5) 노동시간 $\overline{L}$를 증가시킬 때 극대화된 효용에 미치는 효과를 분석하기 위해 어떤 값을 어떻게 계산하면 될지 설명하라. Lagrange승수와 이 문제가 어떤 관련이 있는지 보이라.

문제 12-11 효용함수가 $U(x,y)=\ln(x+2)(y+1)$인 소비자가 주어진 소득 M으로 효용이 극대화되도록 가격이 각각 p_x, p_y인 두 재화 x, y를 구매한다고 하자.

(1) 이 소비자의 효용극대화 문제를 수학적으로 표현하라.

(2) Lagrange승수법을 이용하여 극대화의 일계조건(FOC)을 구하라.

(3) FOC로부터 효용극대 소비량 x^0를 계산하라.

(4) 극대화의 이계충분조건(SOSC)이 충족되는지 확인하라.

(5) FOC로부터 음함수의 미분법을 이용하여 $\dfrac{\partial x^0}{\partial p_x}$를 계산하라.

(6) 효용함수가 오목함수, 강오목함수, 준오목함수, 강준오목함수인지 판단하라.

(7) 제약극대화 문제의 포락선정리를 쓰고, 이 문제에 적용하여 Lagrange 승수의 의미를 설명하라.

문제 12-12 갑의 효용함수는 $u(x,y) = x^{1/2}y^{1/2}$ 이다 (x: 여가시간, y: 재화소비량). 즉 갑은 하루 24시간 중 여가시간을 제외하고 나머지 $24-x$시간만큼을 노동을 하여 번 돈으로 y를 소비하며 살아간다고 가정하자. 갑의 시간당 임금은 w이고, y재화의 가격은 p이다.

(1) 갑의 효용함수가 일차 동차함수임을 보이고, Euler의 정리가 성립함을 확인하라.

(2) 갑의 효용함수가 오목함수인지, 준오목함수인지 판단하라.

(3) 효용극대화 문제의 해 x^0, y^0 를 구하라.

(4) 정부의 최저임금 상향조정에 따라 임금률 w가 증가했다고 가정하자. 이 경우, 최적 여가와 소비 (즉 x^0 와 y^0)는 어떻게 변하게 될지 설명하라.

문제 12-13 노동(L)을 해서 소득(M)을 얻는 소비자의 최적 노동시간을 결정하는 문제를 생각해 보자. 이 소비자의 효용은 총시간(T)에서 노동시간(L)을 뺀 여가시간 $T-L$과 소득(M)의 함수이고 $U(T-L, M)$로 표시된다. 시간당 임금이 w로서 소득은 $M=wL$이 된다. 소비자는 임금이 w로 주어졌을 때 효용을 극대화하는 노동시간 L과 소득 M을 선택하려고 한다.

(1) 이 문제를 등식제약 하의 극대화 문제로 정식화하라.

(2) Lagrange함수를 쓰라.

(3) 극대화의 일계조건(FOC)를 쓰라.

(4) 극대화의 이계충분조건(SOSC)을 쓰라.

(5) 포락선의 정리를 이용하여 Lagrange승수 λ의 의미를 설명하라.

(6) 일계조건으로부터 $\dfrac{dL^0}{dw}$를 계산하라.

문제 12-14 어떤 소비자가 하루 24시간 중 여가시간 x을 제외한 나머지 $24-x$를 일하고 시간당 임금 w를 벌 때 소득은 $y=w(24-x)$가 된다. 이 소비자는 효용함수 $U(x,y)=x^{\alpha}y^{1-\alpha}$, $(0<\alpha<1)$를 극대화한다고 하자.

(1) 이 소비자의 문제를 등식제약 하의 극대화 문제로 정식화하고, Lagrange승수법을 이용하여 극대화의 일계조건(FOC)을 구하고 그 경제학적 의미를 설명하라.

(2) 이 효용함수가 오목, 강오목, 준오목, 강준오목 중 어떤 성질을 만족하는지 확인하고, 이것이 극대화 문제의 이계충분조건(SOSC)을 충족하는지 판단하라.

(3) FOC로부터 효용극대화 노동시간 x^0와 그때의 소득 y^0를 임금 w의 함수로 계산하라.

(4) 임금 w가 상승할 때 최적효용값 U^0이 어떤 영향을 받는지 확인하기 위해서 $\dfrac{\partial U^0}{\partial w}$를 계산하라.

문제 12-15 효용함수가 $U(x,y)=\alpha \ln x+\beta \ln y$ $(\alpha+\beta=1,\ \alpha,\beta>0)$인 소비자가 주어진 소득 M으로 효용이 극대화되도록 가격이 각각 p_x, p_y인 두 재화 x, y를 구매한다고 하자.

(1) Lagrange승수법을 이용하여 극대화의 일계조건(FOC)을 구하고 그 경제학적 의미를 설명하라.

(2) FOC로부터 x재와 y재의 수요함수를 계산하라.

(3) FOC로부터 음함수의 미분법을 이용하여 바로 $\dfrac{\partial x^0}{\partial M}$를 구하고, (3)번에서 구한 수요함수를 직접 미분하여 그 결과가 같음을 확인하라.

(4) 극대의 이계충분조건(SOSC)이 충족되는지 확인하라.

(5) 위에서 구한 극대가 최대도 될 수 있는지 확인하라.

(6) 등식제약 극대화 문제의 포락선정리를 쓰고, 이 문제에 적용하여 Lagrange승수의 의미를 설명하시오.

문제 12-16 부등식제약 하의 최적화 문제 Max $f(x,y)=2x-x^3+y$ s.t. $x+y\leq 1$, $x\geq 0$, $y\geq 0$가 (x^0,y^0)에서 최대값을 갖기 위한 Kuhn-Tucker 조건을 쓰라.

문제 12-17 어떤 소비자의 효용함수가 다음과 같다고 한다.

$$U(C_1, C_2) = \ln C_1 + \beta \ln C_2.$$

단, $0 < \beta < 1$. C_1은 (화폐금액으로 나타낸) 1기의 소비, C_2는 2기의 소비를 나타낸다. 이 소비자의 수입은 1기에만 M으로 주어지고 2기에는 소득이 없기 때문에 1기의 소득 중 일부를 저축하여 2기에 원리금을 찾아 소비한다. 저축에 대한 이자율은 1기에서 2기까지 r로 주어져 있다. 이 소비자가 효용을 극대화하기 위해서는 각기의 소비 C_1, C_2를 어떻게 해야 하는가 하는 문제를 생각해 보자.

(1) 이 문제를 일반적인 부등식제약 극대화 문제로 정식화하라.($C_1 \geq 0$, $C_2 \geq 0$의 조건을 반드시 첨가할 것)

(2) 쿤-터커조건을 구하라.

(3) 이 문제를 등식제약 극대화 문제로 간주할 수 있는 조건을 쓰라. 이하에서는 등식제약 극대화 문제로 간주하고 답하라.

(4) Lagrange함수를 만들어라.

(5) 일계필요조건(FOC)를 구하고 효용극대화 소비량 C_1^0, C_2^0를 계산하라.

(6) 이계충분조건(SOSC)이 충족되는지를 판단하라.

(7) 효용함수가 어떤 함수인지 판단하고, (3)에서 구한 소비량이 전역적 최대점인지 판단하라.

(8) FOC로부터 음함수의 미분법을 이용하여 $\dfrac{\partial C_1^0}{\partial r}$를 계산하라.

(9) 포락선의 정리를 쓰고, 이 정리를 이용하여 $\dfrac{\partial U^0}{\partial r}$을 계산하라.

(10) 이 효용함수의 하나의 무차별곡선의 식을 $U(C_1, C_2) = k$라 하자. 이 무차별곡선의 접선의 기울기 $\dfrac{dC_2}{dC_1}$을 계산하라.

(11) $\dfrac{d^2 C_2}{dC_1^2}$을 계산하여 무차별곡선의 모양을 설명하고 그것이 SOSC와 어떤 관련을 갖는지 설명하라.

V

미분방정식

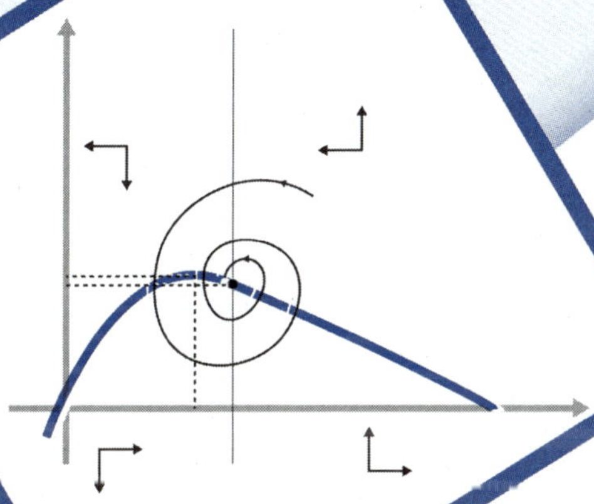

CHAPTER 13 미분방정식

CHAPTER 13

미분방정식

미분방정식은 도함수가 포함된 방정식을 말하며 경제성장 등 동학적인 문제를 다루는 데 필요한 수학분야이다. 이 장에서는 모든 변수가 시간의 함수로서 그 도함수로 이루어진 상미분방정식(ordinary differential equations)만을 다루기로 한다.

13.1 미분방정식의 분류

미분방정식의 예

가장 간단한 미분방정식의 예로서, 다음과 같은 방정식을 만족하는 시간 t의 함수 $y(t)$를 찾는 문제를 생각해 보자.

$$\frac{dy}{dt} = ry$$

즉, 도함수가 함수값 y에 비례하는 그러한 함수가 무엇인가 하는 문제이다. 일반적으로 도함수로부터 원시함수를 구하는 방법이 적분법(integral calculus)이다. 다음 절에서는 적분의 기초를 살펴볼 것이다. 그런데 적분을 직접 이용하지 않고 이 문제를 해결하기 위해 먼저 이 미분방정식을 약간 변형하여 다음과 같이 써 보자.

$$\frac{\frac{dy}{dt}}{y} = r$$

이 식은 y의 순간성장률이 상수 r로 일정하다는 것을 의미한다. 우리는 순간성장률이 일정한 함수를 하나 이미 알고 있는데 지수함수 $y = e^{rt}$가 그것이다. 실제로 이 함수를 미분해 보면 $\frac{dy}{dt} = re^{rt} = ry$가 되고, 위의 미분방정식을 만족하므로 해(solution)가 됨을 알 수 있다. 뿐만 아니라 임의의 상수 k에 대해 $y = ke^{rt}$는 모두 해가 된다.

모든 실수 k에 대해서 $y(t) = ke^{rt}$를 이 미분방정식의 **일반해**라 하고, 그 중에 특정한 실수 k_0를 갖는 하나의 해 $y(t) = k_0e^{rt}$는 **특수해**라고 부른다. 또한 **초기조건**(initial condition) $y(t_0) = y_0$이 주어진 경우, 하나의 해 $y(t) = y_0e^{-rt_0}e^{rt} = y_0e^{r(t-t_0)}$로 확정되는데 이것을 **확정해**라고 한다. 이와 같이 초기조건이 주어진 미분방정식

$$\frac{dy}{dt} = ry, \; y(t_0) = y_0$$

을 **초기치 문제**(initial value problem)라고 한다.

전통적으로 미분방정식에 포함되는 도함수를 다음과 같은 기호를 써서 표기하기도 한다. 여기서도 필요한 경우 이러한 기호를 사용할 것이다.

$$\frac{dy}{dt} \equiv \dot{y} \equiv y', \; \frac{d^2y}{dt^2} \equiv \ddot{y} \equiv y''$$

해의 존재와 유일성

앞의 예에서 하나의 해를 구했지만 또 다른 종류의 함수가 이 미분방정식을 만족하는지는 의문으로 남는다. 그리고 일반적으로 미분방정식이 항상 해를 갖는지도 의문이 아닐 수 없다. 이러한 의문에 대한 확정적인 답을 다음의 정리에서 얻을 수 있다.

정리 13–1 (미분방정식의 기본정리)

다음의 초기치 문제를 생각해 보자.

$$\dot{y}= f(t,y),\ \ y(t_0) = y_0$$

함수 $f(t,y)$가 점 (t_0,y_0)에서 연속함수이면, 적당한 개구간 $I \equiv (t_0 - \alpha, t_0 + \alpha)$에서 정의된 C^1급 함수 $y(t)$가 존재해서 이 초기치 문제의 해가 된다. 즉, $y(t_0) = y_0$이고, 모든 $t \in I$에 대해서 $\dot{y}(t) = f(t,y(t))$이다. 또한 함수 $f(t,y)$가 점 (t_0,y_0)에서 C^1급 함수이면, 즉, 미분가능하고 도함수가 연속이면, 해 $y(t)$는 유일하게 결정된다.

증명은 이 책의 범위를 넘기 때문에 생략한다. 앞의 예에서 $f(t,y) = ry$는 y에 대해 선형함수이므로 C^∞급 함수이고, 따라서 확정해 $y(t) = y_0 e^{r(t - t_0)}$는 유일한 확정해가 된다.

미분방정식은 일반적으로 추측해서 해가 될 수 있는 함수를 찾고, 그 함수가 실제로 해인 것을 확인하는 방법을 택하는 경우가 많은데, 이 정리 덕분에 다른 해가 존재하는지 염려할 필요가 없게 된다.

미분방정식의 분류

편미분방정식(partial differential equation)은 편도함수를 포함하는 미분방정식이고, **상미분방정식**(ordinary differential equation)은 모든 변수가 시간의 함수로서 시간에 대한 도함수로 이루어진 미분방정식이다. 이 책에서는 상미분방정식만을 다룰 것이다.

n계 미분방정식은 최고계도함수가 n계인 미분방정식이다. 일계미분방정식의 일반형은 $\frac{dy}{dt} = f(y,t)$으로 쓸 수 있고, 이계미분방정식은 $\frac{d^2y}{dt^2} = f(t,y,\frac{dy}{dt})$이 된다. n계 미분방정식은 $\frac{d^ny}{dt^n} = f(t,y,\frac{dy}{dt},\cdots,\frac{d^{n-1}y}{dt^{n-1}})$으로 표시할 수 있다.

도함수 $\frac{d^ny}{dt^n}$들과 y에 관해서 선형인 미분방정식을 **선형미분방정식**이라 한다. 선형미분방정식의 일반형은 다음과 같다.

$$\frac{d^n y}{dt^n} + a_1(t)\frac{d^{n-1}y}{dt^{n-1}} + \cdots + a_n(t)y + a_{n+1}(t) = 0$$

특히, $a_{n+1}(t) = 0$일 때, 동차(homogeneous) 선형미분방정식이라 부른다.

선형미분방정식의 일반해가 갖는 특별한 성질은 다음의 두 정리로 요약할 수 있다.

정리 13-2 동차선형미분방정식의 일반해의 집합은 부분공간이 된다. 즉, $y_1, \cdots, y_m$이 해이면 임의의 선형결합 $k_1y_1 + \cdots + k_my_m$도 해이다.

연습 13-1 [정리 13-2]를 증명하라.

정리 13-3 선형미분방정식의 하나의 특수해를 $y_p(t)$라 하고, 관련된 동차방정식의 일반해를 $y_h(t)$라 하자. 그러면 선형미분방정식의 일반해는 $y(t) = y_h(t) + y_p(t)$로 표시된다.

증 명 일반해 $y(t)$에 대해서 $y(t) - y_p(t)$가 동차방정식의 해 $y_h(t)$임을 보이면 된다.

$\frac{d^i(y-y_p)}{dt^i} = \frac{d^i y}{dt^i} - \frac{d^i y_p}{dt^i}$이므로

$$\frac{d^n}{dt^n}(y-y_p) + \cdots + a_n(t)(y-y_p) = [\frac{d^n y}{dt^n} + \cdots + a_n(t)y] - [\frac{d^n y_p}{dt^n} + \cdots + a_n(t)y_p]$$

$$= -a_{n+1}(t) - [-a_{n+1}(t)] = 0.$$

이 두 정리의 결과로, 선형미분방정식의 해를 구하는 일반적인 방법은 먼저 관련된 동차방정식의 일반해를 구한 다음, 하나의 특수해를 더해서 최

종적인 해를 구하는 것이다.

예 13-1 미분방정식 $\frac{dy}{dt} = ry + b$ $(r \neq 0)$는 선형미분방정식이고, 관련된 동차방정식은 $\frac{dy}{dt} = ry$이다. 이 동차방정식의 일반해는 $y(t) = ke^{rt}$임을 이미 알고 있다. 이제 하나의 특수해를 구하면 되는데, $ry + b = 0$를 만족하는 상수함수 $y = -\frac{b}{r}$은 해가 됨을 쉽게 확인할 수 있다. 이것을 상수해라 한다. 동차방정식의 상수해는 $y = 0$이다. [정리 13-3]에 의해, 미분방정식 $\frac{dy}{dt} = ry + b$의 일반해는 $y(t) = ke^{rt} - \frac{b}{r}$이 된다.

일반적으로 계수가 모두 상수인 선형미분방정식

$$\frac{d^n y}{dt^n} + a_1 \frac{d^{n-1} y}{dt^{n-1}} + \cdots + a_n y + a_{n+1} = 0$$

의 경우, $a_n \neq 0$이면 상수해 $y = -\frac{a_{n+1}}{a_n}$를 특수해로 하고, 동차방정식의 일반해 $y_h(t)$에 대해 일반해 $y(t)$는 $y(t) = y_h(t) - \frac{a_{n+1}}{a_n}$로 쓸 수 있다.

n계 미분방정식 $\frac{d^n y}{dt^n} = f(t, y, \frac{dy}{dt}, \cdots, \frac{d^{n-1} y}{dt^{n-1}})$이 t의 함수이면 비자율계(non-autonomous), t의 함수가 아니면 자율계(autonomous) 미분방정식이라 부른다.

예 13-2 $\dot{y} = 2y - y^2$은 자율계, $\dot{y} = t^2 y$는 비자율계 미분방정식이다.

연립미분방정식은 시간의 함수인 여러 변수 $y_1, \cdots, y_n$이 상호영향을 미치는 연립방정식체계인 경우를 말한다. 일계미분방정식의 일반형은 다음과 같다.

$$\begin{aligned} \dot{y}_1 &= f^1(t, y_1, \cdots, y_n) \\ \dot{y}_2 &= f^2(t, y_1, \cdots, y_n) \\ &\cdots \\ \dot{y}_n &= f^n(t, y_1, \cdots, y_n) \end{aligned}$$

선형연립미분방정식은 다음과 같은 형태가 된다.

$$\begin{aligned} \dot{y}_1 &= a_{11}y_1 + \cdots + a_{1n}y_n + b_1 \\ &\cdots \\ \dot{y}_n &= a_{n1}y_1 + \cdots + a_{nn}y_n + b_n \end{aligned}$$

벡터와 행렬

$$\dot{y} = \begin{pmatrix} \dot{y}_1 \\ \vdots \\ y_n \end{pmatrix}, \ A = \begin{pmatrix} a_{11} & \cdots & a_{1n} \\ \vdots & & \vdots \\ a_{n1} & \cdots & a_{nn} \end{pmatrix}, \ b = \begin{pmatrix} b_1 \\ \vdots \\ b_n \end{pmatrix}$$

을 이용하여 표시하면,

$$\dot{y} = Ay + b.$$

시장균형과 가격변동

미분방정식이 경제학에서 사용되는 사례로서 수요공급모형을 다시 살펴보기로 하자. 시장가격은 수요량과 공급량이 일치할 때 균형을 이루게 된다. 즉 다음의 세 방정식이 모두 만족되는 가격이 균형가격이다. 일단 균형에 도달하면 가격은 변동하지 않게 된다.

수요함수 $Q_D = D(p, M)$
공급함수 $Q_S = S(p, r)$
균형조건식 $Q_D = Q_S$

즉, 균형가격 p^0는 초과수요 $z(p^0) = D(p^0, M) - S(p^0, r) = 0$을 만족하

그림 13-1

→ 시장균형과 가격변동

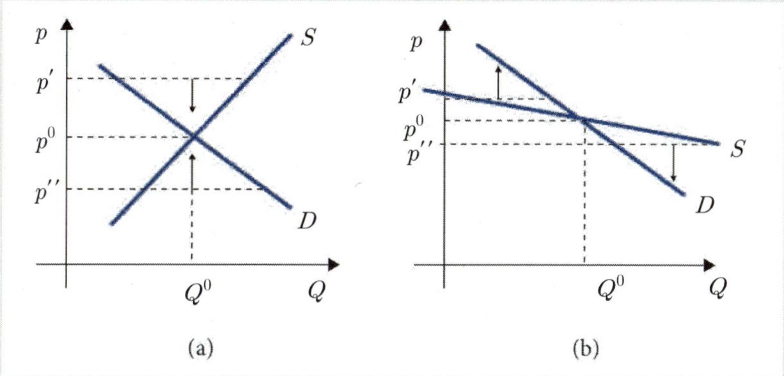

는 가격이다. 그런데 초과수요 $z(p)$가 양수이면 수요량이 공급량을 초과하여 경쟁에 의해 가격은 상승할 것이고, $z(p)$가 음수이면 공급량이 수요량을 초과해서 가격은 하락할 것이다. 그래서 일반적으로 가격의 변화율 $\dot{p}=\frac{dp}{dt}$이 초과수요함수 $z(p)$에 비례하고 $\dot{p}=kz(p)$로 가정할 수 있다($k>0$). 그러면 가격의 시간적인 변화는 이 미분방정식에 따라 결정될 것이다.

[그림 13-1]의 두 시장 (a), (b)에서 모두 균형가격은 p^0이다. 그런데 가격이 p', p''과 같이 균형이 아닌 상태에서 시작한 경우, 시장 (a)에서는 시간이 지나감에 따라 균형으로 수렴할 것이고, 시장 (b)에서는 균형으로부터 멀어져 갈 것이다. 전자를 안정균형(stable equilibrium), 후자를 불안정균형(unstable equilibrium)이라고 부른다.

이번에는 n개의 재화가 각각의 시장에서 거래되는 경제의 일반균형을 생각해 보자. 각 재화시장이 수요량과 공급량이 일치하는 상태가 균형이라 하면, 모든 재화시장이 동시에 균형을 이룰 때가 일반균형(general equilibrium)이다. 재화 i의 초과수요함수 $z^i(\mathbf{p})=D^i(\mathbf{p})-S^i(\mathbf{p})$에 대해 가격의 변화율 $\dot{p}_i$는 $\dot{p}_i=kz^i(\mathbf{p})$, $i=1,2\cdots,n.(k>0)$ 벡터로 표시하면 $\dot{\mathbf{p}}=kz(\mathbf{p})$. 이 연립 미분방정식을 풀면 가격의 시간 경로 $p_1(t),\cdots,p_n(t)$를 구할 수 있다. 초과수

그림 13-2

→ 생산함수 $q = f(k)$

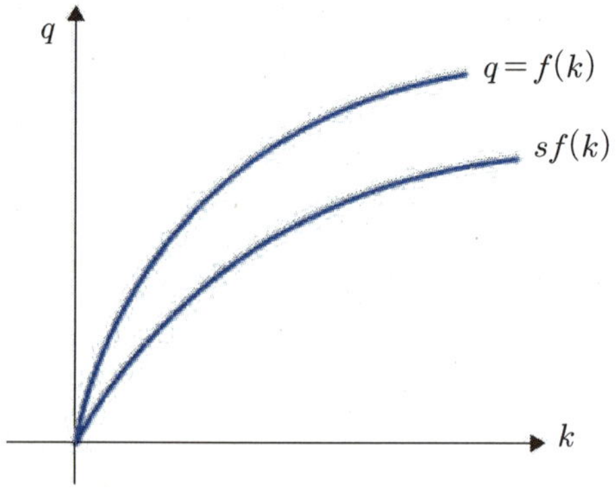

요가 모두 $z(p^0) = 0$이 되는 일반균형 p^0는 이 연립미분방정식의 상수해이다.

경제성장모형

경제의 성장경로를 설명하는 간단한 모형을 살펴보기로 하자.[1]

경제의 생산활동이 일차동차 생산함수 $Q = F(L, K)$에 의해 표시될 수 있다고 가정하자. L은 경제의 총노동량, K는 총자본량이고, Q는 총생산량 혹은 GDP를 표시한다.

F는 강오목함수로서, 노동의 한계생산물 $MP_L \equiv F_L > 0$과 자본의 한계생산물 $MP_K \equiv F_K > 0$, 그리고 $F_{LL} < 0$이고 $F_{KK} < 0$이라 가정한다. 이것은 수확체감의 법칙을 의미한다.

일차동차이므로 $Q = LF(1, \frac{K}{L})$ 혹은 $\frac{Q}{L} = F(1, \frac{K}{L})$로 표시할 수 있다.

$q \equiv \frac{Q}{L}$은 1인당 GDP, $k \equiv \frac{K}{L}$를 1인당 자본장비율이라 하면,

1 이 모형은 Solow 신고전파 성장모형이라 한다.

$$q = F(1, k) \equiv f(k).$$

그러면 $\frac{dq}{dk} \equiv f'(k) = F_K > 0$이고,

$\frac{d^2q}{dk^2} \equiv f''(k) = F_{KK} \cdot \frac{dK}{dk} = F_{KK} \cdot L < 0.$

따라서 함수 $q = f(k)$는 [그림 13−2]와 같이 오목함수가 된다.

이제 노동은 일정성장률 λ로 성장한다고 가정하자. 즉, $\frac{\dot{L}}{L} = \lambda$.

생산량 중에서 s만큼 저축하고 그것이 모두 자본으로 축적된다고 가정하면, 생산함수가 일차동차이므로,

$$\dot{K} = sF(L, K) = sLf(k)$$

그런데 $k \equiv \frac{K}{L}$ 혹은 $K = kL$이므로 이 식을 시간 t에 대해 미분하면,

$$\dot{K} - \dot{k}L + k\dot{L} - \dot{k}L + kL\frac{\dot{L}}{L} - \dot{k}L + k\lambda L$$

이 식을 앞의 식과 결합하면, $\dot{k}L + k\lambda L = sLf(k)$

다시 정리하면, k에 관한 일계 미분방정식 $\dot{k} = sf(k) - \lambda k$을 얻는다. 이 미분방정식의 해를 구하면 경제성장경로 $k(t)$가 얻어진다.

예 13-3 일차동차인 Cobb−Douglas 생산함수 $Q = L^{1-\alpha}K^{\alpha}$의 경우$(0 < \alpha < 1)$, $\frac{Q}{L} = \left(\frac{K}{L}\right)^{\alpha}$이므로 $q = k^{\alpha}$이고 성장경로를 나타내는 미분방정식은 $\dot{k} = sk^{\alpha} - \lambda k$이 된다.

13.2 적 분 법

미분방정식의 해를 구하는 데는 적분법(integral calculus)이 필요하다. 적

분이란 본질적으로 미분의 반대과정이라 할 수 있다. 적분법을 부정적분(indefinite integral)과 정적분(definite integral, Liemann integral)으로 나누어 설명하고자 한다.

부정적분

미분이 어떤 함수의 도함수를 구하는 것이라고 하면, 부정적분은 그 도함수의 원시함수(primitive function)를 찾는 과정이다. 예를 들어 $y = x^n$의 도함수는 $y' = nx^{n-1}$이다. 역으로, 함수 $y = x^n$을 적분하면 $y = \frac{1}{n+1}x^{n+1} + c$가 된다. 적분상수 c는 미분하면 0이 되므로 후자를 미분하면 전자가 얻어지는 것을 쉽게 확인할 수 있다. 부정적분은 다음과 같은 기호를 사용하여 정의한다.

$$\int f(x)dx \equiv F(x) + c, \text{ 여기서 } F'(x) = f(x)\text{이고 } c\text{는 적분상수.}$$

$F(x) + c$는 $f(x)$의 원시함수이고 부정적분이란 원시함수를 찾는 문제이다. 그런데 원시함수는 항상 상수항이 추가되는데, 상수항은 미분하면 0으로 없어지기 때문이다.

도함수를 알고 있는 여러 함수의 경우, 그 적분은 쉽게 찾을 수 있다. 몇 가지의 예를 들면,

$$\int x^n dx = \frac{1}{n+1}x^{n+1} + c$$
$$\int e^x dx = e^x + c$$
$$\int \frac{1}{x} dx = \ln x + c$$

더 복잡한 함수의 경우에는 다음과 같은 적분공식이 편리하게 사용된다. 이 적분공식의 증명은 연습문제로 남겨둔다.

[적분공식]

(i) $\int kf(x)dx = k\int f(x)dx$

(ii) $\int (f(x)+g(x))dx = \int f(x)dx + \int g(x)dx$

(iii) $\int g'(h(x))h'(x)dx = g(h(x))+c$

(iv) (부분적분) $\int f'(x)g(x)dx = f(x)g(x) - \int f(x)g'(x)dx$

연습 13-2 적분공식을 증명하라.

예 13-4 다음의 적분을 계산해 보자.

(1) $\int (\frac{2}{x^2}+x^2)dx = 2\int x^{-2}dx + \int x^2 dx$
$= -2x^{-1} + \frac{1}{3}x^3 + c = -\frac{2}{x} + \frac{1}{3}x^3 + c$

(2) $\int 2x(x^2+1)^3 dx = \frac{1}{4}(x^2+1)^4 + c$. $h(x) = x^2+1$으로 하면 $h'(x) = 2x$이고 공식(iii)을 적용하면 된다.

(3) $\int xe^x dx = xe^x - \int e^x dx + c = xe^x - e^x + c$ $f'(x) = e^x$, $g(x) = x$로 하고 공식(iv)를 적용하면 된다.

연습 13-3 다음 적분문제의 해를 구하라.

(1) $\int \frac{3x}{x^2-1}dx$

(2) $\int 2x\ln x dx$

(3) $\int \frac{2}{x^4}dx$

(4) $\int 2e^{x+1}dx$

(5) $\int (x+2)(x^2+1)dx$

정 적 분

연속함수 $f(x)$의 폐구간 $[a,b]$에서의 정적분은 구간 $[a,b]$에서 함수

그림 13-3

→ 정적분의 정의

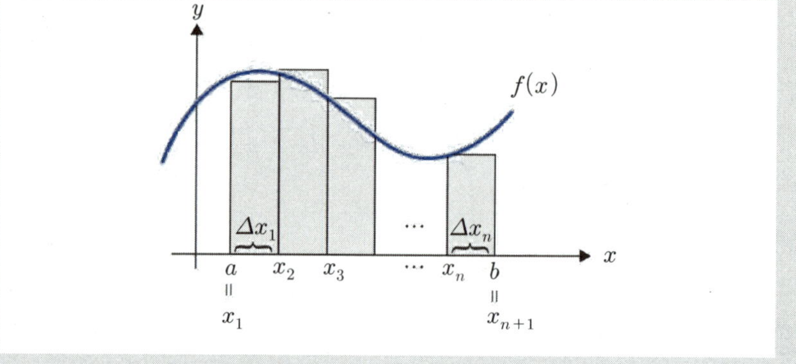

$f(x)$와 x축 사이의 면적을 계산한 값이다. 이 면적은 구간 $[a,b]$를 Δx_i들로 나누어 막대기둥의 면적 $f(x_i)\Delta x_i$을 합산한 값의 극한값으로 계산할 수 있다. 즉, 정적분의 정의는 다음과 같다.

$$\int_a^b f(x)dx \equiv \lim_{n\to\infty}\sum_{i=1}^{n} f(x_i)\Delta x_i$$

그런데 $f(x)$의 부정적분이 $F(x)$라 하면, 즉 $\int f(x)dx = F(x)+c$라 하면, 정적분은 다음과 같이 계산됨을 증명할 수 있다. 여기서 증명은 생략한다.

정리 13-4 (미적분의 기본정리)

$F'(x) = f(x)$라 하면, $\int_a^b f(x)dx = F(b) - F(a)$

예 13-5 다음 정적분을 계산해 보자.

(1) $\int_0^1 2x(x^2+1)^3 dx = \left[\frac{1}{4}(x^2+1)^4\right]_0^1 = 4 - \frac{1}{4} = \frac{15}{4}$

그림 13-4

→ 한계비용 (MC), 총가변비용 (TVC), 생산자잉여 (PS)

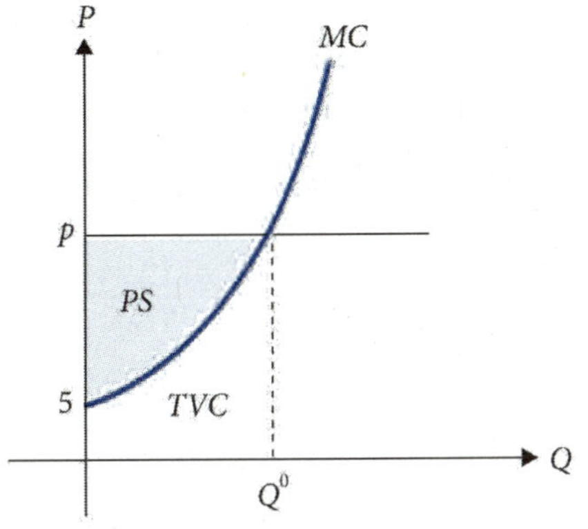

(2) $\int_0^1 xe^x dx = [xe^x - e^x]_0^1 = 1$

연습 13-4 다음 정적분을 계산하라.

(1) $\int_0^1 (x+2)(x^2+1)dx$

(2) $\int_1^2 2x \ln x dx$

생산자잉여

어떤 경쟁적 기업의 한계비용함수가 $MC = 2Q^2 + 5$라 하자. 한계비용을 적분하면 총가변비용(TVC)이 되므로,

$$TVC \equiv \int_0^Q MCdQ = \int_0^Q (2Q^2+5)dQ = \left[\frac{2}{3}Q^3 + 5Q\right]_0^Q = \frac{2}{3}Q^3 + 5Q$$

으로 계산된다. 총고정비용 TFC가 주어지면 총비용함수는

$$TC = TVC + TFC = \frac{2}{3}Q^3 + 5Q + TFC$$

로 계산할 수 있다. 1장에서 살펴본 바와 같이 경쟁적 기업은 이윤극대화를 위해 생산물의 가격 p와 한계비용 MC가 같도록 생산하므로, $p = MC = 2Q^2 + 5$. 따라서 공급곡선은 한계비용곡선과 같게 된다. 예를 들어 가격 $P = 13$일 때 이윤극대화 생산량은 $13 = 2Q^2 + 5$을 만족하는 생산량 $Q^0 = 2$이다.

생산자잉여(producer's surplus, PS)는 생산자가 거래에 참여함으로서 얻는 후생의 크기를 말한다. 즉 1단위 생산물을 추가생산할 때 한계비용(MC) 이상으로 가격 p를 받는다면 $p - MC$가 생산자잉여가 된다. 따라서 생산자잉여는 생산물의 가격과 한계비용의 차이의 합으로 정의할 수 있고, 가격선 밑에 한계비용곡선 위의 면적과 같다. 즉,

$$PS = \int_0^{Q^0}(P - MC)dQ = \int_0^2 (13 - 2Q^2 - 5)dQ = \left[8Q - \frac{2}{3}Q^3\right]_0^2 = \frac{32}{3}$$

소비자잉여

수요곡선 $Q = D(p)$이 의미하는 바를 생각해 보자. 수요곡선의 역함수를 $p = F(Q)$라 하자. 수요곡선은 가격이 $F(Q)$일 때 소비를 Q까지 한다는 것을 의미하는데, 이것을 달리 표현하면, $F(Q)$는 소비량 Q에서 마지막 한 단위에 대해 지불할 용의가 있는 최대금액으로 볼 수 있다. 왜냐하면 이보다 가격이 조금이라도 높아지면 소비를 줄일 것이기 때문이다. 그런데 실제 그 마지막 한 단위에 대해 지불하는 금액은 가격 p이므로, 소비자의 관점에서 보면 $F(Q) - p$는 소비자가 얻는 이익이 되고 이것을 모두 합하여 소비자잉여(consumer's surplus, CS)라고 부른다. [그림 13-5] 소비자잉여는 수요곡선 밑에서 가격선 위의 면적으로 계산할 수 있다. 수식으로 표현하면,

$$CS = \int_0^{Q^0}(F(Q) - p)dQ$$

그림 13-5

→ 수요곡선과 소비자잉여

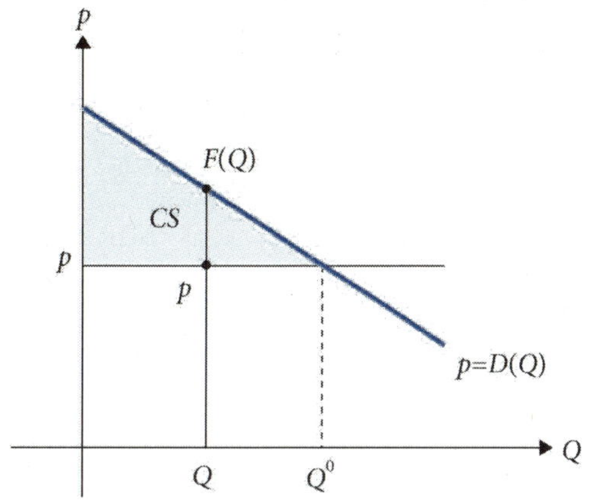

가 된다. 시장거래를 통해서 소비자가 얻는 소비자잉여와 생산자가 얻는 생산자잉여를 합하면 거래참가자가 얻는 모든 거래의 경제적 잉여(economic surplus)가 된다.

연습 13-5 수요곡선의 역함수가 $p = 10 - Q$이고, 재화의 가격이 $p = 4$라고 하자. 이때 소비자잉여를 계산하라.

13.3 일계미분방정식

일반적으로 미분방정식의 해를 구하는 방법은 함수의 형태에 따라 매우 다양하다. 또한 그 해가 알려진 함수형태를 갖지 않는 경우도 많다. 이제 다양한 형태의 일계 미분방정식 $\dot{y} = f(t, y)$의 해를 구하는 방법을 살펴보기로 하자.

선형방정식 $\dot{y}= a(t)y + b(t)$

일계선형미분방정식의 일반형은 $\dot{y}= a(t)y + b(t)$이다. 이것을 다음과 같이 세 형태로 나누어 해를 구해보기로 하자.

(1) $\dot{y}= ay + b$, $a \neq 0$, $b \neq 0$. 일반해는 $y(t) =-\frac{b}{a}+ ke^{at}$

[정리 13-3]에 의해 먼저 동차식의 $\dot{y}= ay$의 일반해를 구하고 하나의 특수해를 더하면 된다. 이미 살펴본 바와 같이 동차식의 일반해가 $y(t) = ke^{at}$이고 하나의 특수해가 $y_p(t) = -\frac{b}{a}$이므로 일반해는 $y(t) =-\frac{b}{a}+ ke^{at}$.

예 13-6 재화시장의 가격변동은 미분방정식 $\dot{p}= kz(p)$에 의해 결정됨을 13.1절에서 살펴보았다$(k > 0)$. 초과수요함수가 $z(p) = ap + b$인 선형함수일 때 미분방정식은 $\dot{p}= k(ap + b)$가 된다. 따라서 가격의 변화경로는 $p(t) = -\frac{b}{a}+ ce^{kat}$이다. 즉, 균형가격은 $p^0 =-\frac{b}{a}$이고, $a < 0$이면 시간이 감에 따라 균형으로 수렴하고, $a > 0$이면 균형에서 멀어져간다. 균형의 안정성에 관해서는 13.6절에서 다시 자세히 살펴볼 것이다([그림 13-7] 참조).

(2) $\dot{y}= a(t)y$. 일반해는 $y(t) = ke^{\int a(t)dt}$

$\frac{\dot{y}}{y}= a(t)$이고 $\frac{\dot{y}}{y}= \frac{d}{dt}ln|y|$이므로, $\frac{d}{dt}ln|y| = a(t)$.
적분하면, $\ln|y| = \int a(t)dt + c$. (c는 적분상수)
따라서 $y(t) = ke^{\int a(t)dt}$. $(k \equiv e^c)$

(3) $\dot{y}= a(t)y + b(t)$. 일반해는 $y(t) = [k + \int b(t)e^{-\int a(t)dt}dt]e^{\int a(t)dt}$

방정식을 다시 쓰면, $\dot{y}- a(t)y = b(t)$.
양변에 $\exp[-\int a(t)dt]$을 곱하면

$\dot{y}(t)\exp[-\int a(t)dt]-a(t)y(t)\exp[-\int a(t)dt]=$
$b(t)\exp[-\int a(t)dt]$

이 식의 좌변은 $y(t)\exp[-\int a(t)dt]$의 도함수와 같으므로,

$\frac{d}{dt}\{y(t)\exp[-\int a(t)dt]\}=b(t)\exp[-\int a(t)dt]$

양변을 적분하고 $\exp[\int a(t)dt]$를 곱하면 일반해를 얻는다.

예 13-7 초기치 문제 $\dot{y}=-2ty+t$, $y(1)=2$의 해를 구해보자.

$a(t)=-2t$이므로 $\exp[-\int a(t)dt]=e^{t^2}$을 양변에 곱하고 y항을 좌변으로 옮기면 $e^{t^2}(\frac{dy}{dt}+2ty)=te^{t^2}$ 혹은 $\frac{d}{dt}(e^{t^2}y)=te^{t^2}$. 적분하면 $e^{t^2}y=\frac{1}{2}e^{t^2}+c$. 즉, $y=\frac{1}{2}+ce^{-t^2}$.

초기조건을 대입하면, $y(1)=\frac{1}{2}+ce^{-1}=2$, 혹은

$c=\frac{3}{2}e$. 따라서 확정해는 $y(t)=\frac{1}{2}+\frac{3}{2}e^{1-t^2}$.

변수분리형 $\dot{y}=g(y)h(t)$

$\dot{y}\equiv\frac{dy}{dt}=g(y)h(t)$를 다시 쓰면, $\frac{1}{g(y)}dy=h(t)dt$. 양변이 각각 y와 t만의 함수이므로 적분하면,

$$\int\frac{1}{g(y)}dy=\int h(t)dt+k.$$

이 식을 y에 관해 풀면 해를 얻는다.

예 13-8 미분방정식 $\dot{y}=t^2y$의 일반해를 구해보자.

변수를 분리하면, $\frac{1}{y}dy=t^2dt$. 양변을 각각의 변수에 관해 적분하면,

$\int\frac{1}{y}dy=\int t^2dt+c$. 따라서

$\ln y=\frac{t^3}{3}+c$, 혹은 $y(t)=e^{\frac{t^3}{3}+c}=e^{\frac{t^3}{3}}e^c=ke^{\frac{t^3}{3}}$.

예 13-9 $\dot{y}= ay - by^2$의 일반해를 구하기 위해 변수를 분리하고 적분하면,

$$\int \frac{dy}{ay-by^2} = \int dt.$$

그런데 $\frac{1}{ay-by^2} = \frac{1/a}{y} + \frac{b/a}{a-by}$이므로,

$$\int \frac{dy}{ay-by^2} = \int \left(\frac{1/a}{y} + \frac{b/a}{a-by}\right) dy$$

$$= \frac{1}{a}\int \frac{dy}{y} + \frac{b}{a}\int \frac{dy}{a-by} = \frac{1}{a}\ln y - \frac{1}{a}\ln(a-by) = \frac{1}{a}\ln\frac{y}{a-by}$$

그리고 $\int dt = t + c$이므로 $\frac{1}{a}\ln\frac{y}{a-by} = t + c.$

따라서, $\frac{y}{a-by} = Ke^{at}$ 또는 $y = \frac{a}{b+ke^{-at}}.$

완전미분방정식

$M(t,y) + N(t,y)\frac{dy}{dt} = 0$의 형태로서 $\frac{\partial M}{\partial y} = \frac{\partial N}{\partial t}$를 만족할 때 완전(exact) 미분방정식이라 한다. 일반적으로 C^2급 함수 $\phi(t,y)$에 대해 합성함수의 미분법을 적용하면 $\frac{d}{dt}\phi(t,y) = \frac{\partial\phi}{\partial t} + \frac{\partial\phi}{\partial y}\frac{dy}{dt}$이 성립한다. 또한 영의 정리에 의하면 $\frac{\partial^2\phi}{\partial y\partial t} = \frac{\partial^2\phi}{\partial t\partial y}$.

완전미분방정식의 경우 $M = \frac{\partial\phi}{\partial t}$, $N = \frac{\partial\phi}{\partial y}$으로 놓으면 영의 정리의 결과가 만족된다. 따라서 적당한 함수 $\phi(t,y)$가 있어서 미분방정식은 $M(t,y) + N(t,y)\frac{dy}{dt} = \frac{d}{dt}\phi(t,y) = 0$로 쓸 수 있다. 이것이 t에 관해 항등식이므로 $\phi(t,y) = c$가 되고 다시 y에 관해 풀면 해 $y(t)$를 얻게 된다.

예 13-10 초기치 문제 $3t^2y + 8ty^2 + (t^3 + 8t^2y + 12y^2)\frac{dy}{dt} = 0$, $y(2) = 1$의 해를 구해보자. $M \equiv 3t^2y + 8ty^2$, $N \equiv t^3 + 8t^2y + 12y^2$이라 하면,

$\frac{\partial M}{\partial y} = 3t^2 + 16ty = \frac{\partial N}{\partial t}$이므로 이 미분방정식은 완전미분방정식이다.

따라서 $\frac{\partial\phi}{\partial t} = 3t^2y + 8ty^2$, $\frac{\partial\phi}{\partial y} = t^3 + 8t^2y + 12y^2$인 $\phi(t,y)$가 존재한다.

$\phi(t,y) = \int \frac{\partial\phi}{\partial t}dt + h(y)$이므로 $\phi(t,y) = t^3y + 4t^2y^2 + h(y)$.

이 식을 y에 관해 편미분하면 $\frac{\partial\phi}{\partial y}$를 얻게 되므로

$t^3+8t^2y+h'(y)=t^3+8t^2y+12y^2$. 따라서 $h(y)=4y^3$.

그러면 $\phi(t,y)=t^3y+4t^2y^2+4y^3=c$. 초기조건 $y(2)=1$을 대입하면 $c=28$이고 해는, $t^3y+4t^2y^2+4y^3=28$.

베르누이 Bernoulli 방정식 $\dot{y}=a(t)y+b(t)y^n \quad (n\neq 0,1)$

이 방정식은 다음과 같은 방법으로 언제나 선형방정식으로 변환할 수 있다. 즉, 양변을 y^n으로 나누면 $y^{-n}\dot{y}=a(t)y^{1-n}+b(t)$.

그런데 $z\equiv y^{1-n}$으로 놓으면, $\dot{z}\equiv \dfrac{dz}{dt}=\dfrac{dy^{1-n}}{dt}=(1-n)y^{-n}\dot{y}$이므로 베르누이 방정식은 $\dfrac{1}{1-n}\dot{z}=a(t)z+b(t)$ 혹은 $\dot{z}=(1-n)a(t)+(1-n)b(t)$와 같이 선형방정식이 된다. 따라서 선형방정식의 해법을 적용하여 풀면 된다.

예 13-11 [예 13-3]에서 Cobb-Douglas 생산함수를 갖는 경제의 성장경로는 미분방정식 $\dot{k}=sk^{\alpha}-\lambda k$으로 결정됨을 보았다. 그런데 이것은 베르누이 방정식이므로 $z=k^{1-\alpha}$로 놓으면 $\dot{z}=-(1-\alpha)\lambda z+(1-\alpha)s$가 된다. 선형방정식의 해법을 적용하면, $z(t)=\dfrac{s}{\lambda}+ce^{-(1-\alpha)\lambda t}$. $z=k^{1-\alpha}$를 대입하면 k의 시간경로를 구할 수 있다. $k(t)^{1-\alpha}=\dfrac{s}{\lambda}+ce^{-(1-\alpha)\lambda t}$. $1-\alpha$와 λ가 모두 양수이므로 충분한 시간이 흐르면 $e^{-(1-\alpha)\lambda t}$는 0으로 수렴하므로 k는 $\left(\dfrac{s}{\lambda}\right)^{1/(1-\alpha)}$에 수렴할 것이다.

연습 13-6 다음 미분방정식의 일반해를 구하라.

(1) $2t\dot{y}+y=3$

(2) $3(1+t^2)\dot{y}+2ty-2ty^4=0$

(3) $\dot{y}+3t^2y=0$

13.4 이계선형미분방정식

이계도함수가 포함된 미분방정식의 일반형은 $\ddot{y}=f(t,y,\dot{y})$이다. 이 책에서는 일반적인 이계미분방정식은 다루지 않고, 다음과 같이 상수계수를 갖는 선형방정식의 해를 구하는 방법을 살펴보기로 한다.

$$\ddot{y} + a\dot{y} + by + c = 0$$

먼저 $b \neq 0$이 경우, 상수함수 $y = -\dfrac{c}{b}$가 이 방정식의 특수해가 된다. $b = 0$, $a \neq 0$인 경우에는 $y = -\dfrac{c}{a}t$가 하나의 특수해가 됨은 쉽게 확인할 수 있다. 그러면 [정리 13-3]에 의해 이 문제의 일반해는 다음과 같은 동차방정식의 일반해와 특수해의 합으로 표시할 수 있음을 우리는 이미 알고 있다. 그래서 관련된 다음 동차방정식의 일반해를 구해보기로 하자.

$$\ddot{y} + a\dot{y} + by = 0$$

함수 $y(t) = e^{rt}$가 해가 될 수 있는지 확인해 보기 위해,
$\dfrac{dy}{dt} = re^{rt}$, $\dfrac{d^2y}{dt^2} = r^2e^{rt}$을 미분방정식에 대입하면,

$$ar^2e^{rt} + are^{rt} + be^{rt} = e^{rt}(r^2 + ar + b) = 0.$$

$e^{rt} \neq 0$이므로 $y(t) = e^{rt}$가 해이기 위한 필요충분조건은 r이 다음 2차방정식을 만족하는 것이다.

$$r^2 + ar + b = 0.$$

이것을 특성방정식(characteristic equation)이라 한다. 이 특성방정식의 두 근을 r_1, r_2라 하자. 2차방정식의 근은 $r_1, r_2 = \dfrac{-a \pm \sqrt{a^2 - 4b}}{2}$으로 계산된다.

그러면 선형미분방정식의 해는 다음 정리로 요약된다.

정리 13-5

동차인 이계선형미분방정식 $\ddot{y}+a\dot{y}+by=0$의 해는 다음과 같다.

(i) $r_1 \neq r_2$가 서로 다른 실수인 경우, $y(t)=k_1e^{r_1t}+k_2e^{r_2t}$.

(ii) $r_1=r_2=r$이 중근인 경우, $y(t)=k_1e^{rt}+k_2te^{rt}$.

(iii) r_1, r_2가 복소근 $r_1=\alpha+i\beta$, $r_2=\alpha-i\beta$인 경우

$$y(t)=e^{\alpha t}(k_1\cos\beta t+k_2\sin\beta t)$$

증 명 (i) $r_1 \neq r_2$가 서로 다른 실수인 경우, $y=e^{r_1t}$와 $y=e^{r_2t}$가 각각 해이므로, [정리 13−2]에 의해 두 해의 모든 선형결합 $y=k_1e^{r_1t}+k_2e^{r_2t}$가 일반해가 된다.

(ii) $r_1=r_2=r$이 중근인 경우, $r=-\dfrac{a}{2}$이다. $y=e^{rt}$가 해인 것은 이미 알고 있으나, 선형독립인 또 하나의 해를 찾아야 하는데 $y=te^{rt}$가 해가 되는지 확인해 보자. $\dot{y}=e^{rt}+rte^{rt}$, $\ddot{y}=2re^{rt}+r^2te^{rt}$를 방정식에 대입하면, $r=-\dfrac{a}{2}$이므로

$$\begin{aligned}\ddot{y}+a\dot{y}+b&=2re^{rt}+r^2te^{rt}+a(e^{rt}+rte^{rt})+bte^{rt}\\&=(r^2+ar+b)te^{rt}=0\end{aligned}$$

따라서 $y=te^{rt}$도 해가 된다. 그러면 두 해의 모든 선형결합도 일반해이므로, $y=k_1e^{r_1t}+k_2le^{r_2t}$.

(iii) $r_1, r_2=\alpha\pm i\beta$인 경우, $y(t)=e^{\alpha t}(h_1e^{i\beta t}+h_2e^{-i\beta t})$.
오일러의 공식[2]을 적용하면,

$$\begin{aligned}y(t)&=e^{\alpha t}[h_1(\cos\beta t+i\sin\beta t)+h_2(\cos\beta t-i\sin\beta t)]\\&=e^{\alpha t}[(h_1+h_2)\cos\beta t+(h_1-h_2)i\sin\beta t]\end{aligned}$$

여기서 $k_1\equiv h_1+h_2$, $k_2\equiv(h_1-h_2)i$라 놓으면 된다.

이계선형미분방정식 $\ddot{y}+a\dot{y}+by+c=0$의 해 $y(t)$의 시간경로는 [그림 13−6]과 같이 다양한 형태를 보인다. $b\neq 0$이라 하자. $y^0=-\dfrac{c}{b}$는 초기치가 이 값일 때 시간이 지나도 이 값에서 변함이 없다. 그래서 $y^0=-\dfrac{c}{b}$을 균형이라 부를 수 있다. 두 고유치가 모두 음수인 경우, e^{rt}가 0으로 수렴해 가므로, 초기치가 어떤 값이든지, 시간이 흐름에 따라 y는 균형 $y^0=-\dfrac{c}{b}$에 수렴(converge)해 간다. 고유치가 복소근인 경우에는 해가 삼각함수를 포함하고 있어서 진동(oscillate)하게 된다. 이때 진폭은 복소근의 실수부분 α에 의해

2 오일러의 공식(Euler formula)은 $e^{i\theta}=\cos\theta+i\sin\theta$, $e^{-i\theta}=\cos\theta-i\sin\theta$.

그림 13-6

➜ 이계선형 미분방정식의 해 $y(t)$의 시간경로

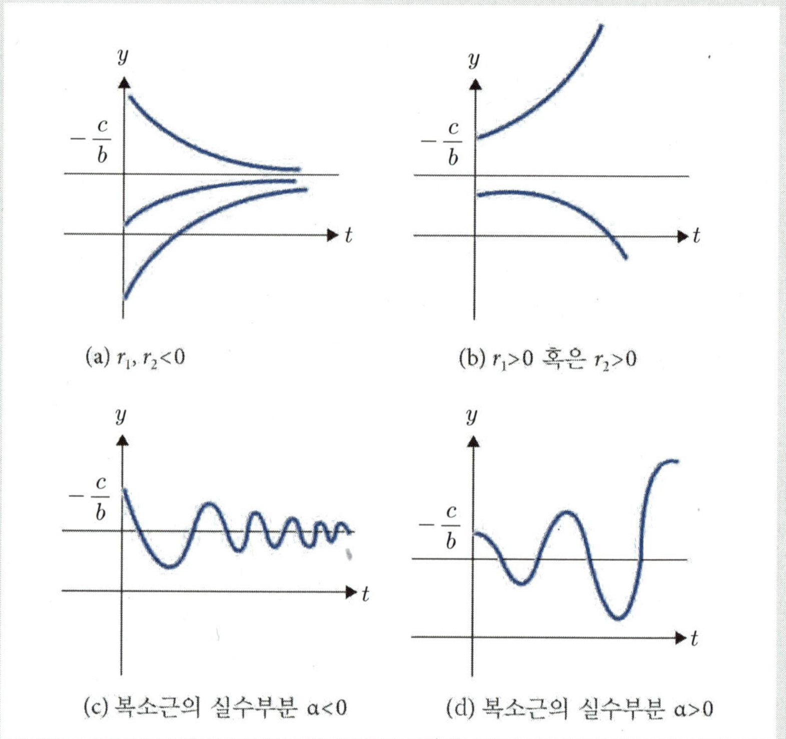

결정된다. $\alpha < 0$이면 진동하면서 균형에 수렴해 가고, $\alpha > 0$이면 균형으로부터 진동하면서 발산한다. y가 진동하는 것은 이계 이상의 미분방정식에서만 나타나는 현상이다.

예 13-12 초기치 문제 $\ddot{y}-\dot{y}-2y=0$, $y(0)=3$, $\dot{y}(0)=0$의 해를 구해보자.
특성방정식 $r^2-r-2=(r+1)(r-2)=0$은 서로 다른 실근 $r_1=2$, $r_2=-1$을 가진다. 따라서 일반해는 $y(t)=k_1e^{2t}+k_2e^{-t}$.
두 초기조건은 $y(0)=k_1+k_2=3$. $y'(0)=2k_1-k_2=0$.
연립방정식을 풀면, $k_1=1$, $k_2=2$.

따라서 $y(t) = e^{2t} + 2e^{-t}$.

연습 13-7 초기치 문제 $\ddot{y} - 4\dot{y} + 4y = 0$, $y(0) = 2$, $\dot{y}(0) = 5$의 해를 구하라.

예 13-13 비동차방정식 $\ddot{y} - 4\dot{y} + 4y - 3 = 0$, $y(0) = 2$ $\dot{y}(0) = 5$의 해를 구해보자.
상수함수인 특수해는 $y = \frac{3}{4}$이고, 동차방정식 $\ddot{y} - 4\dot{y} + 4y = 0$의 일반해가
$y(t) = k_1e^{2t} + k_2te^{2t}$이므로, 일반해는 $y(t) = k_1e^{2t} + k_2te^{2t} + \frac{3}{4}$.
초기조건 $y(0) = k_1 + \frac{3}{4} = 2$, $y'(0) = 2k_1 + k_2 = 5$의 해는
$k_1 = \frac{5}{4}, k_2 = \frac{5}{2}$이므로, 문제의 확정해는 $y(t) = \frac{5}{4}e^{2t} + \frac{5}{2}te^{2t} + \frac{3}{4}$.

연습 13-8 비동차방정식 $\ddot{y} + 3\dot{y} - 4y - 12 = 0$의 일반해를 구하라.

예 13-14 초기치 문제 $\ddot{y} + 2\dot{y} + 17y - 8 = 0$, $y(0) = 1$, $\dot{y}(0) = 2$의 확정해를 구해보자. 특수해는 $y = \frac{8}{17}$. 동차식의 특성방정식은 $r^2 + 2r + 17 = 0$.
$r = -1 \pm 4i$. 따라서 일반해는 $y(t) = e^{-t}(k_1\cos 4t + k_2\sin 4t)$.
초기조건은 $y(0) = k_1\cos 0 + k_2\sin 0 = k_1 = 1$.[3]
그런데 $\dot{y} = -e^{-t}(k_1\cos 4t + k_2\sin 4t) + e^{-t}(-4k_1\sin 4t + 4t\cos 4t)$.[4]
따라서,
$$\dot{y}(0) = -(k_1\cos 0 + k_2\sin 0) + (-4k_1\sin 0 + 4k_2\cos 0) = -k_1 + 4k_2 = 2$$
그러면 $k_1 = 1$, $k_2 = \frac{3}{4}$. 확정해는 $y(t) = e^{-t}(\cos 4t - \frac{3}{4}\sin 4\mathrm{t}) + \frac{8}{17}$.

연습 13-9 $\ddot{y} + 4y - 8 = 0$, $y(0) = 1$, $\dot{y}(0) = 3$의 확정해를 구하라.

n계선형미분방정식

이계선형미분방정식의 결과를 다음과 같은 n계선형미분방정식으로 쉽게 확장할 수 있다. $(a_n \neq 0)$

3 $\cos 0 = 1$, $\sin 0 = 0$.
4 $(\cos t)' = -\sin t$, $(\sin t)' = \cos t$.

$$\frac{d^n y}{dt^n} + a_1 \frac{d^{n-1} y}{dt^{n-1}} + \cdots + a_n y + a_{n+1} = 0$$

이 선형방정식의 특수해는 $y = -\dfrac{a_{n+1}}{a_n}$이다. 다음 동차방정식의 일반해를 구해보자.

$$\frac{d^n y}{dt^n} + a_1 \frac{d^{n-1} y}{dt^{n-1}} + \cdots + a_n y = 0$$

특성방정식은 $r^n + a_1 r^{n-1} + \cdots + a_{n-1} r + a_n = 0$.

n개의 근 $r_1, \cdots, r_n$이 모두 다른 경우 일반해는 다음과 같다.

$$y(t) = k_1 e^{r_1 t} + \cdots + k_n e^{r_n t} - \frac{a_{n+1}}{a_n}$$

또한 예를 들어 $n=5$이고, 3개의 중근 $r_1 = r_2 = r_3 = r$과 한 쌍의 복소수 $r_4, r_5 = \alpha + \beta i$를 갖는다면, 일반해는

$$y(t) = k_1 e^{rt} + k_2 t e^{rt} + k_3 t^2 e^{rt} + e^{\alpha t}(k_4 \cos\beta t + k_5 \sin\beta t) - \frac{a_6}{a_5}$$

와 같이 된다.

선형미분방정식의 해가 균형으로 수렴하기 위한 필요충분조건은 특성방정식의 모든 근의 실수부분이 음수인 것임은 쉽게 확인할 수 있다. 그런데 4차 이상의 n차 방정식의 해를 구하는 일반적인 방법은 없다. 그래서 특성방정식의 근을 계산하지 않으면서도 모든 근의 실수부분이 음수임을 확인할 수 있다면 미분방정식의 해가 수렴하는지 판단할 수 있을 것이다. 다음의 정리가 그에 대한 답을 제공한다.

정리 13-6 (루쓰-허위츠 Routh-Hurwitz의 정리)

n차 방정식 $r^n + a_1 r^{n-1} + \cdots + a_{n-1} r + a_n = 0$의 모든 근의 실수부분이 음수일 필요충분조건은 다음 행렬식들이 모두 양수인 것이다.

$$|a_1| = a_1, \quad \begin{vmatrix} a_1 & a_3 \\ 1 & a_2 \end{vmatrix}, \quad \begin{vmatrix} a_1 & a_3 & a_5 \\ 1 & a_2 & a_4 \\ 0 & a_1 & a_3 \end{vmatrix}, \quad \begin{vmatrix} a_1 & a_3 & a_5 & a_7 \\ 1 & a_2 & a_4 & a_6 \\ 0 & a_1 & a_3 & a_5 \\ 0 & 1 & a_2 & a_4 \end{vmatrix}, \cdots$$

예 13-15 이계선형미분방정식 $\ddot{y} + a_1 \dot{y} + a_2 y = 0$에 Routh-Hurwitz의 정리를 적용하면, 해가 0으로 수렴하기 위한 필요충분조건은 $a_1 > 0$, $\begin{vmatrix} a_1 & 0 \\ 1 & a_2 \end{vmatrix} = a_1 a_2 > 0$, 즉 $a_1 > 0$, $a_2 > 0$인 것이다.

연습 13-10 미분방정식 $y''' + 2y'' + y' + y - 2 = 0$의 균형을 구하고 이 미분방정식의 해가 균형으로 수렴하는지 판단하라.

13.5 선형연립미분방정식

선형연립미분방정식 $\dot{y} = Ay + b$의 해는 고계선형미분방정식의 해와 매우 밀접하게 연관되어 있어서 해를 구하는 방법이 거의 같다. 먼저 두 변수로 구성된 선형연립방정식의 해를 살펴보기로 하자.

정리 13-7

$|A| \neq 0$인 2차 정방행렬 A에 의한 선형연립미분방정식 $\dot{y} = Ay + b$의 일반해는 다음과 같다.

(i) 행렬 A의 두 고유치 r_1, r_2가 서로 다른 실수인 경우,

각 고유치에 대응하는 고유벡터가 $v_1 = \begin{pmatrix} v_{11} \\ v_{21} \end{pmatrix}$, $v_2 = \begin{pmatrix} v_{12} \\ v_{22} \end{pmatrix}$일 때, 일반해는

$$y(t) = k_1 e^{r_1 t} v_1 + k_2 e^{r_2 t} v_2 - A^{-1} b$$

이다. $A^{-1}b=\begin{pmatrix} c_1 \\ c_2 \end{pmatrix}$이라 하고 해를 풀어서 쓰면,

$y_1(t)=k_1e^{r_1t}v_{11}+k_2e^{r_2t}v_{12}-c_1$

$y_2(t)=k_1e^{r_1t}v_{21}+k_2e^{r_2t}v_{22}-c_2$

(ii) 두 고유치가 같은 중근 r인 경우, 고유벡터 v와 $(A-rI)w=v$를 만족하는 벡터 w에 대해, 일반해는 $y(t)=k_1e^{rt}w+k_2te^{rt}v-A^{-1}b$

(iii) 고유치가 복소근 $\alpha\pm\beta i$이고 고유벡터가 $u\pm iw$인 경우, 일반해는 $y(t)=e^{\alpha t}[\cos\beta t(k_1u-k_2w)-\sin\beta t(k_1u+k_2w)]-A^{-1}b$.

증 명 먼저 상수해인 특수해는 $\dot{y}=Ay+b=0$를 만족하는 y로서, $y=-A^{-1}b$가 된다.

(i)을 증명하자. $y=e^{rt}v$ 형태가 동차방정식 $\dot{y}=Ay$의 해가 되는지 확인해 보자. $\dot{y}=re^{rt}v$이므로 연립방정식에 대입하면 $re^{rt}v=e^{rt}Av$. e^{rt}를 양변에서 소거하면, $rv=Av$. 즉, 행렬 A의 고유치 r과 고유벡터 v에 대해 $y=e^{rt}v$는 해가 된다. 두 고유치 r_1, r_2와 각각에 대응하는 고유벡터 v_1, v_2에 대해 $y=e^{r_1t}v_1$과 $y=e^{r_2t}v_2$가 해가 되므로 그 선형결합도 해가 된다. 따라서 연립방정식의 일반해는 $y(t)=k_1e^{r_1t}v_1+k_2e^{r_2t}v_2-A^{-1}b$.

(ii), (iii)의 증명은 생략한다.

연습 13-11 [정리 13-7] (ii), (iii)을 증명하라.

이 정리의 결과는 쉽게 일반적인 n차 선형연립방정식으로 확장할 수 있다. 특별히 행렬 A가 n개의 서로 다른 실수 고유치 $r_1,\cdots,r_n$와 그에 대응하는 고유벡터 $v_1,\cdots,v_n$을 가지면, 일반해는 다음과 같이 된다.

$$y(t)=k_1e^{r_1t}v_1+\cdots+k_ne^{r_nt}v_n-A^{-1}b.$$

예 13-16 초기조건 $y_1(0)=1$, $y_2(0)=0$을 갖는 선형연립미분방정식 $\begin{pmatrix} \dot{y}_1 \\ \dot{y}_2 \end{pmatrix}=\begin{pmatrix} 1 & 4 \\ 1 & 1 \end{pmatrix}\begin{pmatrix} y_1 \\ y_2 \end{pmatrix}+\begin{pmatrix} -5 \\ -2 \end{pmatrix}$의 확정해를 구해 보자. 먼저 상수인 특수해는 $-\begin{pmatrix} 1 & 4 \\ 1 & 1 \end{pmatrix}^{-1}\begin{pmatrix} -5 \\ -2 \end{pmatrix}=\begin{pmatrix} 1 \\ 1 \end{pmatrix}$. 행렬 $\begin{pmatrix} 1 & 4 \\ 1 & 1 \end{pmatrix}$의 고유방정식 $|A-rI|=$

$\begin{vmatrix} 1-r & 4 \\ 1 & 1-r \end{vmatrix} = r^2 - 2r - 3 = 0$의 근은 $r_1 = -1$, $r_2 = 3$.

각 고유치에 대응하는 고유벡터를 구하면 $v_1 = \begin{pmatrix} 2 \\ -1 \end{pmatrix}$, $v_2 = \begin{pmatrix} 2 \\ 1 \end{pmatrix}$.

두 고유치가 서로 다른 실수이므로 일반해는

$$\begin{pmatrix} y_1(t) \\ y_2(t) \end{pmatrix} = k_1 e^{-t} \begin{pmatrix} 2 \\ -1 \end{pmatrix} + k_2 e^{3t} \begin{pmatrix} 2 \\ 1 \end{pmatrix} + \begin{pmatrix} 1 \\ 1 \end{pmatrix}$$

혹은,

$$y_1(t) = 2k_1 e^{-t} + 2k_2 e^{3t} + 1$$
$$y_2(t) = -k_1 e^{-t} + k_2 e^{3t} + 1$$

초기조건 $y_1(0) = 1$, $y_2(0) = 0$를 대입하면,

$$y_1(0) = 2k_1 + 2k_2 + 1 = 0$$
$$y_2(0) = -k_1 + k_2 + 1 = 0$$

따라서, $k_1 = \frac{1}{4}$, $k_2 = -\frac{3}{4}$이므로, 확정해는

$$y_1(t) = \frac{1}{2} e^{-t} - \frac{3}{2} e^{3t} + 1$$
$$y_2(t) = -\frac{1}{4} e^{-t} - \frac{3}{4} e^{3t} + 1$$

예 13-17 $\dot{y} = \begin{pmatrix} 1 & -1 \\ 1 & 1 \end{pmatrix} y$의 해를 구해보자.

행렬 $A = \begin{pmatrix} 1 & -1 \\ 1 & 1 \end{pmatrix}$의 고유치는 고유방정식 $|A - rI| = \begin{vmatrix} 1-r & -1 \\ 1 & 1-r \end{vmatrix} =$ $r^2 - 2r + 2 = 0$의 근으로, $r = 1 \pm i$이다.

고유벡터는 $\begin{pmatrix} 0 \\ 1 \end{pmatrix} \pm i \begin{pmatrix} 1 \\ 0 \end{pmatrix}$이므로 일반해는

$$y = e^t \cos t \left(k_1 \begin{pmatrix} 0 \\ 1 \end{pmatrix} - k_2 \begin{pmatrix} 1 \\ 0 \end{pmatrix}\right) - e^t \sin t \left(k_1 \begin{pmatrix} 0 \\ 1 \end{pmatrix} + k_2 \begin{pmatrix} 1 \\ 0 \end{pmatrix}\right)$$

이것을 풀어쓰면,

$$y_1(t) = -k_2 e^t (\cos t + \sin t)$$
$$y_2(t) = k_1 e^t (\cos t - \sin t)$$

선형연립미분방정식과 고계선형미분방정식의 관계

선형연립미분방정식과 고계선형미분방정식의 해가 매우 유사한 것은 다음과 같이 두 방정식은 서로 변환이 가능하기 때문이다.

예를 들어, 이계선형미분방정식 $\ddot{y}+a\dot{y}+by=0$에서 $y\equiv y_1$, $\dot{y}\equiv y_2$로 하고 변수를 변환하면, 미분방정식은 $\dot{y}_2+ay_2+by_1=0$로 쓸 수 있으므로 연립방정식체계

$$\dot{y}_1=y_2$$
$$\dot{y}_2=-by_1-ay_2$$

혹은

$$\begin{pmatrix}\dot{y}_1\\ \dot{y}_2\end{pmatrix}=\begin{pmatrix}0 & 1\\ -b & -a\end{pmatrix}\begin{pmatrix}y_1\\ y_2\end{pmatrix}$$

와 같다. 행렬 $\begin{pmatrix}0 & 1\\ -b & -a\end{pmatrix}$의 고유방정식은 $\lambda^2+a\lambda+b=0$으로 $\ddot{y}+a\dot{y}+by=0$의 특성방정식과 같으므로 두 미분방정식체계는 같은 해를 갖게 된다.

연습 13-12 3계 선형미분방정식 $y'''+ay''+by'+cy=0$를 3차연립미분방정식으로 변환해 보라.

이번에는 선형연립방정식 $\begin{pmatrix}\dot{y}_1\\ \dot{y}_2\end{pmatrix}=\begin{pmatrix}a_{11} & a_{12}\\ a_{21} & a_{22}\end{pmatrix}\begin{pmatrix}y_1\\ y_2\end{pmatrix}$을 2계선형미분방정식으로 변환하여 보기로 하자. 먼저 이 방정식을 풀어쓰면

$$\dot{y}_1=a_{11}y_1+a_{12}y_2$$
$$\dot{y}_2=a_{21}y_1+a_{22}y_2$$

첫째 방정식을 미분하고, 거기에 둘째 식을 대입하면

$$\ddot{y}_1=a_{11}\dot{y}_1+a_{12}\dot{y}_2=a_{11}\dot{y}_1+a_{12}(a_{21}y_1+a_{22}y_2)$$

이 된다. 여기에 첫째 식을 y_2로 풀어서 얻은 $y_2 = \dfrac{\dot{y}_1 - a_{11}y_1}{a_{12}}$를 대입하면 주어진 연립미분방정식은 y_1에 관한 이계미분방정식

$$\ddot{y}_1 - (a_{11} + a_{22})\dot{y} + (a_{11}a_{22} - a_{12}a_{21})y = 0$$

으로 변환될 수 있고 두 미분방정식의 해는 완전히 같게 된다. 즉, 이계미분방정식의 특성방정식은 $r^2 - (a_{11} + a_{22})r + (a_{11}a_{22} - a_{12}a_{21}) = 0$이 되는데, 이 방정식의 해는 행렬 $A = \begin{pmatrix} a_{11} & a_{12} \\ a_{21} & a_{22} \end{pmatrix}$의 고유치와 같다.

13.6 동학체계의 안정성

어떤 물체의 가속도 $\dfrac{d^2y}{dt^2}$는 그 물체에 가해지는 힘 F에 비례하고, 물체의 질량 m에 반비례한다는 뉴톤의 운동법칙은 이계선형미분방정식 $F = m\dfrac{d^2y}{dt^2}$으로 정식화된다. 이 미분방정식의 해를 구하면 물체의 위치 y의 시간경로가 결정된다. 이와 같이 미분방정식은 변수의 운동법칙(law of motion)을 결정하는 식으로 변수가 시간적으로 변화하는 동학체계(dynamical system)라고 할 수 있다.

동학체계의 균형(equilibrium)은 일단 그 점에 도달하면 시간이 흘러도 변화하지 않는 상태를 말한다. 즉, 미분방정식의 상수해 $\dot{y} = \dfrac{dy}{dt} = 0$인 y^0가 균형이 된다. 임의의 $y(0) \neq y^0$를 초기조건으로 하는 해 $y(t)$에 대해, $\lim_{t \to \infty} y(t) = y^0$이면 y^0는 전역적 안정균형(globally stable equilibrium)이라 한다. 또한 y^0의 가까운 $\epsilon-$근방 $N_\epsilon(y^0)$ 안의 임의의 점 $y(0) \neq y^0$를 초기조건으로 하는 해 $y(t)$에 대해, $\lim_{t \to \infty} y(t) = y^0$이면 y^0는 국지적 안정균형(locally stable equilibrium)이라 한다. 안정적이 아닌 균형은 불안정(unstable)균형이라 한다. 동학체계가 균형이 유일하고 전역적으로 안정인 경우 안정적 체계(stable system)라 부른다.

예 13-18 미분방정식 $\dot{y}=ay+b(a\neq 0)$의 일반해는 $y(t)=ke^{at}-\frac{b}{a}$이다. $y^0=-\frac{b}{a}$은 이 미분방정식에 의한 동학체계의 유일한 균형이다. $a<0$일 때 임의의 y가 모두 균형에 수렴하므로 균형 $y^0=-\frac{b}{a}$은 전역적 안정균형이고 동시에 국지적 안정균형이다. $a>0$이면 불안정균형이 된다.

예 13-19 이계선형미분방정식 $\ddot{y}+a\dot{y}+by+c=0$의 균형은 상수해 $y=-\frac{c}{b}$이다. 이 균형이 안정이기 위한 필요충분조건은 특성방정식 $r^2+ar+b=0$의 두 근의 실수부분이 모두 음수인 것이다. Routh−Hurwitz의 정리의 의하면 $a,b>0$일 때 전역적 안정균형이 된다.

예 13-20 $|A|\neq 0$인 n차 정방행렬 A에 대해서, 연립방정식체계 $\dot{y}=Ay+b$의 유일한 균형은 $y=A^{-1}b$이고 이 균형이 안정이기 위한 필요충분조건은 A의 고유치의 실수부분이 모두 음수인 것이다.

미분방정식의 해를 직접 구할 수 없는 경우에도 경로의 성질을 조사해 볼 수 있는 방법이 존재하는데, 그 중 하나는 위상도를 이용하는 것이고 또한 방법은 미분방정식의 선형근사식을 이용하여 국지적 성질을 조사하는

그림 13-7

→ 동학체계 $\dot{y}=ay+b$의 균형의 안정성

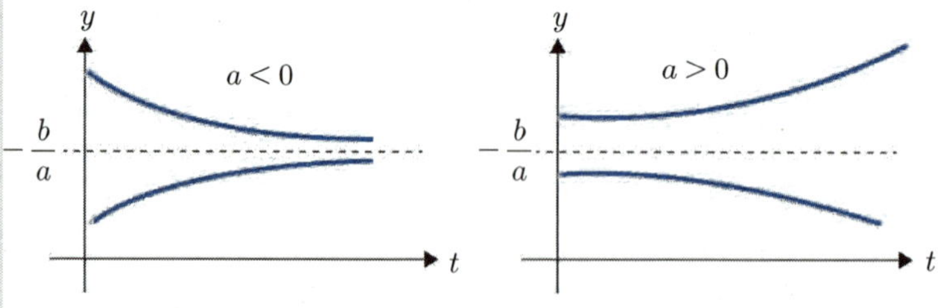

(a) 안정균형 (b) 불안정균형

것이다.

위 상 도

미분방정식의 해를 구하지 않고도 변수의 시간경로를 조사하는 데 매우 유용한 방법은 위상도(phase diagram)를 이용하는 것이다. 위상도는 변수 y와 그 도함수 $\frac{dy}{dt}$의 관계를 한 평면에 그려서 y의 변화방향을 찾을 수 있도록 하는 도표이다.

예를 들어, 미분방정식 $\dot{y}= ay+b$의 위상도는 [그림 13-8]에 그려져 있다. 위상도는 y를 가로축으로 하고 $\dot{y}$을 세로축으로 하여 $\dot{y}= ay+b$의 그래프를 그린 것이다. $\dot{y}= ay+b=0$일 때 균형이므로, 이 그림에서 그래프가 가로축과 만나는 점이 균형점 y^0이다. 그리고 $\dot{y}= ay+b>0$이면 시간이 흐름에 따라 y가 증가하고, $\dot{y}= ay+b<0$이면 y가 감소하므로, $a>0$일 때 y는 균형 y^0로 수렴하는 반면, $a<0$이면 y가 어디에서 시작하든지 균형 y^0로부터 멀어지게 된다. 따라서 $a<0$일 때, y^0는 안정균형이 되고, $a>0$이면 y^0는 불안정균형이 된다.

일반적으로 미분방정식 $\dot{y}= f(y)$의 해를 구하지 않더라도, 함수 $f(y)$의 그래프를 그릴 수 있으면 균형과 그 균형의 안정성을 조사할 수가 있다. 함수

그림 13-8

→ $\dot{y}= ay+b$의 위상도

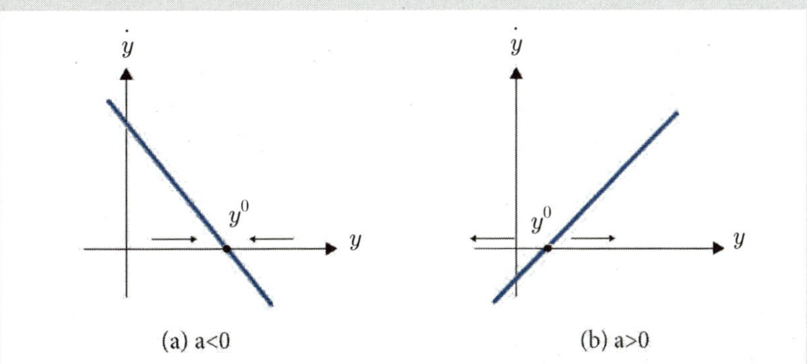

$f(y)$의 그래프가 [그림 13-9]에서와 같을 때, 균형은 A, B, C, D, E가 있고, 그 중에 B, D는 국지적 안정균형, A, C, E는 불안정균형이다.

연습 13-13 미분방정식 $\dot{y}=ay-by^2$ $(a>0, b>0)$의 위상도를 그리고 이 위상도로부터 균형점들을 찾고 그것이 안정인지 불안정인지 확인하라.

선형연립방정식 $\dot{\boldsymbol{y}}=A\boldsymbol{y}$의 위상도는 (y_1, y_2) 평면에 위상도를 그려서 $\boldsymbol{y}$의 시간경로를 확인할 수 있다.

예 13-21 선형연립미분방정식 $\begin{pmatrix}\dot{y}_1\\ \dot{y}_2\end{pmatrix}=\begin{pmatrix}1 & 4\\ 1 & 1\end{pmatrix}\begin{pmatrix}y_1\\ y_2\end{pmatrix}+\begin{pmatrix}5\\ 2\end{pmatrix}$의 위상도를 그려보자. 이 방정식의 해는 이미 [예 13-18]에서 구한 바가 있다. 특수해 $\begin{pmatrix}y_1^0\\ y_2^0\end{pmatrix}=\begin{pmatrix}1\\ 1\end{pmatrix}$가 균형이다. 행렬 $\begin{pmatrix}1 & 4\\ 1 & 1\end{pmatrix}$의 고유치는 $r_1=-1$, $r_2=3$이고, 각 고유치에 대응하는 고유벡터는 $v_1=\begin{pmatrix}2\\ -1\end{pmatrix}$, $v_2=\begin{pmatrix}2\\ 1\end{pmatrix}$이다. 또한 $\dot{y}_1=y_1+4y_2$이므로 $\dot{y}_1=y_1+4y_2=0$, 즉 $y_2=-\dfrac{1}{4}y_1$일 때 $\dot{y}_1=0$이다. 마찬가지로 $\dot{y}_2=y_1+y_2+1=0$로부터 $y_2=-y_1-1$일 때 $\dot{y}_2=0$임을 알 수 있다. 이 자료를 이용하여 위상도를 그리면 [그림 13-10]과 같게 된다. 균형점

그림 13-9

→ $\dot{y}=f(y)$의 위상도

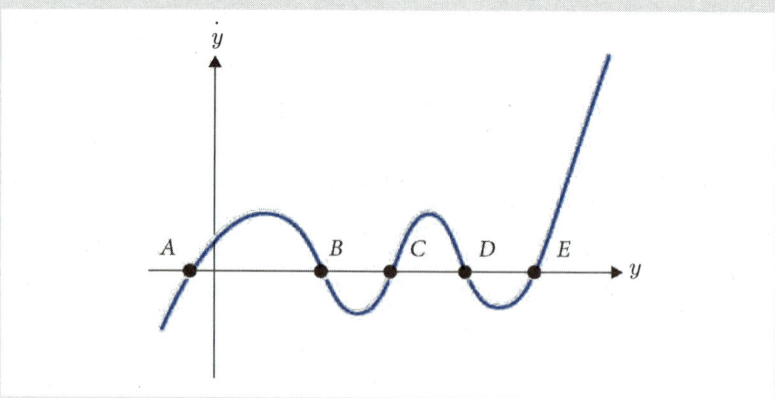

그림 13-10

→ 선형연립방정식의 위상도

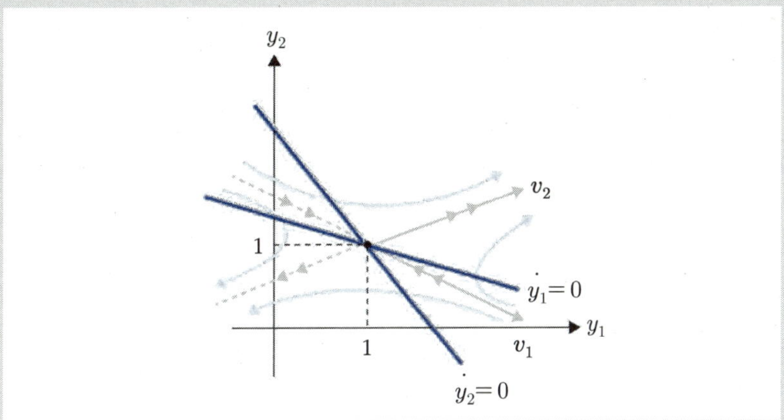

$\begin{pmatrix}1\\1\end{pmatrix}$에서 고유벡터 v_1 방향으로는 고유치가 -1이므로 균형에 수렴하는 반면, 고유벡터 v_2 방향으로는 균형으로부터 발산한다. 이러한 균형을 안장점(saddle point)이라 부른다.

연습 13-14 다음 연립미분방정식의 위상도를 그리고 변화의 방향을 표시하라.

$$\dot{y}_1 = y_1 - y_2$$
$$\dot{y}_2 = y_1 + y_2$$

경제성장모형

13.1절에서 설명한 경제성장모형은 1인당 자본장비율 k에 관한 미분방정식 $\dot{k} = sf(k) - \lambda k$로 요약된다. $\dot{k} = sf(k^0) - \lambda k^0 = 0$인 k^0는 균형성장경로이다. 이 성장경로는 노동과 자본과 GDP가 똑같이 성장률 λ로 성장하고, 1인당 GDP q와 자본장비율 k가 일정하게 유지되는 성장경로이다. $k < k^0$이면 자본이 노동보다 더 빨리 성장하여 k가 상승하고 k^0로 수렴하여 간다. 최초의 k가 $k > k^0$에서 시작하면 자본이 노동보다 낮은 성장률로 성장하고 k

그림 13-11

→ 경제성장모형의 위상도

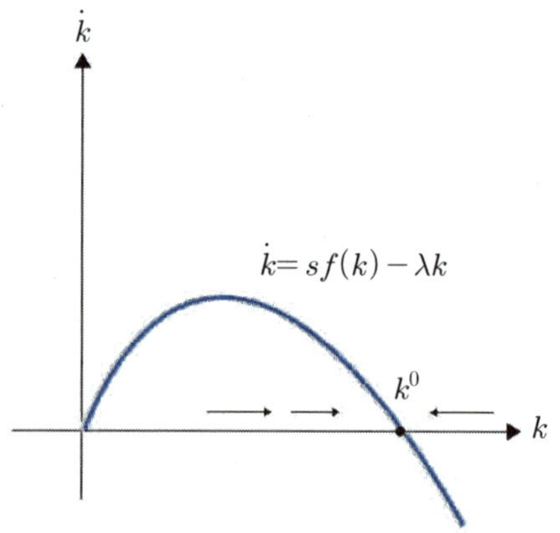

가 줄어들면서 k^0으로 수렴해 가는 것이다. 즉, k^0는 안정균형이다. 이것이 위상도 [그림 13-11]에 나타나 있다.

비선형체계의 국지적 안정성

미분방정식 $\dot{y}= f(y)$의 균형은 $f(y^0) = 0$을 만족하는 y^0이다. 함수 $f(y)$가 비선형일 때 균형의 국지적 안정성을 확인할 방법은 y^0의 가까운 근방에서 이 미분방정식의 선형근사식을 찾아서 그 선형미분방정식을 조사해 보는 것이다. 미분을 이용하면 선형근사식은 $\dot{y}= f'(y^0)(y - y^0)$가 된다. 이 선형근사 미분방정식에서 y^0가 안정균형이 되기 위한 필요충분조건은 $f'(y^0) < 0$임을 앞에서 확인하였다. 그때에는 원래의 미분방정식 $\dot{y}= f(y)$에서도 y^0는 국지적 안정균형이 되는 것이다. $f'(y^0) > 0$이면 y^0는 불안정균형이다([그림 13-12] 참조).

연립방정식 $\dot{y}= f(y)$의 경우도 같은 방법으로 분석할 수 있다. $\dot{y}= f(y^0) = 0$이고 따라서 y^0에서 균형이라 하자. y^0 근방에서의 선형근사식은 $\dot{y}= Df(y^0)(y- y^0)$이므로, 일계편도함수 행렬 $Df(y^0)$의 고유치의 실수

그림 13-12

→ 국지적 안정균형과 불안정균형

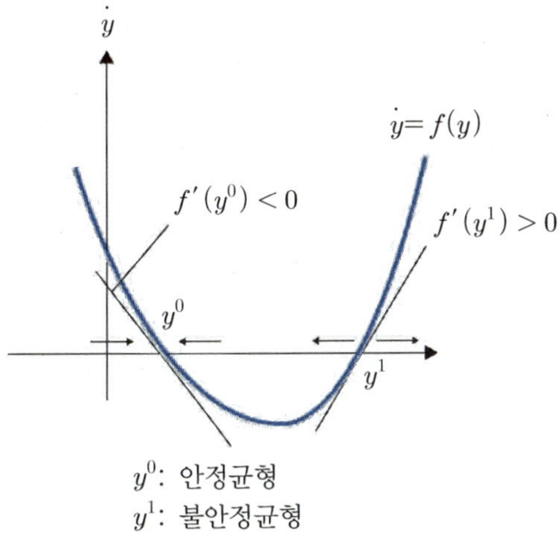

부분이 모두 음수이면 y^0는 국지적 안정균형이 된다.

예 13-22 연립미분방정식 $\dot{x}= \sqrt{x} - x - y$, $\dot{y}= x - \frac{1}{3}$의 균형점은 $\dot{x}= 0$, $\dot{y}= 0$가 되는 $(\frac{1}{3}, \frac{\sqrt{3}-1}{3})$이다. 미분방정식의 선형근사식을 구하기 위해 $f^1(x,y) = \sqrt{x} - x - y$, $f^2(x,y) = x - \frac{1}{3}$라 하면, 편도함수행렬은 $\begin{pmatrix} f_x^1 & f_y^1 \\ f_x^2 & f_y^2 \end{pmatrix} =$ $\begin{pmatrix} \frac{1}{2\sqrt{x}} - 1 & -1 \\ 1 & 0 \end{pmatrix}$이 된다. 이것을 균형점에서 평가하면, $\begin{pmatrix} \frac{\sqrt{3}}{2} - 1 & -1 \\ 1 & 0 \end{pmatrix}$이 된다. 이 행렬의 고유방정식은 $\lambda^2 + (1 - \frac{\sqrt{3}}{2})\lambda + 1 = 0$이다. 고유치는 복소수가 되는데 모든 계수가 양수이므로 고유치의 실수부분이 음수이다. 따라서 이 미분방정식에서 균형점 $(\frac{1}{3}, \frac{\sqrt{3}-1}{3})$은 국지적 안정이다. 이 미분방정식의 위상도는 [그림 13-13]과 같다.

그림 13-13

→ $\dot{x}=\sqrt{x}-x-y$, $\dot{y}=x-\frac{1}{3}$의 위상도

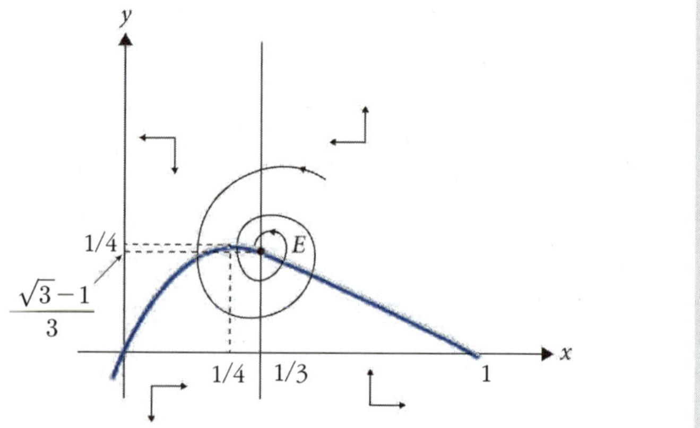

시장균형의 안정성

우리는 13.1절에서 특정재화시장에서 가격의 시간경로 $p(t)$는 미분방정식 $\dot{p}=k(D(p)-S(p))=kz(p)$에 의해 결정됨을 보았다. 균형가격 p^o는 $\dot{p}=0$, 즉 초과수요 $z(p^0)=0$ 혹은 $D(p^0)=S(p^0)$인 가격이다. 이 균형의 국지적 안정성은 확인하기 위해서는 초과수요의 도함수 $z'(p)$를 계산해 보면 된다. $z'(p^0)=D'(p^0)-S'(p^0)<0$이면, p^0는 국지적 안정균형이다. 그런데 $D'(p^0)<0$, $S'(p^0)>0$, 즉 수요곡선이 우하향하고, 공급곡선이 우상향하면 이 조건이 충족되고 국지적 안정이 된다([그림 13-14] 참조).

n개 재화시장의 동시균형인 일반균형의 국지적 안정성 문제를 생각해 보자. 일반균형은 연립미분방정식 $\dot{p}=kz(p)$에서 $\dot{p}=kz(p^0)=0$인 p^0에서 달성된다. 이 균형의 국지적 안정성은 선형근사식 $\dot{p}=kDz(p^0)(p-p^0)$의 일계 편도함수 행렬 $Dz(p^0)$의 고유치의 실수부분의 부호에 의해 결정된다. 즉 그 값이 모두 음수일 때 국지적 안정성이 달성된다.

일반균형의 국지적 안정성이 달성되는 충분조건을 하나 생각해 보자.

그림 13-14

→ 시장균형의 안정성

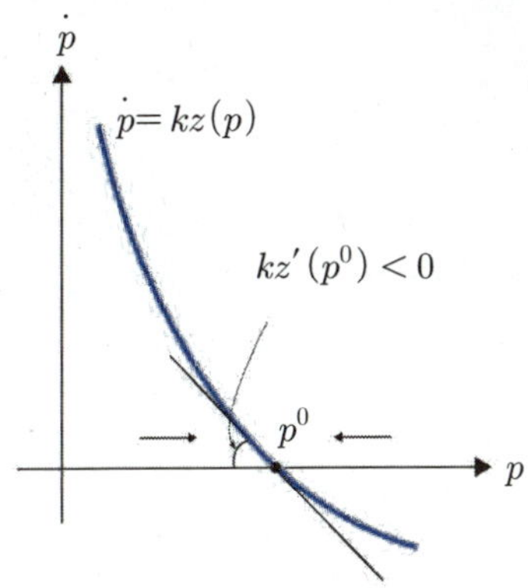

초과수요함수의 도함수 $Dz(p)$의 ij성분은 $\frac{\partial z^i}{\partial p_j}$로서 j재 가격변화가 i재의 초과수요에 미치는 영향을 나타낸다. $\frac{\partial z^i}{\partial p_j} > 0$이면 j재 가격이 상승할 때 i재의 초과수요가 증가하는 것을 의미하는데, 이때 i재는 j재의 조대체재(gross substitute)라고 부른다.

초과수요함수 $z(p)$가 0차 동차함수이고, Walras의 법칙을 만족할 때, 모든 재화가 서로 조대체재이면 $Dz(p)$의 고유치의 실수부분이 모두 음수가 되어 일반균형은 국지적으로 안정적이 된다. 증명은 어려우므로 생략하기로 한다. 일반균형의 국지적 안정성 문제에 관심이 있는 독자는 Mas-Colell et al.(1995)와 같은 대학원 미시경제이론 교재를 참고하기 바란다.

연습문제

문제 13-1 어떤 재화시장에서 수요곡선이 $Q = a - p$ $(a > 0)$, 공급곡선이 $Q = \sqrt{p}$로 주어져 있다.

(1) 균형가격과 균형생산량을 계산하라.

(2) 균형가격에서 거래가 이루어질 때 생산자잉여와 소비자잉여를 계산하라.

문제 13-2 독점기업의 한계수입 MR은 총수입 $TR \equiv pQ$의 도함수이다. 이제 한계수입이 $MR = 30 - 2Q - 3Q^2$일 때, 총수입함수 TR을 구하고, 수요함수의 역함수 $p = F(Q)$를 계산하라(한계수입과 총수입의 관계에 관해서는 9장 2절의 독점기업의 이윤극대화를 참조).

문제 13-3 다음 미분방정식의 일반해를 구하라.

(1) $\dot{y} + 2y = 0$

(2) $\dot{y} + 2y = 3$

(3) $\dot{y} = ye^t$

(4) $\dot{y} + y = te^t$

(5) $2ty^3 + 3t^2y^2\dot{y} = 0$

문제 13-4 다음의 초기치 문제의 해를 구하라.

(1) $\dot{y} + 2y = 6, \ y(0) = 5$

(2) $\dot{y} + \sqrt{1 + t^2}\, y = 0, \ y(0) = \sqrt{5}$

(3) $3t^2 + 4ty + (2y + 2t^2)\dot{y} = 0, \ y(0) = 1$

문제 13-5 다음 미분방정식의 일반해를 구하라.

(1) $6\ddot{y} - 7\dot{y} + y = 1$

(2) $\ddot{y} + \dot{y} + y = 3$

(3) $\ddot{y} + 3\dot{y} - 4 = 0$

문제 13-6 다음의 초기치 문제의 해를 구하라.

(1) $\ddot{y} - 3\dot{y} - 4y = 0,\ y(0) = 1,\ \dot{y}(0) = 0$

(2) $\ddot{y} - \dot{y} + y = 0,\ y(0) = \dot{y}(0) = 1$

문제 13-7 다음 선형미분연립방정식의 일반해를 구하라.

(1) $\dot{y_1} = 3y_1 + 7y_2,\ \dot{y_2} = 4y_1$

(2) $\dot{y_1} = y_1 + y_2,\ \dot{y_2} = 2y_2 + 2y_3,\ \dot{y_3} = 3y_3$

문제 13-8 다음 미분방정식의 위상도를 그리고 균형의 안정성을 설명하라.

(1) $\dot{x} = -x^2 + 2x - y,\ \dot{y} = x - y - 2$

(2) $\dot{y} = y^2 - 3y + 2$

문제 13-9 어떤 재화의 수요량 Q_D과 공급량 Q_S가 모두 가격 p뿐만 아니라 가격의 변화율 $\dot{p} = \dfrac{dp}{dt}$, $\ddot{p} = \dfrac{d^2p}{dt^2}$의 함수로서 다음과 같다고 하자.

$$Q_D = 9 - p + \dot{p} + 3\ddot{p}$$
$$Q_S = -1 + 4p - \dot{p} + 5\ddot{p}$$

(1) 수요량과 공급량이 일치할 때 균형이 이루어진다고 할 때 균형가격이 만족하는 미분방정식을 구하라.

(2) 이 미분방정식의 해를 구하고 균형으로 수렴하는지 판단하라.

문제 13-10 다음의 경제모형에 대해 답하라. 이 모형의 내생변수는 π, U, p이고 m은 상수이다.

$$p = \frac{1}{6} - 3U + \pi$$

$$\frac{d\pi}{dt} = \frac{3}{4}(p-\pi)$$
$$\frac{dU}{dt} = -\frac{1}{2}(m-p)$$

(1) 내생변수들의 균형값을 계산하라.

(2) 시간에 따른 π의 변화경로를 설명하라.

문제 13-11 수요의 가격탄력성 $\epsilon = -\dfrac{\frac{dQ}{dp}}{\frac{Q}{p}}$ 이 일정한 다음 각 경우에 수요함수 $Q = D(p)$를 계산하라.

(1) $\epsilon = 1$

(2) $\epsilon = k$

문제 13-12 두 재화로 구성된 경제에서 초과수요함수 z_1, z_2는 다음과 같다.

$$z_1 = -2p_1 + p_2 + 14$$
$$z_2 = p_1 - 3p_2 - 2$$

가격의 변화율 $\dot{p}_1$, $\dot{p}_2$가 각각 초과수요에 비례하여 $\dot{p}_1 = kz_1$, $\dot{p}_2 = kz_2$로 결정된다고 하자(상수 $k > 0$).

(1) 이 문제를 연립미분방정식으로 표시하라.

(2) 균형 가격체계 p_1^0, p_2^0를 계산하라.

(3) 연립미분방정식을 풀어서 이 균형가격이 안정적인지 확인하라.

문제 13-13 선형연립미분방정식 $\begin{pmatrix} \dot{y}_1 \\ \dot{y}_2 \end{pmatrix} = \begin{pmatrix} 1 & -1 \\ 1 & 3 \end{pmatrix} \begin{pmatrix} y_1 \\ y_2 \end{pmatrix}$의 일반해를 구하라.

참고문헌

이제 경제수학을 더 깊이 공부하고 싶은 학생들을 위해 참고문헌을 소개하기로 한다.

먼저 경제수학 전반에 관해 대학원 수준의 공부에 필요한 내용을 다루는 책으로 다음 네 권을 추천한다. Simon and Blume(1994)은 대학원 수준에 필요한 수학을 전반적으로 다루는 경제수학 교재이다. Debreu(1959)는 일반균형이론의 핵심을 제시한 고전이라 할 수 있다. 이 책의 1부에서 현대 수리경제학을 이해하는 데 필요한 현대적인 수학적 개념을 잘 요약하고 있는데, 압축적으로 기술되어 있어서 읽기에 쉽지는 않은 책이다. 그리고 Mas-Colell *et al.*(1995)과 Varian(1992)은 대표적인 대학원 미시경제학 교재로서 필요한 수학을 부록으로 다루고 있다.

Simon, Carl P. and Blume, Lawrence(1994), *Mathematics for Economists*, W. W. Norton & Company.

Debreu, Gerard(1959) *Theory of Value, An Axiomatic Analysis of Economic Equilibrium*, Yale University Press.

Mas-Colell, Andrew, *et al.*(1995), *Microeconomic Theory*, Oxford.

Varian, Hal(1992), *Microeconomic Analysis*, Norton.

선형대수학에 관해서는 사회과학 분야에 대한 응용의 관점에서 선형대수를 다루는 학부수준의 교재로서 다음의 두 권을 추천한다.

Friedberg, S. *et al.*(2014), *Linear Algebra*, Pearson.

Strang, Gilbert(2016), *Introduction to Linear Algebra*, Wellesley-Cambridge Press.

기초위상수학을 다루는 해석학과 미적분학에 관해서는 다음 책들이 도움이 될 것이다.

김성기·김도한·계승혁(2011), 『해석개론』, 서울대학교 출판문화원.
Rudin, W.(1953), *Principles of Mathematical Analysis*, McGraw－Hill.
Stewart, James(2008), *Calculus*, Thomson.

경제학적인 관점에서 최적화를 다루는 책은 많이 있으나 다음 세 권의 책이 가장 읽기에 적합하다. Stokey and Lucas(1989)는 동적계획법에 관한 고전에 속한다.

Dixit, Avinash(1976), *Optimization in Economic Theory*, Oxford.
Sundaram, Rangarajan K.(1996), *A First Course in Optimization Theory*, Cambridge.
Stokey, Nancy L. and Lucas, Robert E. *Recursive Methods in Economic Dynamics*, Harvard University Press.

미분방정식에 대해서는 다음 두 권을 추천한다. 이 책에서는 다루지 않지만 관련된 분야로서 동태적 최적화에 관해서도 한 권의 책을 소개한다.

Broun, M,(1993), *Differential Equations and Their Applications*, Springer－Verlag.
Chiang, Alpha C. *et al.*(2006), *Fundamental Methods of Mathematical Economics*, McGraw－Hill (한글번역 정기준·이성순 역주 『경제·경영수학 길잡이』, 도서출판 지필).
______(1992), *Elements of Dynamic Optimization*, MacGraw－Hill.

찾아보기 Index

ㄱ

ㄴ

ㄷ

ㄹ

ㅁ

ㅂ

ㅈ

ㅊ

ㅋ

ㅌ

ㅍ

ㅎ

1

A

B

C

D

E

F

G

H

I

J

K

L

김 완 진

서울대학교 사회과학대학 경제학과 졸업
서울대학교 대학원 경제학과(경제학 석사)
University of California, Berkeley(Ph.D. in Economics)
전 한국계량경제학회 회장
전 서울대학교 경제학부 교수

제 2 판 **경제수학**

2018년 9월 5일 초 판 발행
2019년 8월 20일 제 2 판 발행
2024년 9월 1일 제 2 판 4 쇄 발행

저 자 김 완 진
발행인 임 권 규
발행처 弘 文 社

05855 서울시 송파구 송파대로 167 테라타워 B동 802호
登錄 1993. 6. 24 第 1-1543 號
TEL : (02) 712-5311(代) FAX : (02) 716-5311
http://www.hongmoonsa.co.kr

값 30,000원

ISBN 978-89-7770-433-6 93320